무 극 대 도

无 極 大 道

2. 地 │ 해월신사 법훈(法訓)

3. 人

3. 人 ┃ 법훈(法訓)

3. 人

5. 통일(統一)운동

6. 입도. 입교, 무극대도 입도

1. 天

무극대도 창도주(創道主)

수운 대신사 (元. 春)

    동경대전(東經大全)

    용담유사

    무극대도 득도(得道)

    입도(入道)

    시문(詩文), 법강(法降)

동경대전
(東經大全)

포덕문(布德文)

　하늘님(天主). 대우주 태초의 시작됨도 없으며 없다고 하는 것마
저도 있지 않아 더 이상 다다를 수 없는 궁극(窮極)의 근원으로부
터 끝이 없는 전체를 근본으로 하여 스스로 무한대 생명을 이루고
계시느니라. 무한대의 권능으로 덮고 섭리대로 대우주의 모든 것을
표현하며 스스로 그 본체의 정기(精氣)로 살고 모든 것을 음양오행
조화의 도로써 내고 거두며 원리대로 운용하여 대우주의 모든 일
에 명(命)으로 간섭하고 정(定)하여 무한대 생명을 통하고 거느려
끝도 없이 창창하게 펼쳐져 있어 천지인(天地人)을 하나로 아우른
하늘에 무궁한 신(神)으로 계시느니라.

　그러므로 이 세상의 아득히 먼 옛적부터 봄과 가을이 순환하여
번갈아 돌아오고 봄, 여름, 가을, 겨울 네 계절이 성(盛)하고 쇠
(衰)하는 것이 옮기지도 않으며 바뀌지도 않으니 이는 하늘님 무궁
한 조화의 자취가 천하에 밝고 자연스러운 것이지만 어리석은 사
람들은 비와 이슬의 혜택도 알지 못하여 그저 함이 없이 자연히
되는 무위이화(無爲而化)로 알고 있었더라.

　그러나 자연스럽게 오제(五帝)후 부터 성인(聖人)이 나시어 해와
달과 별, 하늘과 땅의 도수(道數)를 글로 적어내어 천도(天道)의 떳
떳함을 나타내어, 한번 움직이고 한번 고요한 것과 한번 성공하고
한번 실패하는 것을 하늘님의 명에 의해 그러한 것으로 하였으니
이것은 하늘의 명을 공경하고 하늘의 이치를 따르는 것이니라.

그러므로 사람은 군자가 되고 학(學)은 도덕을 이루었으니, 도는 하늘의 도(天道)요 덕은 하늘의 덕(天德)이니라. 그 하늘의 큰 도(大道)를 밝히고 그 하늘의 큰 덕(大德)을 닦음으로 군자(君子)가 되어 지극한 성인(聖人)에까지 이르렀으니 어찌 부러워 감탄하지 않으리오.

또, 이 근래에 와서 온 세상 사람들이 각자 사사로운 자기 마음만 위하여 하늘의 이치를 순종치 아니하고 하늘의 명(命)을 돌아보지 아니하므로 마음이 항상 두려워 어찌할 바를 알지 못하였더라.

경신년에 와서 전해 들으니, 서양 사람들은 천주(天主)의 뜻이라 하여 부귀는 취하지 않는다 하면서 천하를 침략해서 빼앗아 그 빼앗은 나라에 그들의 교당을 세우고 그 종교를 자기 나라를 빼앗긴 사람들에게 가르쳐 전한다고 하니, 내 또한 그것이 그럴까 어찌 그것이 그럴 수 있을까 하는 의심이 있었더라.

그렇게 지내다가 뜻하지 않은 경신년 사월에 마음이 선뜩해지고 몸이 떨려서 무슨 병인지 집중할 수도 없고 말로 형상하기도 어려울 즈음에 어떤 신선(神仙)의 말씀 같음이 있어 문득 귀에 들리므로 크게 놀라 마음을 가다듬어 깊고 무한한 아득함을 더듬듯이 헤아려 찾아 물으니, 말씀하시기를 "두려워하지 말고 두려워하지 말라. 세상 사람이 나를 하늘님(天主)이라 부르거늘 너는 하늘님(天主)을 알지 못하느냐?" 하므로 그 까닭을 물으니 말씀하시기를 "내 또한 공(功)이 없으므로 너를 세상에 내어 사람에게 이 법(法)을 가르치게 하니 의심하지 말고 의심하지 말라."

묻기를 "그러면 서도(西道)로써 사람을 가르치리까?"

말씀하시기를 "그렇지 아니하다. 나에게 영부(靈符) 있으니 그 이름은 선약(仙藥)이요 그 형상은 태극(太極)이요 또 형상은 궁궁(弓弓)과도 같으니, 나의 이 영부를 받아 사람을 질병에서 건지고 나를 위하는 글인 주문(呪文)을 받아 사람을 가르쳐서 나를 위하게 하면 너도 또한 길이 장생하여 덕(德)을 천하에 펴리라."하시었다.

나도 또한 그 말씀에 느끼는 바 있어 그 영부를 받아 그려서 물에 타서 마셔 보니 몸이 윤택 해지고 병이 낫는지라, 바야흐로 신선(神仙)의 약인 줄 알았노라. 그리하여 이 태극(太極) 궁궁(弓弓)의 영부를 다른 사람들의 병에도 사용함에 이른 즉, 혹 낫기도 하고 낫지 않기도 하므로 그 까닭을 알 수 없어 자세히 그러한 연유를 살펴보니, 자기 마음을 다해 정성 드리고 또 정성을 드리어 지극한 마음으로 하늘님을 위하는 사람은 늘 들어맞고 도(道)와 덕(德)에 순히 따르지 않는 사람은 하나도 효험이 없었으니 이것은 받는 사람의 정성과 공경에 있는 것이 아니겠는가.

이전부터도 우리나라는 악질(惡疾)이 세상에 가득 차서 백성들이 언제나 편안할 때가 없으니 이 또한 상해의 운수요, 서양은 다른 나라를 침략하여 싸우면 이기고 치면 빼앗아 이루지 못하는 일이 없으니 천하가 다 그렇게 멸망하면 또한 우리나라도 한숨지을 커다란 근심과 탄식이 없지 않을 것이라. 나라를 길이 잘 보전하고 백성을 편하게 할 보국안민(保國安民)의 계책이 장차 어디서 나올 것인가?

　애석하도다. 지금 세상 사람은 때(時)와 운(運)을 알지 못하여 나의 이 말을 들으면 들어가서는 마음으로 그르게 여기고 나와서는 모여서 수군거리며 하늘님의 도(道)와 덕(德)에 순종하지 아니하니 심히 두려운 일이로다. 어질다고 하는 사람도 나의 이러한 말을 듣고 그것이 혹 그렇지 않다고도 여기니 내 못내 한탄하거니와 세상은 어찌 할 수 없는 것이라. 간략하나마 적어내어 가르쳐 보이니 공경히 이 글을 받아 삼가 교훈(敎訓)의 말씀으로 삼을지어다.

논학문(論學文)

　무릇 하늘의 도(天道)라고 하는 것은 형상이 없는 것 같으나 자취가 나타나 있고, 땅의 이치(地理)란 것은 넓은 것 같으나 방위가 있는 것이니라. 그러므로 하늘에는 아홉별(九星)이 있어 땅의 구주(九州)와 응하였고 땅에는 팔방(八方)이 있어 팔패(八卦)와 응하였으니, 차고 비고 서로 갈아 들어오는 수는 있으나 움직였다가 고요하였다가 하는 변하고 바뀌는 이치는 없느니라.

　음과 양이 서로 고르어 비록 백 천 만물이 그 속에서 화해 나지마는 오직 사람이 가장 만물 중에 신령한 것이니라. 그러므로 하늘, 땅, 사람, 천지인(天地人) 삼재(三才)의 이치를 정하고 목, 화, 토, 금, 수, 오행(五行)의 수(數)를 내었으니 오행이란 것은 무엇인가? 하늘은 오행의 벼리가 되고 땅은 오행의 바탕이 되고 사람은 오행의 기운이 되었으니 하늘과 땅 사람, 삼재(三才)의 수(數)를 여기에서 볼 수 있느니라.

　네 계절의 성하고 쇠하는 것과 바람 이슬 서리 눈이 그 때를 잃지 아니하고 그 차례를 바꾸지 아니하되 이슬 같은 창생은 그 까닭을 알지 못하여 어떤 이는 하늘님의 은혜라 이르고 어떤 이는 조화의 자취라 이르나, 그러나 하늘님의 은혜라고 말할지라도 오직 보지 못한 일이요 하늘님 조화의 자취라 말 할지라도 또한 말로 형상하기 어려운 것이라.

　어찌하여 그러한 것인가? 옛적부터 지금까지 그러한 이치를 바르게 살피지 못하였기 때문이니라.

경신년 사월에 천하가 어수선하며 소란스럽고 세상 사람들의 인심이 쌀쌀하고 각박하여 어찌할 바를 알지 못할 즈음에 또한 괴상하고 어긋나는 말이 있어 세간에 떠들썩하되, 서양 사람들은 도(道)를 이루고 덕(德)을 세워 도성입덕(道成立德)하여 그 조화(造化)를 사용하여 일을 이루지 못함이 없고 무기로 다른 나라를 공격함에 당해낼 나라와 사람이 없다하니 이제 중국(中國)마저 소멸하여 없어지면 어찌 가히 커다란 근심이 없겠는가.

이는 도무지 다른 연고가 아니라, 이 사람들은 도(道)를 서도(西道)라 하고 학(學)을 천주학(天主學)이라 하며 교(敎)는 성교(聖敎)라고 말하지만, 어찌 이러한 침략 행위가 하늘의 때(時)를 알고 하늘의 명(命)을 받은 것이라 할 수 있겠는가? 이를 일일이 들어 말할 수 없으므로 내 또한 두렵게 여겨 다만 늦게 태어난 것을 한탄할 즈음에, 몸이 떨리면서 밖으로는 영(靈)의 접하는 기운(氣運)이 있고 안으로는 말씀하는 강화(降話)의 가르침이 있으되, 보였는데 보이지 아니하고 들렸는데 들리지 아니하므로 마음이 오히려 이상해져서 마음과 기운을 다시 가다듬어 수심정기(守心正氣)하고 묻기를 "어찌하여 이렇습니까?"

말씀 하시기를 "내 마음이 바로 네 마음(吾心卽汝心)이니라. 사람이 어찌 이를 알리오. 천지(天地)는 알아도 귀신(鬼神)은 모르니 귀신(음양)이라는 것도 나니라. 너는 끝이 없는 무궁한 도(道)에 이르렀으니 닦고 단련하여 그 글을 지어 사람을 가르치고 그 법(法)

을 바르게 하여 덕(德)을 펴면 너로 하여금 장생하여 천하에 길이 빛나게 하리라."

그 가르침을 받아 내 또한 거의 한 해를 닦고 헤아려 본 즉, 자연한 이치가 없지 아니하므로 한 편으로 하늘님을 지극히 위하는 글(呪文)을 짓고 한편으로 기(氣)가 하나로 화하는 강령(降靈)의 법을 짓고 한편은 잊지 않는 글을 지으니, 절차와 도법이 오직 이십일 글자(21字)로 될 따름이니라.

신유년에 이르러 사방에서 어진 선비들이 나에게 와서 묻기를 "지금 하늘님의 영(天靈)이 선생님께 강림하였다 하니 어찌된 일입니까?"

대답하시기를 "무왕불복(無往不復. 가고 돌아오며 순환)하는 하늘의 이치를 받은 것이니라."

묻기를 "그러면 무슨 도(道)라고 이름 합니까?"

대답하시기를 "하늘의 도(天道)이니라."

묻기를 "서양의 도와 다른 것이 없습니까?"

대답하시기를 "서학(西學)은 우리 도(道)와 같은 듯 하나 다름이 있고 하늘님께 빈다고 하나 실지가 없느니라. 그러나 운(運)인 즉 하나요 도(道)인 즉 같으나 이치(理致)인 즉 다르니라."

묻기를 "어찌하여 그렇게 됩니까?"

대답하시기를 "우리 도(道)는 무위이화(無爲而化)라. 그 시천주(侍天主)의 마음을 지키고 그 기운을 바르게 하고 하늘성품(天性品)을 거느리고 하늘님의 가르침을 받으면, 자연한 가운데 화해 나오는 것이요, 서양 사람은 말에 차례가 없고 글에 순서가 없으며 도무지 하늘님을 위하는 단서가 없고 다만 제 몸만을 위하여 빌 따름이라. 몸에는 기화(氣化)의 신(神)이 없고 배움에는 하늘님의 가르침이 없으니 형식은 있으나 자취가 없고 생각하는 것 같지만 지극히 하늘님을 위하는 글인 주문(呪文)이 없는 것이라. 도(道)는 허무한데 가깝고 학(學)은 하늘님 위하는 것이 아니니, 어찌 다름 이 없다고 하겠는가."

묻기를 "도(道)가 같다고 말하면 서학(西學)이라고 이름 합니까?"

대답하시기를 "그렇지 아니하다. 내가 또한 동(東)에서 나서 동(東)에서 받았으니 도는 비록 하늘의 도(天道)이나 학(學)인 즉 동학(東學)이니라. 하물며 땅이 동서로 나뉘었으니 서(西)를 어찌 동(東)이라 이르며 동을 어찌 서라고 이르겠는가. 공자는 노나라에서 태어나시어 추나라에서 도(道)를 폈기 때문에 추로의 풍화가 이 세상에 전해 온 것이거늘 우리 도(道)는 이 땅에서 받아 이 땅에서 폈으니 어찌 가히 서(西)라고 이름 하여 부르겠는가."

묻기를 "주문(呪文)의 뜻은 무엇입니까?"

대답하시기를 "지극히 하늘님을 위하는 글이므로 비는 글(呪文)이라 이르는 것이니, 지금 글에도 있고 옛 글에도 있느니라."

묻기를 "지극히 하늘님을 위하는 글인 주문은 어찌하여 그렇게 됩니까?" 대답하시기를

"지(至)"라는 것은 지극한 것이요,

"기(氣)"라는 것은 텅 빈 것 같은 중에 영(靈)이 창창하게 가득하고 무한함에 아득하여 모든 일에 간섭하지 아니함이 없고 모든 일에 명령하지 아니 함이 없으나, 그러나 모양이 있는 것 같으나 형상하기 어렵고 들리는 듯 하나 보기는 어려우니, 이것은 또한 혼원한 한 기운이요,

"금지(今至)"라는 것은 도(道)에 들어 처음으로 무한한 지기(至氣)에 접함을 안다는 것이요

"원위(願爲)"라는 것은 청하여 빈다는 뜻이요,

"대강(大降)"이라는 것은 기화(氣化)를 원하는 것이니라.

"시(侍)"라는 것은 안으로 신(神)의 영(靈)이 있고 밖으로 기(氣)의 화함(化)이 있어 온 세상 사람이 각각 알아서 옮기지 못하는 것이요,

"주(主)"라는 것은 높이 받들어 부모(父母)와 더불어 하나로 섬긴다는 것이요,

"조화(造化)"라는 것은 무위이화(無爲而化)요,

"정(定)"이라는 것은 그 덕(德)에 합하고 그 마음을 정한다는 것이요,

"영세(永世)"라는 것은 사람의 한평생이요,

"불망(不忘)"이라는 것은 생각을 보존하여 잊지 않는 것이요,

"만사(萬事)"라는 것은 수(數)가 많은 것이요,

"지(知)"라는 것은 그 도(道)를 알아서 그 지혜를 받는 것이니라.

그러므로 그 덕(德)을 밝고 밝게 하여 늘 생각하며 잊지 아니하

면 지극히 지기(至氣)에 화(化)하여 지극한 성인에 이르느니라.

묻기를 "하늘님 마음이 바로 사람의 마음이라면 어찌하여 선(善)과 악(惡)이 있습니까?"

대답하시기를 "그 사람의 귀천의 다름을 명하고 그 사람의 힘들고 즐거움의 이치를 정했으나, 그러나 군자의 덕은 기운이 바르고 마음이 정해져 있으므로 천지와 더불어 그 덕(德)에 합하고 소인의 덕은 기운이 바르지 못하고 마음이 옮기므로 천지와 더불어 그 덕에 합하지 못하여 그 명(命)에 어기나니, 이것이 성하고 쇠하는 것의 이치가 아니겠는가."

묻기를 "온 세상 사람이 어찌하여 하늘님을 공경하지 아니합니까?"

대답하시기를 "죽음에 이르러 하늘님을 찾는 것은 사람이면 누구나 갖게 되는 마음인 것이니라. 목숨이 하늘에 있음과 하늘이 억조 창생을 내었다는 것은 옛 성인의 하신 말씀으로 지금까지 미루어 오는 것이나, 그런 것 같기도 하고 그렇지 않은 것 같기도 하다고 사람들이 생각하여 자세한 것을 알지 못하기 때문이니라."

묻기를 "도를 훼방하는 사람은 어째서입니까?"

대답하시기를 "혹 그럴 수도 있느니라."

묻기를 "어찌하여 그렇습니까?"

대답하시기를 "우리 무극대도(无極大道)는 지금도 듣지 못하고 옛적에도 듣지 못하던 일이요, 지금도 비교하지 못하고 옛적에도 비교하지 못하는 법(法)이라. 닦는 사람은 헛된 것 같지만 실지가 있고, 듣기만 하는 사람은 실지가 있는 것 같지만 헛된 것이니라."

묻기를 "도(道)를 배반하고 돌아가는 자는 어째서 그러합니까?"

대답하시기를 "그러한 사람은 족히 거론하지 않느니라."

묻기를 "어찌하여 거론하지 않습니까?"

대답하시기를 "공경 하되 멀리할 것이니라."

묻기를 "입도(入道)할 때 마음은 무슨 마음이었으며 도(道)를 배반할 때의 마음은 무슨 마음입니까?"

대답하시기를 "바람 앞의 풀과 같은 것이니라."

묻기를 "그렇다면 어찌하여 강령이 됩니까?"

대답하시기를 "하늘은 선과 악을 가리지 않기 때문이니라."

묻기를 "해(害)도 없고 덕(德)도 없습니까?"

대답하시기를 "요순(堯舜)의 세상에는 백성이 다 요순같이 되었고 이 세상 운수는 세상과 같이 돌아가는 것인지라 해가 되고 덕이 되는 것은 하늘님께 있는 것이요, 나에게 있지 아니하니라. 낱낱이 마음속에 헤아려 본즉 해(害)가 그 몸에 미칠는지는 자세히 알 수 없으나 그런 사람이 복을 누리리라는 것은 다른 사람에게 이야기할 바가 아니니, 그대가 물을 바도 아니요 내가 관여할 바도 아니니라."

아, 참으로 감탄함을 금하지 못할 일이로다. 그대들의 도(道)를 물음이 어찌 이같이 밝고 밝은가. 비록 나의 글이 정밀한 뜻과 최고로 바르게 표현함에 미치지 못했을지라도, 그 사람을 바르게 하고 그 몸을 닦고 그 재주를 기르고 그 마음을 바르게 함에 어찌 두 갈래 길이 있겠는가.

 무릇 천지(天地)의 무궁한 수(數)와 도(道)의 다함이 없는 무극한 이치가 다 이 글에 실려 있으니, 오직 그대들은 공경히 이 글을 받으라. 성스러운 덕(聖德)을 돕기를 내게 비하면 황연히 단 것에 꿀을 더 한 것 같고 흰 것에 색을 더한 것 같으니 내 지금 무극대도를 즐거워하여 흠모하고 감탄함을 이기지 못하므로 논하여 말하고 깨닫도록 일러주어 보이니 밝게 살피어 깊고 묘한 이치를 잃지 말지어다.

수덕문(修德文)

원, 형, 이, 정(元,亨,利,貞=春夏秋冬)은 천도(天道)의 항상 자연스럽고 떳떳한 것이요, 오직 한 결같이 중도(中道)를 지키어 중심(中心)을 바로 잡는 것은 사람이 매사의 일에 살피고 행하는 것이니라. 그러므로 나면서부터 아는 것은 군자의 성인 바탕이 있는 것이요, 배워서 아는 것은 옛 선비들의 서로 전한 것이니라. 비록 애써서 얻은 작은 소견과 지식이라도 다 우리 스승의 높은 덕으로 된 것이요 또한, 옛 왕들의 예의를 잃지 아니한 것이니라.

나는 동방에 태어나 이루어 놓은 일도 없이 세월을 보냈으니, 겨우 가문의 명예를 보존했을 뿐이요 가난한 선비임을 면치 못하였노라. 앞선 조상의 충의(최진립 장군)는 절개가 용산 서원(龍山書院)에 남아 전해짐이 있고, 우리 임금의 성스러운 덕은 해가 다시 임진년과 병자년 같은 운에 돌아왔더라. 이와 같이 남은 음덕(蔭德)이 그치지 아니하고 물 흐르듯 하여 아버님이 세상에 나타나심에, 이름이 한 도에 덮였으니 선비들이 모르는 이가 없었고 덕이 여섯 세대를 이었으니 어찌 자손의 남은 경사가 아니겠는가.

아, 슬프도다.

배우는 선비의 평생은 세월이 봄꿈과 같이 흘러가서 나이 사십에 이름에, 공부한 것은 울타리 가에 버린 물건으로 아시고 마음에는 벼슬할 뜻이 없으셨더라. 한편으로는 귀거래사(관직을 버리고 자연과 벗 삼아 사는 모습)를 지으시고 한편으로는 깨달음의 글귀를 읊으시니라. 지팡이를 짚고 짚신을 신은 것은 마치 초야에 묻혀 사는 선비의 모습 같고, 산이 높고 물이 긴 것은 선생의 고고한 풍모와 다름이 없더라.

용담정이 있는 경주 구미 산의 기이한 봉우리와 괴이한 돌은 월성 금오산 북쪽이요, 용이 하늘로 오르는 듯한 계곡 물이 떨어지는 곳의 맑은 못과 보배로운 시내의 모습은 수레는 흐르는 물과 같고 맑은 하늘로 오르는 용과 같다는 옛 도읍 마룡(馬龍)의 서쪽과 같더라. 동산 가운데 복숭아꽃은 고기잡이배가 알까 두려워함이요, 집 앞에 푸른 물은 뜻이 강태공이 위수(渭水)에서 때를 기다리며 낚시하던 것을 생각나게 하더라. 난간이 연못가에 다다름은 주렴계의 뜻과 다름이 없고, 정자(亭子)의 이름을 용담(龍潭)이라 함은 제갈량을 사모하는 마음이 아니겠는가.

세월의 흘러감을 막을 길이 없어 하루아침에 신선(神仙)이 되신 듯 돌아가시는 슬픔을 당하니 외로운 나의 한 목숨은 나이 겨우 열여섯에 무엇을 알았으리요. 철모르는 어린 아이나 다름이 없었더라. 아버지의 평생 사업은 불 속에서 자취마저 없어지고 자손의 불초한 남은 한은 세상에서 낙심하게 되었노라. 어찌 슬프지 아니하며 어찌 애석하지 아니하랴.

마음으로는 가정을 돌볼 생각이 있지마는 어찌 심고 거두는 일을 알며, 글공부를 독실이 하지 못하였으니 벼슬할 생각도 없었노라. 살림이 점점 어려워지니 나중에 어떻게 될지 알 수 없고, 나이 차차 많아가니 신세가 장차 궁졸 해질 것을 걱정 하였노라. 팔자를 헤아려 보니 춥고 굶주릴 염려가 있고, 나이 사십이 된 것을 생각하니 어찌 아무런 일도 해놓은 것이 없음을 탄식하지 않으랴. 몸을 의지하여 거처할 곳도 정하지 못하였으니 누가 천지가 넓고 크다고 한들 내 처지에는 그러하지 못하였고, 하는 일마다 서로 어긋나서 이루는 일이 없으니 스스로 한 몸 간직하기조차 어려움을 가엾게 여겼노라. 이러한 모든 일들을 겪고 난 후 부터 인생사 어지럽게 얽히고 번잡한 모든 생각을 떨쳐버리고 가슴속에 맺혔던 것들을 여한 없이 풀어 버리었노라.

용담(龍潭)의 옛집은 아버지께서 후학들을 가르치던 곳이요 동쪽 도읍지 새(新) 마을은 오직 내 고향이니라. 처와 자식을 거느리고 용담으로 돌아온 날은 기미년 10월이요 그 운수를 타고 하늘님께 무극대도(无極大道)를 받은 시절은 경신년 4월이더라. 이 또한 꿈 같은 일이요 말로 형상하여 표현하기 어려운 일이니라.

주역(周易) 괘(卦)의 대정수(大定數)를 살펴보고 삼대(三代하.은.주)에 하늘을 공경한 이치를 자세히 살펴 읽어보니, 이에 오직 옛날 선비들이 하늘의 명에 순종한 것을 알겠으며 후학들이 스스로 잊어버린 것을 탄식할 뿐이로다.

하늘님께 무극대도를 받아 닦고 단련하니 자연한 이치 아님이 없더라. 공부자(孔夫子)의 도(道)를 깨달으면 한 이치로 정하여 된 것이요, 오직 나의 도(道)로 말하면 크게는 같으나 다른 부분이 있는 것이니라. 의심을 버리고 보면 일과 이치에 떳떳한 것이요, 예와 지금을 살펴보면 사람의 일에 실행 할 바이니라.

무극대도를 받은 경신년에는 포덕 할 마음을 간직하고도, 더 지극한 정성과 공경으로 치성할 일을 생각하였노라. 그렇게 무극대도를 닦으며 미루다가 신유년(辛酉年)을 만나니, 때는 6월이요 절기는 여름이었더라. 좋은 벗들이 자리에 가득함에 먼저 도(道) 닦는 법(法)을 정하고, 어진 선비들이 나에게 물음에 대답하고 또한 포덕(布德)을 권하였노라. 가슴에 불사약을 지녔으니 그 형상은 궁을(弓乙)이요, 입으로 장생하는 하늘님을 지극히 위하는 주문(呪文)을 외우니 그 글자는 스물한 자(21字)이니라.

용담정의 대문을 활짝 열고 손님을 맞으니 그 수효가 그럴듯하며, 자리를 펴고 법(法)을 베푸니 그 재미가 그럴듯하도다. 어른들이 나아가고 물러가는 것은 마치 삼천제자 품계별로의 차례 같고, 어린이들이 손을 모으고 절하는 것은 동자 육칠 명이 기수에서 몸을 씻고 노래하며 말하는 것 같도다. 나이가 나보다 많으니 이 또한 공자보다 나이가 많았던 자공이 공자에게 행하던 예와 같고 노래 부르고 춤을 추니 어찌 공자의 춤과 다르랴.

인의예지(仁義禮智)는 옛 성인(聖人)의 가르친 바요, 수심정기(守心正氣)는 오직 내가 다시 정한 것이니라. 한번 제사로 받들어 하늘님(天主)께 입도식(入道式)을 봉행하는 것은 하늘님의 대덕(大德)을 잊지 않고 길이 모시겠다는 중한 맹세요, 모든 의심스러운 것을 깨쳐버리는 것은 정성스러운 마음을 지키는 까닭이니라. 의관을 바로 갖추는 것은 군자의 행실이요, 길에서 먹으며 뒷짐 지는 것은 천한 사람의 버릇이니라. 도(道)를 닦는 사람의 집에서 먹지 아니할 것은 한 가지 네발짐승의 나쁜 고기요, 몸에 해로운 것은 또한 찬물에 갑자기 앉는 것이니라. 남편이 있는 부인을 막는 것은 나라 법(國法)으로도 금하는 것이요, 누워서 큰 소리로 하늘님을 지극히 위하는 주문(呪文)을 외우는 것은 나의 정성스러운 무극대도에 태만함이니라. 그렇듯이 펴니 이것이 지키는 법칙이 되느니라.

아름답도다. 우리 무극대도(无極大道)의 실행함이여. 붓을 들어 글을 쓰니 사람들이 왕희지의 글 자취인가 의심하고, 입을 열어 운(運)을 부르니 누가 나무꾼 앞에서도 머리를 숙이지 않겠는가. 스스로 자기의 허물을 뉘우친 사람은 욕심이 석숭과 같은 부자의 재물도 탐내지 아니하고, 정성이 지극한 어린아이는 사광과 같은 사람의 총명도 부러워하지 않더라. 용모가 환하게 변화된 것은 마치 신선(神仙) 바람이 불어온 듯하고, 오랜 병이 저절로 낫는 것은 편작처럼 어진 의원의 이름도 잊어버릴 만하더라.

비록 그러나, 도(道)를 이루고 덕(德)을 바로 세우게 되는 것은 정성을 다함에 있고 사람에게 달려있느니라. 혹은 떠도는 말을 듣고 닦으며 혹은 떠도는 주문(呪文)을 듣고 외우니, 어찌 그릇된 일이 아니며 어찌 민망한 일이 아니겠는가.

안타까운 나의 심정은 날로 간절하지 않은 날이 없고, 빛나는 거룩한 덕을 혹 그르칠까 두려워하노라. 이것은 또한 직접 만나지 못한 탓이요, 사람이 많은 까닭이니라. 먼 곳에서도 서로 마음과 마음은 비치어 응하지만 또한 직접 만나지 못하니 그리운 회포를 이기지 못하겠고, 가까이 만나서 뜻을 펴고자 하나 반드시 관아(官

衙)의 지목받을 염려가 없지 아니하므로 이 글을 지어 펴서 보이니, 어진 그대들은 삼가 나의 말을 들을지어다.

　대저 이 무극대도는 마음으로 믿는 것이 정성이 되느니라. 믿을 신(信)자를 풀어 보면 사람(人)의 말(言)이라는 뜻이니 사람의 말 가운데는 옳고 그름이 있는 것이니, 그 중에서 옳은 말은 취하고 그른 말은 버리어 거듭 생각하여 마음을 정하라. 한번 마음을 작정한 뒤에는 다른 말을 믿지 않는 것이 믿음(信)이니 이와 같이 닦아야 마침내 그 정성을 이루느니라. 정성(誠)과 믿음(信)의 법칙이 멀리 있지 아니하니라. 믿음(信)이라는 것은 사람(人)의 말(言)로 이루었다는 뜻이니 먼저 믿고 그 다음에 정성을 들이라. 내 지금 밝게 가르치니 어찌 미더운 믿음의 말이 아니겠는가. 공경(敬)하고 정성(誠)들여 가르치는 말을 어기지 말지어다.

불연기연(不然其然)

노래하여 이르기를. 아득히 먼 옛적부터의 만물이여, 각각 이름이 있고 각각 형상이 있도다. 모든 만물을 보는 대로 말하면 그렇고 그런듯하나 그 처음부터 온 바를 헤아리면 멀고도 심히 멀도다. 이 또한 아득한 일이요 헤아리기 어려운 말이로다.

지금에 나의 나 된 것을 생각하면 나를 있게 한 부모가 이에 계시고, 뒤에 뒤 될 것을 생각하면 자손이 저기 있도다. 이제 오는 세상에 견주면 이치가 나의 나 된 것을 생각함에 다름이 없고, 이미 아득하게 지나온 세상에서 찾으면 의심컨대 사람으로서 사람 된 것을 분간하기 어렵도다.

아 ! 이같이 헤아림이여.

그 그러함을 미루어 헤아리면 그렇고 그러한 것이나 그렇지 않음을 찾아서 생각하면 그렇지 않고 그렇지 않음이라.

왜 그러한가? 아득한 옛날에 천황씨는 어떻게 사람이 되었으며 어떻게 임금이 되었는가? 이 사람의 근본인 부모가 없음이여, 어찌 그렇지 않은 불연(不然)이라고 말하지 않겠는가. 세상에 누가 부모 없는 사람이 있겠는가. 그 조상을 상고하여 보면 그렇고, 그렇고 또 그렇게 부모가 있는 기연(基然)인 까닭이니라. 그렇게 세상이 되어서 임금을 내고 스승을 내었으니 임금은 법(法)을 만들고 스승은 예(禮)를 가르쳤느니라. 임금은 맨 처음 자리를 전해준 임금이 없건마는 법강을 어디서 받았으며, 스승은 맨 처음 가르침을 받은 스승이 없건마는 예의를 어디서 본받았을까?

알지 못하고 알지 못할 일이로다. 나면서부터 알아서 그러함인가, 자연히 화해서 그러함인가. 나면서부터 알았다 할지라도 마음은 어두운 가운데 있고, 자연히 화했다 해도 이치는 아득한 사이에 있도다.

무릇 이와 같은 즉 불연(不然)은 알지 못하므로 그렇지 않은 것을 말하지 못하고, 기연(基然)은 알 수 있으므로 이에 알 수 있는 그러한 것을 믿는 것이니라. 이에 그 끝을 헤아리고 그 근본을 캐어본 즉 만물 이 만물되고 이치가 이치 된 큰 일이 얼마나 먼 것이냐. 하물며 또한 이 세상 사람이여, 어찌하여 앎이 없는고. 어찌하여 앎이 없는고.

수(數)가 정해진지 몇 해던가, 운(運)이 스스로 와서 회복되도다. 예와 이제가 변치 않음이여 어찌 운(運)이라고 하며 어찌 회복이라고 하는가. 만물의 그렇지 않은 불연(不然)이여, 수를 헤아리듯 거울같이 기록하여 밝히리라.

사계절의 차례가 있음이여, 어찌하여 그리 되었으며 어찌하여 그리 되었는고. 산 위에 물이 있음이여, 그것이 그럴 수 있으며 그것이 그럴 수 있는가. 갓난아기의 어리고 어림이여, 말은 못해도 부모를 아는데 어찌하여 앎이 없는고. 어찌하여 앎이 없는고. 이 세상 사람이여 어찌하여 앎이 없는고. 성인(聖人)의 태어남이여, 황하수가 천 년에 한 번씩 맑아진다니 운(運)이 스스로 와서 회복되는 것인가? 물이 스스로 성인이 태어나는 것을 알고 변화하는 것인가? 밭가는 소가 사람의 말을 들음이여, 마음이 있는듯하며 앎이 있는 듯 하도다. 소는 힘으로만 한다면 족히 사람과도 대적 할 수 있음인데 왜 고생을 하며 왜 죽는가. 까마귀 새끼가 길러준 어미에게 도로 먹임이여 저것도 또한 효도와 공경을 알고 제비가 주인을 앎이여 가난해도 또 돌아오고 가난해도 또 돌아오는 도다.

이러므로 그렇다고 단정하기 어려운 것은 그렇지 않은 불연(不然)이요, 판단하기 쉬운 것은 그러한 기연(基然)이라.

먼 곳을 캐어 견주어 생각하면 그렇지 않고 그렇지 않고 또 그렇지 않은 불연(不然)인 것이요, 그렇지 않고 그렇지 않아 알 수 없는 불연(不然)을 하늘님(조물자=天主)께 붙여 보면 그렇고 그러하여 알 수 있는 그러한 기연(基然)의 이치이니라.

용담유사

교훈가

경신년(庚申年)

내 그대들에게 이야기하니 내 자식과 같고 내 조카와 같은 그대들은 공경히 이 글을 받으라. 그대들도 이 세상에 음양오행(陰陽五行)으로 생겨나서 삼강(三綱)을 법을 삼고 오륜(五倫)에 참예해서 이십 살 자라나니 덕을 높이 쌓은 이내 집안 병수 없이 자란 건장한 그대들의 모습 보고나니 경사로다.

큰일 없이 자라나니 한편은 기쁘고 한편은 슬픔도 있지 않았던가. 내 역시 이 세상에 지난 시절 지낸 일을 자세히 생각해 보니 대저 사람의 백천만사 행하고 나니 그뿐이오 겪고 나니 고생 일세. 그중에 한 가지도 하던 일 성공이 거의 없어 가슴속에 품은 생각 크게 웃어 떨쳐버린 후에 이내신명(身命) 돌아보니 나이는 이미 사십이오. 세상풍속 돌아보니 그렇고, 그렇고 또 그러하더라.

아서라, 이내 신명(身命) 이밖에 다시없다 구미용담 찾아들어 중한맹세 다시하고 부부(夫婦)가 마주앉아 탄식하고 하는 말이 대장부 사십 평생 해놓은 것 없이 지내나니 이제야 할길 없네. 자호(字號)이름 다시지어 참된 진리를 깨닫기 전에는 산 밖에 나가지 않기로 맹세하니 그 뜻 깊고 길게 가슴에 간직하지 않겠는가.

슬프다 이내신명 이리 될 줄 알았으면 가산을 늘리는 것은 고사하고 부모님께 받은 집안 일 부지런히 힘썼으면 어려운 생활은 면하지 마는 경륜이나 있는 듯이 인심 각박한 이 세상에 혼자앉아 탄식하고 그럭저럭 하다가서 실패산업 되었으니 원망도 쓸데없고 한탄도 쓸데없네. 여필종부(女必從夫) 아니겠는가.

자네역시 어린 시절 호강하였다고 하던 말을 얘기한들 무엇 하며 부화부순(夫和婦順)이란 말은 무엇이었던가. 포대기에 쌓은 어린자식을 보아서라도 차마 그럴 수 없음이 아닐런가. 그 말 저 말 다 던지고 차차차차 지내보세 하늘이 만백성을 냈으니 반듯이 준 직분이 있을 것이오. 목숨이 하늘에 있으니 죽을 염려 왜 있으며 하늘님이 사람 낼 때 녹(祿)없이는 아니 내네.

우리라 무슨 팔자 그다지 험하고 험할꼬. 부(富)하고 귀한사람 이전시절 가난하고 천함이요 가난하고 천한사람 오는 시절 부귀(富貴)로세 하늘 운이 순환하사 가면 돌아오는 것이나니 그러나 이 내 집은 선(善)함과 덕(德)을 쌓은 공이 전부터 지금까지 굳게 이어온 것이라 자손에게 남은 경사인들 없을 소냐.

대를 이어온 착한마음 잃지 말고 지켜내서 빈궁한 가운데도 도를 즐기며 지낸 후에 자신을 수양하고 집안을 편하게 잘 다스려 보세. 아무리 세상사람 비방하고 원망하는 말을 들리나 듣지 말고 그릇된 일의 흉한 빛을 보이나 보지 말고 어린자식 알아듣도록 타일러서 모든 일에 교훈하여 어진(仁) 일을 본을 받아 집안일을 지켜내면 그 또한 즐거움이 아닐런가.

이러하고 그러하게 마음을 편히 하고 공경하고 정성들이며 칠팔개월 지내나니 꿈 이었던가 잠 이었던가 무극대도(无極大道) 받아내어 바른 마음으로 몸을 닦은 후에 다시앉아 생각하니 우리집안 쌓은 음덕(蔭德)으로 자손의 남은 경사인가 순환하여 돌아가는 이치의 회복 때문인가 어찌 이리 망극한 하늘같은 은덕인가 앞의 만년과 뒤의 만년을 자세히 생각해도 무극대도(无極大道)에 대한 것은 글로도 없고 말로도 없네.

대저생령 많은 사람 중에 사람이 없어 무극대도에 대한 기록을 못하였는가. 유도(儒道) 불도(佛道) 수천 년에 운(運)이 역시 다했기에 무극대도가 세상에 나온 것인가. 윤회(輪廻)같이 둘린 운수에서 내가 어찌 무극대도를 받았으며 억조창생 많은 사람 중에 내가 어찌 무극대도를 받는 높은 사람 되었으며 이 세상에 받은 사람 없는데 내가 어찌 받았던고 아마도 내가 무극대도를 받은 일은 잠자다가 받았던가, 꿈꾸다가 받았던가, 측량치 못할 일이로다.

하늘님께서 사람을 가렸으면 나만 못한 사람이 있겠으며 재주의 바탕을 가렸으면 나만 못한 재질이 있겠으며 여러 가지 의심을 두지마는 하늘님이 정하시니 나로서는 어찌 할 길이 없네.

사양할 마음이 있지마는 어디에 가서 사양하며 문의할 마음이 있지마는 이전에 무극대도(无極大道)를 받은 사람이 없으니 어디에 가서 문의하며 한 두 마디 말과 글도 없는 법을 어디 가서 본을 볼꼬. 잠자코 조용히 앉아 묵묵히 생각하니 고친자호(字號)에 비슷하고 또 깊이 더 생각하여 보니 고친 이름같이 된 것이 분명하다. 그럭저럭 할길 없어 없는 정신 가다듬어 하늘님께 아뢰오니 하늘님 하신말씀,

"너도 역시 사람이라 무엇을 알았으며 억조창생 많은 사람 천심

(天心)을 회복하여 한마음으로 돌아가 동귀일체(同歸一體)하는 줄을 사십 평생 알았더냐. 우습다 자네사람 백천만사 행할 때에는 무슨 뜻으로 그러하였으며 입산(入山)한 그달부터 자호(字號)이름 고칠 때는 무슨 뜻으로 그리하였는고. 소위 입춘(立春)에 비는 말을 복록(福祿)은 아니 빌고 무슨 경륜 포부 있어 세간중인 부동귀(세상 건질 도를 구하기 전에는 세상 뭇사람과 같이 돌아가지 않으리라)라. 의심 없이 지어내어 뚜렷하게 붙여두니 세상사람 구경 할 때 자네마음 어떠하던가.

그런 비위 어디 두고 만고 없는 무극대도(无極大道) 받아놓고 자랑하니 그 또한 단아하고 높은 기상이 아니던가. 세상사람 돌아보고 많고 많은 그 사람에 사람의 재질을 가려내어 총명한 것과 미련하고 둔한 것이 무엇이며 세상사람 저러하여 의심스럽고 괴이함에 탄식함은 무엇 인고. 남만 못한 사람인줄 네가 어찌 알았으며 남만 못한 재질인줄 네가 어찌 안단 말인가 그런 소리 말았어라 낙지이후(落地以後) 처음이로다.

착한운수 둘러놓고 포태지수(胞胎之數) 정해내어 지난시절 자라날 때 어느 일을 내 모르며 세상 쌓은 만물 쓰는 이치와 천만가지 일 행하기를 조화(造化)중에 시켰으니 출등한 인물(出等人物)은 견주어 보면 있지 아니 한가. 깨달은 앎이 없는 세상사람 원한 듯이 하는 말이 아무는 이 세상에 재주는 높으나 은덕이 적은 것이 아닐런가. 세상 사업의 일은 실패하고 구미용담 한 정각에서 산 밖으로 나오지 않는 뜻은 알다가도 모를러라.

가난한 저 세상 물정에 세상사람 한데 섞여 잘 보이려 구차히
아첨한다 해도 처와 자녀를 보호하는 명(命)을 모르고서 집안일을
지켜내어 안빈낙도(安貧樂道) 한단 말은 크게 우스운 일 아닐런가.
이말 저말 더 한다 해도 내가알지 네가 알까 그런 생각 두지 말고
마음을 바르게 하고 도를 닦았어라.

시킨 대로 시행해서 차차차차(次次次次) 가르치면 무궁 조화 다
던지고 덕을 천하에 펼 것이니 차제 도법(次第道法)이 그뿐일세 법
(法)을 정하고 글을 지어 입도(入道)한 세상사람 그날부터 군자(君
子)되어 무위이화(無爲而化) 될 것이니 지상신선이 네 아니냐."

이 말씀 들은 후에 일이 잘될 것임에 홀로 즐겁고 기쁘게 자부
하는 마음을 가지게 되었도다. 그제야 이날부터 부부가 마주앉아
이말 저말 다한 후에 기쁘고 즐거운 이야기 뿐 이더라.

이제는 자네 들어 보소 이내 몸이 이렇게 하늘님으로부터 무극
대도(无極大道)를 받게 되니 내 젊은 시절 하던 이야기 마치 미친
듯하고 취한 듯 하다 하였으나 이제 그 헛말 같던 것이 옳게 되었
으니 남아(男兒)역시 세상에 난 후에 장난스러운 말도 할 것이오
헛말인들 아니할까 부인의 마음은 어떠하오.

노처(老妻)의 거동보소 묻는 말은 대답하지 않고 무릎안고 입 다
시며 세상소리 서너 마디 어렵사리 겨우 끌어내어 천장만 살피면
서 하는 말이 이 일이 꿈일 런가 잠일 런가 허허 세상 허허 세상
다 같은 세상사람 중에 우리 복이 이렇게도 클까. 하늘님도 하늘님
도 이리 될 우리 신명(身命) 어찌 앞날 지낸 고생 그다지도 시키셨

는고. 오늘에야 참말이지 미친 것 같기도 하고 취한 것 같기도 한 저 양반을 가는 곳마다 따라가서 지질한 그 고생을 누구를 대해 그 말을 다하며 그 다니던 중에 집에 들어오면 장담하듯이 하는 말이 그 사람도 그 사람도 고생이 무엇 인고 이내팔자 좋을 것인데 하여 기쁘고 즐거움은 벗을 삼고 고생은 기쁘고 즐거운 일이라고 생각하였으니, 더 이야기 하지 말고 따라가세 공을 논할 내가 아니라. 고 말을 하니 노처(老妻)의 그 말을 듣고 내 역시 어척(어처구니)없어 얼굴을 뻔히 보며 마음속에 한숨지어 이제까지 지내온 일은 다름이 아니로다.

인물대접 하는 거동 세상사람 아닌 듯하고 처와 자식에게 하는 거동 이내진정 지극하니 하늘님 은덕이 있게 되면 좋은 운수 회복할 줄을 나도 또한 알았었네. 크게 웃어 떨쳐버린 후 나는 듯이 기쁘고 즐거운 기운을 이길 수 없게 되었더라.

그렇고 저렇게 정심으로 수도하고 포덕(布德)을 위해 글을 짓고 법(法)을 준비하며 지내다가 대문을 활짝 열어두고 오는 사람 가르치니 감당할 수 없을 만큼 공을 이루게 되었더라. 현인군자 모여들어 하늘님의 큰 덕을 밝고 밝게 하여내니 성(盛)하는 운(運)과 성(盛)하는 덕(德)이 분명하다.

그 모르는 세상사람 자기보다 재주가 뛰어난 사람 싫어 하니 근거도 없는 말을 지어내어 듣지 못한 그 말이며 보지 못한 그 소리를 어찌 그리 터무니없이 지어내서 만나는 사람마다 어지럽게 이야기 하는고. 슬프다 세상사람 내 운수 좋아지게 되고 네 운수 가런하게 될 줄 네가 어찌 안단 말인가. 슬프고 가련 하도다 경주향중(慶州鄕中)사람도 없는 지경이 분명하다. 어진사람이라도 있으면 이런 말이 왜 있으며 고향의 좋은 인심과 풍속을 다 던지고 이내 친척들의 운도 가련하다.

알지도 못하는 흉한 말과 괴이한 애기 남들 보다 배나 하며 육친(六親)들은 무슨 일로 나를 원수같이 대접하는가. 아버지를 죽인 원수라도 있었던가. 어찌 그리 원수같이 대접하는 고. 은혜도 원한도 없이 지낸 사람 그중에 싸잡혀 섞이어 또 역시 원수같이 되니 악인(惡人)을 도와 악한 일을 더 하게 돕는 것과 같은 조결위악(助桀爲惡)이 아닌가.

그 모르는 사람들이 아무리 그렇다고 해도 내 죄가 없으면 그뿐일세. 아무리 그리하나 나도 세상 사람으로 죄를 지은 단서도 없이 모함 중(謀陷中)에 든단 말인가. 이 운수가 아니면 죄가 없다한들 면(免)할 소냐. 하물며 이내 집은 나라의 녹을 받던 지체 있는 가문이 아닐런가.

아서라, 이내신명 무극대도(无極大道)를 받은 운수도 믿지마는 모함하는 사람들의 모함함을 감당한다는 것도 어려운 것이니 남의 이목 살펴보고 이같이 길을 떠나지 아니하면 세상을 능멸한 듯이 되고 관아의 장을 능멸하는 듯이 되니 나로서는 어찌할 도리가 없어 길을 나서게 되네.

끝이 없는 무극(无極)한 나의 무극대도(无極大道)는 내가 아니 가르쳐도 운수(運數)있는 그 사람은 차차차차 받아다가 차차차차 가르치니 내가 없어도 당당하게 발전해 나아감 일세.

길을 나서기 위해 짐을 꾸려 수 천리를 다니게 되니 도(道)를 닦는 사람마다 정성 드리고 또 정성드리지만 아직 무극대도(无極大道)의 기초도 다 되지 않은 너희들을 어찌하고 간단 말인가. 잊을 도리 전혀 없어 여러 번 좋은 말로 타일러 이야기 하지마는 차마 못한 이내 가슴속에 품고 있는 생각 그대들도 내 입장을 생각하여 보았어라.

그러나 어찌 할 길 없어 하루아침에 길을 떠나게 되었더라. 멀고 먼 가는 길에 생각나는 것은 너희들이로다. 객지에 외롭게 앉아서 어떤 때는 생각나서 너희 도를 닦는 거동 귀에도 쟁쟁하게 들리는 듯하며 눈에도 삼삼하며 어떤 때라도 생각나니 일과 법에 어긋나는 모습이 눈에도 거슬리며 귀에도 들리는 듯 아마도 너희 거동 늘 일과 법에 어긋남이 분명하다.

밝고 밝은 이 운수는 원한다고 이러하며 바란다고 이러할까 아서라 너희의 도(道)를 닦는 거동 아니 봐도 보는 듯하다. 부자유친(父子有親) 있지마는 운수조차 친함이 있겠으며 형제일신(兄弟一身)이라 하지마는 운수조차 한 몸이라고 할 것인가. 너희역시 사람이면 남의수도 하는 법을 응당히 보지마는 어찌 그리 알아듣지 못하는가. 깨달음이 없는 사람들아 남의 수도 하는 것을 본받아 정성하고 정성들이고 또 공경하고 공경해서 바른 마음으로 몸을 닦았어라. 아무리 그래도 이내몸이 이리된 것도 은혜와 덕이라 하지마는 도(道)를 이루고 덕(德)을 세우는 법(法)은 한 가지는 정성이요 한 가지는 사람이라.

부모의 가르침을 아니 듣고 흩어 버리면 금수(禽獸)에 가깝고 매사에 제멋대로 하다 마치는 것이 아니겠는가. 우습다 너희사람 하는 행실을 나는 도시 모를러라. 부자형제(父子兄弟) 그 가운데에도 도(道)를 이루고 덕(德)을 세움은 각각이라. 대저세상 사람 중에 정성이 있는 그 사람은 어진사람이 분명하니 작심으로 본을 보고 정성 공경 없단 말인가.

슬프다 너희들은 뛰어난 어진 사람은 바라지 않는다 해도 사람의 아래 되고 도덕에도 못 미치면 자기가 저지른 일로 인하여 생긴 재앙이라도 나는 또한 한이로다. 운수야 좋거니와 닦아야 도덕이라. 너희라 무슨 팔자라 스스로 힘쓰지 않고 얻는 것이 있단 말인가. 지극한 정성도 없이 지낸 사람들아 나를 믿고 그러 하냐. 나는 도시 믿지 말고 하늘님을 믿었어라. 네 몸에도 모셨으니 가까운 것을 버리고 멀리서 구한다는 말인가.

내 역시 바라는 것도 하늘님만 전혀 믿는 것이요, 꿈을 못 깬 너희들은 서책(書冊)은 아주 폐(廢)하고 수도(修道)하기 힘쓰기는 그도 또한 도덕(道德)이라 하지마는 문장(文章)이고 도덕(道德)이고 헛된 일로 돌아 갈까보다.

열 세자가 지극하면 만권의 글과 책이 무엇이며 마음공부(心學)라 하였으니 그 뜻을 잊지 말기를 바라노라. 어진 사람으로 도덕군자가 될 것이니 도를 이루고 덕을 세움에 못 미칠까. 이같이 쉬운 도를 자포자기 한단 말인가. 슬프다 너희사람 어찌 그리 앎이 없는

고. 탄식(歎息)하기 괴롭도다.

요임금 순임금 같은 성현들도 부모의 덕행을 이어가지 못한 자식(子息)을 두었으니 한탄할 것이 없다마는 우선 너희들이 하는 것을 보면 마음이 답답한 이내 회포 금하자 하니 감당이 어려운 것이요, 그대로 두자니 측은한 마음이 들어서 이 글을 지으니 힘써서 지은 글 바른 마음으로 한자 한자 살펴내어 방탕하고 들뜬 마음 두지 말고 이내 경계하는 말을 받아들여서 서로 만날 그 시절에 크게 뛰어난 그대들을 다시 보게 되면 즐거움은 당연한 것이고 이내 무극대도의 큰 운수가 될 것이라.

이글보고 지난날의 잘못을 뉘우치고 나를 본 듯이 무극대도를 닦았어라. 부디부디 이글보고 남과같이 닦았어라. 너희역시 그렇게 도(道)와 덕(德)을 닦지 않고 지내다가 나이 들어서도 지혜롭지 못하면 나를 보고 원망할까. 내 역시 그대들에게 이글을 전해 효험도 없이 되게 되면 그대들의 신수 가련하고 이내 말 헛말되면 그 역시 내 부끄러움이로다. 너희역시 사람이면 생각하고 또 생각할까.

안심가

경신년(庚申年)

　현명하고 지혜로운 우리 도가(道家)의 부녀(婦女)들이여 이글보고 안심(安心)하소. 무릇 세상 모든 생령(生靈)과 초목군생(草木群生)의 살고 죽는 것은 하늘에 있지 아니 한가. 하물며 만물사이 오직 사람이 최령자(最靈者)일세 나도 또한 하늘님께 명(命)과 복(福)을 받아 세상에 태어나 지난 시절 지낸 일을 역력히 헤아려보니 첩첩이 험한 일을 당하고 나니 고생뿐일세. 이도역시 하늘이 정한 것이라 내 어찌 할 길이 없었네.

　그러한 것을 모르는 처자(妻子)들은 유의유식(裕衣裕食)하는 귀공자를 흠모하고 부러워해서 하는 말이 신선인가 사람인가 한 하늘아래에 생긴 몸이 어찌 저리 같지 않은고. 하늘을 보고 탄식하는 말을 보고나니 한숨이요 듣고 나니 눈물이라.

　내 또한 그들에게 하는 말이 슬픈 감정에 후회하는 마음 두지 말고 내말잠간 들었어라. 하늘에 무궁(無窮)하여 무극(无極)하게 계시는 하늘님도 선악(善惡)을 택하지 않는다 하네. 조정(朝廷) 관직의 높은 대신들도 또한 하늘님께 명(命)과 복(福)을 받아 세상에 나온 것이라. 부귀한 자는 높은 벼슬이오, 빈 천자(貧賤者)는 백성이라. 우리 또한 빈 천자로 초야에 자라나서 부자 집의 잘 입고 잘 먹는 귀공자는 바라본다 해도 그렇게 되지 않는 것이 아니던가. 복록(福祿)은 다 버리고 입의 말로 짓는 화(禍)도 무섭더라. 벼락부자는 상서롭지 못한 것은 먼 옛적부터 내려옴이 아니던가. 공부자(孔夫子) 하신말씀처럼 자기 처지에 만족하고 편하게 도(道)를 즐김이 내 아닌가.

우리라 무슨 팔자 고진감래(苦盡甘來) 없을 소냐. 기쁜 것이 다 하면 슬픔이 오는 것도 무섭더라 한탄 말고 지내보세. 이러 그러 지내나니 거연 사십 세 되었더라. 사십 평생 이뿐인가 내가 어찌 할 길이 없었더라.

가련(可憐)하다 우리 부친 구미산에 정각을 지을 때에 다시 용담으로 돌아올 나를 주시려고 지었던가. 아버님의 은덕만 입은 내가 어찌할 도리가 없었더라. 하늘님이 사람 낼 때 복록(福祿)없이는 아니 낸다고 하더니 이 말이 그 말인가. 곰곰이 생각 하니 이도 역시 하늘님이 정한 것 일세. 하늘님이 정하여 주는 것을 받지 않으면 도리어 화가 닥쳐 재앙을 받는다(反受其殃반수기앙)는 이 말 또한 무섭더라.

무정한 세월이 물결의 흐름 같아 칠팔 개월 지내나니 경신년 사월이라 초오일에 꿈 이었던가 잠 이었던가 천지(天地)가 아득해서 정신수습 못하겠더라. 무한하고 아득하게 비어있는 가운데에서 나는 우레 같은 소리에 천지(天地)가 진동 할 때 집안사람 거동보소 놀라 얼굴색이 변하여 하는 말이 애고애고 내 팔자야 무슨 일로 이러한가. 애고 애고 사람들아 약(藥)도 사다가 써보지 못할까보다. 어둡고 캄캄한 저문 밤에 누구를 대해 이말 할꼬. 놀라 얼굴색이 변해 우는 자식들은 구석마다 끼어있고 댁의 거동을 볼작시면 헝클어진 머리에 행주치마 입고 당황하여 엎어지며 넘어지며 종종걸음 한창 할 때 무한하고 아득하여 끝이 없는 하늘에서의 소리 "두려워하지 말고 두려워하지 말라." 하였어라.

"무궁하고 무한한 하늘의 하늘님을 네가 어찌 알까보냐?" 초야(草野)에 묻힌 인생 이리될 줄 알았던가. 개벽(開闢)하는 날의 국초(國初)일에 만지장서(滿紙長書) 나리시고 십이제국(十二諸國) 다 버리고 우리나라 운수 먼저 하네. 그럭저럭 슬프고 두려움에 있던 얼굴이 정신수습 하게 되었더라. 그럭저럭 밤에 등불을 켜니 백지 펴라 분부 하네. 놀라 두려운 낯빛에 할길 없어 백지 펴고 붓을 드니 생전에 보지 못한 만물 형상의 부도(符圖)가 종이위에 뚜렷이 보이더라.

내 역시 정신없어 처와 자식을 불러 묻는 말이 이 웬일인가 이 웬일인가 저런 부(符)를 본적이 있는가. 하고 물으니 자식의 하는 말이 아버님 이 웬일입니까 정신수습 하옵소서. 백지를 펴고 붓을 드시고 만물형상(萬物形象)의 부도가 있다는 말씀 그도 또한 혼미(昏迷)함 입니다. 아이고 아이고 어머님아 우리 신명 이 웬일입니까? 아버님 거동보소 저런 말씀 어디 있으신가. 모자(母子)가 마주 앉아 손을 맞잡고 통곡을 한창 할 때,

하늘님 하신말씀 "깨달은 앎이 없는 인생들아 삼신산(三神山) 불사약(不死藥)도 사람마다 본다고 말하더냐. 미련한 이 인생아 네가 다시 그려내서 그릇 안에 살라두고 찬물 한 잔 떠다가서 한 장을 물에 타서 마셨어라." 이 말씀 들은 후에 바삐 한 장 그려내어 물에 타서 먹어보니 소리와 냄새도 없고 맛있는 맛도 없는 깊은 특이함이더라.

그럭저럭 먹은 영부(靈符)가 수백 장이 되었더라. 칠팔 개월 지내나니 가는 몸이 굵어지고 검던 낯이 희어지네. 어화세상 사람들아 신선(神仙)의 풍채가 내 아닌가. 좋을시고 좋을시고 이내신명 좋을시고 늙지 않고 죽지 않는다는 말인가.

만대의 전차 대군을 이끌던 진시황도 여산(驪山)에 누워 있고 한무제(漢武帝)의 하늘 이슬 받아먹는다는 승로반(承露盤)쟁반도 웃음 바탕 되었더라. 좋을시고 좋을시고 이내신명 좋을시고 세상에

끝없이 무궁히 장생한다는 말인가 좋을시고 좋을시고 금(金)을 준들 바꿀 소냐. 은(銀)을 준들 바꿀 소냐.

진시황과 한 무제가 무엇 없어 죽었는고. 내가 그때 났다면 불사약(不死藥)을 손에 들고 그들의 하는 행동을 보고 온갖 조롱 하올 것을 늦게 태어나니 한이로다. 좋을시고 좋을시고 이내신명 좋을시고 그 모르는 세상사람 한 장 다고 두 장 다고 건들거리며 비꼬듯이 하는 말이 저리되면 신선(神仙)인가. 착하고 바르지 못한 세상사람 자기보다 나은 사람을 싫어할 줄 어찌 그리 알았던고 답답해도 할길 없다.

나도 또한 하늘님께 분부 받아 그린 영부(靈符)가 금수(禽獸)의 행실과 같은 너희 몸에 불사약인들 효험이 있을 소냐. 가소(可笑)롭다 가소롭다 너희들이 숨어서 헐뜯고 모략하는 것이 가소롭다. 내 몸으로 지은 잘못이 없으므로 부끄럽거나 거리낄 것이 나는 없다마는 얼굴에 부끄러움도 없는 네가 어찌 알까.

슬프도다. 슬프도다. 너희들이 뒤에서 음흉하게 해를 끼침이 슬프도다. 우리야 저럴진댄 멀지않은 세월에 괴질이 온다고 해도 괴질에 걸릴 일이 없도다. 잘 먹고 잘 다니니 괴질로 인해 죽을 염려가 있을 소냐.

요사하고 간악한 그 사람들이 나를 음해 할 길이 없어 서학(西學)하는 사람이라 이름하고 온 동내 하는 말이 간사하고 망년된 저 사람이 서학에나 싸잡혀 다니지 않겠느냐고 말을 하니, 나에 대한 진실도 모르고 이야기 하는 사람들은 그걸 어찌 말이라고 지어서 하는가. 서로 모여 맞장구를 치며 추켜세운다며 하는 말이 용담에는 명인(名人)나서 호랑이도 되고 용(龍)도 되고 서학에는 용하더라고. 종종걸음으로 다니며 하는 말을 내 다하지 못하겠노라.

　거룩한 우리 부녀(婦女) 이글보고 안심(安心)하소 소위 서학(西學) 하는 사람 암만 보아도 명인(名人)없네. 내가 나의 무극대도(无極大道)를 서학(西學)이라 이름하고 이 내 몸으로 자처하여 세상에 드러냈던가. 초야(草野)에 묻혀 사는 사람인 나도 또한 세상에 뛰어나게 들어내는 것을 원하는 것은 당연함이 아니겠는가.

　하늘님께 받은 재주로 모든 병이 깨끗이 나아 회복되지마는 이 내몸 세상에 드러내면 하늘님이 주실 런가. 주시기만 줄작시면 편작(扁鵲)이 다시와도 이내선약(仙藥)당할 소냐. 만세의 명인(萬世名人)이 나뿐이다.

　가련하다 가련하다 내 나라 운수(運數) 가련하다. 전세임진왜란 지난 지 몇 해던고, 240여 년 전(前)의 일이 아닐런가. 십이제국(十二諸國) 괴질 운수 다시개벽 아닐런가. 요순성세 다시 와서 나라가 태평하고 백성들이 편하게 되지마는 험하도다. 험하도다. 우리나라 운수 험하도다. 개 같은 왜적 놈아 너희신명 돌아 보거라. 너희 역시 생겨난 후 배타고 우리나라 침략해 와서 무슨 은덕 있었던고. 지나간 임진왜란 그때라도 오성과 한음이 없었으면 나라의 옥새보전(玉璽保全)을 누가 할꼬 아국명현 다시없다. 나도 또한 하늘님께 옥새보전의 명(命)을 받드네. 군사 무기 전쟁이 아닌 난리를 지낸 후에 살아나는 인생들은 하늘님께서 복록(福祿)은 정하시고 수명(壽命)일랑 내게 비네.

　우리나라 무슨 운수 이다지도 험하고 험할꼬. 거룩한 내 집 부녀 자세히 살펴보고 안심하소. 개 같은 왜적 놈이 임진왜란 침략전쟁 때 왔다가서 식민지로 만들지 못하고 돌아가서 순가락으로 밥 먹을 값어치를 못했다고 쇠숟가락으로 밥을 안 먹는 줄 세상사람 누가 알까. 언제나 침략할 기회를 노리니 그 역시 원수(怨讐)로다.

만고의 충신 김덕령이 그때에 모함으로 죽지 않고 살아 있었으면 이런 일이 왜 있을꼬. 소인들이 간사하게 없는 죄를 꾸며 바침이 위험하도다. 임진왜란을 불과 서너 달이면 마칠 것을 팔년 지체 무슨 일인고 나도 또한 신선(神仙)으로 이런 먼지바람 같은 음해는 무슨 일인가. 나도 또한 하늘님께 신선이라 명(命)을 받았다 해도 이런 고생 다시없다 세상의 온갖 음해와 시기는 다 받더라.

장(壯)하도다 장(壯)하도다 내 집 부녀 장(壯)하도다. 내가 또한 신선되어 비상천(飛上天) 한다 해도 개 같은 왜적 놈을 하늘님께 조화 받아 하룻밤에 멸(滅)하고서 그 내용을 후세에 무궁하게 전하여 놓고 임진왜란 때 충정의 얼을 기린 대보단(大報壇)에 맹세하고 오랑캐의 원수 갚아보세. 다시 고쳐 놓은 삼전도(三田渡)에 세워진 오랑캐 비각(碑閣) 헐고 나니 지푸라기와 티끌 같아 다 부수고 깨어 흩어 버렸네. 이런 걱정 모르고서 요사하고 간사하며 악한 사람 누굴 대해 이런 말을 하는가.

우리선조(先祖) 정무공(貞武公) 최진립 장군께서 나라에 공을 세운 용인(龍仁) 험천(險川)땅에 공덕비를 높이 세워 만년을 길이 전하여 보세. 소나무 잣나무와 같은 변함이 없는 이내 절개 금석(金石)으로 세울 줄을 세상사람 누가 알까. 슬프다 저인물이 아무것도 모르면서 누구를 대해 숨어서 음해(陰害)하나. 요사하고 간악한 저 인물이 누구를 대해 저런 모략의 말을 하나.

하늘님이 내 몸 내서 우리나라 운수 보전(保全)하네 그 말 저 말 듣지 말고 거룩한 내 집 부녀(婦女) 근심 말고 안심 하소. 이 가사 외어내서 열심히 정성들이고 도(道)를 잘 닦아서 춘삼월 좋은 시절에 태평가(太平歌) 불러보세.

용담가

경신년(庚申年)

나라이름은 조선(朝鮮)이오 도읍(道邑)의 이름은 경주로다. 성
(城)의 이름은 월성(月城)이오 흐르는 물의 이름은 문수(汶水)로다.
기자(箕子)때 왕도로서 일천년 아닐런가. 동쪽 도읍 경주는 신라
때의 도읍이요 한양(漢陽)은 조선의 새 도읍이로다. 아동방(我東方)
생긴 후에 이런 왕의 도읍(都邑)이 또 있는가.

물의 수세(水勢)도 좋거니와 산(山)의 기운도 좋을시고 금오산
(金鰲山)은 남쪽 산이요 구미 산(龜尾山)은 서쪽 산(西山)이라.
봉황대(鳳凰臺) 높은 봉은 봉황새가 날아가 빈자리만 남아있고 첨
성대(瞻星臺) 높은 탑은 탑만 남아 월성(月城)을 지키고 있고 청옥
적(靑玉笛)과 황옥 적(黃玉笛)은 자웅(雌雄)으로 신라 옛 자취를 지
키고 있어 일천년(一千年) 신라 고풍이 이야기를 통해 지금도 전해
오고 있네. 어화세상 사람들아 이런 명승지 구경하여 보소.

동쪽 도읍(都邑)의 삼산(三山)을 볼 것 같으면 신선(神仙)이 없는
것이 괴이하다. 서쪽 도읍 주산(主山) 있었으니 공자 맹자 같은 학
풍(學風)이 없을 소냐. 어화세상 사람들아 옛 도시와 강산(江山)을
구경 하소. 뛰어난 인물은 땅의 영기를 받아 태어남이라 했으니 이
러한 명승지에서 밝고 어질고 매사 통달한 사람이 나오지 아니할
까. 하물며 구미산은 우리 동방(東方)의 주인 산(主山)이 아니던가.
곤륜산(崑崙山) 일지 맥(一支脈)은 중화(中華)로 뻗어있고 아 동방
(我東方) 구미 산(龜尾山)은 새로운 곤륜산이 되어 다시 중화(中華)
를 이루어 내는구나.

어화세상 사람들아 나도 또한 세상에 나온 후에 옛적 도읍과 강

산을 지켜내어 세상에 잘 이어서 전함이 아닐런가. 장하도다. 장하
도다. 구미산 기운 장하도다. 거룩한 가암 최씨 가문에 복덕을 주
는 산이 아닐런가. 구미산 생긴 후에 우리 선조 나셨구나. 산의 음
덕(蔭德)인가 물의 음덕인가 나라위한 충신과 열사들이 장하도다.

가련하다 가련하다 우리부친(父親) 가련하다. 구미산 용담정 좋
은 승지 도덕 문장 닦아내어 산의 음덕 물의 음덕도 알지마는 입
신양명 못하시고 구미산 아래 한 정각을 용담이라 이름하고 초야
에 묻힌 선비로 벼슬길도 가지 않고 후세에 전(傳)하셨단 말인가.

가련하다 가련하다 이내 가운(家運) 가련하다. 나도 또한 세상에
나온 후로 부모님 이름을 높이지 못했으니 득죄부모(得罪父母) 아
닐런가. 불효함을 못 면하였으니 세상에 쌓인 원망과 답답함이 아
닐 런가. 때를 얻지 못한 남아로서 허송세월 하였구나. 인간만사
행하다가 어느덧 거의 사십 세가 다 되었더라. 사십 평생 살아오며
이 뿐인가 내 어찌 할 길이 없었어라.

구미용담 찾아오니 흐르는 것은 물소리요 높은 것은 산이로세.
좌우의 산천(山川) 둘러보니 산수(山水)도 옛 모습이고 초목도 뜻
을 머금은 것 같으니 불효(不孝)한 이내마음 그 아니 슬플 소냐.
까마귀 까치는 날아들어 나를 조롱하는 듯하고 소나무 잣나무는
무성하여 푸른 절개를 지켜내니 불효한 이내마음 슬픔에 뉘우치는
마음이 절로난다. 가련하다 이내부친(父親), 그 음덕(蔭德)으로 자
손에 경사인들 없을 소냐.

용담정에 거처를 마련하고 처와 자식을 불러 알아듣도록 좋게
효유하고 하늘님께 지극 정성을 드리며 이렇게 그렇게 지내는데
하늘님 은혜와 덕(德)이 너무나 커서 경신년 사월 초오일에 글로
어떻게 기록하며 말로 어떻게 표현할까.

만고에 없는 무극대도(无極大道) 꿈인지 생시인지 끝이 없는 무궁(无窮)한 가운데에서 깨닫고 무극대도를 득도(得道)하였도다. 장하도다 장 하도다 이내운수 장 하도다.

하늘님 하신말씀 "개벽 후(開闢後) 오만 년에 네가 또한 처음이로다. 나도 또한 개벽이후 힘써 공을 들였으나 정성들인 공을 이루지 못하다(勞而無功노이무공)가 너를 만나 성공하니 나도 공을 이룸이요 너도 또한 의(意)를 얻음이니 너희집안 운수로다." 이 말씀 들은 후에 마음으로 홀로 기뻐하고 자부함이 아니던가.

어화세상 사람들아 무극대도의 운이 닥친 줄 을 너희 어찌 알까 보냐. 장하도다. 장하도다. 이내운수 장 하도다. 구미산수 좋은 승지 무극대도 닦아내니 오만 년 영원히 이어갈 운수(運數)로다. 만세(萬世)에 한 명의 장부로서 좋을시고 좋을시고 이내신명(身命) 좋을시고 구미산수(山水) 좋은 풍경 물형(物形)으로 생겼다가 하늘님으로부터 무극대도를 받는 이내 운수 맞혔도다.

가지마다 잎새마다 좋은 풍경 군자의 즐거움이 아닐런가. 한 하늘 아래 명승지로 만개의 골짜기와 천개의 봉우리 기이한 바위와 괴이한 돌이 산마다 이러하며 억조창생(億兆蒼生) 많은 사람들이 사람마다 이러할까. 좋을시고 좋을시고 이내신명 좋을시고 구미산수 좋은 풍경 아무리 좋다 해도 내가 아니면 이러하며 내가 아니면 이런 산수 아동방에 있을 소냐. 나도 또한 신선(神仙)이라 비상천(飛上天)한다 해도 이내 신선들이 사는 것 같이 좋은 구미용담 다시보기 어렵도다.

천년만년 지내온들 아니 잊자 맹세해도 후일 천년만년 후에라도 무심(無心)한 구미용담 평지(平地)가 되어 볼 수 없게 되면 그 역시 가슴 아프고 슬픈 일이로다.

몽중노소문답가

신유년(辛酉年)

곤륜산(崑崙山) 일(一)지맥(支脈)이 조선나라의 금강산에 기이한 바위와 기이한 돌의 좋은 경치 일만 이천 봉우리 아닐런가. 조선 팔도의 이름난 명산(名山) 다 던지고 천하에 제일가는 경치 좋은 명산이 아닐런가.

삼각산(三角山=북한산) 한양 도읍 사백년 지낸 후에 하원갑(下元甲) 이 세상에 남녀 간 자식 없어 산에 제사지내고 부처에게 공양하다가서 두 늙은이 마주앉아 탄식하고 하는 말이 우리도 이 세상에 밝고 밝은 천지 운수(運數) 남과같이 타고나서 살기도 어려운 이내팔자 일점혈육 없단 말인가. 우리 죽은 뒤는 그대로 두고라도 부모님께 죄 지음이 아닐런가.

아서라, 옛적부터 지금까지 공과 덕(功德)을 베풀고 자식을 정성으로 빌어 후대를 이은사람 말로 듣고 눈으로 보니 우리도 이 세상에 공덕(功德)을 베풀고 덕을 닦아보세. 집안 재산을 탕진 하여 내어 한결 같은 마음의 뜻과 기운을 다시 먹고 팔도의 불전(佛前)에 시주(施主)하고 지극한 정성으로 산에 제사 지내며 하늘을 우러러 백번 절하여 빌고 소원하고 밤낮으로 빌며 하는 말이 지극한 정성에 하늘이 감응함이 아닐런가. 공과 덕을 닦아보세.

그러나 옛적부터 지금까지 전해오는 세상 말이 뛰어난 인물은 땅의 영기(靈氣)라 하였으니 승지(勝地)에 살아보세 밝은 기운은 반듯이 뛰어난 명산 아래라 팔도강산 다 던지고 금강산 찾아들어 가 산의 용세와 집의 앉는 자리의 향을 가려내어 한 계곡 자락에 몇 칸의 초가집이 나무로 얽은 집이 아닐런가.

　그렇고 그러하게 정성들이며 지내나니 태기가 있어 몸이 붙게 되었더라. 포태하여 열 달에 다됨에 일일(一日)은 집 가운데 구름과 안개가 자욱하며 금강산의 내금강 외금강이 두세 번 진동할 때 홀연히 산기(産氣)있어 아들아기 탄생하니 기특한 남자(奇男子)아이 아닐런가. 얼굴은 옥처럼 밝고 환함이오. 풍채는 두목(杜牧之)의 모습이라. 그러그러 지내나니 오륙 세 되었더라.

　팔세에 배움에 들어가서 매우 많은 만 여권의 시서(詩書) 책에 통하여 알지 못함이 없어 나면서부터 앎이 있다 해도 믿을 만 하였더라. 열 살을 지내나니 듣는 것에도 밝음은 사광(師曠)과도 같으며 지혜와 도량이 비범하고 재주와 기량이 보통사람보다 뛰어나니 평생(平生)에 하는 근심 인심이 쌀쌀하고 각박한 이 세상에 각자 자기의 도리를 다하지 않으니 임금답지 않은 임금, 신하답지 않은 신하, 아버지답지 않은 아버지, 자식답지 않은 자식을 항상 탄식하니 마음이 답답한 그 회포는 흉중(胸中)에 가득하되 아는 사람 전혀 없어 처자와 산업 다 두고 길을 떠나 팔도강산 다 밟아서 인심과 풍속을 다 살펴보아도 어찌할 도리가 없었다네. 우습다 세상 사람 천명을 돌보아 따르지 않고 자기 멋대로 행한단 말인가.

　괴상하고 이상한 동국참서(東國讖書=정감록, 격암유록 등) 추켜들고 하는 말이 이거 임진왜란 때는 소나무 송(松)자에 있어야 살 길이 있고 홍경래의 난(亂) 때에는 이로움이 집 가(家)자에 있다하여 피난 다니는 것보다 집안에 있어야 이로운 득이 있다고 하였다니 어화세상 사람들아 이런 일을 본받아서 생활지계(生活之計) 하여보세. 진(秦)나라 때의 참서(讖書)인 녹도서(錄圖書)는 진나라를 망하게 하는 자는 호(胡)라고 하여 진시황이 북쪽 호족이 침략하지 못하게 만리장성을 쌓았다가 2세 호애(胡) 때 진나라가 망한 후에 세상사람 알았으니 우리도 이 세상에 앞으로 살길은 궁궁(弓弓)에 있음을 알았다네.

나라의 관직을 돈을 받고 팔고 사는 권력자도 한 마음은 궁궁(弓弓)이오 돈과 곡식을 쌓아 놓은 재산가인 부자도 한 마음은 궁궁(弓弓)이오 집안 재산을 다 없애 이리저리 다니며 얻어먹는 사람도 한 마음은 궁궁(弓弓)이라.

남의 말만 듣고 따르는 사람도 혹은 궁궁촌(弓弓村) 찾아가고 혹은 만 겹 싸인 산중에 들어가고 혹은 서학(西學)에 들어가서 자기 사심만을 위해 하는 말이 내옳고 네 그르지 잘잘못을 모여 뒤숭숭하게 하는 말이 매일 그때 그뿐일세.

아셨어라 아셨어라 팔도구경 다 던지고 고향에나 돌아가서 제자백가(諸子百家)의 시서(詩書)라도 외워보세 내 나이 십 사세(十四歲)라 앞으로 나아갈 길이 또한 만리 로다. 아서라, 이세상은 요임금 순임금 같은 다스림이라도 부족한 때요 공자 맹자의 덕이라도 능히 베풀지 못하리라.

흉중(胸中)에 품은 잊지 못하는 생각 한 번에 깨어 없애고 힘들여 오다가서 금강산 높고 높은 봉에 잠간앉아 쉬다가 홀연히 잠이 드니 꿈에 비옷을 입은 한 도사가 좋은 말로 이야기 하는 말이 만 계곡 천 봉우리 겹겹이 쌓이고 인적도 없는데 잠자기는 무슨 일이신가. 몸을 닦고 집을 잘 다스리지 아니하고 강산을 두루 돌아다닌단 말인가.

인심 쌀쌀하고 각박한 세상사람 보고 한탄할 것이 무엇이며 가련한 세상사람 궁궁(弓弓)에 살길이 있다고 찾는 말을 웃을 것이 무엇인가. 때를 못 만남을 한탄하지 말고 세상구경이나 하였어라. 살길이 소나무 송(松)과 집 가(家)에 있음은 알았으되 궁궁(弓弓)에 있는 것은 어찌 알까?

천운(天運)이 둘렀으니 근심 말고 돌아가서 바퀴가 돌듯 돌아가는 때와 운을 구경하소. 십이제국 몹쓸 병에 걸린 것과 같은 운수 다시개벽 아닐런가. 태평하고 성스러운 세상 다시 정해 나라가 태평하고 국민들이 편하게 될 것이니 슬프게 탄식하는 마음 두지 말고 차차차차 지냈어라.

하원갑(下元甲=한 시대 마무리. 선천) 지내거든 상원갑(上元甲=새 시대 시작. 후천) 좋은 시절에 만년 옛 부터도 없는 무극대도(无極大道)가 이 세상에 나올 것이니 너는 또한 짧은 세월(年淺)안에 억조창생 많은 백성 태평시대의 노래와 격양가(擊壤歌=농부들이 흙을 치며 부르는 노래)를 오래되지 않아 볼 것이니 이 세상 무극대도 끝이 없이 전해도 다함이 없지 아니한가.

하늘님 뜻이 사람의 마음에도 이어지는 것을 네가 알까? 하늘님이 뜻을 두면 금수(禽獸)같은 세상사람 어렴풋이 알아내네. 나는 또한 신선이라 이제보고 언제 볼 꼬. 너는 또한 신선(神仙)을 만나는 연분이 있어 아니 잊고 찾아올까. 잠을 놀라 깨어서 살펴보니 말을 나누 던 그곳도 없고 사람도 사라져 보이지 않게 되었더라.

도수사
신유년(辛酉年)

광대한 이 천지에 정한 곳 없이 길을 떠나니 슬프고 답답한 이 내회포(懷抱) 정을 붙일 곳 바이없어 명아주대의 지팡이 벗을 삼아 가다가 나그네의 창가에 몸을 기대어 걱정으로 잠을 이루지 못하다가 문득 생각하니 나도 또한 이 세상에 하늘님 은덕(天恩)을 크게 입어 만고에 없는 무극대도 마치 꿈을 꾼 것처럼 깨닫고 마치 꿈과 같이 받아내어 구미용담 좋은 풍경에서 내 처지에 만족한 가운데 무극대도(无極大道)를 즐기다가 불과 일 년여를 지낸 후에 사방에서 어진 선비들이 풍운(風雲)같이 모여드니 즐겁고 또 즐거움이 아닐런가.

이내 좁은 소견으로 법(法)과 도(道)를 가르치다가 불과 일 년여를 지낸 후에 대도의 큰일 중에 갑자기 길을 나서서 멀어진 이내 걸음 날도 정하지 못하고 길을 떠났으니 각 지역의 모든 벗은 한두 마디의 말도 못하고 세세한 사정도 이야기를 못 하였으니, 속 좁은 이내 소견 천리 밖에 앉아 이제야 깨닫고서 말을 하며 글을 지어 천리 먼 고향에 전해주니 어질고 어진 벗은 매몰한 이내사람 부디부디 갈지 말고 정성, 공경(誠敬)두 글자 지켜내어 차차차차 닦아내면 무극대도가 아닐런가. 시호시호(時乎時乎) 그때 오면 도(道)를 이루고 덕(德)을 세움이 아니던가.

어질다 모든 벗은 우매(愚昧)한 이내사람 잊지 말고 생각 하소 성인과 현인의 가르침을 살폈으면 연원도통(淵源道統) 알지마는 스승님과 스승님이 서로전해 받는 것이 연원(淵源)이오. 그중에 가장 높아 신통(身通) 육예(예(禮) 악(樂) 사(射) 어(御) 서(書) 수(數)) 도통 일세. 공자의 어진도덕 처음부터 끝까지 같다고 이름 해도 삼천제자 그 가운데 신통육예(身通六藝) 몇몇 인가. 칠십이인 도통(道通)해서 앞의 오랜 세월 가르침을 뒤의 오랜 세월에 한 정신으로 전하자고 해도 일천년 못 지나서 전 자방(田子方) 단 간목(段干木)이 산 깊이 은둔하여 도덕 사회와 이상적인 문화 세계 건설을 져버리고 공자(孔子)의 법(法)과 도(道)를 어지럽혔으니 그 아니 슬플 소냐. 어질다 이내 벗은 옛 것이 지금에도 미친다는 것을 본받아 순리를 순수하게 하였어라.

십년(十年)을 공부해서 도성입덕(道成立德) 되게 되면 빠르게 이룬 것이라 하지마는 무극(无極)한 이내 도(道)는 삼년에 이루지 못하면 그 아니 헛말인가. 급하고 급한 제군들은 사람의 일과 도리는 아니 닦고 하늘의 명(命)만을 바라오니 벼락부자는 상서롭지 못함은 예로부터 전해옴이 아니던가.

내 도리 다하고 천명을 기다리는 수인사 대천명(修人事待天命)은 자세히도 알지마는 어찌 그리 급급한가. 사람의 재질(才質) 가려내면 상, 중, 하의 재주(上中下才)가 있지마는 양협(量陜)한 이내소견 도량이 넓고 어진 군자 세상을 탄식해서 급한 마음을 가진 모습을 의심 없이 나타내니 입도(入道)한 그 가운데 아무것도 모르는 몰지각한 사람은 말로 듣고 입도(入道)해서 입으로만 배워 주문 읽어

도성입덕(道成立德) 무엇인지 나도 득도 너도 득도 인심 각박한 이 세상에 사람 같지 아니한 저 사람은 어찌 저리 어리석은가.

어질다 모든 벗은 자세보고 안심(安心)하소 위가 미덥지 못하면 아래가 의심하며 위가 공경하지 못하면 아래가 거만하니 이런 일을 본다 해도 책임은 맨 윗사람에게 있음이 아니던가.

이는 역시 그러해도 몸을 닦고 집안을 바르게 하지 아니하고 도를 이루고 덕을 세운다 함은 무엇이며 삼강오륜(三綱五倫)다 버리고 어진 군자 무엇이며 집안을 도(道)로 화목하게 하는 법은 부인(婦人)에게 관계하니 가장이 엄숙(嚴肅)하면 이런 빛이 왜 있으며 부인경계(婦人警戒) 다 버리고 저도 역시 괴이(怪異)하니 심히 원통하고 슬프도다. 이는 남편에게 있고 아내에게 있음이라 하는 도리 없다마는 현숙(賢淑)한 모든 벗은 차차차차 경계(警戒)해서 안심하고 안도 하여 주소. 내가역시 수치하면 곁에 있는 자네들은 매사 아름답지 못함이 아니던가. 동정만 살피지 말고 착하고 아름답게 완전함에 이르러서 이내 부끄러움 씻어주면 그 또한 크고 훌륭한 덕(德)이 아니던가.

남의 스승 되는 법은 배우러 오는 사람 막지 않는 것이 아닐런가. 가르치기에 전념하니 그 밖에 무엇이며 남의제자 되는 법은 한평생 스승과 제자 간에 의(義)를 맺은 후에 공경히 받은 문자 털끝만큼 인들 변할 소냐. 뛰어난 제군자는 많이 있다고 해도 스승이 되고 제자가 되는 것은 도문의 큰 덕이 아닐런가. 예로부터 성현을 따르는 제자들은 백가시서 외워내어 연원도통(淵源道統)을 지켜내서 공자의 어진도덕 가장 더욱 밝혀내어 오랜 세월에 전해오니 그 아니 기쁠 소냐. 내 역시 이 세상에 무극대도(无極大道) 닦아내어 오는 사람 효유해서 삼칠자(三七字) 주문(呪文) 전해주니 하늘님 섭리대로 하염없이 되는 것이 아닐런가.

우매한 세상사람 자기 스스로 품위를 높이는 마음도 다 던지고 자기 고집만이 항상 옳다하니 이는 무슨 일인가. 스승님 가르침에 없는 법(法)을 혼자앉아 지어내니 지난 세월 스승님 문중에도 없는 법(法)을 어디 가서 본을 보며 입도(入道)한 사오 개월에 어찌 그리 빨리 이루었는고. 슬프다 저 사람은 밝고 밝은 이 운수는 다 같이 밝지마는 어떤 사람 군자 되고 어떤 사람 저러 한가. 인의예지신(仁義禮智信)인 줄을 망창한 저 소견에 무엇을 안단 말인가. 나의 힘과 정성을 다해 기록해서 거울같이 전해주니 자세히 보고 안심해서 좋지 못한 잘못된 거동 남의 눈과 귀를 살펴서라도 하지 말고 바른 마음으로 도를 닦은 후에 남과같이 수도(修道)하소.

무릇 세상 사람의 도(道)가운데 믿을 신(信)자 주장일세. 대장부 옳은 마음 드러냄과 모든 예절은 믿음(信)이 없으면 어디서 나며 삼강오륜(三綱五倫)의 밝은 법도는 예(禮)없으면 어찌 행하며 대장부 지혜를 드러내는 차례는 맑고 깨끗한 가운데 나오는 것이니 우습다 저 사람은 스스로 포기하고 바르게 행하지 않아 안 되는 줄 모르고서 염치도 모르고 일을 어지럽히니 이는 역시 도(道)를 어지럽히는 사람이요 스승님이 행하지 않은 도법(道法)을 제 혼자 알았으니 이는 역시 법(法)을 어지럽히는 사람이라.

법(法)과 도(道)를 어지럽히는 사람 날 볼 낯이 무엇 인고. 그 같은 난법 난도(亂法亂道)의 행실을 고치지 아니하면 제 신수 가련하고 이내 무극대도 더럽히니 밤낮으로 하는 걱정 이밖에 다시없다. 마음을 굳게 정하고 불변하면 마침내 군자(君子)가 되지 않겠는가. 한 글자 한 구절 살펴내어 바른 마음으로 도(道)를 닦아두면 춘삼월(春三月) 좋은 시절에 또다시 만나볼까.

권학가

임술년(壬戌年)

정한 곳 없이 길을 가다 버드나무 우거진 길가에서 한가히 말하는 나그네가 세상을 두루 돌아 팔도강산 다 밟아서 전라도 은적암(隱寂庵)에서 한해의 해가 바뀌는 세월을 보내니 무정(無情)한 이 세월에 놀고 보고 먹고 보세.

크고 넓어 아득한 넓은 천지 명아주 대 지팡이 벗을 삼아 일신(一身)으로 비켜서서 만물을 살펴보니 무사한 이내회포(懷抱) 부칠 곳 바이없어 말로하며 글을 지어 옛것을 보내고 새것을 맞이 하여 보세. 무정한 이 세월이 어찌 이리 무정한고 어화세상 사람들아 사람이 칠십까지 살기는 옛 부터 드문 일이 아니던가.

무정한 이 세월을 환하고 밝게 헤아려 보니 흘러가는 이 세상에 하루살이 같은 저 인생을 칠십 평생 칭찬하여 드물 희(稀)자 전하였단 말인가.

어화세상 사람들아 고생으로만 세상을 살아온 이 사람이 노래 한 장 지어보세 살며 어려움 겪은 일을 산길과 물길을 만나 거닐며 털어버리고. 어린 자식들과 고향생각 노래지어 거닐며 말하니 이글보고 웃지 말고 깊이 읽고 익혀 그 맛을 체험하였어라.

억조창생 많은 사람 사람마다 이러하며 허다한 언문가사 노래마다 이러할까. 한 글자 한 구절 살펴내어 힘을 다해 외워내서 춘삼월(春三月) 좋은 시절에 놀고 보고 먹고 보세.

　강산(江山)구경 다 던지고 인심과 풍속(人心과風俗)을 살펴보니 부자유친(父子有親) 군신유의(君臣有義) 부부유별(夫婦有別) 장유유서(長幼有序) 붕우유신(朋友有信) 있지마는 사람들 마음과 풍속이 이상하도다. 세상구경 못한 인생 출생이후 처음이로다.

　나고 자란 이내 곳에 인심풍속 한탄해서 집을 돌아보지 못하고 길을 떠나 방방곡곡 찾아와서 많은 일을 살펴보니 허다한 남녀사람 사람마다 낯이 설고 사람들 마음과 풍속 행하는 거동 모든 일이 다 눈에 걸리니 다른 도의 고을이 이러하지 아니 한가.

　이내 좁은 소견으로 좋은 풍속 보려하고 어진친구 좋은 벗을 하루아침에 이별 하단 말인가. 산수풍경 다 던지고 동지섣달 찬 눈보라에 여러 마을 둘러 다니다가 크게 웃고 떨쳐버리세. 어화세상 사람들아 세상 풍속 모르거든 내가 사는 곳의 풍속을 살펴보소. 이도 역시 시운이라 내가 어찌할 도리가 없구나.

　세상을 두로 다니며 살피지 아니하면 인심풍속 이런 줄을 아니 보고 어찌 알까. 이렇게 사람의 백가지 천 가지 많은 일 보고나니 한(恨)이 없네. 예와 지금에 미루어 헤아리니 요순성세 그때라도 한 하늘아래 많은 사람 사람마다 요순 일세. 수레바퀴 돌듯이 둘린 운수 누구를 원망하고 누구를 탓 하리오. 아무리 이 세상도 현인군자(賢人君子) 있지마는 티끌과 흙속에 묻힌 옥과 돌을 누구라서 분간하며 빈궁한 가운데도 만족하고 도를 즐긴다고 하지마는 누구라서 가르칠까.

　때(時)와 운(運)을 의논해도 한번성하고 한번 쇠함이 아닐런가.

쇠하는 운이 지극하면 성하는 운이 오지마는 어질고 착한 모든 군자 모두 다 하늘님의 덕에 하나 되어 동귀일체(同歸一體) 하였던가. 어렵도다. 어렵도다. 만나기도 어렵도다. 방방곡곡 찾아들어 만나기만 만날진댄 흉중에 품은회포 다른 할 말 바이없고 묻는 대로 거침없이 대답을 한 후에 당당하고 떳떳한 올바른 도(道)의 이치를 밝혀내니 일 세상 저 인물이 진흙과 섞이고 불타는 곳에 빠져 있는 것과 같음이 아닐런가.

스스로 파 놓은 죽음의 땅 구덩이에서도 참을 지키어 살아났다는 함지사지(陷之死地) 출생들아 나라를 보전하고 백성을 편하게 해야 하는 보국안민을 어찌할꼬. 무릇 사람들과 초목 짐승들의 살고 죽음이 하늘에 있지 아니한가. 때 아닌 바람과 비를 원망해도 죽음에 임하면 하늘을 찾음이 아니던가. 삼황오제(三皇五帝) 성현들도 하늘을 공경하고 하늘을 따름이 아니던가. 어지럽고 인심 각박한 이 세상에 하늘의 명(命)을 돌아보지 않는단 말인가.

장평 땅에 묻힌 많은 군사들도 하늘님을 우러러서 조화 중에 생겨났으며 우리 또한 하늘님 조화로 생겨났으니 이러한 하늘님 은덕은 그러하다 하더라도 하늘님 덕의 근본조차 잊을 소냐. 가련한 세상사람 각자 자기 마음만 위한단 말인가. 하늘님을 공경하고 하늘님 명(命)을 순히 따랐어라. 인심 각박한 이 세상이라도 근본은 잊지 말았어라.

임금에게 공경하면 충신열사 아닐런가. 부모님께 공경하면 효자효부 아닐 런가. 슬프다 세상 사람들 자세히 보고 공경 하소. 나도 또한 세상에 태어난 후에 일찍 부모님을 여의지 않았던가. 정성 공경 없었으니 부모님 공경 못한 불효의 죄를 짓지 않았던가. 나도 또한 충신열사의 자손으로 초야에 자라나서 군신유의(君臣有義)몰랐으니 임금에게 죄가 있음이 아닐런가. 허송세월 지내나니 거연 사십 살이 되었더라. 사십 평생 이뿐인가 내 어찌할 길 없었음이 아니었던가.

하원갑(下元甲) 경신년(庚申年)에 전해오는 세상 말이 요사한 서양의 침략자들이 중국(中國)을 침략해서 천주당(天主堂)을 높이 세워 거 소위 하는 도(道)를 천하에 널리 편다하니 우스운 소리가 아니던가. 앞전에 들은 말을 곰곰이 생각하니 아동방 어리석은 사람 예의오륜(禮義五倫) 다 버리고 남녀노소 아이들과 어리석은 사람 결당하여 떼와 무리를 이루는 극성 중에 허송세월 한단 말을 보는 듯이 들어오니 자기 마음대로 하늘님께 매일 매일 비는 말이 삼십삼천(三十三天) 하늘 궁궐 천당에 나죽거든 가게하소.

우습다 저 사람은 저의부모 죽은 후에 신(神)도 없다 이름하고 제사조차 안 지내며 오륜(五倫)의 예법에도 벗어나서 오직 빨리 죽기를 바라는 것은 무슨 일인가. 부모는 없는 혼령혼백 저는 어찌 혼자 유독 있어 높은 하늘에 가고 무엇하고 어린아이 같이 어리석은 소리하지 말았어라.

그 말 저 말 다 던지고 하늘님을 공경하면 아동방 삼년괴질 죽을 염려 있을 소냐. 허무(虛無)하여 쓸데없는 너희풍속 듣고 나니 창자가 끊어질 정도로 우스운 일이요. 보고나니 개탄(慨歎)일세.

　내 역시 사십 평생 해놓은 것 없이 지내나니 이제야 이 세상에 홀연히 생각하니 시운(時運)이 둘렀던가. 만년 옛적부터도 없는 무극대도를 이 세상에 창건하니 이 또한 때요 운이로다. 매일 매끼니 먹는 음식 정성 공경(誠敬) 지켜내어 하늘님을 공경하면 예전부터 있던 몸의 병이 약을 쓰지 않아도 저절로 치유됨이 아니던가. 집안 많은 일에 우환 없이 일 년 삼백 육십일을 하루아침 같이 지내나니 하늘과 신의 도움이 아닐런가. 차차차차 증험하니 때와 운이 돌아옴이 분명하다.

　어화세상 사람들아 이내경계 하는 말씀 세밀하고 밝게 살핀 후에 잊지 말고 지켜내어 정성 드리고 정성들여 공경하고 공경해서 하늘님만 생각 하소. 처와 자식 불러 좋은 말로 이야기하고 영원히 잊지 말았어라. 아 동방 해마다 생기는 괴질 인물상해(人物傷害)됨이 아닐 런가. 나도 또한 이 세상을 두루 밟아 다니다가 어진사람 만나거든 때와 운이 때에 따라 변함을 의논하고 백년신세 말하거든 이글주고 결의해서 붕우유신(朋友有信) 하여보세.

　우매한 이내말씀 잊지 말고 생각 하소. 어리석은 사람의 많은 생각 그 가운데도 반듯이 하나의 깨달음을 얻게 되면 그 아니 덕(德)일 런가. 운수관계(運數關係) 하는 일은 예와 지금에 없는 고로 졸필졸문(拙筆拙文) 지어내어 염치불구하고 전해주니 이글보고 웃지 말고 공경하여 가르치는 말을 깊이 새기고 잘 들었어라.

도덕가

임술년(壬戌年)

천지음양이 비로소 정해진 후에 세상 모든 만물이 화해나서 지극히 어리석은 자 금수(禽獸)요. 신령함이 최고인 자는 사람이라. 전(傳)해오는 세상 말이 하늘의 뜻과 사람 마음이 같다하고 대정수(大定數) 주역 괘(卦)에 헤아리기 어려운 것은 귀신(음귀 양신)이오. 대학(大學)에 이른 도(道)는 그 덕(德)을 밝고 밝게 하여내어 지극한 선(善)에 이르러야 한다고 하였고, 중용(中庸)에 이른 말은 하늘의 명(天命)받은 것은 근본 성품(性品)을 이르는 것이요 성품(性品)을 따르게 것은 도(道)요, 도(道)를 닦는 것은 교(敎)라 하여 정성(誠) 공경(敬) 밝혀두고 아 동방 어질게 통달한 사람 도덕군자 이름 하나 무지(無知)한 세상사람 아는 바 천지(天地)라도 공경하고 두려워하는 마음이 없었으니 아는 것이 무엇이며 하늘 위(天上)에 하늘님이 하늘 대궐에 계시다고 보는 듯이 말을 하니 음양이치(陰陽理致) 고사하고 허무(虛無)한 이야기 아닐런가.

중국 한나라 때 무당이 다른 사람을 저주하던 잘못된 풍속이 우리나라에 전해 와서 집집이 위한 것이 명색마다 잡신 일세 이런 지각 구경하소. 하늘과 땅도 음(陰)과 양(陽)의 귀신(鬼神)작용이오 귀신의 작용 역시 음양(陰陽)의 작용인줄 이같이 몰랐으니 경전은 살펴 무엇 하며, 도(道)와 덕(德)을 몰랐으니 현인군자 어찌 알리.

금세는 이러하나 예로부터 성현들이 하신말씀 대인은 천지와 같이 덕(德)에 합하고 일월과 더불어 밝음에 합하고 음양 귀신(鬼神) 작용과 더불어 길흉에 합하는 것이라. 이같이 밝혀내어 길이 세상에 무궁히 전했으니 깨달음이 없어 알지 못하는 어리석은 사람은 정신도 흐릿하여 잘 모르면서 하는 말이 지금은 늙은 하늘의 말세라. 영험(靈驗)한 일도 없거니와 몹쓸 사람 부귀하고 어진사람 궁박하다고 하는 말이 이뿐이오. 약간 어찌 수신하면 지체와 문벌 보고 가세보아 추켜세워서 하는 말이 아무는 지벌(地閥)도 좋거니와 글공부와 글 쓰는 것이 넉넉하니 도덕군자 분명타고 염치불구하고 높이 받드니 우습다 저 사람은 지벌 무엇이기에 군자를 비유하며 문필(文筆)이 무엇이기에 도와 덕을 이야기 하는고.

아서라 너희사람 보자 하니 욕이 되고 말하자니 번거롭되 나도 또한 이 세상에 양의(兩儀음양))와 사상(四象=태음, 태양, 소음, 소양) 기운(氣運)을 조화로 받아서 신체와 머리카락 살을 받아내어 집안의 명성을 겨우 보전한 사십 평생 벼슬이 없는 가난한 선비일 뿐이라도 하늘의 이치야 모를 소냐. 사람의 수족 동정 이는 역시 귀신(鬼神)이요, 선. 악간 마음을 쓰고 사용 하는 것 이는 역시 기운(氣運)이요 말하고 웃는 것은 이는 역시 조화(造化)로세.

그러나 하늘님은 지극히 공평하고 사사로움이 없으신 마음으로 자유롭게 작용하게 하니 인심 각박하고 메마른 이 세상을 동귀일체(同歸一體) 하게 한다는 말인가.

요임금 순임금 다스리던 때에도 도척(盜跖)이라는 큰 도둑이 있었거든 하물며 이 세상에 악인(惡人)의 음해가 없단 말인가. 공자가 다스리던 때에도 공자를 해(害)하려는 환퇴(桓魋)가 있었으니 우리역시 이 세상에 악한 사람의 시비하는 이야기를 피할 소냐. 마음을 닦아 시천주의 마음을 지키고 기운을 바르게 하여내어 매사에 바르게 인의예지 지켜두고 군자(君子)말씀 본받아서 정성 공경 두 글자 지켜내어 앞선 왕들의 옛 예의를 잃지 않으니 그 어찌 오해 받을 혐의가 되며 세간의 오륜(五倫) 밝은 법은 사람 성품을 이루는 바른 벼리로서 잃지 말자 맹세하니 그 어찌 혐의가 될꼬.

성현의 가르침이 귀로는 음란한 소리를 듣지 아니하며 행실이 좋지 못한 것을 보지 않고 눈으로는 나쁜 행실을 본받지 않는 것이라. 어질다 제군들은 이런 말씀 본을 받아 아니 잊자 맹세해서 한 마음으로 지켜내면 도를 이루고 덕을 세우게 되려니와 번복하는 마음 두게 되면 이는 역시 이치를 거스르는 자요. 물욕에 빠져 그만 두게 되면 이는 역시 행동이 천한자요 헛말로 유인하면 이는 역시 세상을 의혹되게 하는 자요 안으로 불량하고 겉으로 꾸며내면 이는 역시 하늘을 속이는 자라. 누구라서 분간 하리. 이같이 아니하면 공경하고 두려워하는 마음은 고사하고 어찌 명을 공경하고 이치에 순히 한단 말인가.

허다한 세상악질 약이 필요 없게 되었으니 기이코 두려우며 이 세상사람 마음으로 물질에 대한 욕심을 제거하여 지난 잘못을 뉘우치고 착하게 되었으니 정성 공경 못 지킬까. 일일이 못 본 사람이라도 서로 생각하는 마음이 없을 소냐. 두어 귀 언문가사 들은 듯이 외워내어 정심수도 하온 후에 잊지 말고 생각 하소.

흥비가

계해년(癸亥年)

　시전(詩傳)에 도끼의 자루를 잡고 도끼 자루를 베어내는 것을 비유하여 이야기하듯이 진리(眞理)는 멀리 있는 것이 아니고 자기(自己)가 바르게 실천(實踐)하는 가운데 있는 것을 이른 것이니라. 이처럼 내 앞에 보는 것을 어길 바 없지마는 이는 도시 사람에게 있는 것이요 멀고 가까운 거리에 있지 않은 것이로다.

　눈앞의 일이라 쉽게 알고 마음 헤아림 없이 하다가서 일을 마칠 때가 되어서 뜻과 같이 되지 않으면 그것은 내가 스스로 한(恨)할 일이 아닐런가. 이러므로 세상일이 어렵게 생각하던 일이 오히려 쉽고, 쉽게 생각하던 일이 오히려 어려운 줄을 깨닫고 깨달을까.

　밝고 밝은 이 운수는 다 같이 밝지마는 어떤 사람 저러하고 어떤 사람 이러한지 이리 헤아려 보고 저리 헤아려보니 제각기 제 운수인 것이 분명하다. 믿음이 없는 그 사람은 하늘이 높아도 낮은 곳 소리도 듣는다는 그 문자를 생각을 헤아려 겨우 찾아내어 제 이치를 연구하느라고 생각나니 이뿐이오. 그런고로 평생 소위 한편은 꾀로 속이는 일이고 한편은 어이없는 가소로운 일이로다.

　하늘님이 높으시나 낮은 곳의 소리도 듣는다는 문자에 겁을 내서 말은 비록 아니하나 마음과 생각을 속여 내어 이운수가 어떠할지 이름이나 걸어보자. 모든 친구 꾀어내어 반갑게 대접하는 듯 하도다.

아서라, 저 사람은 네가 비록 은밀하게 속이나 하늘님도 모르실까 그중에 지각이 없는 자는 끼니를 걱정할 처지에 있지마는 없는 것 구해가며 착실히 따듯하게 대접하여 정을 통하여 한다는 말이 성한 운과 성한 덕의 우리 동덕들이 이같이 서로 사랑 하니 마음과 뜻이 서로 통하지 아니할까. 묻지도 않은 그 말이며 청하지 않은 그 소리를 툭툭 털어 다하고 있자니 그 모양 오죽할까.

교사한 저 사람은 좋은 듯이 듣고 앉아 마음속에 하는 말이 내 복인가 내 복인가 열 세자가 내복인가 어찌 이리 좋은 운수 그때부터 없었는가. 영험(靈驗)되고 좋은 말은 귀 밖으로 다 버리어 듣지 않고, 그중에 아름답지 못한 일은 달게 듣고 모아내어 가슴에 가득하면 마지못해 떠나가니 찌는 듯한 더위의 저문 날에 소리하고 오는 짐승 귀에 와서 하는 거동 정분도 있는 듯하고 이 세상 풍속 됨이 은근히 남을 괴롭히는 음해가 주장이라. 통지하고 오고 있으니 의심 없이 앉았다가 끝머리에 가서 해로움이 미치니 그 까닭을 알 수 없음이 아닐런가.

이 웬일인가 이 웬일인가 먼저 우는 그 짐승은 나를 해할 생각을 두게 되면 소리 내고 오기는 뜻밖이라. 이 웬일인가 이 웬일인가 아무튼 살펴보자 고요한 듯 기다리니 그놈자취 분명하다.

지각(知覺)없다. 지각(知覺)없다. 이 사람들 깨달은 앎이 없도다. 저 건너 저 배 나무에 배가 어찌 떨어져서 많은 의심을 둘 즈음에 까마귀 날아가서 즉시의심을 깨우쳤더니 지각(知覺)없다 지각(知覺)없다. 이내사람 지각(知覺)없다. 대낮에도 큰 도둑이 있단 말을 자세히도 들었더니 깨달음이 없도다. 깨달음이 없도다. 양껏 먹고 달아나게 되었으니 모기와 같은 것이 네가 아니더냐.

그 중에 밝고 현명하여 매사에 능통한 사람들이여 내말 잠깐 들어 보소. 하늘님 덕에 합하는 것을 알았으면 자연스럽게 하염없이 되는 무위이화(無爲而化) 알지마는 그러나 예로부터 지금까지 스승과 스승이 서로 주고받는다 해도 연원(淵源)에 스스로 있지 아니한가. 일일이 거울해서 바르게 이리 저리 견주었으니 무릇 평범하게 보지 말고 자세히 읽어 그 뜻을 새겼어라.

칠 팔 세에 글을 배워 옛 글을 인용하여 시와 글을 지어 내어 청운교 낙수 교를 지나 벼슬길에 올라 출세하여 이름을 드러낼 마음은 사람마다 있지마는 깊고 깊은 저 웅덩이에 마음의 힘을 다해 지은 글을 넣고 나니 허무하다.

하늘이 주는 운수만 바라다가 많고 많은 그 사람에 몇몇이 참여해서 나라 음악을 관장하는 곳의 대풍류(大風流)로 과거 급제자와 같은 삼일유가(三日遊街) 기장하다. 이일저일 볼작시면 허무하기 다시없어 아니 가자고 맹세해도 내 운수 내가 몰라 종종이 따라 다니다가 이내마음 그만 둘 텐데 그도 또한 운수로다.

먼 곳에 일이 있어 가게 되면 내가 이로움이 되고 아니 가면 해로움이 되어 갑자기 길을 떠나 가다가서 길 가운데에서 생각하니 길은 점점 멀어지고 집은 종종 생각나서 금하지 못한 온갖 의심에 길에서 배회하며 생각하니 추측 컨데 틀림없이 알 것 같으면 이 걸음을 가지마는 어떠할런가. 어떠할런가. 도로 돌아오는 길에 올

랐더니 저 사람이 어리석고 못난 것이로구나. 글 네 자로 밝혀내니 만고사적(萬古事蹟=오랜 옛날 일의 자취)이렇게도 밝도다.

아홉 길 산을 지을 때 그 마음 오죽할까. 당초에 먹은 생각이 알맞지 않아 뜻에 미치지 못할까 해서 먹고 먹고 다시 먹고 오인육인 모을 때는 보고나니 재미 되고 하고나니 성공이라 어서하자 바삐 하자 그럭그럭 다해 갈 때 이번이나 저번이나 차차차차 풀린 마음 조급해서 자주보고 더딘 것 같아서 그쳤더니 다른 날 다시 보니 한소쿠리 더했으면 여한이 없이 이룰 공을 어찌 이리 급급하여 마침내 이르지 못했는가. 이런 일을 본다 해도 운수는 길어지고 조급하여 복잡했던 마음은 잠시로다. 생각하고 생각하소.

여러 아름의 좋은 나무 두어 자 썩었은 들 양공(良工=재주와 기술이 뛰어난 공인)은 버리지 않는다니 그 말이 민망하다. 장인(匠人=목수 등, 손으로 물건 만드는 사람)이 이르지 못하여 보지 못하면 어찌하리.

그 말 저 말 다하자니 말도 많고 글도 많아 약간 약간 기록하니 이러이러하고 또 이러이러 하니라. 이글보고 저글보고 다함이 없는 그 이치를 그렇지 않음과 그러함으로 이렇게 저렇게 살펴내어 사실 그대로를 보아 비교해보면 글도 역시 끝이 없고 말도 역시 끝이 없어라. 무궁히 살펴내어 무궁히 알았으면 무궁한 이 하늘에 무궁한 내 아닌가.

검결 (劍訣)

신유년(辛酉年)

　좋은 때여(時好) 좋은 때여(時好) 나의 좋은 시대(時代)여.
다시 있지 않는 나의 시대(時代)로다.
만세(萬世)에 한 번 태어나는 대장부로서 오만년이 나의 시대로다.
용천검(龍泉劍) 잘 드는 칼을 아니 쓰고 무엇 하리.
무수장삼(舞袖長衫) 떨쳐입고 이 칼 저 칼 넌즛 들어 끝없이 넓고
아득한 넓은 천지 한 몸으로 빗겨 서서 칼 노래 한 곡조를 시호
(時好) 시호(時好) 불러내니 용천검(龍泉劍) 날랜 칼은 해와 달을
희롱하고 게으른 무수장삼(舞袖長衫) 우주(宇宙)에 덮여있네.
만고명장(萬古名將)어디 있나.
장부당전(丈夫當前)에는 무장사(無壯士)라.
좋을시고 좋을시고 이내신명(身命) 좋을시고.

무극대도(无極大道)

득도(得道)

득도(得道)

  평생 세상을 구할 참된 진리의 도(道)를 찾으시던 수운대신사 주유천하 하신 후에 박(朴) 씨 사모님이 계시는 울산 여시바윗골에서 을묘년(乙卯年)에 이인(異人)으로부터 비몽사몽간에 받은 천서(天書)에서 49일 하늘에 기도하라는 깨달음을 얻어 계속하여 49일 기도를 실행하시어 마침내 하늘님께 무극대도(无極大道)를 받으시다.

  수운 대신사 뜻하지 않은 포덕 원년(경신년. 서기1960년) 4월에 마음이 선뜩해지고 몸이 떨려서 무슨 병인지 집중할 수도 없고 말로 형상하기도 어려울 즈음에 어떤 신선(神仙)의 말씀 같음이 있어 문득 귀에 들리므로 크게 놀라 마음을 가다듬고 깊고 무한하여 아득함을 더듬듯이 헤아려 찾아 물으니, 말씀하시기를 "두려워하지 말고 두려워하지 말라. 세상 사람이 나를 하늘님(天主)이라 부르거늘 너는 하늘님(天主)을 알지 못하느냐?" 하므로 그 까닭을 물으니 말씀하시기를 "내 또한 공(功)이 없으므로 너를 세상에 내어 사람에게 이 법(法)을 가르치게 하니 의심하지 말고 의심하지 말라."
그 까닭을 물으니 말씀하시기를 "내 또한 공이 없으므로 너를 세상에 내어 사람에게 이러한 나의 법을 가르치게 하니 의심하지 말고 의심하지 말라." 하시니 대신사 하늘님과의 문답이 시작되어 마침내 만고에 없던 무극대도를 받으시었다.

마음(心) 시험과 천명(天命)

하늘님 하신 말씀 "너의 정성이 아름답고 갸륵하여 너로 하여금 내 근원의 원자(元子)로 삼나니 너는 나를 부르되 당연히 아버지라고 하라."고 하시니 수운 대신사 그 가르침을 좇아 그렇게 하시었다. 그렇게 여러 날이 지난 어느 날 말씀 하시기를 "네가 지금 그릇된 세상을 건지고 도탄에 빠진 억조창생을 살리고자 하니 그 뜻이 참으로 아름답도다. 그러나 그 뜻을 이루려면 금력(金力)과 권력이 있어야 하므로 내 너에게 백의재상(白衣宰相)의 자리를 주니, 이것을 가지고 네 뜻을 이루도록 하라."고 하셨다.

수운 대신사 대답하기를 "부귀는 원래 제 소원이 아닙니다. 금력과 권력을 가지고 세상을 다스리라는 것은 사나운 것으로 사나운 것을 바꾸는 것과 같은 것이니 저는 그런 것을 원하지 아니합니다."하고 대답하였다.

하늘님께서 이르시길, "그러하면 권모술수(權謀術數)의 술법(術法)을 줄 것이니 이 술법으로써 세상을 건지도록 하라."고 하셨다.

대신사께서는 "권모와 술수로써 세상을 속여 한때의 안위를 도모하는 것은 원하지 않습니다."라고 대답하셨다.

하늘님께서는 또 "그러면 나에게 무엇이든지 마음대로 할 수 있는 조화(造化)가 있으니 너는 이 조화(造化)를 가지고 세상을 건지도록 하라."고 하셨다.

이에 대신사 조화(造化)를 받아 시험 하시니 이는 세상에 나타나 있는 작용이었다. 이에 대신사 조화를 멈추고, 이는 널리 세상을 구하는 도(道)가 아니며 세상을 어지럽히는 것으로 이를 받들 수 없다고 하시었다.

　이에 하늘님 다시 이르기를 "이는 천지간의 큰 조화(大造化)로 진실로 가히 행할만하니 너는 이 대(大) 조화를 받으라." 하시어 대신사 이를 행하시니 이는 우주 자연의 큰 조화였다. 하지만 대신사 바로 조화를 멈추시고 대답하기를, "이는 세상의 자연한 섭리를 어기는 것으로 널리 억조창생을 참되게 구하는 도가 아니며, 이러한 조화(造化)를 사용하여 사람을 현혹시킴으로써 가르치면 세상을 크게 어지럽힘이 많으며 대 우주의 자연한 이치에도 어긋납니다." 라고 하시며 무궁한 조화도 행하지 아니하시고 대신사 스스로 결단하기를 "하늘님(天主)도 바른 이치로 가르치지 않으니 내 이 후에는 비록 하늘님의 가르침이 있어도 결코 그 가르침을 따르지 아니하리라."고 하시며 음식조차 끊으시고 스스로 세상 구할 도(道)를 구하시며 더운 정진하신지 11일이 지났으나 하늘님은 아무 말씀이 없으셨고 다시 한 달이 다 지나게 되었다.

　그 때 하늘님 다시 말씀 하시기를 "아름답도다. 너의 뜻이여 어여쁘도다. 너의 절개여, 내 이제 너에게 무궁 무궁한 대도(大道)를 내리나니 너는 덕(德)을 천하(天下)에 펴도록 하라."고 하시니, 대신사 이에 마음의 중심을 다시잡고 기운도 고르고 바르게 하시어 그 뜻을 물으니 "나의 마음이 바로 너의 마음(吾心卽汝心)이니라. 사람들이 어찌 이를 알리오, 천지(天地)는 알아도 귀신(鬼神)은 알지 못하니 귀신(鬼神. 음양 조화)이라고 하는 것도 또한 나니라, 내 이제 너에게 무궁 무궁한 무극대도(无極大道)를 내려주노니 너는 무극대도를 받아 닦고 단련하여 그 글을 지어 사람을 가르치고 그 법(法)을 정(定)하여 덕을 천하에 펴면 너로 하여금 장생하여 천하에 밝게 하리라."고 하시고 또, 말씀하시기를 "오늘날 세상 사람들의 운(運)이 근심스럽도다. 사람들의 욕심이 하늘높이 솟아 넘치고 땅에도 가득하여 인륜에도 이미 섞이어 도덕(道德)이 무너졌느니라. 소위 자식으로써 자식 된 도리, 부모로써 부모 된 도리, 임금으로써 임금 된 도리, 신하로써 신하 된 도리, 남편으로써 남편 된 도리, 부인으로써 부인 된 도리를 하지 못하니 내가 이 세상을 도(道)와 덕(德)으로써 편 뜻에 어긋나고, 또한 나라를 다스리는 관리가 백성들에게 모질게 대하여 나의 다스림에 어긋나니 상해가 많을 것이요 또, 악한 병이 세상에 가득하니 네가 가르쳐 화(化)하게 하여 나의 큰 덕(大德)을 따르게 하라.”

또, 말씀 하시기를 “너도 또한 사람이라 무엇을 알았으랴 장차 세상의 큰 운이 순환하여 세계의 억조창생이 동귀일체(同歸一體)하리니 너는 정심으로 무극대도를 닦아 차차로 단련하면 무궁한 조화도 다 던지고 덕(德)을 천하에 펼 것이니 차제의 도법이 그 가운데 있느니라. 법(法)을 정하고 글을 지어 입도(入道)한 세상사람 그날부터 바르고 어진 사람(君子) 되어 무위이화(無爲而化) 될 것이니 지상신선 네 아니냐.” 고 하시었다.

대신사 하늘님 말씀에 수심정기(守心正氣)하시어 하늘님 덕(德)에 합하여 시천주(侍天主)의 마음을 지키고 무궁한 하늘님 덕에 하나로 화(化)하시어 하늘님의 명(命)으로 도(道)의 무궁한 궁극(窮極)의 근원을 통(通)하여 깨달으시고 무극대도(无極大道)를 받으시었다.

용담유사에 나타난 득도 상황

안심가 (安心歌)

경신년(庚申年) 사월(四月)이라 초오일에 꿈 이었던가 잠 이었던가. 천지(天地)가 아득해서 정신수습 못하겠더라. 무한하고 아득히 비어있는 가운데에서 나는 우레 같은 소리에 천지가 진동 할 때 집안사람 거동보소 놀라 얼굴색이 변하여 하는 말이 애고애고 내 팔자야 무슨 일로 이러한가. 애고 애고 사람들아 약도 사다가 써보지 못할까보다. 어둡고 캄캄한 저문 밤에 누구를 대해 이말 할꼬.

놀라 얼굴색이 변해 우는 자식들은 구석마다 끼어있고 댁의 거동을 볼작시면 헝클어진 머리에 행주치마 입고 당황하여 엎어지며 자빠지며 종종걸음 한창 할 때 무한히 비고 끝이 없는 하늘에서 하는 소리 두려워하지 말고 두려워하지 말라 하였어라. 무한한 하늘의 하늘님을 네가 어찌 알까보냐 초야(草野)에 묻힌 인생 이리될 줄 알았던가.

개벽(開闢)하는 날의 국초(國初)일에 만지장서(滿紙長書) 나리시고 십이제국(十二諸國)다 버리고 우리나라 운수먼저 하네. 그럭저럭 슬프고 두려움에 있던 얼굴이 정신수습 하게 되었더라.

그럭저럭 밤에 등불을 켜니 백지 펴라 분부 하네. 놀라 두려운 낯빛에 할길 없어 백지 펴고 붓을 드니 생전에 보지 못한 만물 형상의 부도(符圖)가 종이위에 뚜렷이 보이더라. 내 역시 정신없어 처와 자식을 불러 묻는 말이 이 웬일인가 이 웬일인가 저런 부(符)를 본적이 있는가.

자식의 하는 말이 아버님 이 웬일입니까. 정신수습 하옵소서. 백지를 펴고 붓을 드시고 만물형상의 부도(符圖)가 있다는 말씀 그도 또한 혼미(昏迷)함입니다. 아이고 아이고 어머님아 우리 신명 이 웬일입니까. 아버님 거동보소 저런 말씀 어디 있으신가. 모자(母子)가 마주앉아 손을 맞잡고 통곡을 한창 할 때,

하늘님 하신말씀 깨달은 앎이 없는 인생들아 삼신산(三神山)의 불사약도 사람마다 본다고 하더냐? 미련한 이 인생아 네가 다시 그려내서 그릇 안에 살라두고 찬물 한 잔 떠다가서 한 장을 물에 타서 마셨어라. 이 말씀 들은 후에 바삐 한 장 그려내어 물에 타서 먹어보니 소리와 냄새도 없고 맛있는 맛도 없는 깊은 특이함이라. 그럭저럭 먹은 영부(靈符)가 수백 장이 되었더라. 칠팔 개월 지내나니 가는 몸이 굵어지고 검던 낯이 희어지네. 어화세상 사람들아 신선의 풍채가 내 아닌가. 좋을시고 좋을시고 이내신명 좋을시고 늙지 않고 죽지 않는다는 말인가.

만대의 전차 대군을 이끌던 진시황도 여산(驪山)에 누워 있고 한무제(漢武帝)의 하늘 이슬 받아먹는다는 쟁반인 승로반(承露盤)도 웃음 바탕 되었더라. 좋을시고 좋을시고 이내신명 좋을시고 세상에 끝없이 무궁히 산다는 말인가 좋을시고 좋을시고 금(金)을 준들 바꿀 소냐. 은(銀)을 준들 바꿀 소냐. 진시황과 한 무제가 무엇 없어 죽었는고. 내가그때 났었다면 죽지 않는 불사약을 손에 들고 그들

의 하는 행동을 보고 온갖 조롱 하올 것을 늦게 태어나니 한 이로다. 좋을시고 좋을시고 이내신명 좋을시고

용담가(龍潭歌)

천은(天恩)이 망극(罔極)하여 경신사월(庚申四月) 초오일(初五日)에 글로 어찌 기록(記錄)하며 말로 어찌 성언할까. 만고(萬古)없는 무극대도(无極大道) 여몽여각(如夢如覺) 득도(得道)로다. 기장하다 기장하다. 이내운수 기장하다.

하늘님 하신말씀 개벽 후(開闢後) 오만 년(五萬年)에 네가 또한 첨이로다. 나도 또한 개벽이후 노이무공(勞而無功) 하다가서 너를 만나 성공(成功)하니 나도 성공 너도 득의(得意) 너희집안 운수(運數)로다. 이 말씀 들은 후에 심독희(心獨喜) 자부(自負)로다.

어화세상 사람들아 무극지운(无極之運) 닥친 줄을 너희 어찌 알까보냐. 기장하다 기장하다 이내운수 기장하다. 구미산수 좋은 승지(勝地) 무극대도(无極大道)닦아내니 오만 년 지(五萬年之) 운수(運數)로다.

입도(入道)

포덕식(布德式)

도(道)의 가르침에 들어오고자 하는 사람이 있으면, 입도(入道)할 사람이나 도(道)를 닦고 공부 할 수 있도록 포덕하여 안내하는 사람은 의관(衣冠)을 바르게 하고 예(禮)를 갖추어 도(道)를 공부함에 필요한 것을 전해야 하느니라.

입도식(入道式)

제(祭)로써 하늘님 모심에 들어가는 의식(儀式)으로 입도(入道)할 때에 입도하는 사람과 안내하는 사람은 의관(衣冠)을 바르게 하고 북(北)쪽을 향하거나, 혹은 동(東)쪽을 향해 위(位)를 설하고, 청수(淸水)를 봉전하고 향을 피우고 촛불을 밝히며 돗자리를 깔아 입도할 자리를 마련하면, 다 같이 심고(心告)하고 정성으로 의식(儀式)을 예(禮)로서 봉행하라.

입도하는 사람이 북쪽을 향해 네 번 절을 한 후에 입도자를 안내하는 사람은 초학주문(初學呪文) 위 천주 고아정 영세불망 만사의(爲天主 顧我情 永世不忘 萬事宜)를 써서 입도(入道)하는 사람에게 주면 입도자는 초학 주문(初學呪文)을 공경스럽게 받아 소리 내어 읽은 후 분향(焚香)하고 북쪽을 향해 다시 네 번 절을 한 후에 입도축문을 소리 내어 읽고 난 후 참석한 도인들과 같이 지극히 하늘님을 위하는 글인 21자 주문(呪文) 3회를 소리 내어 읽고 청수(淸水)를 분작하고 다 같이 폐식 심고(心告)하면 입도식(入道式)은 마치게 되느니라.

입도 축문(入道 祝文)

저 O OO는 OOO 나라에 태어나 살면서 욕되이 인륜(人倫)에 처하여 하늘(天)과 땅(地)이 덮어주고 실어주는 은혜를 느끼고 해(日)와 달(月)이 비추어 주는 덕(德)을 입었으나, 아직 참에 돌아가는 길을 깨닫지 못하고 오랫동안 고해(苦海)에 잠기어 마음(心)에 잊고 잃음이 많더니, 이제 이 성세(聖世)의 도(道)를 스승님께 깨달아 이전의 허물을 참회하고 일체의 선(善)에 따르기를 원하여, 길이 모셔 잊지 아니하고 도(道)를 마음공부(心學)에 두어 거의 수련(修煉)하는데 이르렀습니다.

이제 좋은 날에 도장(道場)을 깨끗이 하고 청수(淸水)를 봉전하고 지극한 정성(至誠)과 지극한 소원(至願)으로 받들어 청하오니 감응하옵소서.

주문(呪文)

하늘님(天主)을 지극히 위하는 글

初學(入道) 呪文 : 爲 天主 顧我情 永世不忘 萬事宜
초학 (입도) 주문　　위 천주 고아정　영세불망 만사의

21자 주문 (21字 呪文)

降靈 呪文 : 至氣 今至 願爲 大 降
강령　주문　　지기 금지 원위　대 강

本 呪 文 : 侍 天主 造化定 永世不忘 萬事知
본 주 문　　시 천주 조화정　영세불망 만사지

3 . 7자 주문(3.7字 呪文)

降靈呪文 : 至氣今至 四月來
강령주문　　지기금지　사월래

本 呪 文 : 侍 天主 令我長生 無窮無窮 萬事知
본 주 문　　시 천 주　영아장생　무궁무궁　만사지

시문(詩文), 법강(法降)

입춘 시 (立春詩)

도(道)의 기운을 길이 보존함에 거짓되고 사사로운 것이 들어오지 않고, 세간의 뭇사람들과 같이 돌아가지 않으리라.

절구 (絶句)

황하수가 맑아지고 봉황새 우는 것을 누가 능히 알 것인가.
운이 어느 곳으로부터 오는지를 내 알지 못하노라.
평생에 받은 명은 천년 운수요, 성스러운 덕(聖德)의 우리 집은 백세의 일을 계승 하였네.
용담의 물이 흘러 네 바다의 근원이요, 구미산에 봄이 돌아오니 온 세상이 꽃이로다.

강시 (降詩)

삼칠(3.7)자(字)를 그려내니 세상 악마 다 항복하네.

좌잠 (座箴)

우리 도(道)는 넓고도 간략하니 많은 말을 할 것이 아니라, 별로 다른 도리가 없고 정성, 공경, 믿음 석자이니라.

이 속에서 공부하여 터득한 뒤에라야 마침내 알 것이니, 잡념이 일 어나는 것을 두려워하지 말고 오직 깨우쳐 지(知)에 이르도록 염려하라.

화결시 (和訣詩)

방방곡곡 돌아보니 물마다 산마다 낱낱이 알겠더라. 소나무 잣나무 는 푸릇푸릇 서 있는데 가지가지 입새마다 만만마디로다.

늙은 학이 새끼 쳐서 온 천하에 퍼뜨리니 날아오고 날아가며 사모 하기 극치로다.

운이여 운이여 얻었느냐 아니냐. 때여 때여 깨달은 사람이로다.

봉황이여 봉황이여, 어진 사람이여, 하수여 하수여, 성인이로다.

봄 궁전의 복숭아꽃 자두 꽃이 곱고도 고움이여, 지혜로운 선비는 즐겁고 즐거워라. 만학천봉 높고도 높을시고. 한 걸음 두 걸음 오 르며 나직이 읊어보네.

밝고 밝은 그 운수는 저마다 밝고, 같고 같은 배움의 맛은 생각마다 같더라.

만년 묵은 가지 위에 꽃이 피어 천 떨기요, 사해의 구름 가운데 달 솟으니 한 개의 거울일세.

누각에 오른 사람은 학의 등에 신선 같고 뜬 배에 있는 말은 하늘 위에 용 같아라. 사람은 공자가 아니로되 뜻은 같고, 글은 만권이 아니로되 뜻은 능히 크도다.

조각조각 날고 날림이여, 붉은 꽃의 붉음이냐.

가지가지 피고 핌이여, 푸른 나무의 푸름이냐.

부슬 부슬 흩날림이여, 흰 눈의 흰 것이냐.

넓고 넓고 아득하고 아득함이여, 맑은 강의 맑음이냐.

둥둥 뜬 계수나무 노여, 물결도 일지 않는 모래밭 십리로다.

길에서 거닐며 한가로이 말함이여, 달은 동산에 솟고 바람은 북쪽에 불 때로다.

태산이 높고 높음이여, 부자께서 오른 것이 어느 때인가.

맑은 바람이 서서히 불음이여, 오류선생이 잘못을 깨달음이니라.

맑은 강의 넓고 넓음이여, 소동파와 손님의 풍류로다.

연못의 깊고 깊음이여, 바로 주렴계의 즐거움이로다.

푸른 대의 푸르고 푸름이여, 군자의 속되지 않음이로다.

푸른 솔의 푸르고 푸름이여, 귀 씻던 처사의 벗이로다.

밝은 달의 밝고 밝음이여, 이태백이 안으려던 바요.

귀에 들리는 것은 소리요 눈에 보이는 것은 빛이니, 다 이것이 한가로이 예와 이제를 말함이라.

만리에 흰 눈이 어지럽게 흩날림이여, 천산에 돌아가는 새 날음이
끊어졌네.
동산이 밝고 밝아 오르고자 함이여, 서봉은 무슨 일로 길을 막고
막는고.

탄 도유심급(歎道儒心急)

산하의 큰 운수가 다 이 무극대도(无極大道)에 돌아오니 그 근원
이 가장 깊고 그 이치가 심히 멀도다. 나의 마음 기둥을 굳건히 해
야 이에 무극대도의 참된 맛을 알고, 한 생각이 이에 있어야 만사
가 뜻과 같이 되리라.

흐린 기운을 쓸어버리고 맑은 기운을 어린 아기 기르듯 하라. 한
갓 마음이 지극할 뿐 아니라, 오직 마음을 바르게 하는데 있느니
라. 은은한 총명은 자연히 신선스럽게 나오고, 앞으로 오는 모든
일은 한 이치에 돌아가리라. 남의 적은 허물을 내 마음에 논란하지
말고, 나의 적은 지혜를 사람에게 베풀라. 이와 같이 큰 도를 작은
일에 정성 드리지 말라. 큰일을 당하여 헤아림을 극진히 다하면 자
연히 도움이 있으리라. 풍운대수는 그 기국에 따르느니라.

현묘한 기틀은 잘 나타나지 않나니 마음을 조급히 하지 말라. 공
을 이루는 다른 날에 좋이 신선의 연분을 지으리라. 마음은 본래

비어서 물건에 응하여도 자취가 없는 것이니라. 마음을 닦아야 덕을 알고, 덕을 오직 밝히는 것이 도니라. 덕에 있고 사람에게 있는 것이 아니요, 믿음에 있고 공부에 있는 것이 아니요, 가까운 데 있고 멀리 있는 것이 아니요, 정성들이는 것에 있고 구하는데 있는 것이 아니니 그렇지 않은 듯 하나 사실이 그러하고 먼듯하나 멀지 아니하니라.

시문 (詩文)

겨우 한 가닥 길을 얻어 걸음걸음 험한 길 걸어가노라.
산밖에 다시 산이 보이고 물밖에 또 물을 만나도다.
다행히 물밖에 물을 건너고 간신히 산밖에 산을 넘어 왔노라.
바야흐로 들 넓은 곳에 이르니 비로소 대도가 있음을 깨달았노라.
안타까이 봄소식을 기다려도 봄빛은 마침내 오지를 않네.
봄빛을 좋아하지 않음이 아니나 오지 아니하면 때가 아닌 탓이지.
비로소 올만한 절기가 이르고 보면 기다리지 아니해도 자연이오네.
봄바람이 불어 지난밤에 일만 나무 일시에 알아차렸네.
하루에 한 송이 꽃이 피고 이틀에 두 송이 꽃이 피고,
삼백 예순 날이 되면 삼백 예순 송이가 피네.
한 몸에 다 바로 꽂이면 온 집이 모두 바로 봄일세.

병 속에 신선 술이 있으니 백만 사람을 살릴 만하도다.
빚어내긴 천 년 전인데 쓸 곳이 있어 간직하노라.
부질없이 한 번 봉한 것 열면 냄새도 흩어지고 맛도 엷어지네.
지금 우리 도(道)를 하는 사람은 입지키기를 이 병같이 하라.

결 (訣)

도(道)를 묻는 오늘에 무엇을 알 것인가.
뜻이 신원(新元) 계해년(癸亥年)에 있도다.
공을 이룬 얼마 만에 또 때를 지으리니 늦다고 한하지 말라 그렇게 되는 것을.
때는 그 때가 있으니 한한들 어찌하리.
새 아침에 운을 불러 좋은 바람 기다리라.
지난 해 서북(西北)에서 영우(靈友)가 찾더니 뒤에야 알았노라 우리 집 이 날 기약을.
봄 오는 소식을 응당히 알 수 있나니 지상신선의 소식이 가까이 오네.
이 날 이 때 영우(靈友)들이 모였으나 대도(大道) 그 가운데 마음은 알지 못하더라.

우음 (偶吟)

남쪽별이 둥글게 차고 북쪽 하수가 돌아오면 무극대도(无極大道)가
하늘같이 겁회를 벗으리라.
거울을 만리에 투영하니 눈동자 먼저 깨닫고, 달이 삼경에 솟으니
뜻이 홀연히 열리도다.
어떤 사람이 비를 얻어 능히 사람을 살릴 것인가.
온 세상이 바람을 좇아 임의로 오고가네.
겹겹이 쌓인 티끌 내가 씻어버리고자 표연히 학을 타고 선대(仙臺)
로 향하리라.
하늘 맑고 달 밝은 데 다른 뜻은 없고 좋은 웃음과 좋은 말은 예
로부터 오는 풍속이라.
사람이 세상에 나서 무엇을 얻을 것인가.
도(道)를 묻는 오늘날에 주고받는 것이로다.
이치 있는 그 내용을 아직 못 깨달아, 뜻이 현문에 있으니 반드시
나 같으리라.
하늘이 백성을 내시고 도 또한 내었으니, 각각 기상이 있음을 나는
알지 못했네.
마음 깊이 통했으니 어그러질 뜻이 없고, 크고 작은 일에 의심이
없네.
마상(馬上)의 한식은 연고지가 아니요, 우리 집에 돌아가서 옛일을
벗하고 싶네.

의리와 신의여, 또한 예의와 지혜로다.

무릇 나와 그대 한 모임을 지으리.

오는 사람 가는 사람 또 어느 때일까. 같이 앉아 한가하게 이야기 하며 상재(上才)를 원할까.

세상 되어오는 소식 또한 알지 못해서, 그런가 안 그런가. 먼저 듣고 싶어 하네.

서산에 구름 걷히고 모든 벗 모이리니, 처변을 잘못하면 이름이 빼어나지 못하리라.

어떻게 이곳에 와서 서로 좋게 보는 것이냐.

말하고 글 쓰는 것 뜻이 더욱 깊더라.

이 마음 들뜨지 말라, 오래 이렇지 않으리니. 또 타향에서 좋은 벗을 보리로다.

사슴이 진나라 뜰을 잃었다니 우리가 어찌 그런 무리인가. 봉황이 주나라에서 우는 것을 너도 응당 알리라.

천하를 보지도 못하고 구주는 말로만 들었으니, 공연히 남아로 하여금 마음만 설레게 하네.

흐르는 물소리를 들으니 동정호 아닌 줄 알겠고, 앉은 자리가 악양루에 있음인지 의심하네.

전 팔절 (前八節)

1.

밝음(明)이 있는 바를 알지 못하거든 멀리 구하지 말고 나를 닦으라.

2.

덕(德)이 있는 바를 알지 못하거든 내 몸의 화해난 것을 헤아리라.

3.

명(命)이 있는 바를 알지 못하거든 내 마음의 밝고 밝음을 돌아보라.

4.

도(道)가 있는 바를 알지 못하거든 내 믿음이 한결같은가 헤아리라.

5.

정성(誠)이 이루어지는 바를 알지 못하거든 내 마음을 잃지 않았나 헤아리라.

6.

공경(敬)이 되는 바를 알지 못하거든 잠깐도 모앙함을 늦추지 말라.

7.

두려움(畏)이 되는 바를 알지 못하거든 지극히 공변되게 하여 사사로움이 없는가 생각하라.

8.

마음의 얻고 잃음(得失)을 알지 못하거든 마음 쓰는 곳의 공과 사를 살피라.

후 팔절 (後八節)

1.
밝음(明)이 있는 바를 알지 못하거든 내 마음을 그 땅에 보내라.

2.
덕(德)이 있는 바를 알지 못하거든 말하고자 하나 넓어서 말하기 어려우니라.

3.
명(命)이 있는 바를 알지 못하거든 이치가 주고받는 데 묘연하니라.

4.
도(道)가 있는 바를 알지 못하거든 내가 나를 위하는 것이요 다른 것이 아니니라.

5.
정성(誠)이 이루어지는 바를 알지 못하거든 이에 스스로 자기 게으름을 알라.

6.
공경(敬)이 되는 바를 알지 못하거든 내 마음의 거슬리고 어두움을 두려워하라.

7.
두려움(畏)이 되는 바를 알지 못하거든 죄 없는 곳에서 죄 있는 것 같이 하라.

8.
마음의 얻고 잃음(得失)을 알지 못하거든 오늘에 있어 어제의 그름을 생각하라.

제서 (題書)

얻기도 어렵고 구하기도 어려우나 실지는 이것이 어려운 것이 아니니라.

마음(心)이 화(化)하고 기운(氣運)이 화(化)하여 봄(春)같이 화하기를 기다리라.

영소 (詠宵)

항아가 세상에서의 번복한 자태를 부끄럽게 여겨 한 평생 광한전에 높게 밝았노라.

이 마음 이런 줄을 맑은 바람이 알고, 흰 구름을 보내어 얼굴을 가리게 하네.

연꽃이 물에 거꾸로 서니 고기가 나비되고, 달빛이 바다에 비치니 구름 또한 땅이로다.

두견 꽃은 웃는데 두견새는 울고, 봉황대 역사하는데 봉황새는 놀고 있네.

백로가 강 건널 때 제 그림자 타고 가고, 흰 달이 가고자 할 때 구름을 채찍질하여 날리네.

고기가 변하여 용이 되었으나 못에는 아직 물고기가 있고, 바람이 숲 속에서 범을 끌어냈으니 범이 바람을 좇아가네.

바람이 올 때는 자취가 있으나 가는 자취 없고, 달 앞에서 뒤를 돌아보면 언제나 앞이로다.

연기가 가는 길을 가리었으나 밟아도 자취 없고, 구름이 봉우리 위에 덮였으나 한 자 도 높아지지 않네.

산에 사람이 많이 있다 해서 신선이라 이를 수 없고, 장정이 열 명이라 해도 모두 훌륭한 군사라고 할 수 없네.

달밤에 시냇가의 돌을 구름이 세어 가고, 바람 뜰에 꽃가지를 춤추는 나비가 자질하네.

사람이 방에 들면 바람이 밖으로 나가고, 배가 언덕으로 가면 산은 물로 마주 오네.

꽃 문이 스스로 열림에 봄바람 불어오고, 대울타리 성글게 비치며 가을달이 지나가네.

그림자 물속에 잠겼으나 옷은 젖지 않고, 거울에 아름다운 사람을 대했으나 말은 화답치 못하네.

물 수(水) 탈 승(乘) 미리 룡(龍) 문 문(門) 범 호(虎) 나무 수(樹)

반달은 산머리의 빗이요, 기울어진 연잎은 수면의 부채로다.

연기는 연못가 버들을 가리 우고, 등불은 바다 노 갈고리를 더했더라.

필법 (筆法)

닦아서 필법을 이루니 그 이치가 한 마음(一心)에 있도다.

우리나라는 목국(木局)을 상징하니 삼절의 수(數)를 잃지 말아라.

여기서 나서 여기서 얻었는 고로 동방부터 먼저 하느니라.

사람의 마음이 같지 않음을 어여삐 여겨 글을 쓰는 데 안팎이 없게 하라.

마음을 편안히 하고 기운을 바르게 하여 획을 시작하니 만법이 한 점에 있느니라.

먼저 붓 끝을 부드럽게 할 것이요, 먹은 여러 말을 가는 것이 좋으니라.

종이는 두터운 것을 택해서 글자를 쓰니, 법은 크고 작음에 다름이 있도다.

먼저 위엄으로 시작하여 바르기를 주로 하니 형상이 태산의 층암과 같으니라.

유고음 (流高吟)

높은 봉우리가 우뚝 솟은 것은 모든 산을 통솔하는 기상이요, 흐르는 물이 쉬지 않는 것은 모든 시내를 모으려는 뜻이니라.

밝은 달이 이지러지고 차는 것은 절개를 지키는 사나이의 천명(天命)을 따름과 같더라. 검은 구름이 공중에 떠오름은 군대의 위엄 같더라. 땅은 거름을 드려야 오곡의 남음이 있고, 사람은 도덕을 닦아야 모든 일이 얽히지 않느니라.

우음 (偶吟)

바람 지나고 비 지난 가지에 바람 비 서리 눈이 오는구나. 바람 비 서리 눈 지나간 뒤 한 나무에 꽃이 피면 온 세상이 봄이로다.

천명(天命)

하늘이 오 만년 무극대도로써 나에게 명(命)하시니 하늘님의 마음이 바로 나의 마음이며 나의 마음이 바로 억조창생의 마음이니라.

-계해년(癸亥年) 10월 28일

무극대도와 유불선(无極大道와 儒佛仙)

계해년(癸亥年) 10월 28일

나의 무극대도(无極大道)는 유(儒)도 아니요 불(佛)도 아니요 선(仙)도 아니니라. 유(儒)의 신(身)과 불(佛)의 성(性)과 선(仙)의 기(氣)가 나의 무극대도 안에 스스로 갖추어져 있는 것이니라.

유도(儒道)는 붓을 들어 글을 쓰고 입으로 소리 내어 운(韻)하고 제사에 제물을 쓰느니라.

불도(佛道)는 도장을 청결히 하고 손에 염주를 잡고 머리에 백납(고깔)을 쓰고 등불을 밝히느니라.

선도(仙道)는 용모를 바꾸고 조화를 쓰며 의관에 색을 사용하여 입고 제사에 폐백을 쓰며 익은 술을 올리느니라.

그러나 우리 무극대도는 유불선 삼도(三道)를 있게 한 궁극의 근원이니 무극(无極)의 진리와 앞의 시대에 알맞은 제례 법을 사용하리라.

후에 우리 무극대도를 가르치는 사람은 이를 혼동하지 마라. 우리 도(道)는 모든 진리의 근본이 되는 궁극(窮極)인 무극(无極)의 근원을 얻은 것이니라. 그러므로 만고 없는 무극 대도(无極大道)라고 하느니라.

오도의 법(吾道의 法)

계해년(癸亥年) 10월 28일

우리 도(道)의 법(法)을 위할 자 1 에 있고 2 에 있지 아니하고 3 에 있고 4 에 있지 아니하며 5 에 있고 6 에 있지 아니하니라.

장차 후일에 나를 천황씨(天皇氏)라 부르리라.

내 마음 지극히 모연한 사이를 생각하니 의심 컨데 태양이 흘러 비치는 그림자를 따르네.

무극대도 천명(无極大道 天命)

계해년(癸亥年) 12월 8일 여러 제자들이 찾아와 말하기를, "지금 선생님을 서학(西學)으로 지목하여 체포하려 한다하니 속히 피하십시오." 라고 말하며 권하자 대신사 말씀하시기를, "무극대도(无極大道)가 나로 부터 나왔으니 나 스스로 당할지언정 어찌 가히 한 몸의 안위만을 위해 피하여 여러 제군들에게 화를 미치게 하리오.

또, 하늘님의 명(命)이 이렇게 밝고 밝거늘 어찌 사사로운 마음으로써 하늘님의 무궁한 기틀에 어긋나게 하리오." 라고 말씀하시었다.

문경 초곡리 장생 설법

대신사를 구하러 온 천 여명의 도인 앞에서 바위에 올라 하신 설법

그대들은 폭력과 억압의 힘으로 나를 구하려 하는가? 이것이 바로 폭력으로써 또 다른 폭력을 부르는 것이니라. 하늘의 천도(天道)가 폭력으로써 만물을 내고 성장하게 하는가?

내가 항상 그대들에게 이야기 한 것과 같이 나는 장생한다는 것을 이야기하지 않았느냐? 육신은 백년 살아가는 주체요, 성령은 장생하는 것이니 그대들이 진정으로 나를 구하고자 한다면 하늘님의 도(道)와 덕(德)을 참으로 진실하게 믿으라. 나는 하늘님을 믿고 하늘님 천명(天命)대로 따를 뿐이니라. 내가 이 길을 가는 것도 하늘님의 명(命)이요, 결코 관아의 강압을 못 이겨 잡혀가는 것이 아니니, 그대들도 하늘님의 천명을 믿는다면 안심하고 돌아가 정심수도(正心修道)에 힘을 쓰라.

천명(天命)은 절대로 선한 것이니라. 살아서도 악(惡)하게 사는 삶이 있는 것이요, 죽어도 선(善)한 죽음이 있는 것이니라. 더구나 하늘님의 천명(天命)은 살고 죽는 것을 초월하여 있는 것이니, 나는 하늘님의 천명에 의해 오직 선(善)을 행할 뿐이니라.

내 이제 죽음으로써 그대들을 살리고 무극대도(无極大道)를 살리고 억조창생을 살릴 수 있다면 이 얼마나 거룩한 죽음이겠느냐? 나는 오히려 이러한 죽음이 없을까? 걱정 하노라. 더군다나 하늘님의 명(命)은 생(生)과 사(死)를 초월한 것이니 내 무엇을 걱정하겠느냐? 그러므로 나는 결코 죽지 않나니 그대들은 이 결코 죽지 않는 무극대도(无極大道)의 이치를 진정 깨달아야 하느니라. 그리고 이 죽지 않는 무극대도의 이치를 세상에 널리 알리고 모든 사람들에게 전하라.

옥중 유시(遺詩)

등불이 물 위에 밝았으니 혐의할 틈이 없고 기둥이 마른 것 같으나 힘은 남아 있도다.
너희들은 세상에 높이 날고 멀리 뛰어라.

갑자년 3월 10일 설법

나는 무극 대도(无極大道)로써 세상에 하늘님의 덕(德)을 펴고자 하노라. 무극 대도가 세상에 나온 것은 하늘님께서 명(命)하신 것이요, 또 나의 한 몸으로써 도(道)를 따라 덕(德)을 후천 오만년에 길이 펴고자 함도 또한 하늘님께서 명(命)한 바이니라.

통문(通文) 임술년(1862) 음력 10월 중순

아래의 글은 도인들이 모두 잘 배우고 알아야 할 일들이니라. 내가 사람들에게 당초에 가르침을 편 뜻은 병든 사람이 약을 쓰지 않아도 스스로 낫게 하며, 어린이들이 붓을 잡고 글을 연습하여 글씨도 잘 쓰고 모든 일이 잘 되도록 도와주려 하는 것에 있었으니, 어찌 세상에 아름다운 일이 아니겠는가? 그렇게 잘 가르쳐 아무 일 없이 몇 년 세월이 지났으니 나는 화가 생기는 일이라 의심하지 않았으나 뜻하지 않게 모함에 의해 하급관리에게 죄인의 취급을 받으니 이 무슨 욕된 일이요 무슨 화란 말인가?

소위 이르기를 악담이 퍼지는 것은 금하여 막기 어려운 것이요, 착하고 좋은 행실은 널리 퍼지지 않는다더니 바로 이러한 경우의 일이 아니겠는가. 이와 같으니 이제 위와 같이 좋은 일이라도 일을 여기서 그치어 그만두지 않으면 근거도 없는 말들이 갈수록 더욱 날조되고 덧붙여져서 나중에는 화가 어느 지경까지 이를지 알 수가 없게 될 것이라. 하물며 지금의 상황이 이와 같으니, 이같이 좋은 무극대도(无極大道)를 서학(西學)과 같이 묶어서 취급하니 나로서는 참으로 수치스러운 일이 아니겠는가?

이렇게 되니 예절과 의리가 있는 도장에 어떻게 동참하여 같이 있을 수 있겠으며 우리 도가의 사업에도 어떻게 동참할 수 있겠는가?

이후부터는 비록 친척의 병이라도 고려하지 말고 사람들을 교화하여 이미 도를 전한 사람들은 조용히 살피고 힘껏 찾아보아 나의 이 뜻을 통하여 전해주어 일에 오해의 소지는 모두 버리게 하라. 그리하면 다시는 이렇게 욕을 당하는 폐단이 없게 될 것이라. 이러한 까닭으로 몇 줄의 글을 밝게 써서 펴서 널리 알리니 자세히 살펴보면 천번 만번 다행한 일이니라.

통유(通諭)

은적암에 계실 때 각지 도인들에게 보내신 글

첫째로, 내가 용담정을 떠나 이곳으로 올 때 여러분들께 통유의 글을 보내 길을 떠난다는 것을 알린 일이 없었기 때문이요, 둘째로, 그럴 수밖에 없는 일의 단초가 있었으며, 셋째로, 이런 저런 사정으로 인해 부득이 용담정을 떠나지 않을 수가 없었고, 넷째로, 지금은 참기 힘든 정(情)으로 인해 이 글을 그대들에게 보내니 나의 이러한 글을 천번 만번 깊게 헤아려 이 글 안에 있는 것을 하나도 빼지 말고 시행함이 어떠하리오.

내가 지난 해 겨울에 떠나온 것은 강 위에 부는 바람과 산간에 떠 있는 밝은 달과 더불어 놀고자 함이 아니요, 일반적인 상식을 벗어난 세상 사람들의 언행을 살펴보았기 때문이며, 또한 관청에서 의심의 눈초리를 가지고 주목하고 있기에 떠나온 것으로 한없이 큰 무극대도(无極大道)를 닦고 앞으로도 계속하여 하늘님의 덕을 펴려는 마음이 소중했기에 떠나온 것이었는데 이제 어느덧 해가 바뀌고 달이 지나서 용담정을 떠나온 것도 거의 다섯 달이 지났음이라.

이곳에 처음 들어올 때의 뜻은 산중에 있으면 나를 찾는 손님들은 산의 구름에 덮인 깊은 곳이라 내가 있는 곳을 알지 못하리라 여겼고 그리하여 나를 찾아온 손님들이 어디 갔느냐고 물어보면 어린 아이들이 선생님은 약 캐러 가셨다고 대답하며 먼 곳을 가리키면 될 줄로 여겼기 때문이라. 그리고 한편으로는 공부하며 마음이 게을러지는 해이함을 막고 집안의 안부를 전해 듣고 마음에 쌓인 것을 씻어내고자 하는 뜻도 있었음이라.

그러나 오늘의 상황은 걱정스러운 일의 자취가 세 갈래의 길로 들어나니, 하나는 내가 나의 이름을 한 세상에서 감추려는 것이라고 하는 것이요, 또, 하나는 사람들이 도를 생각하는 나의 마음을 잘못 알고 있는 것이요, 마지막 하나는 나의 처신을 사람들이 처음부터 잘 이해하지 못한 까닭에 이렇게 나를 찾아오는 것이라.

각처에서 벗들이 찾아오는데 혹 일이 있어 찾아오는 분들도 있고 일이 없어도 소문을 듣고 그냥 따라 오는 분들도 있으며, 풍문을 듣고 찾아오는 분들이 절반이고 배운 공부를 논하려고 머무르는 사람들이 절반이라. 찾아오는 손님은 본인 하나 뿐인 것으로 생각할 수도 있지만, 손님을 맞이하는 주인의 처지에서는 헤아릴 수도 없이 손님들이 많은 것이요, 헤아릴 수 없이 많은 손님들이 찾아오니 앞으로 이를 어찌하면 좋으리오. 이와 같이 궁박한 산속의 가난한 골짜기에 손님을 대접할 수 있는 집은 다 합쳐봐야 두 세 채의 집밖에 없으니 집이라도 많다면 손님 대접하기가 그렇게 어렵지 않을 수도 있고 농산물의 산출이라도 많아 풍요한 곳이라면 굴속 같은 움막 속에서라도 즐겁게 지낼 수 있을 것이라.

그러나 나는 어려운 가운데도 찾아오는 노인들에게는 시(詩)로서 마음을 움직여 감동하게 하고, 어린이와 젊은이들에게는 예(禮)로서 돌아가는 것을 만류하나 어찌하리오. 시(詩)로써 노인들의 마음을 움직여 감동하게 한다하여도 모두가 단순히 그냥 감동하는 것은 아니지만, 다만 나는 우리의 무극대도를 권하여 붙들어 주고자 함이며 예(禮)로써 젊은이들이 돌아가는 것을 만류하는 것은 단순히 만류하는 것이 아니라 내 마음에서 우러나는 진정한 충정과 우호의 정을 참기 어렵기 때문인 것이라.

　손님을 맞이하는 주인인 나는 공자의 제자인 자공처럼 재물을 잘 늘려 손님을 대접하려는 마음이 어찌 없으리오 마는 자공처럼 되지 못하는 상황 하에서 찾아오신 손님은 마치 주인이 맹상군처럼 큰 재산을 가지고 손님을 대접해 줄 것으로 잘못 알고 있으니 어찌 탄식하지 않으며 애석해 하지 않으리오. 비록 당나라 때의 배도와 같은 큰 부자라도 지금 내가 처한 일을 감당할 수가 없을 것이라. 이러한 나의 일이 신라시대 백결선생과 같은 근심이 있다고 할지라도 사람들은 다른 사람의 일이라고 생각하여 마음에 기억하지 못하며 잃어버릴 것이라. 이와 같은 일이 그치지 아니하고 계속 이렇게 나아간다면 결국 나중에 닥칠 일이 어느 지경에 도달할지 알지 못함이로다.

　이러함에 멀지 않아 부득이 이곳을 떠나려고 하니 어찌 안타깝고 민망한 일이 아니리오. 지금 이때는 비가 많이 오는 계절이라 바람이 불어오고 비는 내려 길게 자란 풀잎은 옷을 적시니 어찌 애석하지 아니하리오.

　그러나 마침내 나의 어진 벗들이 멀리 있음을 돌아보고 늘 다하지 않은 가운데 있음을 바라며 잊지 않고 있으므로, 이에 몇 줄의 글을 써서 보내니 마음을 크게 열고 깊이 헤아리기를 바라며 위로하면서 멀리 글을 보내노라. 내가 돌아갈 그날은 아마 초겨울이 될 것이니 너무 기다리지 말고 지극하게 하늘님을 위하는 무극대도를 닦아서 좋은 때에 좋은 얼굴로 만나기를 천번 만번 바라고 바라노라.

무극대도 경전 발문(跋文)

　아. 슬프도다.

　수운 대 스승님께서 무극대도(无極大道)의 가르침을 펴실 당시 성스러운 하늘님의 덕(德)이 잘못 전해질까 염려하시어 계해년(癸亥年)에 친히 최시형과 더불어 책으로 만드시려고 하는 가르침이 계시었다.

　그러한 뜻이 있어도 시행하여 이루지 못하다가 다음해인 갑자년(甲子年)에 스승님께서 불행한 일을 당하신 후로 오랜 세월이 지나고 탄압과 지목으로 피해 다니며 미미하게 도(道)를 포덕 한 것이 벌써 이십여 년이나 지나게 되었도다.

　지난 날 스승님께서 가르치시고 명령하신 일을 극진히 생각하여 삼가 뜻을 같이하는 동지들과 더불어 논의를 일으켜 책을 발간할 것을 의논하여 약속을 꾀하니, 몇 년 전에 동쪽 골짜기 지역과 목천(木川)에서 기록을 가지런히 하여 정성껏 책을 출간 하였으나 실로 경주에서 출간한 책이라고 말할 것이 없으니 이 또한 우리의 도(道)에 있어서 흠이 될 것이 아니겠는가.

　경주는 본래 스승님께서 하늘님으로 부터 무극대도(无極大道)를 받은 곳이요 또한, 그 가르침을 펴시던 곳이니, 이런 연유로 이 책을 경주에서 발간한 것으로 이름 짓지 않을 수 없었다.

　그러던 중에 호서지역 충청도 공주 접 내에서 부터 만들기로 의논하고 시행하여 영남지역의 동쪽 골짜기 지역과 힘을 합하여 발간하기로 하여 한없는 진리를 담은 무극대도의 경전을 편찬해 내는데 불과 두 세 사람의 동지와 함께 세상의 이러 저러한 일에 얽매이지 않고 미심쩍어하는 것도 개의치 않았으며 사소한 일을 제쳐두고 완결하기로 맹세하고 있는 힘을 다해 일을 시작하여 그 결과 나무활자로 새겨서 책을 출간하는 큰 공적을 크게 이루었으니 이 어찌 스승님의 커다란 가르침을 사모함이 아니겠으며 제자의 원하는 소원을 이룬 것이 아니겠는가.

특별히 공로가 많은 세 사람을 다음에 특별히 기록하여 왼쪽편 위에 기록하노라.

계미년 한여름에 도주 해월 최시형 삼가 기록하노라.

도주 : 최시형

성우용, 윤상호, 이만기,

접주 : 황재민, 김선옥, 전시봉,
유사 : 안교선, 윤상오

계미중하(癸未中夏) 경주개간. 동경대전　종(終)

2. 地

무극대도 2세 대도주(大道主) 해월신사(亨.夏)

천명계승(天命係承)

해월신사 법훈(法訓)

시문(詩文)

도통전수(道通傳授)

천명계승(天命係承)

해월신사 천어(天語) 체험

포덕 2년 신유년(辛酉)에 수운 대신사 용담정에서 무극대도(无極大道)를 가르친다는 이야기를 듣고 찾아가 도(道)를 듣고 백지 세 권으로 예물을 드리며 하늘님께 입도(入道) 의식을 봉행하시었다. 동년 11월에 수운 대신사를 찾아뵈니 사방에서 많은 선비들이 찾아와 모여 앉아서 도(道)의 수련(修煉)에 대한 이야기를 하는데 사람들이 천어(天語)에 대한 이야기를 주로 하고 있었다.

해월 신사는 하늘님 말씀을 듣지 못하여 더욱 정성들여 하늘님 말씀을 꼭 들으리라 결심하시고 더욱 수련에 정진하여 겨울에 찬물에 목욕도 하시며 도(道)를 공부하던 어느 날 다시 얼음을 깨고 찬물에 들어가려 하는데, 갑자기 "따듯한 몸에 해로운 것은 찬물에 급하게 앉는 것이니라." 라는 소리가 들리어 찬물에 목욕하는 일은 중지하고 수련(修煉)은 계속하시었다.

이듬해 포덕 3년 임술(壬戌)년 1월에 해월신사 집에서 공부 하실 때 기름 반종자로 21일 밤을 지냈으나 기름이 없어진 것을 생각지 못하다가 인근에 사는 이 경중 도인이 기름을 가져 왔을 때 등잔의 기름을 확인 하고 등잔기름이 없음을 알게 되었다.

동년 3월에 수운 대신사 전라도 은적암에서 아무 도인에게도 알

리지 않고 돌아 오셔서 서산 내 박대여의 집에 머무르실 때에 아
무 도인도 오지 않았으나 뜻밖에 최경상과 하치욱 박하선이 문득
오거늘 수운 대신사 "그대들은 어디서 듣고 내가 여기에 있는 것
을 알고 왔는가?" 하고 물으시니 해월 최경상이 "듣지 못하였습니
다." 하는지라.

수운 대신사 다시 묻기를, "그러면 어떻게 알고 왔는가?"하시니,
최경상이 "마음에 감응된 바 있어 왔습니다." 하는지라.

수운 대신사 "참으로 그러한가?" 하고 이르시니 최경상이 "참으
로 그러합니다." 하는 지라, 수운 대신사 "이는 그대들의 정성이
지극함이 드러남이로다." 라고 하시다.

이어 최경상이 겨울에 공부하며 찬물로 목욕을 하던 어느 날 어
느 시간에 갑자기 "따듯한 몸에 해로운 것은 찬물에 갑자기 앉는
것이니라." 라고 하는 천어를 들은 것을 이야기 하니 수운 대신사
"그대가 그 소리를 들은 때가 내가 전라도 은적암에서 수덕문의
글을 읽는 때의 시간과 같은 시간이며 수덕문의 내용 중에 '따듯한
몸에 해로운 것은 찬물에 갑자기 앉는 것이다.' 라고 하는 내용이
그대에게 들린 것이니라." 라고 하시다.

최경상이 이어서 "금년 봄에 기름 반종자로 21일 밤을 지냈습니
다." 하고 아뢰니 수운 대신사 "이는 그대 정성이 지극하여 체험한
조화의 큰 증험이니라." 고 하시었다. 해월 최경상이 포덕을 물으
시니 "그대들의 공부가 지극함이니 포덕에 임하여도 좋으니라." 고
하시었다.

수운대신사의 도통전수(道統傳授)

수운 대신사님께서 포덕 4년 계해년(癸亥年) 6월에 용담의 물이 흘러 네 바다의 근원이요 구악에 봄이 돌아오니 온 세상이 꽃이로 다. 라는 시를 지으셨다.

포덕 4년(계해년癸亥年) 7월 23일에 최경상이 대신사님을 찾아 뵈니, 최경상에게 "해월당(海月堂)"이란 도호를 주시고 북접 주인 으로 특별히 정하여 주고 말씀 하시기를 "우리 도(道)의 운이 북 (北)에 있으니 나 또한 북(北)으로 향하리라." 하시다. 이어서 해월 당을 보고 말씀 하시기를 "지금 부터는 도중(道中)의 모든 일을 정 성된 마음으로 지어 잘 처리해 나아가도록 하라." 하시며 "나의 가 르침을 멀리하지 말라." 하시고 앉아 있는 모든 사람들에게 말씀하 시기를 "이제 부터는 각지에 있는 모든 도인들에게 북접 주인인 해월당을 먼저 뵙고 난 후에 나를 보도록 이르라."고 말씀하셨다.

해월당 최경상이 말하기를 "어떠한 연유로 말미암아 이 같은 가 르침을 주시나이까?" 하니 수운대신사 이르시길 "이는 운(運)이라 그대는 명심하고 잊지 말도록 하라." 하시다.

대신사 한참을 조용히 생각에 잠기시더니 탄식의 표정을 지으시 고 다시 오래지 않아 너그럽고 온화한 모습으로 계시다가 얼굴이 밝아지시며 기쁜 소리로 이르기를, "이 운(運)의 변화는 실로 그대 가 나아감으로 인해 나타나는 것이니라. 그러므로 때(時)에 성공한 사람은 가는 것이니라." 하시다.

　며칠 후 영해도인 이진사가 수운 대신사님을 찾아뵈니 수운 대신사님께서 이르시길, "북접주인 해월당을 먼저 뵙고 왔느냐?"고 하시므로 이진사가 "아니 뵙고 왔습니다." 라고 대답하니 수운 대신사 크게 꾸짖어 이르시기를 "그대는 글을 배웠다는 선비의 교만한 마음으로 인해 해월당을 뵙지 않고 이에 이르렀으니 도(道)의 이치에 크게 어긋남이라. 바로 검곡에 다시 가서 잘못을 사하고 오라."고 하시니 이진사 다시 검곡에 가서 해월당 최경상을 찾아뵙고 예(禮)로써 인사를 드리니 해월당 말하기를 "나는 본시 초가에 사는 평범한 사람인데 어찌 이같이 공경히 대하는가?" 하시니 이진사 얼굴에 무안해 하는 빛으로 말하길 "제가 도(道)의 바른 이치를 알지 못하였사오니 바라 건데 크게 꾸짖지 마옵소서." 하는지라 해월당 그 연유를 물으니 이진사 말하길 "용담에 찾아뵈었더니 대선생님께서 북도(北道) 중(中) 주인(主人)인 해월당을 뵙고 오지 않음을 크게 꾸짖으시는 고로 이에 찾아뵈었나이다." 하는지라. 해월당이 말을 들으시고 더욱 공경히 대하시더라.

　계해년 8월에 수운 대신사 흥비가를 지으시다. 8월 13일에 해월당 최경상이 추석 전이라 수운 대신사를 찾아뵙고 댁으로 모시고자 인사를 드리니 수운 대신사 주위에 있는 사람들을 좌우로 피하여 앉게 하시고 해월당을 불러 가까이 와서 앉으라고 하시며 잠시 후에 "그대는 무릎을 걷고 책상 다리하고 편하게 바로 앉으시오." 하시니 해월당 최경상이 자세를 고쳐 편하게 앉자 수운 대신사 "그대는 손과 발을 마음대로 움직여 보시오."라고 말씀 하셨다. 이 말씀이 끝나자 해월당 최경상은 정신이 황홀해지며 깊고 아득하여 말을 하려고 해도 말이 나오지 않으며 손과 발을 움직이려고 해도 손과 발이 움직여지지 않는 것이었다.

잠시 후 수운 대신사께서, "그대 어찌하여 그런 것인가?"라고 말씀하시니, 해월당 최경상은 바로 정신이 제대로 돌아오며 손과 발이 움직여지며 말을 할 수 있게 된 것이었다.

해월당 최경상이 묻기를 "선생님 이것이 어찌된 것입니까?"하고 물으니 수운대신사 "조화(造化)의 자취가 대개 이와 같은 것이니 복잡하게 생각하지 말고 의심하지 말라."하시다.

8월 14일에 수운대신사 수심정기(守心正氣) 네 글자를 쓰시어 해월당에게 주시고 이어 부도(符圖)로써 그려 주시고 붓을 잡게 하시어 수명(受命) 두 글자를 쓰게 하시고 "용담에 물이 흘러 네 바다의 근원이요 검악에 사람 있어 일편단심이라."의 결시(訣詩)를 받아서 주시고 이르시기를 "이것은 그대의 장래 일이니 길이 지켜 나가도록 하여라." 하시고 난 후 또, 말씀 하시기를 "나는 하늘님께 명(命)을 받아 그대에게 무극대도(无極大道)를 전수하노라." 하시니 좌우의 도인들 또한 그대로 뜻을 받들더라.

이로부터 해월당 최경상이 무극대도(无極大道) 2세 대도주(大道主)가 되시었다.

대신사의 법력(法力) 체험

해월신사 포덕 20년 3월 26일 수운 대신사 순도 기념일을 봉행하고 난 뒤, 강원도 영월군 거석리 노정근 집에 저녁에 거처 하실 적에 잠을 이루지 못하시다가 묘연한 지경에서 대신사님을 뵙는 체험을 하게 되었다.

수운 대신사 흑관 청의를 입으시고 3층 단상 위에 자리 하시고 좌우에 동자 4-5인이 모시고 서 있으며 배후에 노인이 허리를 구부리고 있으며 노승이 가사를 입고 석장을 집고 허리를 구부리고 서 있는지라.

해월신사 단 아래에서 수운 대신사를 뵙고 절하여 인사를 하니 수운 대신사 해월 신사를 부르시어 3층 단상 위에 오르게 하시고, 다시 칠팔여 사람이 단 아래에 있는지라 수운 대신사 그들을 부르시어 한 가지로 그들을 3층 단상 위로 오르게 하시었다.

수운 대신사 해월 신사의 의복이 심히 남루함을 보시고 옆의 사람을 보시며 군(君)의 의복은 빛나고 곱고 화려한데 이 사람의 의복은 거칠고 남루하니 이것이 어찌 옳은 것이며 진정 서로 도와주고 구원하는 도(道)가 없는 것인가? 하시니 그 사람이 머리를 숙이고 부끄러워하는 기색이 있더라. 이 말씀을 하시고 난 후 수운 대신사 일어나시어 단상 위에서 걸으시거늘 해월 신사 수운 대신사의 의관을 우러러 보니 삼단으로 서로 이어 지었는지라.

해월신사 묻기를 삼단으로써 하심은 어떤 뜻입니까? 하니 수운 대신사 창졸간에 지은 고로 이 같이 되었다 하시니 해월신사 의관을 풀어서 드리려고 하시니 수운 대신사 좋다 하시고 삼단의 관을 직접 풀으시거늘 해월신사 일어서서 받고자 하심에 수운 대신사 그대로 내버려 두라 하시고, 좌우를 돌아보고 말씀 하시기를 어느 별은 이 같이 하고 어느 조화는 이렇게 하고 또, 어느 별이 여차해서 어느 사람이 어느 조화로 이 같이 하고 어느 해에 어느 조화로 어느 사람과 더불어 이와 같이 하리니 3인이 특히 상재(上才) 되고 그 다음 남은 5인이 어느 해 어느 달에 여차 여차 하고 그 남은 이십 여인은 후일을 기다리어 차차 정하여 줄 것이라. 하시고, 이어 수운 대신사 3층 단상 아래에 이르니 네 개의 큰 문이 있어 문이 활짝 열려 있더라.

이때에 상층 단으로 들어오는 사람이 오십 명이요, 중층 단으로 들어오는 사람이 일백 오십 명이요, 하층 단으로 들어오는 사람이 삼백 명이요, 단 아래에 서 있는 사람은 그 수를 알지 못할 정도로 많더라.

수운 대신사 북문(北門)에 이르시더니 천문개탁 자방 문(天門開柝子方門) 이라는 7자를 문 위에 크게 쓰신 후에 3회를 부르시고 또, 북문을 3회 치시니 그 소리가 천둥 벼락 소리와 같은지라.

해월 신사 또한 북문을 치시니 아무런 소리가 없는지라 해월신사 그 까닭을 물으니 수운 대신사 말씀 하시기를 후일에 반듯이 소리가 있으리라 하시고 일어나 가시려하니, 해월신사 어찌 이렇게 빠르게 수레를 타고 가시나이까? 하니 수운 대신사 나는 하늘님과 더불어 의논 할 바 있는지라 그러므로 서둘러 가노라. 하시었다.

그 때에 어느 사람이 밖으로부터 옷의 앞섶이 풀어 헤쳐진 채로 수운 대신사께 허리를 구부려서 인사 하거늘 해월신사 어찌 이 같이 공손하지 못한가 하시니 수운 대신사 이 사람의 허물을 탓하지 말라 하시고, 이 사람의 성은 무슨 씨라 하시며, 한 온 포(寒, 溫, 飽)3자를 쓰시어 해월 신사에게 주시며 말씀 하시기를 한(寒찰한) 하면 온(溫따듯할온)자를 사용하고 온(溫따듯할온)하면 한(寒찰한) 자를 사용하고 기(飢주릴기)하면 포(飽배부를포)자를 사용하라 하시었다. 또 말씀 하시기를 하늘의 덕을 혹은 왕평같이 받으며 혹은 여덟 가지 지혜로써 받으며 혹은 석씨처럼 받으리라. 고 말씀하시었다.

해월신사 문득 깨어 체험의 의미를 깨달으시고 강 시원과 김용진 2인을 부르시어 이를 말씀 하시니 강 시원이 이는 대도의 크게 길한 체험으로 실로 무극대도(无極大道) 창명의 증험이라 하여 해월신사의 이적 체험을 기록하여 남기게 되었다.

해월신사 법훈(法訓)

축문(祝文)

　대 선생님의 무극대도(无極大道)를 받드는 제자가 도(道)를 가르쳐 주시는 자리에 참석하여 무극대도를 전하여 주시는 은혜를 입고 참에 돌아가는 마음을 공부하여 수련하는데 이르렀습니다.

대 선생님께서 경신년(庚申年) 사월에 운(運)을 타시고 하늘님(天主)의 명(命)을 받으시어 행하시다가 갑자년(甲子年) 봄에 모함에 의해 변을 당하셨으니 어찌 이 보다 더 슬프고 원통한 일이 있겠습니까?

　무극대도(无極大道)는 하늘님께서 강령(降靈)으로 명(命)을 하신 날부터 창도해 놓은 것이니, 대 선생님의 무극대도를 따라 배우는 저희들은 정성을 다하여 대 선생님의 은덕을 길이 마음에 새기고 있습니다. 오늘 좋은 날에 도장을 깨끗이 하고 지극한 정성과 소원으로 받들어 청하오니 감응하옵소서.

주문(呪文)

侍 天主 令我長生 無窮無窮 造化定 永世不忘 萬事知.
시　천주　영아장생　무궁무궁　조화정　영세불망　만사지.

내수도문(內修道文)

1. 부모님께 효를 극진히 하오며, 가장을 극진히 공경하오며 형제, 자매에게 우애를 지키며, 자식과 며느리를 극진히 사랑하오며, 이웃 친척과도 화목하며 부리는 사람을 내 자식과 같이 여기며, 말과 소와 같은 육축(六畜)이라도 학대하지 마옵소서.

2. 아침이나 저녁이나 밥쌀 뜰 때에 천주(天主)이신 하늘님께 심고하고 청결한 물을 길어 밥을 청결히 하고, 금난 그릇에 먹지 말고, 이 빠진 그릇에 먹지 말고 세끼를 하늘님 제사처럼 받드옵소서.

3. 묵은 반찬을 새 반찬에 섞지 말며, 무슨 물건이든지 헌 물건을 새 물건과 섞지 말고 먹던 밥이나 반찬은 그대로 정하게 하여 다시 드시되 고하지 말고 그저 먹습니다 하옵소서.

4. 흐린 물을 아무 곳에나 버리지 말고, 반듯이 일정한 곳에 버리며, 침과 가래를 아무 곳에나 뱉지 말고 코를 멀리 풀지 말며, 만

일 뜰이나 길 가운데 침과 가래가 있거든 반듯이 흙으로 덮고, 또 물을 멀리 뿌리고 침을 그대로 뱉는 것은 천지 부모 얼굴에 하는 것이니 각별 조심하옵소서.

5. 일체 사람을 하늘님으로 알아 대하고 집에 사람이 오거든 하늘님이 오셨다 하며 어린 아이를 함부로 때리지 마옵소서. 어린 아이를 치는 것이 바로 하늘님을 때리는 것이니 각별 조심하옵소서.

6. 욕심을 내지 말며, 지나친 과욕이 나타나면 하늘님 위하는 주문(呪文)을 생각하고 마음공부를 하면 하늘님께서 기뻐하시어 복을 주시나니 그리 행하옵소서.

7. 타인의 장단과 옳고 그름을 말하지 말 것이니, 만일 시비하면 이것은 하늘님을 시비하는 것이니 그리 아옵소서.

8. 무엇이던지 타인의 것을 탐내지 말며, 매사 일을 잘 헤아리고 부지런히 하는 것에 힘쓰옵소서.

9. 포태하면 더 조심하고, 아무것이나 함부로 먹지 말며, 깨끗하지 않은 것을 먹으면 어린 생명에 병과 해가 이르니 각별 조심하소서.

10. 잠 잘 때 심고(心告)하고 일어나면 심고(心告)하며 나가고 들어올 때에 늘 심고(心告)하여 일동일정에 이 같이 심고(心告)를 생활화 하옵소서.

이 열 가지 조목을 하나도 잊지 말고 매사를 다 하늘님께 지극히 심고(心告)하면, 병과 윤감(輪感)을 아니하고, 악질을 아니하오며, 별복(鼈腹)과 초학(初瘧)을 아니하며, 간질(癎疾)과 풍병(風病)이라도 낳으리니 부디 정성하고 공경하여 믿어 행하옵소서.

병도 나으려니와 우선 대도(大道)를 속히 통할 것이니 그리 알고 진심으로 봉행하옵소서.

내칙(內則)

포태하거든 네 발 짐승을 먹지 말며 나는 새도 먹지 말며, 바다와 민물의 고기도 먹지 말며, 논의 우렁이와 계곡의 가재도 먹지 말며, 고기 냄새도 맡지 말며, 아무 고기라도 먹지 마옵소서.

생명 포태 중에 어떤 고기라도 먹으면 그 고기 기운을 따라 그 사람이 태어나면 모질고 흐리니 각별 조심하며, 한 달이 되거든 기울어진 자리에 앉지 말며, 잠을 잘 때에 심고하고 반듯이 자며, 옆으로 눕지 말며, 반찬과 채소와 떡이라도 기울게 썰어 먹지 말고 바르게 썰으며, 바른 길이 아닌 샛길이나 구멍 터놓은 데로 다니지 말며, 남의 말 하지 말며, 무거운 것 들지 말며, 무거운 것 이지 말며, 가벼운 것이라도 무거운 듯이 들며, 방아 찧을 때에 너무 힘들게도 찧지 말며, 급하게도 먹지 말며, 너무 차가운 음식도 먹지 말며, 너무 뜨거운 음식도 먹지 말며, 기대어 앉지 말며, 비켜서지 말며, 남의 눈을 속이지 마옵소서.

이같이 아니하면 사람이 태어나서 모질고 흐리며 어려서 죽기도 하고, 길에서 죽기도 하고, 일찍 죽기도 하고, 병신도 되나니, 이 태교의 경계하는 것을 잊지 말고 이같이 열 달을 공경 하고 믿고 조심하오면 사람이 태어나서 체도도 바르고 총명하기도 하고 기국과 재기(才技)가 옳게 날 것이니, 부디 그리 알고 각별히 받들어 행하옵소서.

이대로만 받들어 행하시면 문왕 같은 성인과 공자 같은 성인(聖人)을 낳을 것이니, 그리 알고 수도를 지성으로 하옵소서.

이 내칙과 내수도하는 법문을 아무 곳에나 던져두지 말고, 조용하고 한가한 때를 타서 수도하시는 부인에게 외워 드려, 뼈에 새기고 마음에 지니게 하옵소서.

하늘과 땅 세상의 조화가 다 이 내칙과 내수도 두 편에 실렸으니, 부디 범연히 보지 말고 이 대로만 따라 봉행하옵소서.

임사실천십개조(臨事實踐十個條)

1. 윤리를 밝히라.

2. 신의를 지키라.

3. 업무에 부지런 하라.

4. 일에 임하여 지극히 공정하라.

5. 빈궁한 사람을 서로 생각하라.

6. 남녀를 엄하게 분별하라.

7. 예법을 중히 여기라.

8. 연원을 바르게 하라.

9. 진리를 익히고 연구하라.

10. 어지럽고 복잡한 것을 금하라.

십무천(十毋天)

1. 하늘님을 속이지 말라.

2. 하늘님을 거만하게 대하지 말라.

3. 하늘님을 상하게 하지 말라.

4. 하늘님을 어지럽게 하지 말라.

5. 하늘님을 일찍 죽게 하지 말라.

6. 하늘님을 더럽히지 말라.

7. 하늘님을 주리게 하지 말라.

8. 하늘님을 허물어지게 하지 말라.

9. 하늘님을 싫어하게 하지 말라.

10. 하늘님을 굴하게 하지 말라.

경통(敬通)

　우리 무극대도(无極大道)의 종지는 많은 말로 설명해야 되는 것이 아니요, 도(道)를 닦는 법(法)은 정성, 공경, 믿음, 이 세 가지에 있다는 뜻은 예전부터 통유문(通諭文)을 통해 거듭 반복하여 알려 주었으나, 도를 배우는 사람이 다만 입으로는 정성, 공경, 믿음을 말하고 마음으로는 정성, 공경, 믿음을 어기니 이것이 진정한 정성, 공경, 믿음이라 하겠는가? 어떤 사람은 같은 말을 다르게 펴는 사람도 있으며, 어떤 사람은 난도 난법(亂道亂法)하는 자도 있으니 털끝만한 차이로 인해서 나중에 천리(千里)의 큰 차이로 도에 어긋나는 것이 있는 것이라. 어찌 민망하지 않겠는가? 명을 어기고 법(法)을 그르치는 조목을 기록하여 간절히 권하니 이에 의해서 시행하여 혹 한 치라도 잃는 것이 없으면 천만 다행하고 다행한 일이니라.

1. 내수도와 식고는 의례히 낮은 일이요, 이치를 통하는 것이 위가 된다고 함부로 말하니 이것이 과연 하늘님의 명(命)에 부합되는 것인가? 참으로 이와 같으면 사람들에게 나를 위하도록 하게 하라고 가르친 하늘님 명이 과연 어디에 있겠는가?
　천지부모에게 지극한 효성을 다한 연후에 감응하여 통하게 해주는 것은 곧 혼원한 한 기운인 생명이 베풀어 주는 것이니 큰 근본은 힘쓰지 않고 다른 말만 많이 하니 이러한 폐단을 일체 교정하고 지극한 정성으로 시행하여 모두 한 이치로 돌아가도록 하라.

2. 통하는 것도 또한 하늘이요, 감응하는 것도 또한 하늘이니 공경하고 정성하며 믿는 마음으로 받들고 행하여 천지부모(天地父母)에게 효도로 봉양하라.

3. 시천주 조화정(侍天主造化定)은 근본이요, 영세불망 만사지(永世不忘萬事知)는 단련이니 먼저 근본에 힘쓴 다음 단련에 힘쓰라.

4. 털끝만큼이라도 법(法)을 어기면 하늘이 감응치 않고 통하지 못하는 것이니 내수도를 항상 위하라.

5. 아래에서 강론한 것을 장석에서 설법한 것이라고 통칭하여 잘못 전해진 것이 많으니 멀리 있는 사람들에게 잘못 전한 것을 또 잘못 전하니라. 이제 부터는 혹 마음이 열린 자가 있어 약간 논한 것이 있으면 그 사람이 홀로 전포한 것이라고 지적하고 장석에서 설법한 것이라고 잘못 전하지 말라.

6. 생선, 고기, 술, 담배는 모두 다 기운을 상하게 하는 것이니라. 그러나 생선과 담배는 약간의 융통을 주고 술과 고기는 일체 엄하게 금하라.

7. 이미 지난번에 금한 것은 정론이요, 그 후 금한 것은 권도로 변

화시킨 것이니 술과 고기는 전과 같이 금하며 천지지기(天地至氣)를 어린아이 키우듯이 하라.

8. 술은 성품을 해치고 고기는 기운을 흐리게 하는 것이니 이와 같이 다 알라. 마음을 속이면 하늘을 속이는 것이니 절대로 마음을 속이고 하늘을 속이지 말라.

이기대전(理氣大典)

옛글에 이르기를 "천지는 한 물(一水) 덩어리(塊) 이니라." 하늘과 땅이 시판되기 전은 북극(北極) 태음(太陰) 한 덩어리(一塊) 물(水)일 뿐이니라. 물(水)이라는 것은 만물의 근원이니라. 물(水)에는 눈에 보이지 않는 음수(陰水)와 눈에 보이는 양수(陽水)가 있느니라. 사람은 능히 양수는 보고 음수는 보지 못하느니라. 사람이 음수(陰水) 속에서 사는 것이 물고기가 양수(陽水) 속에서 사는 것과 같으니라. 사람은 음수(陰水)를 보지 못하고 물고기는 양수(陽水)를 보지 못하느니라.

크게 깨달아서 확실히 통한 후에야 현묘(玄妙)한 이치를 능히 알 수가 있느니라. 무엇이 해가 되었으며 무엇이 달이 되었는가? 해는 양의 정(精)이요 달은 음의 정(精)이니라.

묻기를 "태양은 불의 정이요 태음은 물의 정이니, 불도 또한 물에서 나왔습니까?"

대답하기를 "그러하니라."

묻기를 "어찌하여 그러합니까."

대답하기를 "하늘과 땅도 한 물일 뿐인데, 하물며 그 사이에서 화생하여 나온 불이 어찌 홀로 북극 태음 한 물에서 낳지 않았겠느냐. 그러므로 하늘과 땅이 시판되기 전은 북극 태음(太陰) 한 덩어리 물일뿐이라고 하는 것은 이를 이름이니라."

묻기를 "어찌하여 하늘이 자(子)에 열렸다고 합니까."

대답하기를 "그것은 바로 북극(北極) 1.6수(水)를 이름이니라.

그러므로 하늘이 하나로 물(水)을 낳았다고 하여 천일생수 (天一生水)라고 이르는 것이니, 물(水)이 하늘에서 생하였는가, 하늘이 물(水)에서 생하였는가? 물(水)이 하늘을 낳고 하늘(天)이 도리어 물(水)을 낳아서 서로 변(變)하고 서로 화(化)하여 조화(造化)가 무궁(無窮)하니라.

그러나 양은 건(乾)에 속했으므로 건이 굳세고 쉼이 없는 이치를 바탕으로 하여, 낮에는 밝고 밤에는 어두운 도수(度數)가 있고 그믐과 보름에 찼다 비었다 하는 수는 없으며, 음은 곤(坤)에 속했으므로 그믐과 보름에 이지러졌다 가득 찼다 하는 도수(度數)가 있어, 조수(潮水)와 더불어 왕래하여 서로 짝하고 서로 화하는 것이니, 부인 경도(經道)도 또한 이 이치를 체(體)로 한 것이니라.

무릇 사람이 잉태할 처음에 한 점의 물뿐이요. 일 개월이 되면 그 물의 형상이 이슬 과 같고, 이 개월이 되면 그 물의 형상이 한 알의 구슬과 같고, 삼 개월이 되면 화공(化工) 현묘(玄妙) 조화의 수단으로 어머님 혈기(血氣)를 받되 태문(胎門)으로 받아들이는데, 먼저 코와 눈을 이 루고 차차 형상을 이루고, 머리가 둥근 것은 하늘을 체(體)로 하여 태양(太陽)의 수(數)를 상징하고, 몸의 넓은 태음(太陰)의 수(數)를 상징하고, 오장은 오행(五行)을 상징하고, 육부(六腑)는 육기(六氣)를 상징하고, 사지는 사시를 상징하고, 손은 곧 마음 내키는 대로 하는 바, 조화의 수단이므로 한 손 바닥 안에 특별히 팔문(八門), 구궁(九宮), 태음(太陰), 태양(太陽), 사시(四時),

열두 달의 수(數)를 늘어놓아 화생하느니라."

문기를 "이치(理致), 기운(氣運) 두 글자 중에서 어느 것이 먼저입니까?"

대답하기를 "천지, 음양, 일월, 백천 만물의 화생한 이치가 한 이치 기운의 조화 아님이 없는 것이니라. 나누어 말하면 기(氣)란 것은 천지 귀신 조화 현묘를 총칭한 이름이니 도시 한 기운이니라." 또 말씀하시기를 "화해 낳는 것은 하늘 이치요 움직이는 것은 하늘 기운이니, 이치로 화생하고 기운으로 동정하는 것인즉, 먼저 이치요 뒤에 기운이라고 해도 당연하나 합하여 말하면 귀신(鬼神), 기운(氣運), 조화(造化)가 도시 한 기운이요, 나누어 말하면 귀신은 형상하기도 어렵고 헤아리기도 어려운 것이요, 기운(氣運)은 굳세고 건실하여 쉬지 않는 것이요, 조화(造化)는 현묘(玄妙)하여 함이 없이 되는 것이니, 그 근본을 상고하면 한 기운뿐이니라.

밝게 분별하여 말하면 처음에 기운을 편 것은 이치요, 형상을 이룬 뒤에 움직이는 것은 기운이니, 기운은 곧 이치라 어찌 반드시 나누어서 둘이라 하겠는가.

기(氣)란 것은 조화의 원체 근본이요, 이(理)란 것은 조화의 현묘니, 기운(氣)이 이치(理)를 낳고 이치(理)가 기운(氣)을 낳아 천지의 수(數)를 이루고 만물의 이치(理)가 되어 천지 대정 수(天地大定數)를 세운 것이니라."

천지부모 일체(天地父母一體)

하늘과 땅(天地)은 바로 부모(父母)요 부모(父母)는 바로 하늘과 땅이니 천지부모(天地父母)는 일체이니라. 부모의 포태(胞胎)가 바로 천지의 포태(胞胎)니, 지금 사람들은 다만 부모 포태의 이치만 알고 천지포태(天地胞胎)의 이치와 기운은 알지 못하느니라. 하늘과 땅이 덮고 실었으니 덕(德)이 아니고 무엇이며, 해와 달이 비치었으니 은혜가 아니고 무엇이며, 만물이 화해 낳으니 천지 이기의 조화가 아니고 무엇인가.

천지는 만물의 아버지요 어머니이니라. 그러므로 경(經)에 이르기를 "님(主)이란 것은 존칭 하여 부모와 더불어 같이 섬기는 것이라."하시고, 또 말씀하시기를 "예와 이제를 살펴보면 사람의 일에 할 바니라." 하셨으니, "존칭하여 부모와 더불어 같이 섬긴다." 는 것은 옛 성인(聖人)이 밝히지 못한 일이요, 수운 대 선생님께서 비로소 창명하신 무극대도이니라. 지극한 덕이 아니면 누가 능히 알겠는가.

천지(天地)가 그 부모(父母)인 이치를 알지 못한 것이 오 만년이 지나도록 오래 되었으니, 다 천지가 부모임을 알지 못하면 억조창생이 누가 능히 부모에게 효도하고 봉양하는 도로써 공경스럽게 천지를 받들 것인가. 천지부모를 길이 모셔 잊지 않는 것을 깊은 물가에 이르듯이 하며 엷은 얼음을 밟는 듯이 하여, 지성으로 효도를 다하고 극진히 공경을 다하는 것은 사람의 자식 된 도리이니라.

그 아들과 딸 된 자가 부모를 공경치 아니하면, 부모가 크게 노하여 가장 사랑하는 아들딸에게 벌을 내리나니, 불경(不敬)한 언행(言行)을 경계하고 삼가 하라. 내가 부모 섬기는 이치를 어찌 다른 사람의 말을 기다려 억지로 할 것인가. 도무지 이것은 큰 운이 밝아지지 못한 까닭이요 부지런히 힘써서 착한데 이르지 못한 탓이니, 참으로 개탄할 일이로다.

사람은 오행(五行)의 빼어난 기운이요 곡식은 오행의 으뜸가는 기운이니, 젖이란 것은 사람의 몸에서 나는 곡식이요, 곡식이란 것은 바로 천지의 젖이니라. 부모의 포태가 곧 천지의 포태니, 사람이 어렸을 때에 그 어머니 젖을 빠는 것은 곧 천지의 젖이요, 자라서 오곡을 먹는 것은 또한 천지의 젖이니라. 어려서 먹는 것이 어머님의 젖이 아니고 무엇이며, 자라서 먹는 것이 천지의 곡식이 아니고 무엇인가. 젖과 곡식은 다 이것이 천지의 녹이니라.

사람이 천지부모의 녹인 줄을 알면 반드시 식고(食告)하는 이치를 알 것이요, 어머님의 젖으로 자란 줄을 알면 반드시 효도로 봉양할 마음이 생길 것이니라.

음식을 먹을 때 천지 부모께 고하는 식고(食告)는 반포(反哺=도로 먹이는 것)의 이치요 받은 은덕을 갚는 도리이니, 음식을 대하면 반드시 천지에 고하여 그 은덕을 잊지 않는 것이 근본이 되느니라. 어찌 홀로 사람만이 입고 사람만이 먹겠는가. 해도 역시 입고 입으며 달도 역시 먹고 먹느니라.

사람은 하늘을 떠날 수 없고 하늘은 사람을 떠날 수 없으니 그러므로 사람의 한 호흡, 한 동정, 한 의식도 이는 서로 화하는 기틀이니라.

하늘은 사람에 의지하고 사람은 먹는데 의지하나니, 만사를 안다는 것은 밥 한 그릇을 먹는 이치를 아는데 있느니라. 사람은 밥에 의지하여 그 생성을 돕고 하늘은 사람에 의지하여 그 조화를 나타내는 것이니라.

사람의 한 호흡과 동정과 굴신과 의식은 다 하늘님 조화의 힘이니, 하늘님과 사람이 서로 화하는 기틀은 잠깐이라도 떨어지지 못할 것이니라.

천지부모는 하늘(天地父母는 天)

　하늘과 땅과 아버지와 어머니, 천지부모(天地父母)네 글자는, 글자는 비록 각각 다르나 그 실은 도무지 하늘 천(天) 한자이니라. 하늘과 땅은 곧 아버지와 어머니요 아버지와 어머니는 바로 천지(天地)이니, 천지부모(天地父母)는 처음부터 사이가 없느니라.

　목숨이 하늘에 있음과 하늘이 만백성을 냄은 먼저 성인의 이르신 바요, 하늘 건(乾)을 칭하여 아버지라 하고 곤(땅坤)을 칭하여 어머니라 함은 먼저 현인(賢人)의 말한 바이니라. 천지 섬기기를 부모 섬김과 같이 하되, 출입에 반드시 심고하고 한 결 같이 살펴드리는 예의를 다함에 한결같은 것은, 개벽 오만 년 이후에 수운 대 선생께서 처음 시창(始刱)한 것이라. 반드시 그런 이치가 있으므로 이에 그러한 도(道)를 비로소 시작하여, 사람으로 하여금 이 덕(德)을 알게 하여 이 도를 닦게 하는 것이니라.

　근래에 와서 사람의 윤리가 업신여겨지게 되어 정녕 부모가 나를 낳아 길러주신 것 을 알면서도 등한히 하고 소홀히 하여 효도하는 자가 매우 적거늘, 하물며 미묘하여 추측하기 어렵고 형상이 보이지 않으나 자취가 있는 천지부모의 이치를 누가 능히 경외하여 효성으로 봉양하겠는가.

　무릇 지금 하품(下品) 사람은, 보이는 데는 강하고 무형한 데 소홀히 함은 이치의 당연한 것이라. 심히 책하여도 모자랄 것이나 무극대도(无極大道)가 이미 창시 하였은 즉, 어찌 가히 깨닫지 못 한 것으로

148

만 돌려 전혀 돌보지 않고 포기하는 밖에 내버려 두겠는가. 그러므로 생각을 거듭하여 천박함을 무릅쓰고 타일러 말하여 손잡아 깨우쳐 주니, 진심으로 받들어 행하여 그 근본을 찾아 그 근본을 통달하고 그 근원을 밝히어 황연히 어린아이의 마음을 회복하고 확실히 천지의 이치를 분별하면, 성인과 철인의 경지에 이르지 못함을 근심하지 않으리라.

대개 이 몸은 모두 이것이 천지 부모의 주신 바요 나의 사물이 아니니, 어찌 소홀히 하리오. 지금 세상 사람은 다만 부모의 기혈포태(氣血胞胎)의 이치만 말하고, 천지조화(天地造化)의 이치로 부여하고 기운으로 이루는 것의 근본을 알지 못하며 혹은 이치와 기운 포태의 수를 말하되, 세상에 태어난 이후에 하늘이 싸고 땅이 간직하는 자연한 이치기운(理氣)의 가운데 자라나고 있음을 전혀 알지 못하니 가히 탄식할 일이로다.

사람이 다니며 생활하며 앉고 눕는 것과 말하고 침묵하고 움직이고 고요한 것이 어느 것이나 천지 음양 귀신 조화의 자취 아님이 없건마는, 혹 하늘의 이치를 말하고 혹 하늘의 덕을 말하나, 그러나 전혀 효경함이 없고 하나도 받들어 섬기지 아니 하니, 실로 마음이 상쾌한 이치를 알지 못하는 까닭이니라.

부모가 나를 낳고 나를 기르나 자연히 성장하는 것은 천지(天地)의 조화요. 천지가 나를 화생하고 나를 성장하게 하나 천지의 명을 받아서 가르치고 기르는 것은 부모의 은덕이니 그런 즉, 하늘과 땅이 아니면 나를 화생함이 없고 부모가 아니면 나를 양육함이 없을 것이니,

천지부모가 감싸고 기르는 은혜가 어찌 조금인들 사이가 있겠는가. 천지는 이미 부모의 이름자가 있고 또한 부모의 은덕이 있은 즉, 부모에게 효도하는 도로써 받들어서 같이 섬기고 공경하여 같이 봉양함이 또한 마땅하지 않으며 또한 옳지 않겠는가.

선성(先聖)이 다만 신체발부를 부모에게서 받은 은혜만 말하고, 천지에게서 받은 근본을 명확히 말하지 않은 까닭을, 선성(先聖)이 어찌 알지 못한다 하리오. 때에는 그 때가 있고 운에는 그 운이 있어서, 먼저 미래의 도(道)를 발설하지 못하여 그러한 것이니라.

하늘님은 음양오행(陰陽五行)으로써 만민을 화생하고 오곡(五穀)을 장양한 즉, 사람은 곧 오행의 가 장 빼어난 기운이요, 곡식도 또한 오행의 으뜸가는 기운이라. 오행의 원기(元氣)로써 오행의 수기(秀氣)를 기르나니, 화해서 나고 자라서 이루는 것은 이것이 하늘님이 아니고 누구이며 은혜가 아니고 무엇이라 말하리오.

그렇기 때문에 우리 스승님께서 오만 년 무극대도(无極大道)의 운(運)을 받아 덕(德)을 천하에 펴서 이 세상 사람들로 하여금 이 도(道)를 행하여 이 덕을 알게 하는 것은 다만 이 한 가지뿐이라. 우리 스승님 무극대도(无極大道)의 으뜸 되는 뜻은 첫째, 천지 섬기기를 부모 섬기는 것과 같이 하는 도(道)요, 둘째, 식고(食告)는 살아계신 부모를 효양하는 이치와 같은 것이니 내수도를 가히 힘쓰지 않겠는가. 식고(食告)의 이치를 잘 알면 도(道)를 통하는 것이 그 가운데 있다는 것이 이것이니라.

지금은 그렇지 아니하여 스승님의 무극대도를 배반하고 하늘님의 마음을 어기고 하늘님의 이치를 업신여기면서 말하기를 도(道)를 닦는다고 하니, 천우신조(天佑神助)는 오히려 말할 것도 없고 하늘님이 내리는 꾸지람을 받을 것이 불을 보듯 명확한지라, 이제 우리 도유(道儒)는 이미 천지부모를 길이 모시는 도를 받았으나, 처음에 부모의 도로써 효경하다가 내종에 보통 길가는 사람으로서 대접하면 그 부모의 마음이 어찌 편안할 수 있으며, 그 자식이 아버지 어머니를 배반하고 천지부모를 잊어버리고 어디로 가겠는가.

하늘님이 간섭하지 않으면 고요한 한 물건 덩어리니 이것을 죽었다고 하는 것이요, 하늘님이 항상 간섭하면 지혜로운 한 영물이니 이것을 살았다고 말하는 것이라. 사람의 일동일정이 어찌 하늘님의 시키는 바가 아니겠는가. 부지런하고 부지런하여 힘써 행하면 하늘님이 감동하고 땅이 응하여 감히 통하게 되는 것은 하늘님이 아니고 무엇이리오. 잘 생각하고 자세히 살필지어다.

부부(夫婦)는 곧 천지(天地)라. 천지가 화합(和合)하지 못하면 이는 하늘님이 싫어하나니, 싫어하면 화를 주고 기뻐하면 복을 내릴 것이니 가내가 화순한 곳이 되도록 더욱 힘쓰는 것이 어떠하리오.

말을 지어 이에 미치니 크게 두렵고 크게 두려움이라. 경계하고 삼가 하여 함께 대운의 터전을 이루도록 복축하고 복축하나니라. 나의 말이 노망이 아니라 오직 대 성인(大聖人)의 가르침이니 평생토록 잊지 않음이 어떠하리오.

평등과 섬김

포덕5년 갑자년

사람도 이에 하늘이라. 그러므로 차등이 없나니 사람이 사람을 천하게 대하는 것은 이는 하늘 이치에 어긋남이니라. 우리 도인은 일체 사람 대하기를 평등과 공경의 뜻으로 행하여 우리 스승님의 뜻에 맞게 할지어다.

지금부터 우리 도인은 적서(嫡庶)의 차별을 타파하여 천연한 하늘의 화한 기운을 상하게 하지 말지어다.

대신사 강화의 말씀

포덕 8년 정묘년 해월신사 심고하시고 하늘님을 지극히 위하는 주문(呪文)을 묵념하시더니 수운 대신사의 현령과 합덕(合德)하여 강화의 가르침으로 말씀하시기를 "너에게 무극대도(无極大道)의 중임(重任)을 맡기어 이끌어 나아가게 함은 하늘님(天主)의 뜻에 있으니 네가 비록 깊은 산속으로 다니며 도(道)를 세상 밖으로 바로 드러내지 못하나 괴로워 하지마라.

하늘님께서 다스리는 도수(道數) 셈(算)의 정함에 오직 그대에게 정한바 있느니라."고 하시다.

배움의 길

포덕 8년 정묘년

내 핏덩어리만이 아니니 어찌 시비하는 마음이 없으리오.

그러나 만일 혈기(血氣)를 내면 도(道)를 상하므로 내 이를 하지 아니하노라. 나도 오장 육보가 있거니 어찌 탐욕 하는 마음이 없으리오 마는 내 이를 하지 않는 것은 하늘님을 봉양하는 까닭이니라. 나는 비록 부인과 어린아이의 말이라도 배울만한 것은 배우고 스승으로 모실만한 것은 스승으로 모시노라. 이 선(善)한 말은 일체 하늘님 말씀이니라.

내 제군들을 보니 스스로 잘난 체 하는 자가 많으니 한심한 일이요, 도(道)에서 이탈되는 사람도 이래서 생기니 슬픈 일이로다. 나도 또한 이런 마음이 생기면 생길 수 있느니라. 이런 마음이 생기면 생길 수 있으나, 이런 마음을 감히 내지 않는 것은 하늘님을 내 마음에 길이 모시지 못할까 두려워함이로다.

다만 교만하고 사치한 마음을 길러 끝내 무엇을 하리오. 내가 본 사람이 많으나 학(學)을 좋아하는 사람을 아직 보지 못했노라. 약간의 마음이 열렸다고 하여 어찌 도통하였다 하리요. 겉으로 꾸며 대는 사람은 도(道)에 멀고 진실한 사람이 도에 가까우니, 사람을 대하여 거리낌이 없는 자라야 가히 도(道)에 가깝다 이르리라.

그 그러함을 아는 사람과 그 그러함을 얻는 사람과 그 그러함을 사용하는 사람은 거리가 같지 아니하니라. 그러므로 제군들은 시천주(侍天主)의 본뜻을 느끼고 쓰게 된 연후에야 능히 달통자로 천지의 큰일을 할 수 있느니라.

내가 나의 마음을 정함이 가득하면 이에 천하에 별다른 사람이 없음을 알 것이니라. 내가 젊었을 때에 스스로 생각하기를 옛날 성현은 뜻이 특별히 남다른 표준이 있으리라 하였더니, 한번 대 선생님을 뵈옵고 마음공부를 한 뒤부터는, 비로소 별다른 사람이 아니요, 다만 마음을 정하고 정하지 못하는데 있는 것인 줄 알았노라.

요순(堯舜)의 일을 행하고 공맹(孔孟)의 마음을 쓰면 누가 요순이 아니며 누가 공맹이 아니겠느냐. 제군들은 내 이 말을 터득하여 스스로 굳세게 하여 쉬지 않는 것이 옳으니라.

대인접물(待人接物)의 도(道)

포덕 12년 신미년

성인(聖人)의 덕은 봄바람의 크게 화하는 원기가 초목군생에 퍼짐과 같아서 만물이 다 화하게 키우는 가운데 나고 자라는 것이니라. 어진 것은 대인의 어진 것과 소인의 어진 것이 있나니 먼 저 나를 바르게 하고 사람들과 융화하는 것은 대인의 어진 마음이니라. 거짓으로써 사람을 사귀는 사람은 도(道)를 어지럽게 하고 도를 사납게 하는 자요, 이치를 거역하는 자이니라.

사람을 대하고 물건을 접함에 반드시 악(惡)을 숨기고 선(善)을 찬양하는 것으로 주를 삼으라. 저 사람이 포악으로써 나를 대하면 나는 어질고 용서하는 마음으로써 대하고, 저 사람이 교활하고 교사하게 말을 꾸미거든 나는 정직하게 순히 받아들이면 자연히 돌아와 화하리라. 이 말은 비록 쉬우나 몸소 행하기는 지극히 어려우니 이런 때에 이르러 가히 도력을 볼 수 있느니라. 혹 도력(道力)이 차지 못하여 경솔하고 급작스러워 인내가 어려워지고 경솔하여 상충되는 일이 많으니, 이런 때를 당하여 하늘님을 지극히 위하는 주문(呪文)을 생각하여 마음을 쓰고 힘을 쓰는데 나의 마음을 순히 하여 나를 처신하면 쉽고 나의 마음을 거슬려 나를 처신하면 어려우니라.

무릇 때와 일에 임하여 어리석은 체 하는 것, 침착하게 하는 것, 말조심 하는 것을 용으로 삼으라. 만약 경솔하게 남의 말을 듣고 말하면, 반드시 나쁜 사람의 속임에 빠지느니라. 이로써 실행해 나아가면 공은 반드시 닦는 데 돌아가고 일은 반드시 바른 데 돌아갈 것이니라. 요순의 세상에 백성 이 다 요순이 되었다하나, 백성이 어찌 다 요순이 되었겠는가. 이것은 요순의 덕화(德化) 속에 훈육된 것으로 마치 바람 앞의 풀과 같은 것이니라. 그러므로 사람된 행실이 아닐지라도 이를 바로 사람이 아닌 사람으로 대하지 말고 먼저 나의 마음을 바르게 하여 봄바람의 화한 기상과 같은 모습으로 저 사람을 대하면 목석이 아닌 다음에야 사람이 어찌 이에 화하지 아니하리오.

성인(聖人)은 말하지 아니하여도 그 화(化)하는 것이 초목(草木)에까지 미치고, 노(怒)하지 아니하여도 그 위엄이 병장기보다 강(强)하니라. 그러므로 군자 나서지 않아도 그 가르침이 나라에 이루어짐이 어찌 다름에 연고하여 있다 하리오. 한 사람이 착하면 천하가 그 화함에 길러짐이니 이와 같이 한 후에야 가히 덕(德)을 천하에 펼 것이니라. 그러므로 한 사람이 착해짐에 천하가 착해지고, 한 사람이 화해짐에 한 집안이 화해지고, 한 집안이 화해 짐에 한 나라가 화해지고, 한 나라가 화해짐에 천하가 같이 화하리니, 비 내리 듯 하는 것을 누가 능히 막으리오.

말은 행할 것을 돌아보고 행동은 말한 것을 돌아보아, 말과 행동을 한 결 같이 하라. 만물이 시천주(侍天主) 아님이 없으니 능히 이 이치를 알면 살생(殺生)은 금치 아니해도 자연히 금 해지리라. 제비의 알을 깨지 아니한 뒤에라야 봉황이 와서 거동하고, 초목의 싹을 꺾지 아니한 뒤에라야 산림이 무성하리라. 자기 손으로 꽃가지를 꺾고 나면 그 열매는 따지 못 할 것이오, 물건을 함부로 버리면 부자가 될 수 없느니라. 날짐승 삼천도 각각 그 종류가 있고 털벌레 삼천도 각각 그 목숨이 있으니, 물건을 공경하는 마음에 까지 이르면 덕(德)이 만방에 미치리라.

우리 도(道)는 이 기운으로 기운을 먹고, 이 기운으로써 기운을 다스리고 이 마음으로써 이 마음을 다스리고 이 착함으로써 이 착함을 화하게 함은 바로 이 마음으로 우리 무극대도(无極大道)를 크게 화(化)하게 함이니 사람이 오거든 사람이 왔다 이르지 말고 하늘님이 강림하셨다고 말하라.

용시 용활(用時用活)의 도(道)

포덕 16년 을해년

대저 도는(道) 때(時)를 쓰고 활용하는데 있나니 때와 짝하여 나아가지 못하면 이는 죽은 물건과 다름이 없으리라. 하물며 우리 도는 5만년의 미래를 기준함에 있어, 앞서 때를 짓고 때를 쓰지 아니하면 안 될 것은 돌아가신 스승님께서 가르치신 바라. 그러므로 내 이 뜻을 후세만대에 보이기 위하여 특별히 내 이름을 고쳐 후세에 표준 하고자 하노라.

시(侍)와 이기(理氣)

포덕 19년 무인년

우리 무극대도(无極大道)를 닦는 법은 넓으면서 간략하니 마음을 자세하고 한 결 같이 함을 주로 삼나니 넓고 간략하고 자세하고 한 결 같이 함은 정성, 공경, 믿음이 아니면 능치 못하리라. 믿음이 있는 연후에 능히 정성하고 정성이 있은 연후에 능히 통하는지라. 그러므로 정성에 있고 사람에 있다함은 하나는 정성에 있고 하나는 믿는 사람에게만 있다 함이니라.

여러분은 모실 시(侍)자의 뜻을 어떻게 해석하는가? 사람이 포태의 때에 이때를 곧 모실 시(侍) 자의 뜻으로 해석하는 것이 옳으냐. 세상에 태어난 이후에 처음으로 모실 시(侍) 자의 뜻이 생기는 것이냐? 아니면 대신사 포덕 강령의 날에 모실 시(侍) 자의 뜻이 생기는 것일까? 여러분은 이 뜻을 연구하여 보라.

일체의 제사에 위(位)를 설하되 벽을 향하여 위(位)를 설하는 것이 옳으냐. 나를 향하여 위를 설하는 것이 옳으냐? 제군들은 이 뜻을 연구하여 보라.

사람의 동(動)하고 정(靜)하는 것이 마음이 시키는 것인가? 기운이 시키는 것인가? 마음이 기운을 부리는가? 기운이 마음을 부리는가? 마음이 1인가 기운이 2인가? 제군들은 이 뜻을 연구해보라.

나의 한 기운은 천지우주의 원기와 한줄기로 서로 통했으며, 나의 한 마음은 음양 조화 귀신의 쓰는 일과 한 집의 활용이라. 그러므로 하늘이 이에 나이며 내가 그 덕에 하나 되어 하늘인 것이라. 그러므로 기운을 사납게 함은 하늘을 사납게 함이요, 마음을 어지럽게 함은 하늘을 어지럽게 함이니라.

수운 대 스승님의 주문(呪文) 열 세자는 바로 천지만물 화생의 근본을 새로 밝힌 것이요, 수심정기(守心正氣) 네 글자는 다시 천지의 덕과 끊어져 떨어지는 기운을 보충한 것이며, 무위이화(無爲而化)는 사람이 만물과 더불어 하늘의 도와 하늘의 이치에 순응하는 우주만유의 참된 모습이니라. 그러므로 도(道)는 따로 높고 먼 곳에 있는 것이 아니라 너의 몸에 있으며 너의 세계에 있느니라.

십 삼자로써 만물화생의 근본을 알고 무위이화(無爲而化)로써 사람이 만물과 더불어 천리와 천도에 순응함을 안 연후에 수심정기(守心正氣)로써 천지가 크게 화하는 원기를 회복하면 능히 무극대도에 가까운 것이니라.

이 후천 대운(大運)은 천황씨(天皇氏)의 운(運)을 회복 한 것이니라. 천황씨는 원래 하늘과 사람이 합일한 명사라. 그러므로 천황씨는 선천개벽으로 사람을 있게 한 시조신의 기능으로 사람의 원리를 포함한 뜻이 있으니 만물(萬物)이 다 천황씨의 한 기운이니라. 오늘 대 스승님께서 천황씨(天皇氏)로 자처하심은 대 스승님 역시 신(神)이신 사람이시니 후천 오만년에 이 이치를 전하신 것이니라.

개인 각자가 능히 신(神)과 사람(人)의 합일이 자기됨을 깨달으면 이는 곧 모실 시(侍)자의 근본이며, 모실 시의 근본을 알면 능히 정할 정(定)의 근본을 알 것이요, 마침내 알지(知)의 근본을 알 것이니, 지(知)는 즉 통(通)이므로 모든 일이 함이 없는 가운데서 화하나니, 무위는 즉 하늘의 이치와 하늘의 천도(天道)에 순응함을 이름이니라.

일용행사(日用行事)의 도(道)

포덕 26년 을유년

내가 청주를 지나다가 서 택순의 집에서 그 며느리의 베 짜는 소리를 듣고 서군에게 묻기를 "저 누가 베를 짜는 소리인가?"하니, 서군이 대답하기를 "제 며느리가 베를 짭니다." 하는지라,

내가 또 묻기를 "그대의 며느리가 베 짜는 것이 참으로 그대의 며느리가 베 짜는 것인가?" 하니, 서군이 나의 말을 분간치 못하더라. 어찌 서군뿐이랴. 도인의 집에 사람이 오거든 사람이 왔다 이르지 말고 하늘님이 강림하셨다 말하라.

천지는 귀신(鬼神.음양)이며 귀신은 조화(造化)이니라. 그러므로 천지 만물이 시천주(侍天主) 아님이 없나니 이 하늘로써 하늘은 먹음은 천지의 당연한 이치이니라. 그러나 제군들은 한 생물이라도 아무런 이유가 없이 해(害)하는 것은 아니 되느니라. 이는 하늘로써 하늘을 상하게 하는 것이니 자비의 마음으로써 만물 순응의 도(道)를 통한 연후에야 가히 알지(知)에 이를 것이니라.

도가 부인은 경솔히 어린 아이를 때리지 말라. 아이를 때리는 것은 곧 하늘님을 때리는 것이니 하늘님이 싫어하고 기운이 상하느니라. 사람도 이에 하늘이요 하늘이 이에 사람이니, 사람 밖에 하늘이 없고 하늘 밖에 사람이 없느니라. 마음은 어느 곳에 있는가 하늘에 있고, 하늘은 어느 곳에 있는가. 마음에 있느니라. 그러므로 마음이 바로 하늘이요 하늘이 바로 마음이니, 마음 밖에 하늘이 없고 하늘 밖에 마음이 없느니라.

아이가 태어난 처음에 누가 성인이 아니리요 마는 오직 성인(聖人)이라야 본성(本性)을 잃지 않고 그 덕이 하늘에 합일하나니 언제나 성품을 거느리며 하늘님과 더불어 덕을 같이하고, 하늘님과 더불어 같이 크고, 하늘님과 더불어 같이 화하나니, 천지가 하는 바를 성인(聖人)도 할 수 있느니라.

우리 도(道)에 영부(靈符)를 시험하여 병을 고침은 이는 즉 영의 하는 일이니, 하늘이 능히 병을 생기게 하는 이치는 있고 어찌 병을 낫게 하는 이치가 없으리오. 온전하고 한결같은 정성과 믿음으로써 먼저 마음을 화하게 하고 또한 기운을 화하게 하면, 자연한 감화로 온몸이 순히 화하나니, 모든 병이 약을 쓰지 않고도 저절로 낫는 것이 무엇이 신기하고 이상할 바리요. 그 실지를 구하면 하늘의 조화가 오직 자기 마음에 있느니라.

사람의 행동이 마음에서 나오는가? 기운에서 나오는가?

기운이 마음을 부리는가? 마음이 기운을 부리는가?

기운이 마음에서 나왔는가? 마음 이 기운에서 나왔는가?

마음이 화하지 못하면 기운이 그 도수를 잃고 기운이 바르지 못하면 마음이 그 궤도를 이탈하나니, 그러므로 그 근본은 하나이니라. 하나의 이치가 만 가지 다른 것을 이루나니 음귀(陰鬼) 양신(陽神)이라 하며 마음과 성품이라 하며 조화라고 하며 이치와 기운이라 함이니 도시 한 지극한 기운의 일이니라.

움직이는 것은 기운이요, 움직이고자 하는 것은 마음이요, 동(動)하여 구부리고 펴고 변화하는 것은 귀신(음양)이며 구부리고 펴고 하는 굴신의 변화가 일용행사가 되는 것은 이 조화(造化)이니 하나가 많은 것이 되는 것이요, 많은 것이 하나가 되는 것이니라.

사람이 푸른 하늘을 우러러 믿고 하늘을 여기에 있다고 절을 하나니 이는 하늘의 높은 것만 듣고 하늘이 하늘 되는 참된 까닭을 알지 못함이로다. 나의 굴신동정(屈身動靜)이 바로 귀신(음양)이며 조화(造化)며 이치와 기운이니, 그러므로 사람은 하늘의 영(靈)이며 정기요, 하늘은 만물의 정기(精氣)니 만물을 순응함은 바로 천도(天道)이며, 천도를 체와 용으로 함은 바로 인도(人道)이니, 천도와 인도(人道) 그 사이에 한 가닥의 머리털이라도 용납하지 않을 것이니라.

부부(父婦)가 서로 화목하고 순하게 하는 것은 우리 무극대도(无極大道)의 첫 걸음이니라. 도를 통하고 통하지 못하는 것이 도무지 내외가 화순하고 화순치 못하는 데 있느니라. 내외가 불화하는 사람 어찌 한 나라와 한 가정을 화하게 하며, 나아가 만물을 순히 화하게 하랴. 부부간에 서로 순하지 못함이 생기거든 서로 관용하여 순하게 하라. 부인은 한 집안의 주인이니라.

하늘을 공경하는 것과 제사를 받드는 것과 손님을 대접하는 것과 옷을 만드는 것과 음식을 만드는 것과 아이를 낳아서 기르는 것과 베를 짜는 것이 다 반드시 부인의 손이 닿지 않는 것이 없느니라. 남녀가 화합치 못하면 천지가 막히고, 남녀가 화합 하면 천지가 크게 화하리니, 부부가 곧 천지란 이를 말한 것이니라. 부인이 불민하면 아무리 날마다 소, 양, 돼지를 잡아 봉양할지라도 하늘이 반드시 감응하지 아니하리라. 부부가 화합치 못하면 자손이 보잘 것 없이 되느니라.

여자는 편성이라 혹 성을 내더라도 그 남편 된 이가 한번 절하고 두 번 절하며 온순한 말로 성내지 않으면, 비록 도척의 악이라도 반드시 화할 것이니, 이렇게 절하고 이렇게 절하라.

산하의 큰 운이 다 우리 무극대도(无極大道)에 돌아온다 하였는지라. 그 덕(德)이 장차 온 천하(天下)에 이를 것이니라. 그런 고로 우리 무극대도 안에서 성현(聖賢)과 군자(君子)가 많이 나올 것이니라. 천하(天下)에 각자위심(各自爲心)하는 억조창생이 우리의 무극대도를 얻어 동귀일체(同歸一體) 하면 이는 곧 도덕 문명의 세계이니라.

우리 도(道)는 유(儒)도 아니며 불(佛)도 아니며 선(仙)도 아니니라. 우리 스승님께서 천지우주의 절대 근원의 기(氣)와 절대생명을 체응(體應)하여 모든 일과 모든 이치의 근본을 처음으로 밝히시니 이것이 곧 천도(天道)이며 천도는 유, 불, 선의 본원이니라.

내가 잠자고 꿈꾸는 사이인들 어찌 스승님이 남기신 가르침을 잊으리오. 선생님께서 인내천의 참뜻을 말씀하시되 사람을 섬기되 하늘같이 섬기라(事人如天)고 하셨느니라. 고로 나는 어린 아이의 말이라도 또한 배우며 스승 하노라.

위가 믿지 못하면 아래가 의심하고 위가 공경치 못하면 아래가 거만하나니 이는 하늘님과 스승님의 경계함이라. 위에 있는 사람 어찌 반듯이 위에만 있으며 아래에 있는 사람 어찌 반듯이 아래에만 있으랴. 두목의 아래에 반듯이 100배 이기는 재주와 덕이 있는 사람이 많을 것이니 제군들은 이를 믿을지어다.

시천주(侍天主)와 마음(心)

포덕 27년 병술년

저 새 소리도 또한 하늘님을 모신 시천주(侍天主)의 소리이니라. 크도다. 천도의 영묘(靈妙)함이여, 일에 간섭치 아니함이 없으며 만물에 있지 아니함이 없나니 모든 형상이 다 하늘님 천도(天道)의 표현이니라.

지금에 어리석은 풍속이 산(山)에 빌며 물(水)에 빌어 복을 비는 자 또한 기이한 증험이 없지 아니 하나 이것은 천지의 영묘(靈妙)가 어느 곳에든지 비추지 아니한 바 없음이니라.

그러나 저 잡신을 위하는 자가 화(禍)를 면하고 복(福)을 받고자 함은 잘못 아는 것이니, 화(禍)와 복(福)은 결코 저기에서 오는 것이 아니요, 전혀 자기 마음(心)의 짓는 바 이니라. 화(禍)와 복(福)이 마음(心)으로부터 생기고 마음(心)으로부터 멸(滅)하나니 이는 하늘님(天主)의 권능이니라.

도(道)는 평등

포덕 32년 신묘년

우리나라의 운(運)이 동방 목(木)운이라. 서로 부딪히면 불이 날 것이니라. 사람의 마음이 화순하면 하늘이 반듯이 감응하리라. 우리 도(道)는 5만년 개벽의 운을 타서 무극대도(无極大道)를 창도함이라. 문벌의 높고 낮음과 어리고 연로한 것의 등분에 국한하여 보는 것은 미혹한 습관이니 어찌 옳게 들어 논의 하리요,

비록 문벌이 천하여 작고 학문이 박약하고 나이가 적은 사람이라도 두령의 자격이 있어 두령의 책임에 차출되면 그 지휘를 따라 도(道)의 이치를 창명함이 옳으니라. 하늘이 어찌 문벌과 학문으로써 차별을 정하리오. 제군들은 오직 하늘님의 눈으로 사람을 볼 것이요, 선천의 악습으로 대도의 평등을 오해하지 말라.

통유문(通諭文)

포덕 33년 임진년

1. 동경대전과 용담 유사는 바로 우리 수운 대 선생님의 가르치신 근본이라. 하늘님의 명(命)을 받으시고 하늘님의 다스림을 공경하여 기록하신 내역으로 하늘님 강화(降化)의 가르침이 밝게 실려 있으니 그 공경스럽고 중하게 여김이 어찌 이 같이 당연한 것이 아니리요. 무릇 수도의 마디와 공경스럽고 높은 것의 방향을 일일이 안에 펼쳐 놓았으니 오직 우리 도인은 법(法)의 본받음을 멀리하지 말고 십분 두렵게 생각하여 어두움에 앞서 봉행하면 심히 다행하고 심히 다행한 것이로다.

우리 도인은 동경대전과 용담유사를 열람하여 볼 때에 혹 누워서 보는 사람이 있으며 혹 허리에 끼고 다니는 사람도 있고 혹 먼지 쌓인 대바구니와 더러운 상자 주변 아래에 방치 하는 사람도 있으니 이토록 공경치 않음이 심하니 감히 두렵고 민망하지 아니하리요. 지금 이후로는 스승님의 동경대전과 용담유사는 다만 가르치는 두령의 집에 공경히 두고 무극대도(无極大道)를 배우는 사람은 불을 밝히고 향을 피우고 난후 서로 절하고 바로 앉아 가르침을 이어갈 것.

2. 우리 도인들은 부모를 효도로 공경하고 부부간에 화순함으로 매사에 위함을 주로 할 것.

3. 동경대전 용담유사 경전을 사사로이 자의로 인출하여 감히 다른 사람이 있는 곳에 파는 사람이 있다 이르니 어찌 이치를 거역함의 이처럼 깊고 심한 것인가.

아, 이후에 만일 이와 같은 폐단이 있으면 몰래 사는 자와 파는 사람에게 벌을 내려 같이 받게 하리니 모름지기 서로 공경하여 서로 상하는 일이 업도록 하라.

4. 도인이 서로 수군거리는 폐단은 도의 현묘(玄妙)함을 권한 이로 말미암아 도솔천을 본다 함이니 이 어찌 수도의 근본 뜻이리오. 도인은 작은 허물이라도 참회하고 욕념을 베고 끊어 마음을 지키고 참에 돌아가는 것을 기약할 것.

5. 우리 도(道)는 바로 후천 개벽의 운으로 무극대도(无極大道)라. 그 참된 도통의 근원은 영묘하고 영묘하며 밝고 밝은 것이니 어찌한 티끌이라도 어지럽게 하리오.

근간에 각 지역의 도인들이 스스로 망령됨을 높이 대하여 혹 이 포의 연비가 저 포의 연비에 옮겨 들어가며 이 포의 조직이 저 포의 조직에 옮겨 들어가며 혹 그 전 두령을 비웃으며 그 도맥을 헐어 훼손하는 사람이 있다하니 이 어찌 옳다하여 참으리요. 참소함을 더하여 깨우침에 두려워하여 참에 돌아가고 하나로 돌아가는 일을 바로 힘쓸 것.

6. 하늘을 속이며 이치를 거스르고 세상을 미혹하게 하고 백성을 속이며 간사하고 아첨하며 더러운 것을 아끼는 사람은 바로 도를 어지럽히는 사람이니 각자 스스로 고침으로 행하여 하늘님의 꾸짖음을 얻지 말 것.

7. 스승님의 도를 같이 배우는 사이에 진실로 불쌍히 여기어 주는 도(道)가 있는 것이니, 만일 물건을 지참하고 과일 상자로 구차함을 사사로이 행함은 결코 군자의 사귀는 도(道)가 아니니 이러한 일을 일체 막고 끊을 것.

8. 도가(道家)의 부인이 경솔히 어린 아이를 치는 것은 이는 바로 모신 하늘님을 치는 것이니 삼가 가볍게 행하지 말 것.

수도자(修道者)의 길

포덕 34년 계사년

　나무의 뿌리가 굳건치 않으면 바람을 만나 넘어질 것이요, 물의 근원이 깊지 않으면 웅덩이를 가득 채워 앞으로 나가지 못하나니 사람의 마음이 또한 이와 같도다. 마음이 정해지지 않으면 반은 믿고 반은 의심하여 일을 이루지 못하며 공을 이루지 못하니라.

　도(道)를 닦는 것은 먼 길을 가는 사람과 같으니 먼 길을 가는 사람이 길 중간에서 험하고 어려움을 꺼리어 되돌아가면 그것이 옳겠는가? 도(道)를 닦는 것은 우물을 파는 것과 같으니 우물을 파는 사람이 샘의 근원을 보지 못하고 포기하면 그것이 옳겠는가?

　도(道)를 닦는 것은 산을 만드는 것과 같으니 산을 만드는 사람이 한 삼태기 흙을 덜 하여 앞서 이룬 공을 포기하면 그것이 과연 옳겠는가?

　도(道)를 닦는 것은 양을 치는 것과 같으니 목장에서 일하는 사람이 이리떼가 오는 것을 보고도 양 떼를 그대로 버리어 돌아보지 아니하면 그것이 옳겠는가? 도(道)를 닦는 것은 정원을 가꾸는 것과 같으니 정원을 보살피는 사람이 바람과 비를 괴로워하여 어린 꽃을 잡초 속에 내버려 두면 그것이 옳겠는가?

　도(道)를 닦는 것은 나라를 다스리는 것과 같으니라. 여러분은 오직 본래 목적에 의해 게으르지 말고 정력을 다 하여 나아가라.

덕을 닦고 마음을 밝게 하라

포덕 37년 정유년

아, 슬프도다.

나무는 뿌리가 없는 나무가 없고 물은 근원이 없는 물이 없으니, 만물도 오히려 이와 같거든 하물며 이 고금에 없는 5 만년 영원히 내려갈 초창의 무극대도(无極大道) 운(運)이랴.

내가 부덕 함에도 무극대도(无極大道)를 가르쳐 주시고 전하여 주신 은혜를 힘입어 삼십 여년까지에 온갖 어려움을 맛보고 거듭 곤란과 재액을 겪어서 스승님 문하의 바른 맥이 거의 흐린 물이 맑아 깨끗함에 돌아오고 섞인 것을 버리고 순수함에 이르렀으나, 호수와 바다 바람서리의 형상과 그림자가 멀고 막혀서 혹은 중도에 폐하는 일도 있고 또 한 소쿠리가 부족된 것도 많으니 진심으로 슬프도다.

대개 우리 무극대도(无極大道)가 진행하여 정성이 되는 여부는 오직 내수도(內修道)의 착하고 착하지 않음에 있느니라. 현전에 이르기를 "오직 하늘님은 친함이 없는데 극진히 공경하면 친하게 되는 것이니라."하고 또 이르기를 "부인을 경계하여 집안과 나라를 다스린다." 고 하였으니, 그런 즉 내수도를 지극히 공경하고 지극히 정성을 드리는 것이 어찌 우리 도의 커다란 관건이 아니겠는가.

근일에 도인들이 내정을 경계할 것은 오히려 말할 것도 없고, 몸을 닦고 일을 행하는 것도 가볍게 보고 업신여기고 게으른 것이

많으니, 이런 일이 많음으로써 방에 들어가는 것은 고사하고 나루
터를 묻는 것도 기약할 수 없으니, 어찌 두렵고 민망치 아니하리
오. 나면서부터 앎이 있지 않으면 반드시 배워서 통달하나니, 대개
가르치지 않아도 착하게 되는 것은 상지(上智)요, 가르친 뒤에 착
하게 되는 것은 중지(中智)요, 가르쳐도 착하게 되 지 않는 것은
하우(下愚)니라.

　사람의 지혜롭고 어리석음이 같지 아니하고 성인과 범인이 비록
다르나, 작심하여 쉬지 않으면 어리석음이 가히 지혜롭게 되고 범
인이 성인으로 될 수 있으니, 모름지기 마음을 밝히고 덕(德)을 닦
는 것을 힘써서, 늙은 사람의 말이라도 버리지 말고 더욱 함양하는
마음을 힘쓰도록 하라.

청수 일기(淸水一器)

포덕 15년 갑자년

    정선 지방 유인성의 집에서 소(牛)를 잡아 특별 치성을 봉행 하고자 하는 광경을 보시고, 해월신사 말씀하시기를, "수운 대 선생님께서 포덕 하시던 처음에 의식(儀式)을 행하실 때, 제사 음식에 있어 소나 양, 돼지고기 등도 사용하였고, 나 또한 지난 여러 해에 걸쳐 여러 음식을 차려 놓고 의식을 행하여 왔으나 이것은 아직 시대의 풍속과 인심의 관계로 부득이 그렇게 하여 왔던 것이었다.

    하지만 이제는 시기가 이르렀으니 수운 대 선생님의 가르침을 받들어 청수(淸水) 한 그릇으로 모든 의식(儀式)에 표준을 세우노라. 일후에는 일체 의식에 청수(淸水) 한 그릇만을 사용하는 날이 있으리라.

    입도(入道)의 초기에는 마음이 정해지지 못하므로 인하여 만일 대상이 없으면 마음이 어지럽고 어지러워 정해지지 못할 것이라. 그러므로 물(水)로써 표준을 정하노라. 옛 글에 이르기를 하늘이 하나로 물(水)을 생하였다하고 물은 생명의 근원으로 양수(陽水)와 음수(陰水)가 있으니 물고기는 보이는 양수(陽水) 중에서 살고 사람이 공기 중에 사는 것은 음수(陰水)에서 사는 것을 말하는 것이니라. 물은 만물의 근원이 되며 맑고 깨끗한 것이니 이제 부터는 모든 의식에 청수(淸水) 한 그릇만을 사용하라."

향아설위(向我設位)

포덕 37년 병신년

신사 물으시기를 "제사 지낼 때에 벽을 향하여 위(位)를 베푸는 것이 옳으냐? 나를 향하여 위(位)를 베푸는 것이 옳으냐?" 손병희 대답하기를 "나를 향하여 위(位)를 베푸는 것이 옳습니다."

신사 말씀하시기를 "그러하니라. 이제부터는 나를 향하여 위(位)를 베푸는 것이 옳으니라. 하늘이 나를 통하여 계시니 어찌 나를 버리고 저기 위패에 절을 하랴. 그러면 제물을 차릴 때에 혹 급하게 집어 먹었다면, 다시 차려서 제사를 지내는 것이 옳겠느냐, 그대로 지내도 옳겠느냐?"

손 천민이 대답하기를 "그대로 제사를 지내는 것이 옳겠습니다."

신사 말씀하시기를 "그대들은 매번 식고할 때에 하늘님 감응하시는 정을 본때가 있느냐?"

김 연국이 대답하기를 "보지 못하였습니다."

신사 말씀하시기를 "그러면 하늘님께서 감응하시지 않는 정은 혹 본 일이 있느냐? 사람은 다 모신 하늘님의 영기로 사는 것이니, 사람의 먹고 싶어 하는 생각이 곧 하늘님이 감응하시는 마음이요, 먹고 싶은 기운이 곧 하늘님이 감응하시는 기운이요, 사람 이 맛나게 먹는 것이 이것이 하늘님이 감응하시는 정이요, 사람이 먹고 싶은 생각이 없는 것이 바로 하늘님이 감응하시지 않는 이치니라. 사람이 모신 하늘님의 영기가 있으면 산 것이요, 그렇지 아니하면 죽은 것이니라. 죽은 사람 입에 한 숟갈 밥을 드리고 기다려도 능히 한 알 밥이라도 먹지 못하는 것이니 이는 하늘님이 이미 사람의 몸에서 떠난 것이니라. 그러므로 능히 먹을 생각과 먹을 기운을 내지 못하는 것이니, 이것은 하늘님이 능히 감응하시지 않는 이치니라." 또, 말씀하시기를 "제사 지낼 때에 몇 대조까지 제사를 받드느냐?" 김 연국이 대답하기를 "보통 4대조까지 제사를 받들고 그 이상은 매년 봄과 가을에 시향을 베풀 따름입니다."

또 말씀하시기를 "시향은 몇 대조까지 하느냐?"

대답하기를 "이십대 안팎을 지나지 아니하오며 그 이상은 알 수 없습니다."

신사 말씀하시기를 "이십대나 삼십대를 거슬러 올라가면 반드시 첫 조상이 있으리니 첫 조상의 영은 받들지 않느냐? 사람은 다 부모가 있으리니 부모로부터 처음 할아버지에게 거슬러 올라가면 첫 할아버지는 누가 능히 낳았겠느냐. 예로부터 하늘이 만백성을 낳았다 말하나니, 첫 할아버지의 부모는 하늘님이니라. 그러므로 하늘을 모시고 하늘을 받드는 것은 곧 첫 할아버지를 받드는 것이니 부모의 제사를 지낼 때에 지극한 정성을 다하는 것이 마땅하며, 시간은 오시(午時)에 베푸는 것이 옳으니라."

임 규호 묻기를 "나를 향하여 위를 베푸는 이치는 어떤 연고입니까?"

대답하시기를 "나의 부모는 첫 조상으로부터 몇 만대에 이르도록 혈기를 계승 하여 나에게 이른 것이요, 또 부모의 심령(心靈)은 하늘님으로부터 몇 만대를 이어 나에게 이른 것이니 부모가 죽은 뒤에도 혈기는 나에게 남아있는 것이요, 심령과 정신도 나 에게 남아있는 것이니라. 그러므로 제사를 받들고 위를 베푸는 것은 그 자손을 위하는 것이 본뜻이니, 평상시에 식사를 하듯이 위를 베푼 뒤에 지극한 정성을 다하여 심고하고, 부모가 살아계실 때의 교훈과 남기신 사업의 뜻을 생각하면서 맹세하는 것이 옳으니라."

방 시학이 묻기를 "제사 지낼 때에 절하는 예는 어떻게 합니까?" 대답하시기를 "마음으로써 절하는 것이 옳으니라."

또 묻기를 "제물 차림과 상복은 어떻게 하는 것이 옳습니까?"

신사 대답하시기를 "만 가지를 차리어 벌려 놓는 것이 정성이 되는 것이 아니요, 다 만 청수 한 그릇이라도 지극한 정성을 다하는 것이 옳으니라. 제물을 차릴 때에 값이 비싸고 싼 것을 말하지 말고, 물품이 많고 적은 것을 말하지 말라. 제사지낼 시기에 이르러 흉한 빛을 보지 말고, 음란한 소리를 듣지 말고, 나쁜 말을 하지 말고, 서로 다 투고 물건 빼앗기를 하지 말라. 만일 그렇게 하면 제사를 지내지 않는 것이 옳으니라. 굴건과 제복이 필요치 않고 평상시에 입던 옷을 입더라도 지극한 정성이 옳으니라. 부모가 돌아가신 뒤에 굴건을 쓰고 제복을 입고라도, 그 부모의 뜻을 잊어버리고 주색과 잡기판에 나들면, 어찌 가히 정성을 다했다고 말하겠는가."

조 재벽이 묻기를 "제사 기간은 어떻게 하는 것이 옳습니까?"

대답하시기를 "마음으로 백년 상이 옳으니라. 천지부모를 위하는 식고가 또한 마음의 백년 제사이니, 사람이 살아있을 때에 부모의 생각을 잊지 않는 것이 영세불망(永世不忘)이요, 천지부모(天地父母) 네 글자를 지키는 것이 만고사적(萬古事蹟) 분명하다. 라고 말하는 것이니라."

우주는 한 기운

포덕 37년 병신년

우주는 한 기운(氣運)의 소사요 한 신(神)의 하는 일이라. 눈앞에 온갖 물건의 형상이 비록 그 형상이 각각 다르나 그 이치는 하나이니라. 하나는 즉 하늘이니 하늘이 만물의 조직에 의하여 표현이 각각 다르니라. 같은 비와 이슬에 복숭아나무에는 복숭아 열매를 맺고 자두나무에는 자두 열매가 익나니 이는 하늘이 다른 것이 아니요 만물의 종류 가 다름이로다.

사람이 공기를 마시고 만물을 먹는 것은 이는 하늘로써 하늘을 기르는 까닭이니라. 무엇이든지 도(道) 아님이 없으며 하늘 아님이 없느니라. 각각 순응이 있고 서로 화합함이 있어 우주의 이치가 이에 순히 행하나니, 사람이 이를 따르는 것은 이것이 바른 것이요 이를 거스르는 것은 이것이 악(惡)이니라.

천어(天語)와 심령(心靈)의 말씀

포덕 37년 병신년

나는 수도(修道) 할 때에 하늘님 말씀을 여러 번 들었으나 지금 생각하건대 이는 아직 도(道)에 달하지 못한 초보이니라. 하늘님 말씀과 사람의 말의 구별은 이는 바른 일과 바르지 않은 일 두 가지뿐이니 바른 마음으로 바르지 않은 마음을 다스리게 되면 무엇이 하늘님 말씀 아님이 있으리오.

경에 말씀하시기를 "안으로 강화의 가르침이 있다."하였으니 강화는 즉 심령의 가르침이니라. 사람이 누가 강화의 가르침이 없으리요 마는 오관(눈, 귀, 코, 혀, 몸) 의 욕심이 슬기구멍을 가리었는지라, 마음이 하루아침에 도를 환히 깨달으면 심령의 가르침을 분명하게 듣느니라.

그러나 강화(降話)도 아직 도(道)에 달하지 못한 초보이니라. 사람의 말하는 것과 침묵하는 것 움직이고 고요한 것이 다 그 법을 범하지 아니하여 강화의 가르침과 같아진 연후에야 가히 이르렀다 할 것이니라. 그러므로 대신사의 말년에는 강화의 가르침이 없으셨으니, 생각하건대 사람의 말과 행동이 원래 이것이 심령의 기틀에서 일어나는 것이라. 마음이 바르면 무엇이 강화의 가르침이 아니리오.

후천 개벽 운

포덕 37년 병신년

대신사께서 늘 말씀하시기를 이 세상은 요순공맹(堯舜孔孟)의 덕(德)이라도 부족한 말이라 하셨으니 이는 지금 이때가 후천개벽(後天開闢)임을 이름이니라. 선천(先天)은 물질개벽이요 후천(後天)은 사람 마음개벽이니 장래 물질 발명이 그 극에 달하고 여러 가지 하는 일이 전례 없이 발달을 이룰 것이니, 이때에 있어서 도심(道心)은 더욱 쇠약하고 인심(人心)은 더욱 위태할 것이며 더구나 인심을 인도하는 선천도덕(先天道德)이 때에 순응치 못할지라. 그러므로 하늘의 신령한 변화 중에 일대 개벽의 운이 회복 되었으니, 우리 무극대도로 덕(德)을 천하에 펴고, 세계의 억조창생을 구제함은 하늘의 명(命)하신 바이니라.

마음(心)으로 몸을 다스리라

하늘은 만물을 지으시고 만물에 통하여 계시나니, 그러므로 만물의 정기(精氣)는 하늘이니라. 만물 중 가장 신령한 것은 사람이니 그러므로 사람은 만물의 주인이니라. 사람은 태어나는 것으로만 사람이 되지못하고 오곡백과의 영양을 받아서 사는 것이니라. 오곡은 천지의 젖이니 사람이 이 천지부모의 젖을 먹고 영의 힘을 발휘하게 하는 것이라. 그러므로 하늘은 사람에 의지하고 사람은 먹는데 의지하니, 이 하늘로써 하늘을 먹는 원리에 따라 사는 우리 사람은 심고로써 천지만물의 서로 화합하고 통함을 얻는 것이 어찌 옳지 아니하랴.

사람이 한갓 병에 약을 써서 치료함만 알고 마음으로써 치료함은 알지 못하는 도다. 마음(心)은 한 몸의 주재이니 마음이 화하면 백체가 이를 따라 화하는지라. 그러므로 몸에 병이 오기 전에 병을 막음도 마음에 있고 몸이 그러한 후에도 병을 머무르게 함도 또한 마음에 있으며 또, 약을 사용 할 지라도 마음이 먼저 화하지 못하면 이는 약이 급히 병에 해가 되니 약을 사용하기 전에 마음을 먼저 다스려 마음을 화하게 하고 기운을 화하게 하라.

하늘과 마음(天과 心)

　신사 물으시기를 "제군들은 강화(降化)의 이치를 아는가?"

　손병희 대답하기를 "사람이 된 이치가 이에 하늘이 하늘 된 이치니 하늘과 사람의 영과 마음이 하나인지라 그러므로 사람의 말이 하늘의 말씀이라 생각합니다." 라고 답하니 해월신사 잠잠히 들으시더니 또, 묻기를 "어떠한 것을 하늘이라 이르는가?" 하시니 김연국이 대답하기를 "날고 숨고 움직이고 심고하는 것이 다 하늘의 일부분입니다." 라고 대답하니 또한 잠잠히 계시다가 또, 묻기를 "사람을 어찌하여 하늘처럼 섬기는 것인가?" 하고 물으시니 손천민이 대답하기를 "사람이 하늘에 있으면 하늘이요, 하늘이 사람에 있으면 사람입니다." 라고 답하니 해월신사 또 그렇게 잠잠히 계시다가 말씀하시기를 "그대들은 같이 일을 하라." 하시고, 말씀을 이어 설법 하시기를, "궁을(弓乙)은 우리 도(道)의 부도(符圖)니 수운대 선생님께서 도(道)를 깨달은 처음에 세상 사람이 다만 하늘만 알고, 하늘이 곧 나의 마음인 것을 알지 못함을 근심하시어, 궁을(弓乙)을 부도(符圖)로 그려내어 심령이 쉬지 않고 약동하는 모양을 겉으로 나타내어 이 세상 사람이 각기 시천주(侍天主)로 하늘을 모시고 있음을 가르치셨도다. 그러므로 내 마음의 근본이 곧 상제(하늘님)의 마음이니라.

　만일 하늘님의 있고 없는 것을 의심하는 사람이 있다면 먼저 자기 스스로의 있고 없는 것을 의심하라. 사람의 말(言)이 하늘님의 말씀이며 저 새소리도 또한 천주(天主)를 모신 시천주(侍天主)의 소리이니라.

우리 도(道)의 뜻은 하늘로써 하늘을 먹고, 하늘로써 하늘을 화할 뿐이니라. 내 마음을 공경치 않는 것은 천지를 공경치 않는 것이요, 내 마음이 편안치 않은 것은 천지가 편안치 않은 것이니라. 내 마음을 공경치 아니하고 내 마음을 편안치 못하게 하는 것은 천지부모에게 오래도록 순종치 않는 것이니, 이는 불효한 일과 다름이 없느니라. 천지부모의 뜻을 거슬러 마음을 어지럽히는 것은 불효가 이에서 더 큰 것이 없으니 경계하고 삼가 하라.

마음으로써 마음을 치는 사람은 나로써 나를 상하게 하여 그 바로 처리하는 것을 알지 못하는 사람이니 하늘의 명(命)을 복종하지 않는 사람은 하늘이 싫어하심이니 이는 마음이 싫어함이니라."

그때 도(道)를 묻는 도인 중에 어떤 사람이 신사에게 묻기를 "우리 도의 운이 어느 때에 크게 형통하겠습니까?" 하니

해월신사 말씀 하시기를 "이 세상에 우리 무극대도(无極大道)의 운은 세상과 더불어 같이 돌아가는 것이라. 세계가 한 집이요, 만 가족이 한 가족이 될 것이니 산이 다 검게 변하고 길에다가 비단을 펼 때가 그 때이니라." 라고 말씀하시다.

세 가지 재앙(三災)

남계천이 묻기를 "세 가지 재앙은 어떻게 면합니까?" 신사 대답
하시기를 "삼재(三災) 가운데 전쟁의 난을 피하는 일이 가장 쉬우
니, 적병이 습격하여 와서 인명을 살해할 때에 의기남아로 하여금
적군의 앞에 나아가 그의 욕망을 채워주고 평화를 공작하면 가히
면할 것이요, 흉년은 처음 평년부터 절용하여 칠년간의 양식을 저
장하여 둘 것이니라. 하늘의 이치가 아직까지는 칠년 흉년은 없었
느니라. 그렇게 준비하면 가히 흉년은 면할 것이니, 이것은 사람들
이 서로 단결하고 협력하면 가능할 것이요, 질병은 사람 이 다 수
심정기(守心正氣)하여 마음이 화하고 기운이 화하면 능히 면하리라."

포덕과 평등(布德과 平等)

이종옥이 묻기를 "포덕(布德)하는 방책은 어떻게 합니까?"

신사 대답하시기를 "사람은 다 처남과 매부가 없지 않을 것이니 먼저 처남과 매부를 포덕 하는 것이 옳으니라." 김낙삼이 말하기를 "전라도에는 포덕이 많이 될 수 있는 정세이나 남계천이 본래 본토 양반이 아니었는데 입도(入道)한 뒤에 남 계천에게 편의장이란 중책으로 도중(道衆)을 통솔케 하니 도중(道衆)에 낙심하는 이가 많습니다. 원컨대 남계천의 편의장 첩지를 도로 거두어 주시기 바랍니다." 라고 하니, 신사 대답하시기를 "수운 대 선생께서 말씀하시기를 우리 무극대도는 후천 개벽의 도(道)요 다시 포태의 수(數)를 정하였다고 하셨으니 선천의 낡은 지벌의 높고 낮은 것이 무슨 상관이 있겠는가? 그러므로 대 선생께서도 두 하인을 해방하여 한 명은 며느리로 한 명은 수양딸로 삼지 않으셨는가? 대 선생의 문벌이 그대들만 못하여 그리하신 것인가? 그대들은 사람이 잘못지어 놓은 악습으로 무극대도의 평등을 오해하지 말라. 소위 반상의 구별은 사람의 정한 바요 도(道)의 직임은 하늘님이 시키신 바니, 사람이 어찌 능히 하늘님께서 정하신 도(道)의 직임을 도로 걷을 수 있겠는가? 하늘은 반상의 구별이 없이 그 기운과 복을 준 것이요, 우리 도는 새 운수에 둘러서 새 사람으로 하여금 다시 새 제도를 정한 것이니라. 이제부터 우리 도 안에서는 일체 반상의 구별을 두지 말라.

우리나라 안에 두 가지 큰 폐풍이 있으니 하나는 적자 서자의 구별이요, 다음은 양반과 평민의 구별이니라. 적자 서자의 구별은 집안을 망치는 근본이요 양반과 평민의 구별은 나라를 망치는 근본이니, 이것이 우리나라의 고질이니라.

이 세상 사람은 모두 다 하늘님이 낳았으니, 하늘 백성으로 공경한 뒤에라야 가히 세상이 태평하다 이르리라."

우리도의 운(吾道之運)

신 택우 묻기를 "갑오년 전란으로 인하여 우리 도(道)를 비방하여 평하고 원망하는 사람이 많으니 어떤 방책으로 능히 이원성을 면할 수 있습니까?"

신사 대답하시기를 "갑오 일로 말하면 인사로 된 것이 아니요 하늘의 명(天命)으로 된 일이니, 사람을 원망하고 하늘을 원망하나 이후부터는 하늘의 운(天運)이 돌아와 화하는 것을 보이어 원성이 없어지고 도리어 찬성하리라. 갑오년과 같은 때가 되어 보국안민을 위해 갑오년과 같은 일을 하면, 우리나라 일이 이로 말미암아 빛나게 되어 세계 만백성의 정신을 불러일으킬 것이니라."

이용구 묻기를 "갑오 이후로부터 우리나라에는 왕(王)이 황(皇)이란 이름으로 변하고, 삼정승이 십 부 대신의 이름으로 변하고, 문호를 개방하여 세계 각국과 통상함으로써 문화와 물품을 수입하는 것이 많으니, 이것이 우리 도에 대하여 이해가 어떠합니까?"

신사 대답하시기를 "우리 도의 운수는 세상과 같이 돌아가는 것이니 나라의 정치가 변하는 것도 또한 우리 도(道)의 운수(運數)로 인한 것이니라. 우리 도(道) 또한 이 운수를 당하여 한 번 변한 뒤에라야 반드시 크게 번영하리라. 우리 무극대도의 이름과 주의를 멀지 아니하여 세계에 펴 날리고, 서울 장안에 크게 도장을 세우고, 주문 외우는 소리가 하늘에 사무치리니, 이때를 지나야 현도라고 이르느니라. 이 뒤에 또 갑오년과 비슷한 일이 있으리니 외국 병마가 우리 강토 안에 몰려들어 싸우고 빼앗고 하리라. 이때를 당하여 잘 처변하면 현도가 쉬우나, 만일 잘 처변치 못하면 도리어 근심을 만나리라."

손병희 묻기를 "전란을 당하면 각국이 서로 병기를 가지고 승부를 겨룰 것이니, 이때를 당하여 우리 도인은 두 나라가 서로 싸우는 사이에서 어떤 좋은 생각으로 이길 수 있습니까?"

신사 대답하시기를 "전쟁은 다만 병기만 가지고 이기는 것은 없느니라. 병전을 능가하는 것은 책전이니, 계책이 지극히 큰 것이니라. 서양의 무기는 세상 사람이 견주어 대적할 자 없다고 하나 무기는 사람 죽이는 기계를 말하는 것이요, 도덕은 사람 살리는 기틀을 말하는 것이니, 그대들은 이때를 당하여 수도를 지극한 정성으로 함이 옳으니라. 큰 전쟁 뒤에는 반드시 큰 평화가 있는 것이니, 전쟁이란 평화의 근본이니라.

정신 사상은 동방에 있고 기계는 서방에 있느니라. 구름이 서산에 걷히면 이튿날이 맑고 밝으니라. 사람은 한 사람이라도 썩었다고 버릴 것이 없나니, 한 사람을 한번 버리면 큰일에 해로우니라. 일을 하는데 있어 사람은 다 특별한 기술과 전문적 능력이 있으니, 적재적소를 가려 정하면 공을 이루지 못할 것이 없느니라."

참된 수도(眞된修道)

　이두황이 묻기를 "사람의 도(道) 닦는 것이 마음 닦기를 주로 하나, 마음을 닦는 데는 재난과 고통이 많으므로 능히 마음을 닦을 수 없사오니, 어떻게 닦는 것이 옳습니까?"

　신사 대답하시기를 "사람의 평생을 고생이라고 생각하면 괴롭고 어려운 일 아닌 것 이 없고, 즐거움으로 생각하면 편안하고 즐거운 일 아닌 것이 없나니, 고생이 있을 때에는 도리어 안락한 것을 생각할 것이니라. 만사를 성취하기는 정성에 있나니, 정성을 지극히 하는 마음에는 즐겁지 않은 것이 없느니라."

　나용환이 묻기를 "우리 도는 용담 연원으로부터 각파 두목 별로 분포가 되었으니, 두목이 먼저 도를 통한 뒤에라야 아래 있는 사람이 도통할 수 있습니까?"

　신사 대답하시기를 "지극한 정성을 드리는 사람이라야 도를 통할 것이니, 설사 두목이라고 말할지라도 지극한 정성을 드리지 아니하면 어떻게 도통하기를 바랄 수 있겠느냐? 사람이 다 도 닦는 법을 서로 전하면서 포덕을 하지마는, 혹 도를 전한 이가 배반 하더라도 그 아래에서 포덕을 받은 사람은 그 가운데 독신자가 없지도 아니하니, 이런 사람은 반드시 자기의 정성으로 인하여 도를 통할 것이니라. 진실한 사람이라야 도를 통 하는 것이니, 재주 있고 꾀 있는 사람은 마음 기둥(心柱)을 정하기 어려우므로, 마음이 옮기고 번복되어 실로 도통하기 어려우니라."

빈 것과 참된 것(虛와 眞)

경(經)에 이르기를 "마음은 본래 비어서 물건에 응하여도 자취가 없느니라."하였으니, 빈 가운데 영(靈)이 있어 깨달음이 스스로 나는 것이니라. 그릇이 비었으므로 능히 만물을 받아들일 수 있고, 집이 비었으므로 사람이 능히 거처할 수 있으며, 천지가 비었으므로 능히 만물을 용납할 수 있고, 마음이 비었으므로 능히 모든 이치를 통할 수 있는 것이니라.

없는 뒤에는 있는 것이요 있은 뒤에 없어지는 것이니, 무(無)는 유(有)를 낳고 유(有)는 무(無)를 낳느니라. 없는 데서 생기어 빈 데서 형상을 갖추나니, 없는 듯 비인 듯 한지라, 보려하나 보이지 아니하고 들으려하나 들리지 아니하느니라. 빈 것이 능히 기운을 낳고, 없는 것이 능히 이치를 낳고, 부드러운 것이 능히 기운을 일으키고, 굳센 것이 능히 기운을 기르나니, 네 가지는 없어서는 안 되느니라. 이 비고 없는 기운을 체로 하여 비고 없는 이치를 쓰면, 비고 신령한 것이 참된데 이르러 망령됨이 없어지느니라.

참이란 것은 빈 가운데서 실상을 낳은 것이니 천지의 지극히 공변된 것이요, 망령이 란 것은 허한 가운데서 생긴 거짓이니 천지의 공이 없어지는 것이니라. 참을 지키면 하늘이 사랑하고 망령되면 하늘이 미워하느니라. 그러므로 진실이란 것은 천지의 생명체요, 거짓과 망령이란 것은 사람의 몸을 깨쳐 없애는 쇠뭉치이니라.

비어서 고요하며, 움직이면서 전일하며, 형상은 없으나 형상을 나타내는 것이 이 혼원한 한 기운의 참된 것이니라. 정신혼백이 지혜가 있고 깨달음이 있는 것은 허무한 가운데 이치기운이 시키는 것이니, 모여서 바르면 있고 흩어져 잃으면 없는 것이니라.

　이치와 기운이 바르면 만물이 신령하고, 이치와 기운이 바르지 못하면 만물이 병이 생기고, 사람의 몸에 있는 이치와 기운이 바르면 천지에 있는 이치와 기운도 바르고, 사람의 몸에 있는 이치와 기운이 바르지 못하면 천지에 있는 이치와 기운도 역시 바르지 못하느니라.

천령과 심령(天靈과心靈)

세상 사람은 천령(天靈)의 영(靈)함을 알지 못하고 또한 심령(心靈)의 영(靈)함도 알지 못하고, 다만 잡신의 영함만을 아니 어찌 병이 아니겠는가. 지금 세속에서 이르는 성황(城隍)이니 제석(帝釋)이니 성주(城主)니 토왕(土王)이니 산신(山神)이니 물신(水神)이니 돌신(石神)이니 나무신(木神)이니 하는 등의 음사는 붓으로 다 기록하기 어려운 것이니라. 이것은 한 무제(漢武帝) 때에 무당(巫蠱)이 하던 나머지를 지금까지 고치지 못하고 마음에 물들어 고질이 되었으니, 다만 어리석은 사람들의 병든 뿌리를 고치기 어려울 뿐 아니라 썩은 유생과 속된 선비도 왕왕 흘러들어 습관과 풍속을 이루었으니 가히 한심한 것이라 이르니라. 이러한 고질은 도(道)가 뛰어난 대방가(大方家)의 수단이 아니면 실로 고치기 어려우니라. 그러므로 내 감히 논하여 말하는 것이니 밝게 살피어 쾌히 병든 뿌리를 끊고 한 이치로 돌아와 죄를 하늘님(天主)께 죄를 얻지 말라. 지금 이 말은 도(道)를 이루고 덕(德)을 바로 세운 사람이 아니면 깨닫기 어려운 것이니라.

음양(陰陽)이라 귀신(鬼神)이라 조화(造化)라 명(命)이라 기운(氣運)이라 하니, 음양의 근본을 아는가 모르는가. 근본을 알지 못하고 한갓 글 외우기만 하니 한심한 일이로다. 이 근본을 투철하게 안 뒤에라야 바로 하늘을 안다고 이르리라. 무엇으로써 음과 양(陰陽)이 되었으며, 무엇으로써 귀신(鬼神)이 되었으며, 무엇으로써 조화(造化)가 되었으며, 무엇으로써 명(命)이 되었으며, 무엇으로써 기운(氣運)이 되었는가? 보였는데 보이지 아니하고 들렸는데 들리지 않는데 이르러야 가히 도(道)를 이루었다 할 것이요. 밖으로 접령 하는 기운이 있음과 안으로 강화의 가르침이 있음을 확실히 투득해야 가히 덕(德)을 세웠다 말할 것이니, 그렇지 못하면 이름이나 올렸다고 하는 것을 면하지 못할 것이니라.

도인(道人)이 입도(入道)한 뒤에 천지 섬기기를 부모섬기는 것과 같이 아니하고, 오히려 재앙을 내린다는 잡신에 빠져서 음란하고 방탕한 마음을 놓지 못하여 혹 만들고, 혹 걷어치우고, 반은 믿고 반은 의심하여 반은 천지를 믿고 반은 잡신을 믿으니, 이것은 천지부모를 배척하는 것이니라. 그러므로 천지부모가 크게 노하여 자손이 보잘것없이 되나니, 이 이치를 자세히 안 뒤에라야 거의 무극대도를 닦는 도문에 들어섰다고 이를 것이니라.

이것이 "개벽 후 오만년에 노이무공(勞而無功=힘써 노력했으나 공을 이룬 보람이 없음) 하다가서 너를 만나 성공하니."라고 하신 하늘님 뜻이니 밝게 살피고 깊이 연구하라.

영부와 주문(靈符와 呪文)

마음(心)이란 것은 내게 있는 본연의 하늘이니 천지만물이 본래 한마음이니라. 마음(心)은 선천 후천의 마음이 있고 기운도 또한 선천 후천의 기운이 있느니라. 천지의 마음은 신령하고 신령하며 천지의 기운은 끝없이 넓고 넓어 가득하고 가득하여 천지에 가득 차고 우주에 뻗쳐 있느니라.

경에 말씀하시기를 "나에게 영부(靈符) 있으니 그 이름은 선약 (仙藥)이요 그 형상은 태극(太極)이요, 또 형상은 궁궁(弓弓)이니 나의 이 영부(靈符)를 받아 사람을 질병에서 건지라."고 하셨으니, 궁을(弓乙)의 그 모양은 곧 마음 심(心)자 이니라. 마음이 화하고 기운이 화하면 하늘과 더불어 같이 화하리라. 궁(弓)은 바로 천궁 (天弓)이요, 을 은 바로 천을(天乙)이니 궁을(弓乙)은 우리 도의 부 도(符圖)요 천지의 형체이니라. 그러므로 성인이 받으시어 하늘의 도(天道)를 행하시고 창생을 건지시니라.

태극(太極)은 현묘(玄妙)한 이치니 환하게 깨치면 이것이 만병통 치의 영약이 되는 것이니라. 지금 사람들은 다만 약을 써서 병이 낫는 줄만 알고 마음을 다스리어 병이 낫는 것은 알지 못하니, 마음을 다스리지 아니하고 약을 쓰는 것이 어찌 병을 낫게 하는 이 치이랴. 마음을 다스리지 아니하고 약을 먹는 것은 이는 하늘을 믿지 아니하고 약만 믿는 것이니라.

마음으로써 마음을 상하게 하면 마음으로써 병을 생기게 하는 것이요, 마음으로써 마음을 다스리면 마음으로써 병을 낫게 하는 것이니라. 이 이치를 만약 밝게 분별치 못하면 후학들이 깨닫기 어렵겠으므로, 논하여 말하니 만약 마음을 다스리어 마음이 화하고 기운이 화하게 되면 냉수라도 약으로 복용하지 않느니라. 이것이 "개벽 후 오만년에 노이무공(勞而無功) 하다가서 너를 만나 성공하니."라고 하신 하늘님의 뜻이니 밝게 살필지어다.

마음으로써 마음을 다스리고, 기운으로써 기운을 다스리고 기운으로써 기운을 먹고 하늘로써 하늘을 먹고 하늘로써 하늘을 받드는 것이니라.

주문 이십 일자(21字)는 대우주, 대정신, 대생명을 그려낸 하늘의 글(天書)이니 "시천주 조화정(侍天主 造化定)"은 만물이 화생하는 근본이요, "영세불망 만사지(永世不忘萬事知)"는 사람이 먹고 사는 녹(祿)의 원천이니라.

경에 말씀하시기를 "모실 시(侍)는 것은 안에 신령이 있고 밖에 기화가 있어 온 세상 사람이 각각 알아서 옮기지 못하는 것이라."고 하셨으니, 안에 신령이 있다는 것은 처음 세상에 태어날 때 갓난아기의 마음이요, 밖으로 기화가 있다는 것은 포태할 때에 이치와 기운이 바탕에 응하여 체를 이룬 것이니라. 그러므로 "밖으로 접령 하는 기운이 있고 안으로 강화의 가르침이 있다."는 것과 "지기금지 원위대강(至氣今至願爲大降)"이라 한 것이 이것이니라.

우리 사람이 태어난 것은 하늘님의 영기(靈氣)를 모시고 태어난 것이요, 우리 사람이 사는 것도 또한 하늘님의 영기(靈氣)를 모시

고 사는 것이니, 어찌 반드시 사람만이 홀로 하늘님을 모셨다 이르
리오. 천지만물이 다 하늘님을 모시지 않은 것이 없느니라.

만물이 낳고 낳는 것은 이 하늘마음과 하늘기운을 받은 뒤에라
야 그 나고 이루는 것을 얻나니, 우주만물이 모두 한 기운과 한 마
음으로 꿰뚫어 졌느니라.

수심정기(守心正氣)

　사람이 능히 그 마음의 근원을 맑게 하고 그 기운바다를 깨끗이 하면 일만 티끌에 더럽혀 지지 않고, 사사로운 욕심을 내는 것이 생기지 아니하면 천지의 정신이 전부 한 몸에 돌아오는 것이니라. 마음이 맑고 밝지 못하면 그 사람이 우매하고, 마음에 티끌이 없으면 그 사람이 밝고 어진 것이니라.

　등불은 기름을 부은 뒤에라야 불빛이 환히 밝고, 거울은 수은을 칠한 뒤에라야 물건 이 분명히 비치고, 그릇은 불에 녹아 단련된 뒤에라야 체질이 굳고 좋으며, 사람은 마음에 하늘님의 가르침을 얻은 뒤에라야 뜻과 생각이 신령한 것이니라.

　몸은 심령(心靈)의 집이요 심령은 몸의 주인이니, 심령의 있음은 일신의 안정이 되는 것이요, 자기가 가지고자 하는 욕망만 있음은 한 몸의 요란이 되는 것이니라. 심령(心靈)은 오직 하늘이니, 높아서 위가 없고 커서 끝이 없으며, 신령하고 호탕하며 일에 임하여 밝게 알고 물건을 대함에 공손하니라. 생각을 하면 하늘 이치를 얻을 것이요 생각을 하지 않으면 많은 이치를 얻지 못할 것이니, 심령이 생각하는 것이요, 육관(눈, 귀, 코, 혀, 몸, 뜻)으로 생각하는 것이 아니니라.

　심령(心靈)으로 그 심령을 밝히면 현묘한 이치와 무궁한 조화를 가히 얻어 쓸 수 있으니, 쓰면 우주 사이에 차고 닫으면 한 쌀알 가운데도 감추어지느니라. 거울이 티끌에 가려지지 않으면 밝고,

저울에 물건을 더하지 않으면 평평하고, 구슬이 진흙에 섞이지 않으면 빛나느니라. 사람의 성령은 하늘의 일월과 같으니, 해가 중천에 이르면 만국이 자연히 밝고, 달이 중천에 이르면 천강이 자연히 빛나고, 하늘 성품이 중심에 이르면 백체가 자연히 편안하고, 영기가 중심에 이르면 만사가 자연히 신통한 것이니라. 넓고 큰 집이 천간이라도 주인이 잘 보호하지 않으면 그 기둥과 들보가 비바람에 무너지나니 어찌 두렵지 않으랴.

사나운 범이 앞에 있고 긴 칼이 머리에 임하고 벼락이 내리쳐도 무섭지 아니하나, 오직 말 없고 소리 없는 하늘이 언제나 무섭고 두려운 것이니라. 사람이 다 사람으로 연유하여 생기는 화복은 당장에 보기 쉬우나, 형상도 없고 말도 없는 하늘의 화복은 보기 어려운 것이니라. 세상 사람이 다 촉도(蜀道)가 험난하다고 이르나, 촉도가 험한 것이 아니라 사람의 마음 길이 더욱 험한 것이니라.

수심정기(守心正氣) 네 글자는 천지와 떨어져 끊어지는 기운을 다시 보충하는 것이니라. 경에 말씀하시기를 "인의예지(仁義禮智)는 옛 성인의 가르친 바요, 수심정기(守心正氣)는 오직 내가 다시 정한 것이라." 하셨으니, 만일 수심정기(守心正氣)가 아니면 인의예지(仁義禮智)의 도(道)를 실천하기 어려운 것이니라.

내 눈을 붙이기 전에 어찌 감히 수운 대 선생님의 가르치심을 잊으리오. 삼가하고 조심하기를 밤낮이 없게 하느니라.

그대들은 수심정기(守心正氣)를 아는가. 능히 수심정기(守心正氣)하는 법을 알면 성인(聖人)되기가 무엇이 어려울 것인가.

수심정기(守心正氣)는 모든 어려운 가운데 제일 어려운 것이니라. 비록 잠잘 때라 도 능히 다른 사람이 나가고 들어오는 것을 알고, 능히 다른 사람이 말하고 웃는 것을 들을 수 있어야 가히 수심정기라고 말할 수 있는 것이니라. 수심정기 하는 법(法)은 효성스럽게 공손하며 따듯하고 예의바르게 함이니 이 마음 보호하기를 갓난아이 보호하는 것같이 하며, 늘 고요하고 고요하여 화를 내는 마음이 일어나지 않게 하고 늘 깨어 혼미한 마음이 없게 함이 옳으니라.

마음이 기쁘고 즐겁지 않으면 하늘이 감응치 아니하고, 마음이 언제나 기쁘고 즐거워야 하늘이 언제나 감응하느니라. 내 마음을 내가 공경하면 하늘이 또한 즐거워하느니라. 수심정기(守心正氣)는 바로 천지(天地)를 내 마음에 가까이 하는 것이니, 참된 마음은 하늘이 반드시 좋아하고 하늘이 반드시 즐거워하느니라.

정성, 공경, 믿음(誠·敬·信)

우리 무극대도(无極大道) 닦는 법(法)은 다만 정성, 공경, 믿음 세 글자에 있느니라. 만일 큰 덕이 아니면 실로 실천하고 행하기 어려운 것이요, 과연 정성, 공경, 믿음에 능하면 성인되는 것이 손바닥 뒤집기와 같으니라.

춘하추동 네 계절의 차례가 있음에 만물이 나고 풍성하며, 밤과 낮이 서로 갈아들음에 해와 달이 분명하고, 예와 지금이 길고 멀음에 이치와 기운이 변하지 아니하니, 이는 천지의 지극한 정성이 쉬지 않는 도(道)인 것이니라.

나라의 임금이 법(法)을 지음에 모든 백성이 평화롭고 즐거우며, 벼슬하는 사람이 바른 법으로 다스림에 정부가 바르며 엄숙하고, 뭇 백성이 집을 다스림에 가도(家道)가 화순하고, 선비가 학업을 부지런히 함에 나라의 운이 흥성하고, 농부가 힘써 일함에 의식이 풍족하고, 장사하는 사람이 부지런히 노고함에 재물이 다하지 않고, 공업 하는 사람이 부지런히 일함에 기계가 고루 갖추어지니, 이는 모든 사람들이 지극한 정성을 잃지 않는 도(道)이니라. 순일한 것을 정성이라 이르고 쉬지 않는 것을 정성이라 이르나니, 이 순일하고 쉬지 않는 정성으로 천지와 더불어 법도(法道)를 같이하고 운(運)을 같이하면 가히 크고 성스러운 대인이라고 이를 수 있느니라.

사람마다 마음을 공경하면 기와 혈이 크게 화하고, 사람마다 사람을 공경하면 많은 사람이 와서 모이고, 사람마다 만물을 공경하면 만상(萬相)이 거동하여 오니, 거룩하다 공경 하고 공경함이여!

우주에 가득 찬 것은 도시 혼원한 한 기운이니, 한 걸음이라도 감히 경솔하게 걷지 못할 것이니라. 내가 한가히 있을 때에 한 어린이가 나막신을 신고 빠르게 앞을 지나니, 그 소리 땅을 울리어 놀라서 일어나 가슴을 어루만지며, "그 어린 아이의 나막신 소리에 내 가슴이 아프더라."고 말했노라. 땅을 소중히 여기기를 어머님의 살같이 하라. 어머님의 살이 중요 한가 버선이 중요한가. 이 이치를 바로 알고 공경하고 두려워하는 마음으로 체행하면, 아무리 큰 비가 내려도 신발이 조금도 젖지 아니 할 것이니라. 이 현묘한 이치를 아는 이가 적으며 행하는 이가 드물 것이니라. 내 오늘 처음으로 무극대도(无極大道)의 진담을 말하였노라.

인의예지도 믿음(信)이 아니면 행하지 못하고 금, 목, 수, 화도 토(土)가 아니면 이루지 못하나니, 사람의 믿음이 있는 것이 오행에 토(土)가 있음과 같으니라. 억 천만사가 도시 믿을 신(信) 한자 뿐이니라. 사람의 믿음이 없음은 수레의 바퀴 없음과 같으니라. 믿을 신(信) 한자는 비록 부모형제라도 변통하여 융통하기 어려운 것이니라. 경에 말씀하시기를 "대장부 의기범절 믿음(信)이 없으면 어디 나며."하신 것이 이것이니라.

마음을 믿는 것은 곧 하늘을 믿는 것이요, 하늘을 믿는 것은 곧 마음을 믿는 것이니, 사람이 믿는 마음(信心)이 없으면 한 몸일 뿐이요, 한 밥주머니일 뿐이니라. 사람이 혹 정성은 있으나 믿음이 없고, 믿음은 있으나 정성이 없으니 가히 탄식할 일이니라. 사람의 닦고 행할 것은 먼저 믿고 그 다음에 정성 드리는 것이니, 만약 실지의 믿음이 없으면 헛된 정성을 면치 못하는 것이니라. 마음으로 믿으면 정성 공경은 자연히 그 가운데 있느니라.

우리 수운 대 선생께서는 정성(誠)에 능하고 공경(敬)에 능하고 믿음(信)에 능하신 큰 성인이시었다. 정성이 하늘에 이르러 천명(天命)을 계승하시었고, 공경이 하늘에 이르러 조용히 천어(天語)를 들으시었고, 믿음이 하늘에 이르러 조용한 가운데 뜻과 마음이 하늘과 같아 하늘과 믿음으로 합하셨으니, 여기에 큰 성인이 되신 것이니라. 생이지지(生而知之)하신 큰 성인도 오히려 그러하셨거든, 하물며 어리석은 사람이 어질고자 어두운 사람이 밝아지고자 범인이 성인(聖人)이 되고자 함에랴.

독공(篤工)

독실하게 공부해서 이루지 못할 것이 없느니라. 내가 신유년(辛酉年) 여름에 도(道)를 받은 뒤로부터 독실하게 공부할 뿐이더니, 얼음물에 목욕하여도 따스한 기운이 돌고 불을 켜도 기름이 졸지 아니하니 정성 드려야 할 것은 도학(道學)이니라.

우물을 판 뒤에야 물을 마실 것이요, 밭을 간 뒤에야 밥을 먹을 것이니, 사람의 마음 공부하는 것이 물마시고 밥 먹는 일과 같지 아니한가. 곡식을 여러 창고에 저장하는 것도 반드시 밭 한 이랑으로 부터 시작하는 것이요, 많은 재물을 모으는 것도 반드시 한 시장으로부터 되는 것이요, 덕이 백체를 윤택하게 하는 것도 반드시 한 마음으로부터 시작하는 것이니라.

무극대도(无極大道)에 대한 한결같은 생각을 주릴 때 밥 생각 하듯이, 추울 때 옷 생각 하듯이, 목마를 때 물 생각 하듯이 하라. 부귀한 자만 도를 닦겠는가? 권력 있는 자만 도를 닦겠는가? 유식한 자만 도를 닦겠는가? 비록 아무리 빈천한 사람이라도 정성만 있으면 도를 닦을 수 있느니라.

배우는 것은 반드시 넓게 하고 묻는 것은 반드시 자세히 하고 행하는 것은 반드시 독실하게 하라. 만일 삼년에 도안이 밝지 못하고 마음 바탕이 신령치 못하면 이것은 정성이 없고 믿음이 없음이니라. 정성이 있고 믿음이 있으면 돌을 굴리어 산에 올리기도 쉬우려니와, 정성이 없고 믿음이 없으면 돌을 굴리어 산에서 내리기도 어려우니, 공부하는 것의 쉽고 어려움도 이와 같으니라. 사사로운 욕심을 끊고 사사로운 물건을 버리고 사사로운 영화를 잊은 뒤에 라야, 기운이 모이고 신이 모이어 환하게 깨달음이 있으리니, 길을 가면 발끝이 평탄한 곳을 가리키고 집에 있으면 신이 조용한데 엉 기고 자리에 앉으면 숨결이 고르고 편안하며 누우면 신이 그윽한 곳에 들어, 하루 종일 어리석은 듯하며 기운이 평정하고 마음과 몸 이 밝고 맑으니라.

어느 정도 아는 것을 가지고 도의 근본을 알지도 못하면서 문득 "내가 아노라." 하지마는, 나는 아무런 말도 하지 않고 좋게 한번 웃노라. 약간의 마음이 열렸다고 해서 어찌 도통이라고 말할 수 있 겠느냐. 천지와 더불어 그 덕에 합하여 능히 천지조화를 행한 뒤에 라야 바야흐로 도통하였다 이르리라. 도통은 사람마다 하고자하나 지금 소행을 보면 사람이 작은 이익만 알고 큰 이익은 알지 못하 니, 탄식 스럽고 애석한 일이로다.

성인의 덕화(聖人之德化)

천지의 도(道)를 밝히고 음양(陰陽)의 이치를 통달하여 억조창생으로 하여금 각각 그 직업을 얻게 하면 어찌 도덕문명의 세계가 아니겠는가. 성인의 덕행(德行)은 봄바람의 크게 화하는 원기가 초목군생에 퍼짐과 같으니라.

하늘님은 마음이 있으나 말이 없고, 성인(聖人)은 마음도 있고 말도 있으니, 성인은 마음도 있고 말도 있는 하늘이니라. 아이가 난 그 처음에 누가 성인이 아니며, 누가 대인이 아니리요 마는 뭇 사람은 어리석고 어리석어 마음을 잊고 잃음이 많으나, 성인은 밝고 밝아 하늘님 성품을 잃지 아니하고, 언제나 성품을 거느리며 하늘님과 더불어 덕을 같이하고, 하늘님과 더불어 같이 크고, 하늘님과 더불어 같이 화하니, 천지가 하는 바를 성인도 할 수 있느니라.

성인(聖人)의 교화는 가물던 하늘에서 비가 내리는 것 같아서 만물이 각각 스스로 기쁘게 번영하고, 성인의 절개는 겨울 산마루에 외로운 소나무와 같아서 홀로 봄빛을 띠고, 성인의 법도는 가을 서리같이 엄숙하여 만물이 다 원망하는 마음이 없느니라. 성인은 세상 사람에게 항상 온화한 기운으로 덕성을 베풀어 훈육하나니, 거듭 일러 친절히 가르치고 돌보고 돌보아 알아듣게 타이르고, 가혹하게 꾸짖는 말씀을 입 밖에 들어내지 아니하느니라. 성인의 덕화는 자기를 버리어 사람에게 덕이 되게 하고, 세상 사람의 사사로운 마음은 자기만 이롭게 하고 사람을 해롭게 하느니라.

유, 불, 선의 본원(儒,佛,仙의 本原)

우리 도(道)는 무극(无極)에 근원하여 태극(太極)에 나타났으니 뿌리는 천상지하(天上地下)에 뻗었고, 이치는 혼원일기(渾元一氣)에 잠기었고, 현묘(玄妙)한 조화(造化)는 천지일월(天地日月)과 더불어 한 몸으로 무궁(無窮)하니라. 우리 도(道)의 진리는 얕은 것 같으나 깊고, 속된 것 같으나 고상하고, 가까운 것 같으나 멀고, 어두운 것 같으나 밝은 것이니라.

우리 도(道)는 유(儒)와도 같고 불(佛)과도 같고 선(仙)과도 같으나, 실인즉 유(儒)도 아니요 불(佛)도 아니요 선(仙)도 아니니라. 그러므로 만고 없는 무극대도(无極大道)라 이르나니, 옛 성인은 다만 가지와 잎만 말하고 근본 뿌리는 말하지 못했으나, 수운 대 선생님께서 는 천지(天地), 음양(陰陽), 일월(日月), 귀신(鬼神), 기운(氣運), 조화(造化)의 근본을 처음으로 밝히 셨느니라.

진실로 총명 달덕(聰明達德) 한 이가 아니면 누가 능히 알리오. 아는 사람이 적으니 심히 탄식할 일이로다.

개벽과 포태지수(開闢과 胞胎之數)

이 세상 운수는 천지가 개벽하던 처음의 큰 운수를 회복한 것이니 세계만물이 다시 포태의 수를 정하지 않은 것이 없느니라.

경(經)에 말씀하시기를 "산하(山河)의 큰 운수(大運)가 다 이 무극대도(无極大道)에 돌아오니 그 근원이 가장 깊고 그 이치가 심히 멀도다." 하셨으니, 이것은 바로 개벽(開闢)의 운이요 개벽의 이치이기 때문이니라. 새 하늘 새 땅에 사람과 만물이 또한 새로워질 것이니라.

만년에 대(大) 일변하고, 천년에 중(中) 일변하고, 백년에 소(小) 일변하는 것은 하늘의 운이요, 천년에 대(大)일변하고, 백 년에 중(中)일변하고, 십년에 소(小)일변하는 것은 이것이 인사이니라. 성(盛)한 것이 오래면 쇠(衰)하고 쇠(衰)한 것이 오래면 성(盛)하고, 밝은 것이 오래면 어둡고 어두운 것이 오래면 밝나니 성(盛)하고 쇠(衰)하며 밝고 어두운 것은 천도(天道)의 운이요, 흥(興)한 뒤에는 망(亡)하고 망한 뒤에는 흥하고, 길(吉)한 뒤에는 흉(兇)하고 흉(兇)한 뒤에는 길(吉)하나니 흥하고 망하고 길하고 흉한 것은 인도(人道)의 운이니라. 그러므로 경(經)에 이르기를 "그 사람의 귀천(貴賤)의 다름을 명(命)하고 그 사람의 고락(苦樂)의 이치를 정했으나, 그러나 군자의 덕은 기운이 바르고 마음이 정해져 있으므로 천지와 더불어 그 덕에 합하고 소인의 덕은 기운이 바르지 못하고 마음이 옮기므로 천지와 더불어 그 명에 어기나니, 이것이 성쇠의 이치가 아니겠는가." 라고 하셨으니, 이것은 하늘의 이치와 사람의 일이 부합한 수이니라.

봄이 가고 봄이 옴에 꽃이 피고 꽃이 지는 것은 변하는 운이요, 추위가 오고 더위가 지나감에 만물이 나고 이루는 것은 움직이는 운이요, 황하수가 천년에 한번 맑음에 성인이 다시 나는 것은 천도 (天道)와 인도(人道)의 무궁한 운이니라.

세상 만물이 나타나는 때가 있고 쓰는 때가 있으니, 달밤 삼경에 는 만물이 다 고요하고, 해가 동쪽에 솟으면 모든 생령이 다 움직이고, 새 것과 낡은 것이 변천함에 천하가 다 움직이는 것이니라. 동쪽 바람에 화생하여도 서쪽 바람이 아니면 이루지 못하나니 서 풍이 불 때에 만물이 결실하느니라. 운을 따라 덕에 달하고 시기를 살피어 움직이면 일마다 공을 이루리라. 변하여 화하고, 화하여 나 고, 나서 성하고, 성하였다가 다시 근원으로 돌아가나니, 움직이면 사는 것이요 고요하면 죽는 것이니라. 낮이 밝고 밤이 어두운 것은 하루의 변함이요, 보름에 차고 그믐에 이지러지는 것은 한 달의 변 함이요, 춥고 덥고 따스하고 서늘한 것은 한 해의 변함이니라. 변 하나 변치 아니하고, 움직이나 다시 고요하고, 고요하나 다시 움직 이는 것은 이기의 변동이요, 때로 변하고 때로 움직이고 때로 고요 한 것은 자연의 도이니라.

선천이 후천을 낳았으니 선천의 운(運)이 후천의 운을 낳은 것이 라. 운(運)의 변천과 도(道)의 변천은 같은 때에 나타나는 것이니 라. 그러므로 운인즉 천황씨가 새로 시작되는 운이요, 도인 즉 천지가 개벽하여 일월이 처음으로 밝는 도요, 일(事)인즉 옛적에도 듣지 못하고 지금도 듣지 못한 일이요, 법(法)인즉 옛적에도 비교할 수 없고 지금도 비교할 수 없는 법이니라.

우리 무극대도(无極大道)의 운수에 요임금 순임금 공자 맹자와 같은 성스러운 인물이 많이 나오리라. 우리 무극대도는 천황씨(天皇氏)의 근본 큰 운수를 회복한 것이니라. 천황씨 무위화기(無爲化氣)의 근본을 누가 능히 알 수 있겠는가. 아는 이가 적으니라. 사람은 하늘 사람이요, 도(道)는 바로 대 선생님의 무극대도(无極大道)니라. 운이 있고 믿음이 있는 이는 한번 말하면 다 알 수 있으나, 하늘의 이치를 믿지 않는 자는 비록 천언만담을 할지라도 어쩔 수 없으니 한말로 하면 도시 운수(運數)에 있는 것이니라.

아무리 좋은 논밭이 있어도 종자를 뿌리지 않으면 나지 않을 것이요, 만일 김매지 아니하면 가을에 바랄 것이 없느니라.

이 세상의 운수(運數)는 개벽(開闢)의 운수라. 천지도 편안치 못하고, 산천초목도 편안치 못하고, 강물의 고기도 편안치 못하고, 나는 새, 기는 짐승도 다 편안하지 못하리니, 유독 사람만이 홀로 따스하게 입고 배부르게 먹으며 편안하게 도(道)를 구하겠는가. 선천과 후천의 운이 서로 엇갈리어 이치와 기운이 서로 싸우는지라, 만물이 다 싸우니 어찌 사람의 싸움이 없겠는가.

천지일월은 예와 이제의 변함이 없으나 운수는 크게 변하나니, 새것과 낡은 것이 같지 아니 한지라 새것과 낡은 것이 서로 갈아드는 때에, 낡은 정치는 이미 물러가고 새 정치는 아직 펴지 못하여 이치와 기운이 고르지 못할 즈음에 천하가 혼란하리라. 이때를 당하여 윤리, 도덕이 자연히 무너지고 사람은 다 금수의 무리에 가까우리니, 어찌 난리가 아니겠는가.

우리 무극대도는 삼절(三絶) 운(運)에 창도하였으므로 나라와 백성이 다 이 삼절 운을 면치 못하리라. 우리 무극대도는 우리나라에서 나서 장차 우리나라 운수를 좋게 할 것이니라. 우리 무극대도의 운수로 인하여 우리나라 안에 영웅호걸이 많이 날 것이니, 세계 각국에 파송하여 활동 하면 형상이 있는 하늘님이요, 사람 살리는 부처라는 칭송을 얻을 것이니라.

우리 도인의 지금에 보는 정상으로는 보리밥에 거칠은 옷을 입고 도를 닦으나, 이다음에는 능히 높고 큰 집에 살면서 쌀밥을 먹고 비단옷을 입고 좋은 자리에 앉아서 도를 닦으리라.

지금에 입도(入道)하는 사람들은 백지 한 권으로 예물을 드리나 일후에는 비단으로 예물을 드릴 것이요, 지금은 도(道)를 권하면 사람들이 믿지 않으나 일후에는 사람들이 손바닥에 지극히 하늘님을 지극히 위하는 시천주(侍天主) 주문(呪文)을 써 달라고 할 것이니라. 이때를 당하여 포덕 하는 사람들을 세계 각국에 파송하면 모든 나라가 자연히 천국이 되리라.

우리나라의 영웅호걸은 인종의 종자이니라. 모두가 만국(萬國) 포덕사로 나간 뒤에 제일 못 난 이가 본국에 남아 있으리니, 지열자(至劣者)가 상지(上智)의 재품(才品)이요 도통(道通)한 사람이니라. 우리 무극대도는 중국(中國)에 가서 포덕 할 때가 되어야 덕

(德)을 천하에 펴서 널리 창생을 건지리라. 어떤 도인이 묻기를 "어느 때에 현도(顯道)가 되겠습니까?"하니 대답하시기를 "산이 다 검게 변하고 길에 다 비단을 펼 때요, 만국과 무역할 때이니라." 또 묻기를 "어느 때에 그와 같이 현도(顯道)가 되겠습니까?"하고 또 물으니 신사 대답하시기를 "때는 그 때가 있으니 마음을 급히 하지 말라. 기다리지 아니하여도 자연히 오리니, 만국 병마가 우리 나라 땅에 들어 왔다가 모두 후퇴하는 때이니라."

도 닦는 법 (修道法)

지극히 하늘님을 위하는 주문(呪文)만 외우고 도(道)의 이치를 생각하지 않아도 옳지 않고, 다만 이치만을 연구하고자하여 한번도 하늘님을 지극히 위하는 주문을 외우지 않아도 또한 옳지 아니하니, 두 가지를 겸전하여 잠깐이라도 모앙 하는 마음을 늦추지 않는 것이 어떠할꼬.

내가 이에 하늘이요 하늘이 이르러 있는 것이 바로 나니, 나와 하늘은 도시 하나의 체(體)이니라. 그러나 기운이 바르지 못하고 마음이 옮기므로 그 명(命)에 어기고, 기운이 바르고 마음이 정해져 있으므로 그 덕(德)에 합하나니, 도(道)를 이루고 이루지 못하는 것이 전부 기운과 마음이 바르고 바르지 못한 데 있는 것이니라.

명덕(明德) 명도(命道) 네 글자는 하늘과 사람이 형상을 이룬 근본이요, 성경외심(誠敬畏心) 네 글자는 형상을 이룬 뒤에 다시 갓난아이의 마음을 회복하는 노정(路程) 절차니, 자세히 팔절을 살피는 것이 어떠할꼬.

"멀리 구하지 말고 나를 닦으라." 한 것도 나요, "내 마음을 그 땅에 보내라." 한 것도 나요, "내 몸의 화해난 것을 헤아리리." 한 것도 나요, "말하고자 하나 넓어서 말하기 어려우니라." 한 것도 나요, "내 마음의 밝고 밝음을 돌아보라." 한 것도 나요, "이치가 주고받는데 묘연하니라." 한 것도 나요, "나의 믿음이 한결 같은가 헤아리리." 한 것도 나요, "내가 나를 위하는 것이요 다른 것이 아니니라." 한 것도 나니, 나 밖에 어찌 다른 하늘이 있겠는가? 그러므로 말씀하시기를 "사람은 바로 하늘 사람이라." 하신 것이니라. 그러면 나와 하늘이 도시 한 기운 한 몸이라, 물욕을 제거하고 도(道)의 이치를 환하게 깨달으면 지극히 큰 지극한 하늘이 지기와 지극히 화하여 지극한 성인에 이르는 것이 도무지 나 이니라.

정성하고 공경하며 두려워하는 마음과 사람을 대하고 만물을 접함은 모든 일에 하늘이니, 지극한 기운과 지극히 화하여 지극한 성인에 이르는 절차 노정이니라. 이러하면 결코 다른 말이 없고, 이 또한 내말이 노망 같으나 오직 큰 성인의 가르치신 것이니, 여러분은 밝게 분별하고 힘써 행하여 참된 하늘의 이치를 실천하여 다같이 무극대도(無爲化氣) 이루기를 크게 원하노라.

부인수도(婦人修道)

묻기를 "우리 도(道) 안에서 부인 수도를 장려하는 것은 무슨 연고입니까?"

신사 대답하시기를 "부인은 한 집안의 주인이니라. 음식을 만들고, 의복을 짓고, 아 이를 기르고, 손님을 대접하고, 제사를 받드는 일을 부인이 감당하니, 부인이 만일 정성 없이 음식을 갖추면 하늘이 반드시 감응치 아니하는 것이요, 정성 없이 아이를 기르면 아이가 반드시 충실치 못하나니, 부인 수도는 우리 무극대도(无極大道)의 근본이니라.

이제 부터는 부인(婦人) 도통(道通)이 많이 나리라. 이것은 1남 9녀를 비한 운(運)이니, 지난 때에는 부인을 압박 하였으나 지금 이 운(運)을 당하여서는 부인 도통으로 사람 살리는 이가 많으리니, 이것 은 사람이 다 어머니의 포태 속에서 나서 자라는 것과 같은 것이니라."

경천,경인,경물(敬天,敬人,敬物)

사람은 첫째로 하늘을 공경하지 아니치 못할지니, 이것이 돌아가신 스승님께서 처음 밝히신 도법이라. 하늘을 공경하는 근본 이치를 모르는 사람은 진리를 사랑할 줄 모르 는 사람이니, 왜 그러냐 하면 하늘은 진리의 중심과 하나이기 때문이니라.

그러나 하늘을 공경함은 결단코 빈 공중만을 향하여 하늘님을 공경한다는 것이 아니요, 내 마음을 통하여 공경함이 바로 하늘을 공경하는 도를 바르게 하는 길이니, "내 마음을 공경치 않는 것 이 바로 천지를 공경치 않는 것이라." 함은 이를 말씀한 것이라.

사람은 하늘을 공경함으로써 자기의 영원한 생명을 알게 될 것이요, 하늘을 공경함으로써 모든 사람과 만물이 다 나의 동포라는 전체의 진리를 깨달을 것이요, 하늘을 공경함으로써 남을 위하여 희생하는 마음과 세상을 위하여 의무를 다할 마음이 생길 수 있으니, 하늘을 공경함은 모든 진리의 중심이 되는 부분을 움켜잡는 것이니라.

둘째는 사람을 공경함이니 하늘을 공경함은 사람을 공경하는 행위에 의지하여 사실로 그 효과가 나타나는 것이니라. 하늘만 공경하고 사람을 공경함이 없으면 이는 농사의 이치는 알되 실지로 종자를 땅에 뿌리지 않는 행위와 같으니, 도 닦는 사람이 사람을 섬기되 하늘과 같이 한 후에야 처음으로 바르게 도(道)를 실행하는 사람이니라.

도인 집에 사람이 오거든 사람이 왔다 이르지 말고 하늘님이 강림하셨다 이르라 하셨으니, 사람을 공경치 아니하고 잡신만을 공경하여 무슨 실효가 있겠느냐? 어리석은 풍속에 잡신을 공경할 줄은 알되 사람은 천대하나니, 이것은 죽은 부모의 혼은 공경하되 산 부모는 천대함과 같으니라. 하늘이 사람을 떠나 따로 있지 않는지라, 사람을 버리고 하늘만 공경한다는 것은 물을 버리고 갈증이 없어지기를 구하는 사람과 같으니라.

셋째는 물건을 공경함이니 사람은 사람을 공경함으로써 도덕의 최고경지가 되지 못하고, 나아가 물건을 공경함에까지 이르러야 천지의 기(氣)와 화하는 덕(德)에 합하는 하나가 될 수 있느니라.

마음으로 마음을 다스리라(以心治心)

하늘님 말씀과 사람의 말의 구별을 말하였거니와, 마음으로써 마음을 다스림도 또한 이 하나의 이치에서 생긴 것이니라. 사람의 마음에 어찌 두 가지 뿌리가 있으리오. 다만 마음은 하나이지마는 그 씀에 있어 하나는 이심(以心)이 되고 하나는 치심(治心)이 되나니, 이심(以心)은 하늘님 마음이요 치심(治心)은 사람의 마음이니라.

비유하건대 같은 불이로되 그 씀에 의하여 선과 악이 생기고, 같은 물이로되 그 씀에 의하여 이해가 다름과 같이, 같은 마음이로되 마음이 이치에 합하여 마음이 화하고 기운이 화하게 되면 하늘님 마음을 거느리게 되고, 마음이 감정에 흐르면 마음이 너그럽지 못하고 좁아 몹시 궁색하여 모든 악한 행위가 여기서 생기는 것이니라. 그러므로 도 닦는 자 이심으로써 항상 치심을 억제하여, 마차 부리는 사람이 쓰는 말을 잘 거느림과 같이 그 씀이 옳으면, 화가 바뀌어 복이 되고 재앙이 변하여 경사롭고 길하게 될 수 있느니라.

하늘은 하늘을 먹는다(以天食天)

내 항상 말할 때에 물건마다 하늘이요 일마다 하늘이라 하였나
니, 만약 이 이치를 옳다고 인정한다면 모든 물건이 다 하늘로써
하늘을 먹는 것 아님이 없을지니, 하늘로써 하늘을 먹는 것은 어찌
생각하면 이치에 서로 맞지 않는 것 같으나, 그러나 이것은 사람의
마음이 한쪽으로 치우쳐서 보는 말이요, 만일 하늘 전체로 본다면
하늘이 하늘 전체를 키우기 위하여 같은 바탕이 된 자는 서로 도
와줌으로써 서로 기운이 화함을 이루게 하고, 다른 바탕이 된 자는
하늘로써 하늘을 먹는 것으로써 서로 기운이 화함을 통하게 하는
것이니, 그러므로 하늘은 한쪽 편에서 동질적 기화로 종속을 기르
게 하고 한쪽 편에서 이질적 기화로써 종속과 종속의 서로 연결된
성장발전을 도모하는 것이니, 합하여 말하면 하늘로써 하늘을 먹는
것은 곧 하늘의 기화작용으로 볼 수 있는데, 대신사께서 모실 시자
의 뜻을 풀어 밝히실 때에 안에 신령이 있다함은 하늘을 이름이요,
밖에 기화가 있다함은 하늘로써 하늘을 먹는 것을 말씀한 것이니
지극히 묘한 천지의 묘법이 도무지 기운이 화하는데 있느니라.

하늘을 섬기라(養天主)

하늘을 섬길 줄 아는 사람이라야 하늘을 모실 줄 아느니라. 하늘이 내 마음에도 통하여 있음이 마치 종자의 생명이 종자 속에도 있음과 같으니라. 종자를 땅에 심어 그 생명을 기르는 것과 같이 사람의 마음은 도에 의하여 하늘을 양하게 되는 것이라.

같은 사람으로도 하늘이 있는 것을 알지 못하는 것은 이는 종자를 물속에 던져 그 생명을 멸망케 함과 같아서, 그러한 사람에게는 한 평생을 마치도록 하늘을 모르고 살 수 있나니 오직 하늘을 섬기는 사람에게 하늘이 있고, 섬기지 않는 사람에게는 하늘이 없나니, 보지 않느냐? 종자를 땅에 심지 않는 자 누가 곡식을 얻는다고 하더냐.

시문(詩文)

척(외짝)구시(隻句詩)

태백산에서 사십구일 공부를 하고 내가 봉황 여덟 마리를 받아 각
각 주인을 정하니, 천의봉 위에 꽃핀 하늘이여, 오늘 오현금(五絃
琴)을 갈고 닦고 적멸궁전(寂滅宮殿)에서 티끌세상을 벗어나고.
한 기운을 꿰뚫어보니 마음(心)을 바르게 한 곳이라.

* **부연설명**

　해월신사 포덕 14년 10월 15일경 태백산에 들어오실 때 49일
독공을 하시기 전 꿈에 봉황 여덟 마리가 하늘로부터 내려와 차례
대로 내려오는 것을 받아 봉황 세 마리를 옆의 사람에게 각각 한
마리씩을 주어 안게 하였더니 무궁하게 텅 빈 하늘에서 말씀이 들
리길, "이 남은 봉황 다섯 마리는 각각 그 주인(主人)이 있으니 너
는 반듯이 깊이 간직하였다가 그 주인이 이르름에 나누어주어라."
고 하였다.

강시(降詩)

무극대도(无極大道)를 작심으로 정성 드리니 원통봉(圓通峰) 아래 서 또 통하고 통하였노라. 뜻 아니 한 사월에 사월이 오니 금사(金土) 옥사(玉土) 또 옥사(玉土)로다.

오늘 내일 또 내일 무엇 무엇을 알고 또 무엇을 알리.

날이 가고 달이 오고 새 날이 오니 천지(天地)의 정신이 나로 하여 금 깨닫게 하도다.

강시(又降詩)2

정성으로 마음을 지키되 혹 게으르면 사람이 묶은 뽕나무 밭처럼 변하게 되는 것이로다.

공경으로 마음을 지키어 크고 자연스럽게 하면 산하가 실로 푸른 바다처럼 창창하게 됨이로다.

구미산의 봄이 돌아오니 뽕나무 밭이 푸른 바다가 된 것 같이 크게 변함이로다.

용(龍)이 태양주를 전하니 궁을(弓乙)의 문명을 돌이키는 도다.

운이 열리니 천지가 하나요, 도(道)가 있으니 물이 하나를 낳았도다.

물은 네 바다 하늘에 흐르고 꽃은 세상 사람들의 마음에 피었도다.

남쪽별이 둥글게 차고 겁회를 벗어나니 동해가 깊고 깊어 만리에 맑았어라.

천산 만 봉우리는 한 기둥처럼 푸르고 천강의 만수(萬水)는 한 하수(河水)처럼 맑으니라.

마음이 화하고 기운이 화하니 온 몸이 화하고 봄이 돌아오고 꽃이 피니 만년의 봄이로다.

맑은 하늘 백일에 기운과 마음을 바르게 하니 사해의 벗과 벗이 모두 한 몸이로다.

젊어서 삼분오전(三墳五典)의 고서(古書)를 읽다가 청춘은 늙었고 늙어서 경륜이 없어지니 맹세도 허사로다.

때는 그 때가 있으니 때는 곳곳이라, 산에 있는 새야 너는 그것을 알지 않느냐.

세속이 비록 무엇을 외로이 듣는다 해도 다른 날 능히 못 가운데서 죽게 된 고기를 건지리라.

다른 날 들으려고도 말고 일을 묻지도 말라. 달도 아니요 날도 아닌 때는 그 때에 오는 것이니 옳은 이치는 큰 운수 가운데 없지 않으니 밝은 날이 빛이 없으나 홀로 졸음을 깨었노라.

무지개다리 소식에 오는 사람이 없어 머리를 남쪽 하늘로 돌려 얼마나 바라고 바랐던가.

산(山)도 이롭지 않고 물(水)도 이롭지 아니하리라. 이로운 것은 밤낮 활을 당기는 사이에 있느니라.

강서(降書)

　서전(書傳)에 이르기를 "하늘이 백성을 내리시어 임금을 내고 스승을 내었으니 오직 하늘님을 돕게 함이라."하였으니, 임금은 교화와 예악으로 만백성을 화하게하고 법령과 형벌로 만 민을 다스리고, 스승은 효제충신으로 후생을 가르치고 인의예지로 후생을 이루게 하나니, 다 하늘님을 돕는 것이니라.

아! 우리 도인들은 공경히 이 글을 받으라.

시전(詩傳)에 이르기를 하늘의 위엄을 두려워하여 이때 천명을 보존한다고 하였으니 이는 하늘을 공경함이오.

맹자(孟子) 이르기를 "하염없이 되는 것은 하늘이라."하였으니 이는 하늘을 믿음이니라.

마음과 몸을 바르게 하여 하늘님께 죄를 얻지 말고, 정성과 충성을 다하여 위에 죄를 얻지 말라.

천하 만물이 나고 자람이여, 어떻게 그러하고 어떻게 그러한가.

하늘 조화의 거두고 저장함이여, 스스로 때가 있고 스스로 때가 있느니라.

물의 근원이 깊음이여, 가물어도 끊어지지 아니하고, 나무의 뿌리가 굳건함이여, 추워도 죽지 아니하도다.

도깨비가 낮에 나타남이여, 저 어떤 마음이며 저 어떤 마음인가.

개구리와 벌레 등이 구멍에서 삶이여, 또한 앎이 있고 앎이 있도다.

마른 나무가 봄을 맞이함이여, 때요 때로다.

불상(佛像)이 성품(性品)을 봄이여, 정성이요 정성이로다.

알고 알았노라. 정성스러운 마음과 간교함과 박잡함을 알고 알았노라. 그 주인(主人)이 있으니 가히 삼가 하지 아니하랴.

생각함이 이에 있어 하늘을 도우면 심히 다행하고 다행 하리라.

만물의 조화여, 무극(無極)하고 무궁(無窮)하도다.

놀라워라, 이 세상에 우리 무극대도(无極大道)의 되어나감이여, 어두울 때도 있고 밝을 때도 있도다.

경신년에 덕을 폄이여, 어찌 운이 아니며 어찌 명이 아닌가.

갑자년(甲子年)에 당한 일이여, 이 또한 운(運)이요 이 또한 명(命)이로다.

주인(主人)의 한 마음이여, 처음부터 끝까지 지킴이로다.

두 글자 천주(天主)를 보고 지목함이여, 어찌 서양 사람이 먼저 행한 것인가. 큰 운이 장차 형통함이여, 새 명을 받들어 열고 이루리로다. 아, 우리 주인(主人)은 공경히 이 글을 받으라.

밝은 것은 어두움의 변함이니, 해가 밝은 것은 사람마다 볼 수 있고 도의 밝은 것은 나 홀로 아는 도다.

덕(德)이란 것은 정성을 다하고 공경을 다하여 나의 도리를 다함이니, 사람의 돌아오는 곳은 덕(德)이 있는 곳이니라.

명(命)이란 것은 운을 짝함이니, 하늘의 명은 다하지 못하고 사람의 명은 어기기 어렵도다.

도(道)란 것은 갓난아기를 보호하듯이 하고 대자 대비하여 닦고 단련하여 도를 이루어 하나로 꿰뚫는 것이니라.

정성(誠)이란 것은 마음의 주(主)요 일의 바탕이 되나니, 마음을 닦고 일을 행함에 정성이 아니면 이룰 수 없느니라.

공경(敬)이란 것은 도(道)의 주체요 몸으로 행하는 것이니, 도(道)를 닦고 몸으로 행함에 오직 공경으로 종사하라.

두려움(畏)이란 것은 사람이 경계하는 바니, 하늘의 위엄과 신(神)의 눈이 이르지 않는 곳이 없도다.

마음(心)이란 것은 허령(虛靈)의 그릇이요 화복의 근원이니, 공과 사 사이에 득실의 도(道)이니라. 이 또한 팔절을 강화로 해석한 것이니 범연히 지내지 말고 더욱 힘써 수련을 실천 이행하는 것이 어떠하고 어떠할꼬.

슬프다, 이 세상 사람의 앎이 없음이여, 차라리 새와 짐승을 돌아보아 말하리라. 닭의 울음에 밤이 나누어짐이여, 개가 짖음에 사람이 돌아오도다. 멧돼지가 칡을 다툼이여, 창고의 쥐가 있을 곳을 얻었도다. 제나라 소가 연나라로 달아남이여, 초나라 범이 오나라에 오도다. 중산 토끼가 성을 차지함이여, 패택(沛澤) 용의 한수(漢水)로다. 다섯 뱀에 대책이 없음이여, 아홉 말이 길에 당하도다.

뱀이 개구리를 씹으며 스스로 생각하기를 나를 대적할 자 없다하여 지네가 붙는 것을 알지 못하더니, 다음에 뱀이 죽음에 지네가 교만하여 거미가 그 몸에 젓 담는 줄을 알지 못하더라.

독한 것은 반드시 독한 데 상하나니, 너에게서 난 것이 너에게로 돌아가느니라.

어진 방패와 의로운 무기와 예의의 칼과 지혜의 창으로 서쪽 괴수를 쳐내면 장부당전에 장사가 없으리라.

도통전수(道通傳授)

해월 신사 도통전수(道通傳授)

포덕 37년 1월 5일 해월 신사께서 손병희에게 "그대의 절의(節義)는 천하에 미칠 자 없다."하시고 의암(義庵)이라는 도호를 지어 주셨으며, 충주, 청주 등지를 순회하며 도인들의 동태 및 향배(向背)를 살피게 하시고 인심을 수습하게 하시니, 도인들의 도심이 일어나게 되었다. 11일에 신사님께서 손 천민에게 송암(松庵), 김 연국에게 구암(龜庵)이라는 도호를 주시고 의암, 송암, 구암 세 사람을 불러 앉히시고 송암에게 붓을 잡게 하신 후 "하몽훈도 전발은(荷蒙薰陶傳鉢恩=어리석음을 가르치고 지도하여 후학에게 도(道)를 전하여 이끌어 가게 하는 은혜)과 수심훈도 전발은(守心薰陶傳鉢恩=마음 지킴을 가르쳐 도를 전하여 이끌고 가게 하는 은혜)"의 글을 쓰게 하시고, "이것은 나의 사의(私意)가 아니요, 하늘님의 뜻(天意)에서 나온 바니라."하시고, "세 사람 중에 주장이 없지 아니하니 의암으로 하여금 도(道)의 주장으로 삼노라."말씀하시고 "그대 세 사람이 마음을 합하면 천하가 이 도(道)를 흔들고자 할지라도 어찌하지 못하리라."고 하셨다.

의암, 구암, 송암의 삼암(三庵)이 명(命)을 받아 각지 도인에게 "우리들이 훈도(薰陶)의 열에 첨처(忝處)하여 전발(傳鉢)의 은혜를 입었기에 용담수운 대 선생, 검악 해월 선생의 유훈을 받들어 근통(謹通)한다."는 내용으로 통유문을 발하니 이로부터 삼암(三庵)이 스승님 문하의 명교를 받아 도인들에게 경통 하는 예가 되었다.

도문규칙(道門規則) 2조(二條) 입의근통(入議謹通)

1조.

우리 수운 대 선생님 '개벽 후 오만년에 노이무공(勞而無功) 하다가서 너를 만나 성공하니 나도 성공 (成功)너도 득의(得意)' 라는 하늘님(天主) 말씀을 들으시고 처음으로 하늘님 모시는 것을 부모(父母)님 모시는 것과 같이 섬기는 무극대도(无極大道)를 창명하시니 이는 먼저 성인(聖人)들이 밝히지 못한 이치를 우리에게 가르치심이라.

우리 스승님이 아니시면 어찌 하늘님의 덕(德)을 알며 하늘님의 덕(天德)이 아니면 어찌 우리 스승님에게 강화(降話)되어 우리에게 이 법을 가르쳤으리요. 대개 사람이 행하고 멈추고 앉고 눕는 것과 옷을 입고 마시고 먹는 것이 모두 다 하늘님의 덕과 스승님의 은혜가 아닌 것이 없나니 우리 도인은 이 뜻을 체(體)로 해서 자포자기(自暴自棄)와 자긍자존(自矜自尊)하는 마음을 일체 끊어버리고 하늘님을 모시고 하늘님을 받드는 것의 대의를 밝히라.

2조.

우리 무극대도(无極大道)의 정통연원(正統淵源)과 포덕연비(布德聯臂)는 크게 구분이 있으니 이제 도통연원(道通淵源)으로 말하면 오직 유일무이(唯一無二)의 수운 대 선생님의 용담연원(龍潭淵源)이요 포덕 연비(布德聯臂)라는 것은 다만 스승의 교훈을 이어 도덕을 널리 펴는데 지나지 않는 것인 즉, 천거하여 준 사람(薦主)이라 이르면 가하려니와, 결단코 도통 연원(道通淵源)을 받은 것은 아니로다.

근자에 들은 즉, 각 ○○포 천거한(薦主)사람이 아무연원 누구연원이라 칭한다 하니, 이 어찌 도문(道門)의 법(法)을 이루었다 하리요, 이제부터는 도통연원(道通淵源)과 포덕 연비(布德聯臂) 조직을 서로 혼동하여 무극대도의 정통(正統)을 문란케 하지 말라.

의암 성사의 이적 체험

갑오 동학 운동 후 포덕 39년 4월 5일. 수운 대신사 득도 기념의 날로 해월신사 강원도 원주군 첩첩 산중에 계셨으나 도문의 수많은 제자들이 기념일 전부터 찾아왔다. 해월신사의 아들 동희가 다른 아이들과 놀다가 다른 아이에게 말하기를 "우리 집으로 병정이 들어온다." 라고 하니, 해월신사 이를 들으시고 집 사람에게 "이는 하늘님 말씀이라."고 하시다.

기념일 전 날 의암성사 다른 도인들과 같이 대신사 기념 향례 일을 묻고자 해월신사를 찾아뵈니 신사 이르시길, "그대들은 각자 자기 집으로 돌아가 기념을 봉행하라." 고 하시니 의암성사 답하기를, "저희 제자들이 항상 먼 곳에 있을지라도 반듯이 모여서 의식(儀式)을 봉행 하였는데 이미 모인 상황에서 다시 돌아가라 하십니까?" 하니 해월신사 이르시길, "내 생각이 있어 그러니 나의 말을 멀리하지 마라." 라고 하시니 의암성사 부득이 도인들을 각기 모두 돌아가게 하시다. 남은 사람은 임 순호, 임 도여 두 사람 이었다.

그날 밤 해월신사 밤늦도록 고요히 혼자 앉아 계시어 사람을 기다림 같이 계시더니 다음날 포상금을 노리고 도(道)에 몰래 들어와서 가짜 도인 행세를 하던 송 경인이 서울에서 뇌물을 주고 사찰사가 되어 병사들을 데리고 와서 해월신사를 포박하여 압송하였다. 의암성사 대신사 득도 기념을 봉행하여 마치고 난 후 수행하며 홀로 앉아 계시는데 별안간에 몸과 마음이 이상하더니 완연히 병정이 해월신사 댁에 들어가는 것을 스스로 아시고 급히 몸을 일으켜 바로 산길을 달려 해월신사 댁을 향하실 때에 마음과 몸이 심히 황홀한지라 잠깐 산 위에 앉으시며 무심히 손으로 풀뿌리를 잡으니 홀연히 숲의 착한 것을 아시고 자연의 이야기를 들으심에 놀라 다시 보는데 몸이 알지 못하는 사이 5리를 지나 큰길 위에 앉아 있는지라. 이에 의암성사 이상히 생각하였으나 다시 달려가 해월신사 댁에 이르시니 해월신사 이미 압송되시어 한양으로 향하셨더라.

이후 의암성사 도인들과 더불어 한양에 이르러 해월신사 관련된 일의 처리를 도인들과 같이 논의하며 행하시다. 해월신사 힘든 고문 중에도 주문을 놓지 않으시더니 좌도 난정(左道亂政)의 억울한 누명을 받으시고 6월 2일 순도(殉道) 하시었다.

해월신사 순도 하루 전인 6월 1일 의암성사 우수의 근심과 생각이 교차하여 밤이 늦도록 잠을 이루지 못하는데 비몽사몽간에 해월신사 나타나시어 말씀 하시기를 "너는 하늘님의 명(命)에 정한바 있으니 가히 어긋나지 못하려니와 너는 먼저 우리 도(道)의 진리를 주장하여 무극대도(无極데大道)의 큰일을 이끌어 나가도록 하라." 또 말씀 하시기를 "그대는 잠깐 누워라." 하시거늘 의암성사 명교(命敎)와 같이 하시니 해월신사 의암 성사의 위에서 입의 기(氣)를 발하여 의암성사의 입으로 불어 들어가게 하시거늘 의암성사 심히 힘들게 받고 난 후 빠르게 몸을 느끼어 정신을 돌이키니 땀이 흘러 옷을 흠뻑 적셨는지라.

의암성사 그 후 도인들에게 체험을 이야기 하니 다 같이 말하기를 이일은 대도주(大道主) 도통의 큰 증험이라고 하더라.

3. 人

무극대도 3세 대도주(大道主)
의암 성사(利. 秋)

무극대도(无極大道)

입도(入道)

시문(詩文)

의암법사 법훈(法訓)

도의 태원경
(道의太元經)

무체법설(无體法設)

명리전(明理傳)

삼전론(三戰論)

대도교지(大道敎志)

대도교전(大道敎典)

성훈연의(聖訓演義)

체리종적(體理宗的)

대종정의(大宗正義)

천도의 문(天道의門)

도우자성(道友自成)

무극대도(无極大道)
도통전수

무극대도(无極大道)
입도(入道)

무극대도 입도축문(入道祝文)

경자년(庚子年)

　용담 성운은 하늘과 같이 무궁하여 길이 살아 죽지 않는 것이라. 무극대도를 검악 해월신사께 전하여 주시고 해를 타고 하늘에 이르러 아득하게 선대(仙臺)로 향하였으나, 일에 간섭하지 아니함이 없고 일에 명령하지 아니함이 없이 길이 내 마음에 모시었도다.

　검악 성세(聖世)에 전하는 것이 무궁하여 죽지도 아니하고 멸하지도 아니하여, 바릿대를 전한 무극대도의 주인은 때로 명하지 아니함이 없고, 때로 가르치지 아니함이 없어, 길이 온전하여 마음에 새기었도다. 이렇듯이 깨달음 없는 것이 대도를 거느려 일으키지 못하다가, 날을 가리어 설법하니 황연히 가르침이 내리어, 기강을 밝게 세우고 광제창생을 크게 원하노라.

232

降書(강서)

경자년(庚子年)

부족함을 깨우쳐 주시고 무극대도(无極大道)를 가르치시어 도(道)를 이끌어 가게 하신 덕(德)을 입은 것은 해와 달의 밝은 빛과 같은 것이요, 도(道)를 전하여 주신 스승님의 은혜는 무극대도 도통의 서로 주심이라.

선천의 쓰는 도(道)는 호탕한 넓은 정사요, 금일 설법은 기강을 세우는 절의로다.

참을 지키고 뜻을 원만히 하여 맑은 덕을 버리지 말라.

날이 가고 달이 옴에 음양(陰陽)이 덕을 합하고 봄에 나고 가을에 결실하니 조화의 성공이라.

가는 것도 없고 오는 것도 없는 내 마음을 길이 지키어 옮기지도 아니하고 바뀌지도 아니하는 큰 무극대도(无極大道)를 창명하라.

무엇을 알랴, 무궁하고 무궁한 것을.

하늘님은 반드시 정성들이는 마음 한 조각에 감응하느니라.

처음부터 끝까지 변하지 않음은 공자의 성덕(聖德)이요, 빈 세계에 마음을 보내 놓았으니 석가의 도통(道通)이요.

형상이 없는 도(道)가 자취를 드러내는 것은 우리 도(道)의 조화이니라. 하늘님을 모시고 하늘님을 받들고 평생 동안 참뜻을 지키라.

주문(呪文)

神師靈氣 我心定 無窮造化 今日至
신사영기　아심정　무궁조화　　금일지

侍 天主 覺我長世 無窮 無窮 萬事知
시　천주　각아 장세　무궁　무궁　만사지

무극대도 입도(入道) 통유문(通諭文)

　용담(龍潭)에 물이 흘러 네 바다의 근원이요, 라는 말씀은 하늘이 하나로 물을 냈다(天一生水)고 하는 근원을 말씀하신 것이요.

　검악에 사람 있어 일편단심(一片丹心)의 마음이라. 는 말씀은 끝이 없고 아득한 가운데 처음 화(化)하여 생(生)하고 화(化)하여 기르는 큰 덕(大德)을 말씀한 것이니라.

　부족한 후학을 훈도하여 가르쳐 주신 은덕을 입었다는 것(荷蒙薰陶傳鉢恩)은 오직 도(道)의 법통(法通)을 전해주신데 있는 것이니, 이것은 사람 성품(性品)의 으뜸이니라. 도(道)가 그 가운데 있으니, 궁(弓)은 하늘, 을(乙)은 사람이요, 운(運)이 대할 자 없이 높으니 천황(天皇), 지황(地皇)이요, 사람이 근본 바탕이 있으니 자기가 모신 것을 자기가 알고, 운(運)이 다시 천황(天皇) 지황(地皇)의 운(運)에 돌아오니 정함으로써 정함을 알고, 때(時)는 사시(四時)가 있으니 자연히 알 것을 알게 되니라.

자리를 펴고 법을 베푸니 빈 가운데 영(靈)이 깨달음을 알고 기강을 바로 세워 배우고 익히니 모든 일을 달통하여 앎이니라. 한결같이 마음이 지극할 뿐 아니라 오직 마음을 바르게 하는데 있느니라. 는 말씀은 이치대로 따르는 것을 비교한 것이니라. 진실로 이와 같으면 용담에 물이 흘러 네바다의 근원이라는 말씀은 수운 대스승님 천황씨(天皇氏)의 높고 밝으신 근본을 말씀하신 것이요, 검악에 사람 있어 일편단심의 마음 이라는 말씀은 해월 스승님 지황씨(地皇氏)의 넓고 두터운 은덕(恩德)을 말씀하신 것이니라.

부족함을 가르치고 지도해 주심을 입어 도의 법통을 전해주신 은혜라는 말씀은 개벽 5만년 이후에 차차로 성인의 마음을 전해주어 먼저 5백 명이 무극대도(无極大道)를 통하는 연원(淵源)을 말씀하신 것이니라. 이 어찌 무극대도로 통하는 설명의 연맥이 아니랴. 그러므로 밝은 가르침을 받들고 이어서 다시 양위(兩位) 스승님 도에 들어가면 차제로 사람을 택하되 우선 500인 중에 상재(上才) 50인을 먼저 나오게 할 뜻이니, 천지가 시판된 후에 다시 포태(胞胎)의 수(數)를 정하며 이에 특별히 인황씨(人皇氏) 인도(人道) 강령의 법(法)을 베푸나니 원컨대 남보다 뛰어난 모든 군자는 각각 정성을 다하고 공경을 다해서 어린 아이와 같이 보전하여 대자대비(大慈大悲)하고 닦고 단련하여 도(道)를 이루어 처음부터 끝까지 변함없이 함께 큰 운에 참예하도록 하면 천만 다행한 것이니라.

1.

  그 전에 하늘님께서 수운 대 스승님께 명(命)하신 법(法)에 따라 수운 대 스승님께서 정(定)하신 법(法)대로 하늘님께 입도(入道) 의식(儀式)을 봉행하고, 스승님의 무극대도(无極大道)에는 입도(入道) 의식(儀式)을 봉행하지 아니하였으니 스승님 문하(門下)에 도통한다는 뜻이 과연 어디에 있으며, 사람은 바로 하늘 사람이요, 도(道)는 바로 대 스승님의 무극대도라고 하신 것이 또한 어디에 있다고 하랴. 그러므로 스승님의 무극대도에도 입도(入道)해야 하는 것을 바르게 정하여 세우지 않고 그대로 두면 5백 세대를 지나야만 5백 명 도통(道通)하는 사람(道通人)이 나올 것이니, 당장 용담, 검악 두 스승님께서 무극대도를 가르치고 이끌어 주는 아래에 상중하재(上中下才) 5백 명 도통한다 하신 명교(命敎)는 빈곳에 돌아가게 될 것이니 그것이 옳겠는가?

  먼저 깨달은 사람이 뒤에 깨달으려는 사람을 깨닫게 하는 것은 하늘 이치에 자연한 것이라. 그러므로 이와 같이 무극대도 입도 의식을 봉행하지 아니하면 벼리 없는 그물과 같아 참에 돌아가고 하나로 돌아가지 못할 것이니, 이로써 다 같이 깨달아 하늘 법(法)을 잘 지키고 스승님의 심법을 계승하여 속히 무극대도(无極大道)를 통할 것.

1.

지금 나의 설법은 현재 두목이라도 혹 상재(上才)에 참여치 못할 사람이 있고, 비록 그 밑에 있는 사람이라도 특히 천거를 받아 무극대도에 들어올 사람이 있으리니 어찌 홀로 두목뿐이랴. 이것을 다 같이 깨달아서 두목만 믿지 말고 스스로 높은체하지 말고 수심정기(守心定氣)하여 스승님이 전해주시는 심법(心法)에 욕됨이 없게 할 것.

1.

각도(各道) 지방의 편의장과 대접주가 이제로부터 양위 스승님의 법석(法席)을 설하고 제제히 스승님의 무극대도(无極大道)에 입도(入道)할지니 이와 같은 것을 다 같이 알 것.

1.

비록 먼저 깨닫고 뒤에 깨달은 분별이 있고, 상, 중, 하의 재품(才品)이 있으나 모두 다 용담연원 검악 도통 아래에 5백 명 같은 항렬 같은 품격인 형제의 예로써 행하고 설법하는 뜻이니 이로써 밝게 믿을 것.

1.

지금 이 설법을 하고 법칙을 바로 세우는 것은 해월 스승님의 유훈(遺訓)과 밝은 가르침을 받들어 행하는 것이요, 진실로 나의 사사로운 뜻이 아니니 원컨대 모든 군자들은 이로써 다 같이 깨달아서 명(命)을 공경하고 이치를 순히 따라서 스승님의 무극대도(无極大道) 대의(大義)를 드러내 밝게 밝힐 것.

수운 대 스승님께서 말씀하신 "하늘님께 복록 정해 수명일랑 내게 비네" 하신 말씀을 깊이 헤아린 즉 활연 대각할 일이니라. 이 삼재(三災) 흉흉(洶洶)한 때를 당하여 만일 하늘님과 스승님이 간섭하여 주심이 아니면 사람의 힘으로 어찌 살아가는 계책이 있으리오.

그러나 간섭하심은 사람의 지극한 정성에 있고 지극한 정성은 힘들고 힘들여 움직이고 힘씀에 두려워하고 두려워하여 삼가하고 믿는데 있으니 가히 부지런히 생각하지 아니 하리오.

운수가 때를 따르고 변화하는 고로 그 이치와 기운에 응하여 규칙을 정하여 이에 효유하노니 엎드려 바라 건데 어진 군자는 삼가 촛불처럼 밝히고 살핀 연후에 이치를 깨닫고 지극한 정성으로 법규를 따라 한 가지 수명의 지경에 오르면 천만 번 심히 다행함이니라.

규칙(規則)

1. 물욕을 제거하고 개과천선하여 공명정대한 마음을 세워 하늘님 마음을 감동하게 할 것.

2. 지극한 정성과 지극한 공경으로 스승님 전에 수명을 기원할 것.

3. 도장을 청결히 하고 의복을 정제하고 청수를 봉전하여 양위 스승님 전에 빌되 3.7일은 자(子)시에 7.7일은 인(寅)시에 105일은 오(午)시에 할 것.

授受明實錄(수수명실록)

하늘이 만물을 화생하고 뜻을 형체에 붙여 임의로 활용하는 것이요, 사람은 아들·딸을 낳아서 사랑하여 기르다가 나중에는 뜻을 자손에게 주고 집을 기리 전하느니라.

무릇 성현은 천성을 거느리어 공경하고 정성하다가 그 지극함에 미쳐서는 후학에게 전해주어 사람마다 도를 이루게 하며, 마음 지키는 것을 잊지 않으므로 죽지도 멸하지도 아니하여 무릇 덕이 위 하늘과 같은 것이니라.

하늘이 뜻을 형체에 부쳐서 임의로 활용하는 것이 명백함이여.

모실 시(侍)자에 어찌 믿음이 없으며 공경이 없겠는가. 그러므로 생령의 앞에 공경히 정성 드리는 사람은 사람으로 더불어 만물이 각각 시천주의 근본이 있음을 파혹하고, 능히 천지 무궁변화의 적실한 것을 얻어서, 빠르게 만사지에 달하여 하늘님을 받들고 하늘님 덕(天德)에 합하는 실상이니라. 근본의 틀림없고 확실한 것은 벽에 의하여 위(位)를 설하는 것이 옳겠는가, 나를 향하여 위(位)를 설하는 것이 옳겠는가. 사람이 자식을 낳아 뜻을 주고 집을 전하는 것은 눈앞에 황연한 것이요, 죽은 뒤에 제사를 받드는 것은 미혹의 나머지 정성이라.

그러나 전해오는 풍속이 죽은 뒤에 제사지내는 것을 살아 있을 때보다 갑절이나 존경함을 더하니, 어찌된 것인가. 자식을 낳고 집을 전하는 것은 눈앞에 있는 것이나, 이와 같이 몰각한 사람이 도리어 이에 끝을 취하며, 또 하물며 죽은 뒤에 마음으로 생각한다는 것은 묘연한 것이라.

어찌 감히 그 실상을 분석하겠는고. 그 실상을 논하건대 자식을 낳고 집을 전하는 것 은 죽은 뒤에 마음으로 생각하는 것이니, 너로 하여금 마음으로 생각하게 하는 것이냐, 벽으로 더불어 마음으로 생각하는 것이냐.

무릇 성현의 덕은 화하는 것이 초목에까지 미쳐서 간섭치 않음이 없고, 덕은 푸른 하늘과 같아서 만방이 다 같이 힘을 입느니라. 그러므로 천추만대에 하늘같이 받들며 사람에게 마음을 주고 사람마다 도를 이루게 하니, 주고받는 것이 불 본 듯이 밝은 것이니라.

성인의 가르침과 덕을 늘 생각하여 잊지 않으면, 성인의 마음과 신의 밝음이 내 마음을 비치나니, 그 주고받는 것을 말할 적에 벽에 의지하여 주는 것인가, 사람에게 의지하여 주는 것인가. 사람과 더불어 주고받는 것이 황연히 의심이 없느니라. 이로써 보면 나를 향하여 위를 설하는 것이 어찌 옳지 않겠는가.

생각 념(念)자로 말하면 사람이 서로 생각하는 것이니 생각하면 있는 것이요, 생각하지 않으면 없는 것이라. 이로써 추구하면 하늘님의 덕과 스승님의 은혜도 생각하면 있는 것이요, 잊으면 없는 것이니, 하늘님의 덕과 스승님의 은혜를 생각하고 생각하여 잊지 아니하면 지기와 지극히 화하여 지극한 성인에 이르는 것이니라.

해월신사 말씀하시기를 "사람은 바로 하늘사람이요, 도는 바로 대 선생님의 무극대도니라." 한 것은 무엇인가. "사람은 바로 하늘사람." 이란 것은 하늘이 만물을 화생함에 뜻을 형체에 부쳐 임의로 활용한다는 것이요,

"도는 바로 대 선생님의 무극대도(无極大道)라"한 것은 시(侍),정(定),지(知) 세 글자로써 천지무궁(天地無窮)의 근본을 밝히어 덕(德)을 천하에 펴고, 사람마다 덕에 합하고 도(道)를 이루어 한평생 잊지 않게 한다는 것이니, 이로써 말하면 그 분석이 어려우니, 어리석은 마음으로 헤아려 보면, 처음 배워 덕에 들어가려는 사람은 시천주(侍天主) 석자로써 하늘님 덕에 합하고, 다시 스승님의 포덕을 받아 만사지(萬事知) 석자로써 대도 견성하는 것이 어떠하고 어떠하리오. 그림 그리는 사람이 그림을 그리려 할 적에 만 번 생각

하고 헤아려서 붓을 들어 그림을 그리나니, 마음을 헤아려서 형상이 나타나게 하는 것이 비유하면 벽에 마음을 의지하고 위를 설하는 것과 같으니라.

사람이 도(道)를 이루려고 하면 언제나 스승님의 가르침을 생각하여 몸을 사용하고 덕을 행하여 마음을 주고 마음을 받으면 어찌 사이가 있으리오. 간혹 마음을 가다듬고 조용히 바로 앉아 주고받는 것을 공경히 생각하면, 신의 명(命)과 성인의 도(道)로써 황연히 몸에 내리어 지기와 지극히 화하여 때로 밝지 아니함이 없고 때로 가르치지 아니함이 없으니, 합하여 쓰고 밝게 앎을 스스로 헤아릴 것이니라.

권학 실천 문(權學實踐文)

도(道)란 것은 사람이 평생만 지켜서 사업만 할 뿐 아니라 진리를 온전히 체득하여 이치와 일에 어긋남이 없게 함이니 어찌 삼가지 아니하리오. 사람이 세상에 태어남에 하늘 성품으로 말미암지 아니함이 없건마는 능히 그 성품을 거느리는 이가 적고, 누구나 집에서 살지 않는 이가 없건마는 그 집을 잘 다스리는 이가 적으니, 어찌 민망치 아니하리오.

성품(性品)을 거느리니 하늘이 있고 집을 다스리니 도가 있는 것이라. 어찌 하늘과 도가 멀다 하리오. 그러므로 하늘은 만물을 낳고 도는 일을 낳나니, 어찌 만물(萬物)과 일(業)이 또한 멀다 하리오. 물(物)은 일을 낳고 일은 먹는 것을 낳는지라. 어찌 일과 다만 밥을 또한 멀다 하여 어길 바리오. 이러므로 하늘이 없으면 생(生)함이 없고, 생(生)함이 없으면 먹는 바 없고, 먹는 바 없으면 일이 없고, 일이 없으면 도가 없을지니라. 이런고로 하늘은 화생하는 직분을 지키므로 잠깐도 쉬고 떠나지 못하는 것이니라.

만일 하늘이 일분 일각이라도 쉬게 되면 화하여 생하고 변화하는 도가 없을 것이요, 사람이 또한 일을 함에 있어 도(道)를 잠시라도 떠나게 되면 허령 창창한 영대가 가난하고 축날 것이라. 이러므로 수고롭고 괴롭고 부지런하고 힘쓰는 도는 금수라도 스스로 지키어 떠나지 않거든 하물며 사람이야 이것을 저버리며 떠날 바리요. 두려워하고 삼가 함은 더욱 군자의 절중함이라. 군자는 능히 이 네 가지를 지키어 천도(天道)를 순히 함이니, 어찌 삼가지 아니 하리오. 대저 천도(天道)가 여기에서 지날 바 없는 것이니라.

수운 대신사께서 경신 사월 초오일에 기(氣)가 화하여 하나의 덕 (德)으로 되는 강령(降靈)의 법(法)을 지어 사람으로 하여금 하늘님 모시는 것을 알게 함이요, 하늘님 모시는 것을 알면 가히 하늘님 말씀하심을 알 것이라, 어찌 의심할 바 있으리오. 사람이 이것을 다 지키면 수심정기(守心正氣) 할 것이요, 만일 지키지 못하면 하 늘을 등지고 이치를 거스르는 것이니라.

하늘은 사람에 의지하여 변화가 무궁하고, 사람은 밥에 의지하여 만사를 행하는지라, 어찌 도를 멀리 구하며 능히 근본을 깨달아 지 키지 아니하리오. 모름지기 사람마다 신령한 마음이 있어 입으로 말하고 귀로 듣고 눈으로 보고, 수족 이 있어 능히 동정함으로써 만사를 능히 다하여, 마시고 먹고 입는 바는 도시 다른 바 없건마 는 그 근본을 알아 지키는 것이 적으므로, 하늘을 등져서 영대가 혼미하고 진실로 하늘님의 도우심을 받지 못하는지라. 군자는 이것 을 능히 알고 순히 지켜서 잠시라도 떠남이 없으므로, 영대가 하늘 같이 신령하고 그 밝음이 일월 같고 그 앎이 귀신같아서, 천지로 더불어 그 덕을 합하고 일월로 더불어 그 밝음을 합하고 귀신으로 더불어 그 길흉에 합할 것이니라. 근래에 들으니 혹 입도(入道)한 지 수 개월이 못되어 영이 발하여 스스로 아는 바 있어 능히 도를 통하였다 하니, 진실로 민망하도다. 이같이 발령이 속히 되는 것은 천하 사람으로 하여금 하늘님의 가르침을 알게 함이니라. 이와 같 이 하늘님이 가르치시는 이 운수에, 만일 실상을 알아 잘 지키는 사람이 있으면 능히 천지로 더불어 조화를 운용할 것이니라.

만일 우리 수운 대신사의 무극대도가 아니시면 어찌 창생을 건지리오. 이러므로 오직 "수명일랑 내게 비네" 하신 것이라. 대신사 성령으로 출세하여 밝음이 엄숙할지라. 능히 근본을 알아 지키는 데에는 선생의 밝은 도(道)로써 명(命)하여 가르치심이 있어 홀로 묘연한 사이에 받음을 알 것이나, 만일 이 이치를 어기는 사람은 만일지공(萬日之功)이 있어도 하늘님과 스승님의 가르치심을 받지 못할 터이니, 진실로 애석하도다.

이 몸은 선천이기로 화생함이요 이 마음은 후천이기로 받음이니라. 이런고로 세상 사람이 하늘님을 모시지 아니함이 없지마는, 후천 운수를 알아 지키지 아니하면 하늘이 간섭치 아니하는 바, 하늘이 간섭치 아니하면 오직 사람의 중함으로도 놀다가도 죽고, 자다가도 죽고, 섰다가도 죽고, 앉았다가도 죽을지라. 이와 같이 죽음이 무상한 것은 그 간섭치 아니함을 반드시 알 것이니라.

만일 지키는 사람도 이 운수의 근본을 알지 못하면, 설령 정성이 지극할지라도 하늘이 간섭치 아니할 터이니 깨닫고 생각하라. 이런고로 "하늘님께 복록정해 수명일랑 내게 비네" 하신 것이니라. 복록(福祿)은 의식이라 의식 은 선천 후천이 다른바 없는 것이라. 밥은 하늘님 은혜를 생각하고, 도(道)는 스승님 은혜를 생각할 것이니, 삼가 자세하고 깊이 헤아려 대도를 순성하라. 은혜를 생각한다 하여도 그 근본을 알아 힘써 지키지 아니하면 어찌 하늘님의 감동함이 있으리오. 실상을 알아 지키어 대도 견성하기를 바라노라.

시문(詩文)

우음(偶吟)

　천지일월(天地日月)이 가슴에 드니, 천지가 큰 것이 아니요, 내 마음이 큰 것이니라. 군자의 말과 행동은 천지를 움직이나니, 천지 조화는 내 마음대로 할 것이니라. 보는 것이 천지 한 폭의 장식한 것을 꿰뚫으면 언제나 하늘님의 말씀을 들으며, 항상 배가 부른 정사면 배 속에 말달리며 전쟁하는 소리가 있느니라.

한 그릇 밥도 백 사람의 노력으로 된 것이니, 정말 힘쓰지 않고는 부끄러워 감히 먹지 못하리라.

하늘땅은 한 손바닥 가운데 그림이요, 큰 도는 두 글자를 분석하는 데 다했어라.

사람이 하늘을 모신 것 아니라 하늘이 사람을 거느렸고, 입이 말을 하는 것 아니라 말이 입을 가르치고, 귀가 소리를 듣는 것이 아니라 소리가 귀에 부딪치고, 혀가 맛을 아는 것 아니라 맛이 혀를 가르치더라. 앉아서 강산의 그림을 보니 흐뭇하게 배가 부르도다. 만약 우주 사이에 뱉으면 천하가 함께 배부르리라.

하늘과 사람의 주고받는 곳에 물의 덕이 가장 아름답고, 성령이 세상에 나타남에 창창하게 다시 이으리라.

말하기를 우리 하늘님 감화가 무궁하여, 나를 세간에 내시어 창생을 살리게 하시더라. 나를 부르는 자 누구이며, 나를 외우는 자 누구인가. 부르고 외우는 소리 거의 삼년이 되었더라.

둘을 합하여 하나를 이루니 예도 아니요 지금도 아니더라.

거문고 가락이 지금을 잃었으니 옛집에 한가한 늙은이가 된지라. 슬프도다. 인생들아 잔나비머리에 호랑이 꼬리라. 천만겁(千萬劫)이 선천에 속하고, 해 떨어질 때 새는 금수강산을 노래하더라.

요망한 잔나비 슬프게 울어 어진손님이 흩어지고, 사람 닭이 처음으로 울어 함곡관이 열린다. 달리는 개가 화살을 만나니 그 형세가 가련하고, 숨은 돼지 놓임을 얻으니 기운이 양양하도다.

쥐가 노적 가운데 들었으니 짐승의 무리가 아니요, 소를 무리의 앞에 놓았어도 전단(田單)이 아니더라. 날랜 범이 숲에서 나오니 때는 구월이요, 옥토끼가 정을 머금으니 달은 삼경이라. 용이 물 기운을 얻으니 가장 재미가 좋고, 새가 푸른 숲에서 노래하니 처음으로 사람이 놀래더라.

어디서 온 일물이 본래 내 천성인데 어디도 없고 온 데도 없고 내 또한 없는 것이라. 영의 근원은 샘솟지도 아니하고 마르지도 아니하며, 성인의 도는 다하지도 아니하고 모자라지도 아니 하니라.

아는 데 날래고 행하는 것은 밝게, 어진 데 날래고 포용하는 것은 풍족하게, 날랜 데 날래고 큰 덕에 합하면, 도리어 이것이 오만년 사는 것이니라. 내가 사는 것은 누구를 위하여 사는 것인가. 내가 사는 것은 창생을 위하여 사는 것이라. 세상에 무도한 자가 있는데 하늘님께 고하는 것을 참지 못하니라. 해와 달이 중천에 솟으니 온 세상이 한가지로 즐겁게 보더라.

신선 이웃이 점점 지척 간에 가까워지는데 티끌을 씻고자하나 누가 인연이 되겠는가.

강시(降詩)

마음(心)은 옛적과 지금의 주머니가 되고, 천지(天地)는 주머니 속의 가벼운 것이라. 주머니 속에 한 조각 물건이 주머니 밖 법의 세계를 둘렀더라.

천지는 한 주머니가 되고 세상일은 가벼운 한 티끌이라.

천지가 아득한데 달이 동쪽에 솟으니 억천만 집의 밝은 것이 같고, 봄비가 티끌을 씻으니 꽃 마음이 새롭고, 큰 하늘로부터 스스로 세상에 내려오니 떨어지는 곳마다 보배로운 거울을 만들었네.

흰 달이 허공에 솟으니 위아래가 비고, 마음거울이 비친 것을 머금으니 조각조각이 달이로다 법의 걸음으로 참에 오르니 빈 것을 형용하기 어렵고, 다만 오만년 종을 울린다.

신의 영은 같고 같아 마음 한 떨기요, 성인의 도는 참되고 참되어 산에 천봉이라.

마음은 태산 같고 기운은 강 같아 머뭇거리는 밤중에 달이 창을 밝히니, 맑은 밤에 거닐고 거닐어도 생각은 둘이 아니요, 백일이 당당하니 법은 쌍 가닥이 없더라.

빈 골짜기에 봄을 심은 지 지금 몇 해인가. 꽃은 선천의 미생지에 피었어라. 모양은 빈 데 의지한 것 같으나 낱낱이 하늘님이요, 향기는 바람을 좇지 않아도 곳곳이 신선이라.

단비 내리고 화한 바람 부는 이월에 봄을 읊는 노래 가락이 꽃가지를 희롱하고, 도의 마음은 구슬같이 맑아 티가 없는데 지혜의 도량은 바다 같아서 깊이를 알 수 없도다.

대도의 본원은 작은 데로부터 나왔으나 능히 천지를 싣고도 쉬지 않더라.

세상 사람아, 물건이 적다고 이르지 말라. 만년이 다하지 못하여 다 이리 돌아온다. 물 흐르는 소리는 맑은 시내에 걸렸고, 꽃과 새는 골짝마다 봄을 희롱하며 울더라.

큰 바닷가 하늘같아도 쓸 땅이 없고, 세상 일이 마음에 둘렸으나 가슴바다 밑이라. 둥글게 깨달은 성품 속에 한 나무가 아름답고, 일만 가지 꽃과 잎에 봄빛을 더했어라.

마음을 세운 백년에 일은 두 가지가 없고, 도를 쓰는 억대에 덕이 함께하지 않더라. 바람은 가고 감이 없으나 하늘은 비어 남고, 시는 읊고 읊지 아니하나 뜻이 많은 글이라.

등불 아래서 잠잠하게 생각하여 나아가고 물러가는 곳에, 오만년 운이 이 땅에 돌아오니 내 마음 열리는 곳에 세상도 또한 열리고, 천지는 잠잠한데 나 혼자 깨니 하늘님의 마음은 하늘 궁궐에 있지 않더라. 하늘도 티끌세상도 티끌 내 또한 티끌이니, 능히 삼키고 능히 뱉으며 내 스스로 새로우리.

등에 지고 가슴에 안은 자비로운 일, 법의 걸음이 능히 많은 사람을 건지리. 텅 비어 있는 세계는 고요하고 고요한 밤인데, 초승달이 솟아나니 밝기가 낮같구나.

하늘땅도 나와 더불어 텅 빈 한 색이더라. 비고 빈 큰 우주는 그렇고 그러한 속에 모든 만상이 스스로 놀기 족하더라.

마음은 한 떨기인데 생각은 둘로 나뉘어 반이나 열린 곳에 반은 티끌이고, 하늘과 땅이 아무리 나뉘었어도 이치는 나누어지지 아니하여 내 마음 비치어 보는데 내 마음 열리네.

법의 경지 참되고 참되어 정미로운 구슬 같고, 세상일 어지럽고 어지러워 뜻이 구름 같아라.

개중에는 귀신을 부리는 권세를 얻어 능히 바람을 일으키고 능히 구름을 뛰어 넘느니라.

밤이 천지에 오니 해가 절반이요, 의(義)를 드니 귀신이 뜻을 같이 듣더라. 사나운 바람 어지러운 티끌은 신선의 한 꿈이니, 일을 다한 사나이는 구름가로 되돌아가리라.

돌이켜 선천을 비치니 낮을 내지 못하고, 소리도 없고 대답도 없고 나타난 즐거움도 없고, 백년 춤추던 터에 바람과 티끌이 쉬고, 한 조각 정신이 물과 달에 돌아오더라.

많은 바람이 손에 비니 문득 어두운 것을 깨닫고, 자비로운 눈이 살았으니 하늘이 한 마을이라.

달이 벽해에 잠기니 도무지 자취가 없고, 구름이 창공에 흩어지니 안으로 흔적이 있더라. 귀신 바람이 흰 날의 추의를 쓸어버리니 내 마음은 비고 비어 우주가 한 난간이라. 공화는 점점 육대주로 나아 가고 하늘이 바로 둥그니 사람도 한 둥근 것이라.

두 그대가 지금에 이르니 내가 스스로 먼저요, 함께 스스로 신선연 분이니 한 가지 하늘이라.

법의 걸음이 찼으니 생각에 의심 없고, 크게 행할 사나이는 손가락 을 끊고 맹서할 해로다.

만법이 내게 있으니 멀리 구하지 말라. 한 조각 마음머리에 예와 지금을 부르고, 강산을 호령하니 일월이 바르고, 의기천지(義氣天 地)는 영선(靈仙)의 다리로다.

깨달은 마음 빈 데를 통하니 머리도 꼬리도(차례가) 없고, 펴는 법 이 가가없어 거두어도 감추지 않나니, 누가 이 사나이로 하여금 듣 고 또 알게 하나, 만지만능은 내 자유로다.

달이 푸른 강 속을 비치니 거꾸러진 하늘에 적은 틈도 없고 고기 가 흰 달빛을 삼키니 배 속에 하늘땅이 밝더라.

방금 중에 들어 귀신과 짝하니 운동하는 자취가 능히 하늘같고, 소 를 천지에 놓으니 하늘과 간격이 없고, 소를 가르치는 소리 가운데 스스로 하늘을 이루어라.

만물은 별다른 이치가 없고 한 조화로 이루어진 곳곳의 하늘이라. 나도 없고 몸도 없고 마음도 또한 없는 것이니, 한 물이 처음으로 음과 양의 하늘을 나누었어라.

크게 하늘땅을 보니 한 기운의 하늘이요, 형형색색 조화의 하늘이요, 굴신동정 마음대로의 하늘이요, 만사를 다스리는 한 가지의 하늘이라.

능히 만사를 알 수 있는 자연히 되는 하늘이요, 한 번 입을 열면 뜻과 같이 되는 하늘이요, 물건과 같이 덕에 합하여 사이가 없는 하늘이요, 도를 천지에 세워도 의심이 없는 하늘이라.

하늘이 만물이 낳았으니 마음은 하늘에서 받으며, 도는 만사를 낳았으니 밥 먹는 것은 하늘을 돕는 것이라. 오늘 아침에 운을 부르니 명을 받는 것은 하늘이요, 내일 아침에 창명한 운이니 허락한 하늘이라.

만물이 한 기운에서 시작되어 각각 이룬 형상이 있으며 각각 성품이 있고, 천도는 다만 몸과 물건사이에 있고, 인사는 자연히 교화하는 가운데서 행하여지더라.

꿈속에 주고받는 말이 밝기 이와 같으나, 깨면 보내는 생각이 형용하기 어려워라. 꿈속의 세계가 만약 이와 같으면, 어찌 형용하지 못하며 어찌 다른 것이 있으리.

기운은 천지의 막힘없는 가에 차고, 변화는 능히 바른 마음 가지는 곳에 되어 지더라.

용이 그림바다에 잠겼으나 비늘은 젖지 아니하고, 그림자는 보이는 거울에 있으나 말은 화답치 못하고, 구름 그림자가 땅에 떨어지니 밟아도 다함이 없고, 달빛이 땅에 가득하니 금하여 다함이 없는 것이라. 급한 물소리는 하늘밖에 드높고, 느리게 거니는 뜻은 온 세상에 드러나고, 비 소리 바람소리는 가슴바다에서 일어나건만, 뜻은 스스로 가고 오나 옷은 젖지 아니하더라.

바다를 보는 것은 오직 이것이 창창한 물가요, 글을 읽는 것은 다만 힘쓰고 괴로운 속에 있고, 생각하는 것이 하늘에 가는 것이 아니라 하늘이 생각하는데 오고, 사람이 도를 통하는 것이 아니라 도가 사람을 통하느니라. 체와 물은 한 세상 천지의 그림자요, 마음과 기운은 만년 귀신의 자취니라.

신령한 것은 하늘과 땅보다 더 신령한 것이 없으나 사람이 아니면 신령하지 못하고, 밝은 것은 해와 달보다 더 밝은 것이 없으나 귀와 눈이 아니면 밝지 못하느니라.

밝고 밝음이여, 신도 또한 밝고. 알고 앎이여, 사람도 또한 알더라. 산은 어진 것을 생각하는데 사람은 누구와 같이 할까.

뜻은 초가집이라도 족하니, 요 임금의 날이 비친 것이라.

하늘땅이 처음으로 생기어 두 글자가 밝아지고, 성인의 도에 정성을 다하니 시정지(侍定知)에 그치니라.

땅은 만물을 실었으나 한 털끝같이 가볍고, 덕은 사해에 덮였으나 조각 마음 같이 엷더라. 바다가 달빛을 두르니 물의성이 깨끗하고, 사람이 성인의 도를 지키니 하늘마음이 밝아지느니라.

날도 없고 씨도 없이 나 홀로 태어나니 얼마나 많은 날과 씨가 나를 괴롭히고, 한번 천당에 뛰어 올라 상제의 대궐을 쳐부수면 누가 능히 나로 하여금 경위를 말하라고 하리.

달이 동쪽에 솟으나 밤은 동쪽이 없고, 해가 서쪽에 떨어지나 저녁은 서쪽이 아니라. 큰 땅은 둥글어 경계가 없건마는 사람의 눈은

둑을 떠나지 못하느니라.

재화와 난리는 반드시 바르지 못한 도를 꾸짖고, 주리고 추운 것은 스스로 느리고 게으른 마음을 돌아보라.

넓고 넓어 크고 큰 거리낌 없는 곳에서 하늘님의 명령하고 가르치는 것이 나로 하여금 깨닫게 하고, 누구인들 능히 넓고 큰마음이 없으랴마는, 다만 사리사욕이 길을 막고 막느니라.

귀신이 있으면 요순의 다스림이요, 귀신이 없으면 걸주의 난이니라. 봉황대를 지어야 봉황이 놀고, 하늘마음을 지키는 곳에 하늘마음이 열리더라.

누운 용이 물 성품에 합하니, 바람과 물결이 자연히 고요하니라. 거울 속에서 티끌이 생기는 것이 아니라 많은 티끌이 일어나 거울에 붙나니, 만약 본래 거울을 없이 하면 많은 티끌이 어느 곳에 붙으랴.

한 조각달이 동쪽에 솟으니 여러 집 사람이 누각에 오르고, 들꽃 천만 가지에 놀던 손님이 집에 돌아가기를 잊었더라.

한 하늘 아래 두 동쪽이 없고 흰 달이 빈 하늘에 솟으니 사해가 한가지요, 우수수 잎 떨어지는 9월 가을밤에 뜻있는 사나이 손에 바람이 나느니라. 날래게 하늘이 준 칼을 빼어서 단번에 만마의 머리를 베니, 마귀머리 가을 낙엽 같고 가지 위에 달과 같은 정신이로다. 마음은 천지 같고 기운은 산 같은데, 구름 속 용정이 스스로 한가하지 않고, 이 사나이로 하여금 또 나게 하기 어려우니, 정신을 아끼지 않고 사람을 도우리라.

마음을 티끌 세상에 던지니 가고 오는 것이 도무지 자취가 없고, 언뜻 의심나는 중에 홀연히 내가 나를 위한 것을 깨닫느니라.

비록 천지가 넓다고 이르나 언제나 이 마음 위에서 밝아라.

고요한 속에서 능히 형상 없는 밖을 다할 수 있고, 움직이는 곳에서 스스로 귀신의 자취를 알 수 있더라.

도를 깨달으면 일마다 사업이요, 귀먹은 것을 깨치면 소리마다 하늘 소리요, 티끌을 씻으면 본래 하늘이 있고, 해로운 것을 멀리하면 악한 사람이 없느니라.

군자는 앎이 없으나 알지 못하는 것이 없고, 소인은 앎이 있으나 알지 못한 것이 있느니라.

해와 달이 밝고 빛나도 또한 티끌이요, 밤은 고요하고 바람은 차도 학의 꿈은 참되어라.

사람의 일에 도가 없으니 왕의 성이 슬프고, 세상소리 이르지 아니하니 신선 누각이 새로워라.

초정 약수음(椒井藥水 吟)

비록 가시나무라 할지라도 그 핀 꽃은 아름답고 흙탕물의 연못
에 핀 연꽃도 그 향기는 더욱 좋더라.
예와 이제 양반과 평민이 무슨 다름이 있으랴.
초정에 마음을 씻으니 사람은 평등이라.

봉황각 음(鳳凰閣 吟)

덕은 사해에 밝은 것을 떨치고 땅은 세 봄의 개인 것을 실었고
누가 능히 그 사이에 들어 바르게 만물의 뜻을 얻으리.

용문사 음(龍門寺 吟)

구름은 용문사로 돌아가고 물은 낙동강으로 흐르고 작게 흩날리
는 비는 청산이 화답하고 서늘한 바람은 비고 푸른 벽의 믿음이로
다.

노는 고기는 푸른 바다의 마음이요, 우는 새는 푸른 산의 뜻이라. 흰 돌은 만년 세월의 뼈요, 붉은 꽃은 열흘의 흔적이더라.

꽃과 새는 봄빛을 노래하고 놀랜 사람은 법계를 꿈꾸더라.

그렇게 절 문에 이르러 부처의 말을 듣고 세계를 잊어버리고 삼생을 꿈꾸고 사람이 아니면 어찌 가히 부처가 이에 있으며 없는 것이 아니면 어찌 가히 있음을 있다고 하리오.

전각의 세 부처에게 공양을 하니 냄새가 흩어져 빈곳으로 돌아가 맛은 하늘을 먹이니, 이 영묘한 부처를 아는 것은 중 너의 마음이니 늘 먹을 때 마다 공양하면 반듯이 도를 이루리라.

금강산 음(金剛山 吟)

억만 산중에 금강산이 빼어나고 수십 억 조 사람 중에서 하늘 선비가 제일 높고, 세상 사람들아 천지 미판전의 하늘을 말하지 마라. 산도 있고 사람도 있고 물도 또한 있는 것이니. 꽃이 한 나무에 피니 온 세상이 봄이요. 이름이 세 사람에 높으니 백대의 영화로다. 무릉도원이 어디냐, 복숭아꽃이 더디구나.

오직 낚시 배가 무서워서 흰 구름에 숨고. 큰 바다를 멀리 보니 위로는 하늘이 이어 닿고, 금강산 한 폭은 날리는 연기와 같고, 백팔구악이 다 속되지 아니하고 일만 이천 봉이 다 옛 것인 듯 하여라.

몽시(夢詩)

찾는 자 누구이며 공부하는 자 누구인가. 찾는 자 공부하는 자 전부가 너로다.

꿈을 꾸다 다시 깨어 높은 베게에 의지하니 생각 중에는 보이나 참을 보지 못하는 도다. 생각하는 사람 누구이며 참된 사람 누구인가. 생각하는 자 참된 자 모두가 마음이더라.

명심(明心)

만물이 각각 형상을 얻고 이 속에 스스로 성품 말미암음으로 편안함을 이루니 몸의 욕됨이 업고 기틀을 아는 마음이 스스로 한가하니라.

귀 막은 곳에는 시비가 없고, 삼가 하여 걸으면 위험한 곳이 없느니라. 마음이 움직이면 갈수록 어지럽고 성품은 고요하여 언제나 편안하니라. 한번 어지러움에 십년을 잃고, 백번 참음에 만 가지 기회가 생기느니라. 말없이 잠잠히 함에 도심이 자라고 분을 참음에 모든 신(神)이 따르느니라. 분의가 정해짐을 알지 못하거든 매사를 당하는 대로 행하라.

내원암 음(內院庵 吟)

마음을 지킨 지 삼십년에 길이 별다른 하늘과 또한 빈 것이 있음을 보았으며 가벼운 바람이 홀연히 티끌 머리에서 일어나니, 의심 없이 좌우 한 하늘을 보았노라.

비고 빈 것은 원래 빈 것이 아니라 마음이 비고 고요한 경지가 되니 만약 마음으로 하여금 얻지 못하면 한 티끌도 형용할 수 없느니라.

마음 위에 위 하늘이 없고 성품 하늘도 또한 없으니, 만약 하늘의 도를 말하려는 사람은 마음과 성품 지키기를 세상과 같이하라.

빈 거울은 높은 하늘도 없고, 일만 티끌은 가벼운 한 터럭이더라.

마음은 남쪽의 바다 마을에 하얗고 때는 동쪽 동산의 복숭아에 붉었고 일을 당한 여러 군자는 의에 나아가 모두 뛰어난 영웅호걸이니 우리 집의 호남아는 백세의 복숭아나무 같은 장한 기운이라.

그러하고 그러한 한 물건이 새는 것도 없고 감추는 것도 없으니 삼라만상이 모두 이 하늘이라.

좋고 좋아 참인 듯 취한 꿈을 깨워 걷고 걸어서 빈 곳에 오르니 내가 나를 위하는 것이라.

사람이 세상에 나오니 하늘은 봄의 열매요 도가 법계에 밝으니 마음은 가을의 바다더라.

나는 티끌세상이 싫어 온 곳을 돌아보니 만 겹 의심스러운 것이 또 거듭 겹쳐있더라.

왼편도 티끌 오른 편도 티끌 형용할 수 없어라.

한번 뛰어 넘음에 소리도 없는 것이 다시 소리에 떨어지나 소리가 있고 소리가 없음이 두 땅이 아니더라.

조용히 보고 익혀 보면 한 기틀에 모이느니라.

두 번 만 티끌을 보아도 벗어나 떠나지 않고 하나로 작은 티끌을 보아도 터전을 물들게 하지 않고 갓난 아이 옥을 안아도 욕심이 없고 성인의 도는 티끌세상에서도 물들지 않더라.

참으로 이 티끌을 아는 사람은 벗어나지 않고, 다만 도를 알아도 그 사람은 물들지 않더라.

세상의 법은 백년 괴로움이요, 성인의 법은 만년 근심이더라.

한 번에 두 법을 깨치고 홀로 서니 마음이 스스로 즐겁고 즐거움에 세상도 스스로 즐거우니라.

부여음(扶餘吟)

백제 강산에 빈 그림자 날리고, 남아 있는 경치의 색은 한 정자에 의지하고 옛 나라의 충성된 혼은 수심을 머금었고, 오늘의 의로운 선비는 문명을 입었더라.

영춘시부(詠春詩賦)

봄의 정을 이기지 못하여 다시 하늘을 보니 수많은 산이 다 봄이건만 두견새가 드물구나. 봄날이 이르니 이에 나도 또한 봄이요, 만 지역 생령이 모두 다 꽃이로다.

하늘(乾)의 도가 순환하니 그 기운이 아래에 내리고 땅(坤)의 도가 서로 화합하니 그 뜻이 위로 오르더라.

봄빛이 어린아이 같이 어여쁘게 화하여 만물을 덮고 기르는 덕을 펴고 백 가지 모양을 갖추어 통하니 도를 나타내는 형통함을 드러내느니라.

산새가 울 때 가지가지 입새마다 푸르고 푸르며 두견 꽃 필 때에는 이곳저곳 골짜기 마다 붉고 붉어라. 물 건너는 연못과 시내는 천 갈래가 하나로 돌아오고 꽃을 구경하는 동쪽 산에는 많은 사람이 같이 즐기더라.

때가 되면 이에 물빛이 하늘에 이어지고 달빛은 세상에 가득하고 연못의 물고기는 용이 되고 숲의 호랑이는 바람을 따르느니라.

단정히 앉아 시를 외우니 백 겹으로 쌓인 티끌은 꿈밖의 일이요, 고요히 경륜을 생각하니 오랜 옛날의 성하고 쇠함이 황연히 거울 속의 모습이더라.

권세와 법도는 바탕에 있고 처변함은 때에 있으나, 재주와 기예가 사람에 지나면 자기보다 뛰어난 사람을 싫어하더라.

때가 움직여 봄이 돌아오니 꽃답고 화창한 것이 다 꽃의 얼굴이요,

재주와 덕을 겸하여 갖추니 도를 헤아림이 푸른 바다와 같더라.

성하고 쇠하는 것이 서로 갈아드는 것은 음과 양의 번복이요, 나아가고 물러나고 가득히 차고 줄어드는 것은 군자의 때에 맞춤이라.

도를 안고 숨어사니 도(道)를 펴는 것에 의지한 추운 선비요, 비를 얻어 능히 건지니 시대의 장부로다.

믿음이 바위 같으니 이 날의 뜻 이룸을 기약함이요, 정성이 굳건한 성 같으니 마땅히 한 때에 옳게 쓰는 도다.

의롭고 의로움이여 아름답고 아름답도다.

다스림을 다하고 마음을 바르게 하니 예와 지금의 무궁한 것을 통하고 천하를 화평하게 하니 이에 조화의 수단에 통하였더라.

까마귀 새끼가 도로 먹이는 것은 한 마음에 효도와 공경으로 정성함이요, 제비가 주인을 아는 것은 만사 변치 않는 것을 믿음이라.

남쪽별이 둥글게 차니 봉황이 와서 거동하고 북쪽 하수가 맑고 맑으니 대도가 겹회를 벗느니라. 도를 뚫어 통하여 이에 너그러움에 다다름은 평생의 사업이요, 정성과 공경을 다하는 것은 만세의 성공이더라. 창성하고 창성함이여 즐겁고 즐거워라.

하늘을 모시고 하늘을 받드니 응하여 화하는 신(神)의 즐겁고 즐거움이라.

글을 읽고 시를 읊으니 크게 화한 마음의 깨닫고 깨달음이라.

물질의 모양과 풍속은 어느덧 서쪽 하늘에 저물고 장부의 좋은 때는 먼저 동쪽 땅에서 창명 되었느니라. 날이 가고 달이 오니 새 날의 봄이요, 때가 가고 때가오니 사나이의 가을이더라.

국화 음(菊花吟)

웃는 너는 무리의 꽃과 같이 돌아가지 아니하고 한 수염은 하나로 고운 별을 향하여 오더라.

개벽 음(開闢 吟)

열(開)고 또 열으니(闢) 개(開)란 것은 천지의 시작이요, 벽(闢)이란 것은 만물의 처음이라. 시작 하였으나 마침이 없고 처음 하였으나 다함이 없으니, 처음 비롯됨은 내가 사는 무궁한 것이라. 거문고 소리 가운데 화하는 것이 있고 마음 가운데 즐거운 것이 있나니 화하고 즐거운 것에 천지가 자리 잡고 만물이 길러지니라.

결시(訣詩)

벼슬하는 선비는 영화를 탐내어 뒷일을 잊고 늙은 부자는 재물을 숨기느라 오는 티끌에 어둡고 가고 가는 바람과 물결이 한수 물가에서 이따금 일어나고 천시 지리가 사람이 화하는 것만 같지 못하고 산도 아니고 물도 아닌 어느 곳에 살 것인가.
다만 궁궁(弓弓)에 있으니 저문 봄을 기다리라.

남산 공원 음(南山公園 吟)

　남산에 숨은 호랑이는 위엄을 감추었고 한수(漢水)에 잠긴 용(龍)은 조화(造化)를 감추었더라. 일후에 풍운(風雲)이 일면 천하가 진동하리라.
세월이 이 같이 흘러 봄 바람의 화한 기운이 돌아온다.
남아 일생 우주 사이에 있어 밝게 천지와 높은 스승님의 은혜를 갚고 … 어, 좋다. 장부의 좋은 때는 이때로다.

옥중 몽시(獄中夢 詩)

　봄바람 삼월에 좋게 집에 오르니, 해와 달의 밝은 빛을 많은 사람이 기뻐하더라.

264

유시(遺詩)

쇠 몸인들 어찌 덥지 아니하리오. 세 번 나누고 합하는 인연을 지으니 늙은 용은 늪으로 가리어 돌아가고 철새는 가을 하늘로 보내고 손을 잡고 즐거워하고 기뻐하지 못하니 이별의 말인들 어찌 선명하리오. 앞길에 더욱 어려운 일이 많으리니 뒤에 일은 모든 어진 이들에게 맡기노라.

우후청산(雨後靑山)

산아 비야, 하늘의 때를 알고 그런 것이냐 하염없이 되는 가운데 그런 것이냐.

분명하도다. 저 남산의 비온 뒤 정신이여 다시 새로워진 세계로다. 한 덩어리 화한 기운과 상서로운 바람에 푸른 나무는 반춤을 추고 붉은 꽃은 한결같이 웃는구나.

때여 때여, 푸른 나무가 푸른 것이냐 붉은 꽃이 붉은 것이냐.

서리지난 마른 나무가 어쩌면 저렇듯이 뜻을 얻은 봄을 만났는가.

비온 뒤의 아침 하늘에 모든 나무가 일시 에 새로워지는구나.

나는 말하기를 "너 푸른 산아, 나를 아느냐 모르느냐. 푸른 그늘과 꽃빛은 한결같아 자유의 기운을 얻었구나." 이로 말미암아 보면 산과 꽃도 자유가 또한 이 같거든 하물며 우리 청년이 산과 꽃만 같지 못할 소냐.

장하도다. 우리 무극대도 청년의 자유정신은 또한 푸른 산보다 승할 것이니, 어찌 장하지 않으며 즐겁지 아니하랴.

마음을 가다듬고 앞으로 나아감에 단체가 태산이요, 목적이 나라를 보전함이요, 덕을 천하에 펴고 천하의 창생을 건짐이라.

우리 무극대도를 하는 청년은 그 형상이 높은 산이 우뚝 솟은 듯한 기상이로다.

아지정신(我之精神)

사람이 사람 될 때에 하늘이 하늘의 정신을 주었으니, 이것은 내가 나 된 한 큰 기관 이니라. 그러면 정신이란 두 글자는 나에 있어 더 중한 것이 없으니, 정신이 나인가 육신이 나인가.

내가 처음에 어디로 부터 와서 내가 되었는가.

내가 된 것은 나의 이전이 있을 것이니, 형상이 없는 것으로써 형상이 있는 것이라.

정신은 나의 근본자리 사람이므로, 정신없는 사람이 자유를 잃을 것은 말하지 않아도 상상할 만하니라.

하늘이 준 정신은 큰 것이 천하요, 중간 것이 한 나라요, 작은 것이 개인이니, 이 세 가지는 그 개인이 살찌어 나라와 천하에 이르는 것이니라. 이와 같이 보면 넓고 큰 무극대도(无極大道)는 나의 사유물이 아니니라.

누가 나인가.

원컨대 청년 도우는 내 정신을 내가 지키고, 내 나라의 정신을 내 나라로 지키고, 내 하늘의 정신을 내 하늘로 스스로 지키어, 가히 하늘이 오만년 무극대도의 정한 것을 지키라.

삼화일목(三花一木)

저기에 한 나무가 있는데 나무에 세 가지 꽃이 피었도다. 저 나무의 저 꽃이여, 눈으로 빛난 꽃을 보는 사람은 이 누구의 공덕인가. 봄이 낳은 덕이요, 사람이 만든 공이로다.

한 나무에 세 가지 꽃이란 무엇을 말함인가.

비유로 직언하면 하늘에서 나기는 한 가지나 각각 그 이름이 각 교로 된 것이니, 유, 불, 선 삼교는 하늘에 근본 하였으나, 각 각 문호를 달리한 것이 이것이니라.

이와 같이 말하면 어찌 반드시 나무와 꽃만 일까. 사람의 한 몸에

도 마음에 세 가지 생각이 있으나 백년 사이에 모든 일을 함께 이루느니라. 나무와 꽃의 봄 영화도 내가 내 하늘을 즐거워하는 것만 같지 못하니라.

그렇게 세상이 되었으니 세 꽃의 기운은 한 봄의 공이요, 백년의 일은 한 몸의 역사요, 한 나무의 한 꽃은 봄 마음이 합함이요, 한 몸의 한 도는 하늘과 사람이 합한 것이니라.

합하면 하나요, 헤어지면 둘이니 오직 우리 무극대도는 유, 불, 선 셋이 합일되어야 되는 것이요, 다시 이것은 무궁한 한 나무 위에 세 빛깔의 꽃과 같은 것이니라.

의암성사 (義菴聖師)

법훈(法訓)

영생불멸(永生不滅)

　내가 통도사에서 공부함이 이르러 우리 무극대도(无極大道)의 본(本) 뜻을 활연 대각 하였노라.

　수운 대신사 반듯이 성령으로 출세하실 것을 확실히 자신하니 그대들은 삼가 이 말을 들어 이신환성(以身換性) 네 글자를 깊이 생각하라. 성령(性靈)만 영생불멸(永生不滅) 하는 것이 아니라 육신(肉身)도 또한 영생불멸 하는 것이니 제군들은 이 뜻을 깊이 연구하라.

법문전수(法文傳授)

포덕 55년 4월 2일 하오 5시 25분에 의암성사께서 우이동 봉황각에서 집으로 돌아오시어 대도주 춘암 상사님을 부르시어 명하여 붓을 잡게 하시고,

법문(法文)

"너는 반듯이 하늘(天)이 하늘(天)이 된 것이니 어찌 영성(靈性)이 없겠느냐.
영(靈)은 반듯이 영(靈)이 영(靈)된 것이니 하늘(天)은 어디에 있으며 너는 어디에 있는가? 구하면 이것이요, 생각하면 이것이니 항상 있어 둘이 아닌 것이니라."

의 법문(法文)을 쓰게 하시고, 이것을 먼저 두목들에게 전하고 일반 도인까지 이것을 써서 가지게 하라고 하셨다. 이에 73인을 선정하여 다음날 오후 7시 상춘원에서 법문(法文) 봉수 식을 행하였는데 먼저 이 법문(法文)을 이 인숙, 오 지영 두 사람으로 하여금 깨끗하게 다시 쓰게 하시고 청수를 봉전한 후 성사님께서 말씀하시기를, "이 법문은 생각은 내 생각이나 주는 것은 춘암 대도주가 그대들에게 주는 것이니라."고 하시고,

"대신사님께서 육신이 출세하는 것이 아니라 성령으로 출세하셨다. 이후로는 일체 모든 상벌에 있어서 내가 관계할 것이 아니요, 하늘님과 스승님께 맡기니 하늘 법칙을 위반하면 천벌(天罰)이 있고 사람 법칙을 위반하면 주벌(誅罰)이 있을 것이다."라고 말씀하시고 춘암 상사께서 법문을 73인 두목들에게 전해주게 하셨다.

이때에 참석하지 못한 네 사람은 수일 뒤 의암 성사를 찾아뵈었으나 의암 성사께서 내가 주는 것이 아니고 춘암 상사가 주는 것이라고 하시며 춘암 상사님 댁으로 보내어 상사님 자택에서 법문(法文)을 전수받게 하셨다.

성령출세설(性靈出世說)

수운 대신사 성령으로 출세하사 도(道)의 법석(法席)을 설(設)하시고 많은 도인들에게 도(道)를 묻고 시험 할 날이 있으리니, 그 때에 급제 할 사람이 몇 사람이나 될 것인가. 이때는 수운 대신사 성령 출세 시기이니 그대들은 정심수도 하라.

영(靈)이 세상을 옮기는 것이 아니고 세상이 영(靈)을 옮기는 것이 아님의 대 원칙을 깨달아야 하느니라.

우주는 원래 영의 표현인 것이니라. 영(靈)의 적극적 표현은 이것이 형상 있는 것이요, 영(靈)의 소극적 섭리는 이것이 형상 없는 것이니, 그러므로 형상이 없고 형상이 있는 것은 곧 영의 나타난 세력과 잠겨 있는 세력의 두 바퀴가 도는 것 같으니라. 여기에 한 물건이 있어 문득 영성의 활동이 시작되었나니, 이것은 영의 결정으로써 만물의 조직을 낳은 것이요, 만물의 조직으로써 다시 영의 표현이 생긴 것이니라. 그러므로 영과 세상은 같은 이치의 두 측면일 따름이니라.

수운 대신사 일찍이 주문의 뜻을 풀어 말씀하시기를 "모신 것(侍)이란 안에 신령이 있고 밖에 기화가 있어 온 세상 사람이 각각 알아서 옮기지 않는 것이라." 하셨으니, 이는 영(靈)의 유기적 표현을 가리킴이요, 사람이 곧 하늘인 정의를 도파한 것이니라. 그러므로 성령은 근본이 세상에 나타난 것이니라. 영(靈)을 떠나 별로 물건이 없고 물건 을 떠나 별로 영이 없고 다시 세상이 없으니, 마침내 영(靈)은 세상을 마련하고 세상은 영을 얻은 것이니라. 물건마다 각각 그 성품을 이룬 것은 이 신묘한 성령의 활동이 우주만상에 응한 것이요, 기국대로 세상에 나 짓고 간섭하는데 응함이니, 비유하면 같은 비와 이슬에 복숭아는 복숭아 열매를 맺고, 살구나무는 살구 열매를 맺나니, 이것은 천차만별의 식물에 좇아 천차만별의 열매를 맺음과 같으니라. 같은 성령에 헤아릴 수 없는 하늘의 큰 덕과 묘한 법에 큰 하늘과 큰 땅의 각개의 차별과 순히 화하여, 하늘에는 솔개가 날고 못에는 고기가 뛰는 것이니라.

그러나 사람은 이에 만물 가운데 가장 신령한 최령자로 만 가지 기틀과 만 가지 상(象)의 이치를 모두 한 몸에 갖추었으니, 사람의 성령은 이 대우주의 영성을 순연히 타고난 것임과 동시에 오랜 옛적부터 억조의 영성은 오직 하나의 계통으로서 이 세상의 사회적 정신이 된 것이니라.

해월신사께서 사람도 이에 하늘인 심법을 받으시고 향아 설위의 제법을 정하시니 이것은 우주의 정신이 곧 억조창생의 정신인 것을 표명하심과 아울러, 다시 억조창생의 정신이 곧 내한 개체의 정신인 것을 밝게 정하신 것이니라. 이를 한층 뜻을 좁히어 말하면 이전시대 억조의 정령은 후시대 억조의 정령이 된다는 점에서, 조상의 정령은 자손의 정령과 같이 융합하여 표현되고, 앞선 스승의 정령은 후학의 정령과 같이 융합하여 영원히 세상에 나타나서 활동함이 있는 것이니라. 또 하물며 큰 성인의 덕은 천지와 더불어 같이 성령이 활용하는 것이니라. 그러므로 하늘과 우리 대신사는 다만 형상이 있고 형상이 없는 구별이 있을 뿐이요, 그 영성의 계기로 보면 전혀 같은 범위에서 같은 활동이 같이 표현되는 것이니, 이것은 하늘이 이에 사람이요, 사람이 이어 하늘인 관계이니라. 천지 만물은 한가지로 순응하여 시대 억조와 같이 진화하므로 그 심법은 결코 사람을 떠난 것이 아니요, 전부 세상과 합치된 것이요 세상에 나타난 것이니라.

내가 일찍이 양산 통도사에서 수련할 때에 활연히 "옛적에 이곳을 보았더니 오늘 또 보는구나." 하는 시 한구를 불렀으니, 이것은 대신사의 옛적과 나의 오늘이 성령 상 같은 심법임을 말한 것이니라. 대신사는 이미 성령으로 출세하셨으니 일체의 물건마다 마음마다 다 이성령의 출세 한 표현이 아님이 없는 것이니라.

그러나 우리 사람이 이를 깨닫고 깨닫지 못하는 바는 전혀 성령을 수련하고 수련치 않는 데 관계한 것이니, 만약 우리가 각각 대신사의 심법을 받아 성령 수련한 결과가 하루아침에 환한 경지에 이르면, 이에 대신사의 심법이 일체 우주의 심법임을 깨닫고 따라서 자기의 성령이 곧 대신사의 성령임을 깨달을 것이니, 생겨나는 것도 없고 없어지는 것도 없으며 새는 것도 없고 더할 것도 없는 이것이 하늘 큰 성령의 근본적 출세이니라.

우리 도(道)의 과거는 의존적 시대라. 그러므로 하늘이 사람의 한도가 어리고 어림에 따라서 기이한 영적으로써 사람의 마음을 인도 하였으나 이제부터는 우리 무극대도(无極大道)가 밝게 화하는 시대니라.

　비유하면 밝은 날이 마땅히 하늘같아 만 가지 형상이 합하여 빛 남과 같으니 비록 가는 구름이 있을지라도 하늘이 중천에 이르러서는 천하가 크게 밝으니라. 그러므로 우리 신앙하는 도인들은 하늘님과 스승님께 의존하던 마음은 버리고 자기의 하늘을 자기가 믿으라.

　만약 자기 하늘을 믿지 않고 하늘님과 스승님만 의존하면 늘 내 마음의 모양이 작고 약하여 일에 임하여 굳세게 나아가기 어려우니라. 그러한 즉 자기 스스로의 하늘은 나의 육체를 거느리고 거느리는 주인을 받는 것이니 오직 우리 무극대도를 닦는 사람은 객체와 주체를 먼저 분간하라.

현야(玄野)

하늘이 세상에 지극히 가득하여 만상을 갖추고 가파른 하늘의 형상과 숲의 형상도 이루니 가파른 형상은 높이 올라 하늘 가운데 있는 땅에 임하게 된 것이니라. 하늘의 형상은 무한한 하늘을 등으로 하며 땅을 안아서 하늘을 배척하지 아니하여 항상 그 머리를 우러르며 땅을 버리지 못함으로 인하여 마땅히 그 체(體)에 구부리는 것이니라.

숲의 형상은 땅의 명령 아래에 들어 모름지기 땅을 잠간도 떠나지 못하며 그 운명을 땅에 맡긴 것이니라.

세 가지 형상을 이미 편히 나누어 펴고 배치한 후에 하늘이 다시 세 성품(性品) 영(靈)의 깨달음이 나오는 것을 세 가지 형상 세계에 드리우니 우거진 숲의 형상이 생명을 얻은 것으로 하늘의 형상 깨달은 생명을 얻은 것이요, 가파른 형상의 깨달은 영(靈)이 나오는 것을 갖추어 얻은 것이니라.

영(靈)의 깨달음이 나오는 것을 연구함은 성품의 세 번 짓는 것에 나눈 것이니라. 하늘에 순히 따르는 자는 참된 영(靈)으로 하늘 아래 땅위에 있어 하늘을 가늘게 나눈 것이 있음을 깨달음이니 가파른 형상(形象)도 하늘에 순히 하는 형상이요, 숲의 형상도 땅의 바탕에 순수한 것이요, 둥근 하늘의 형상은 하늘의 반과 땅에 반의 형상이니라.

나는 가파른 형상이라 영(靈)을 시험하여 자타(自他)의 이름을 정할 때 스스로 사람이라 이르니 사람은 두 하늘이요, 다른 것의 둥근 하늘과 숲의 형상은 다만 그 형상을 일컬어 둥근 하늘을 생명의 집이라 이르며 삼림(森林)은 초목이라 이르니 세 이름이 이미 정한 가운데 온 것으로 인하여 후에 오는 자 이 세 이름의 쌓은 자취로 세 성품의 밑에 오름을 증거 하느니라. 그러므로 사람의 부분 중에 세 가지 성품을 섬돌처럼 나눈 것 또한 이 세 가지 이름을 엄습하여 사용하니 땅의 명령 아래에 들어간 자 초목이라 이르고 하늘을 등지고 땅 욕심만을 가슴에 둔 자 금수(禽獸)라 하고, 오르고 올라 하늘 가운데 들어가 다시 땅 아래에 임한 자 사람이라 하니 하늘은 영(靈)의 세계요, 땅은 욕심의 세계이니라.

신(神)의 힘이 능히 몸을 들어 옮기며 몸의 목적지에 송치함이니 신(神)이 더욱 묘한 것이로다. 영(靈)의 끌고 움직이는 힘이 무형(無形)중에 생(生)함이니 이를 증거 하면 영(靈)의 역량이 육신 무거운 것을 최고로 이기고 또 위하는 것에 의심이 없음이라. 이에 영(靈)의 역량이 다른 것에 의지하여 다른 것의 명령아래 나아가고 물러난다 함이 가하랴? 영(靈) 자체가 고유한 그 역량이 자체 중에서 이루어 나오는 것이라 이름이 가하랴?

수명(壽命)은 최고의 욕망이거늘 나에게 품부된 사업을 아직 반도 못하여 부귀영화를 사랑함에 이를 아직 다하지 못하고 갑작스럽게 세상을 마쳐 사양하는 느낌이니 세상을 사양한 후에 영(靈)이 돌아가는 곳은 하늘이니라. 사람은 영(靈)이 사람 부분이라 하여 신(神)의 힘이 사람이 제멋대로 이끄는 것으로 인하여 신이 능히 사람에 대한 권능을 이루지 못하는가? 이것을 보면 영(靈)이 다른 것의 명령 아래에 나아가고 물러남이 그렇게 밝은 것이니라. 다른 것은 편안함에 있는 것이요, 높고 높은 하늘님이 만유를 주재하는 권능으로 없는 것의 새 힘과 있는 것의 물질을 이룬 것이니 사람의 영(靈)도 이 신(神)의 힘 아래에 접속한 것이니라.

영(靈)이 신(神)의 힘을 받아 육체를 올리고 움직일 때에 신(神)의 권능 중에 작은 부분을 받아 움직여 운반하는 기관을 사용하면 이 움직이고 운반하는 힘이 다만 기관의 한도에 그치고 신(神)의 힘이 많은 부분을 받아 육체를 싸고 안아 구름 비단 위에 큰 글씨 작은 구슬처럼 늘어짐을 감춤과 같아 육체에 신(神)의 힘이 영(靈)의 무리 중에 있으면 영(靈)의 본받음이 스스로 분명할지니 육신(肉身)이 높이 오르는 것을 초과하되 같은 골에 터럭의 가는 것 가벼운 것과 같은 영력(靈力)이 있는 것이니라.

하늘이 한 가지 준 것이 사람의 큰 기관에 접하니 성품(性品)과 몸(身)의 나눔을 거느리고 다스리는 것은 사람의 두뇌(頭腦)이니라. 두뇌(頭腦) 아래 영선(靈線) 두 가지가 있어 한 가지는 성품(性品) 나눈 것을 접하며 한 가지는 몸(身)의 나눈 부분을 접하나니 영선의 강한 힘이 능히 많은 만물과 많은 산(山)을 초과하여 옛것이 가고 지금이 오는 것을 관통한 것이니라. 두뇌(頭腦)의 명령으로 성분내의 사상을 보내어 만리를 쫓고 찾을 때에 하늘의 영(靈)이 성품 나눈 영선(靈線)을 이끌어 사상의 앞서간 땅에 이르며 몸의 나눈 부분인 내 육체를 발(發)하여 밖의 세계에 행할 시에는 하늘의 영(靈)이 몸의 나눈 영선(靈線)을 이끌어 육체가 전에 간 땅에 미치나니 이 하늘을 연구한 것이 신(神)의 영과 사람의 영선(靈線) 두 가지에 이르는 하나의 근본이니라. 그러므로 사람이 자기 몸 안에 큰 기관을 사용하여 하늘이 준 것 내의 영기(靈氣)를 마시면 영기의 아래 드리운 물관 아래 물을 대는 것과 같아 성품(性品) 무량함을 자기 안에 채우며 이에 충만한 남은 기(氣)가 자연히 자기 안에 미치어 몸의 영기(靈氣)에 이으리니 이 경우에 생각이 영(靈)을 시험하면 만 가지 만물과 천 가지 산(山)도 안광(眼光)을 가리지 못하며 옛것이 가고 지금이 눈 안에 스스로 비칠 것이요, 육체로 영(靈)을 시험하면 몸(身)을 이루어 싼 영기(靈氣)가 그 강함을 사용하여 능히 산(山)을 물리치며 바다를 가로막으며 빈 것에 거닐며 먼 곳을 다리느니라.

비록 그러하나 일만 티끌이 사람의 영선(靈線) 가운데 앙금처럼 잠기어 가는 대롱을 통하지 못하여 이 잠긴 앙금이 여러 겹 쌓여 영선 위에 한 제방을 이루면 제방 아래에 흘러 통하는 기(氣)의 나머지는 겨우 하나의 생맥에 불과한지라 성품의 빛나는 영을 내 몸이 어찌 그 영(靈)의 힘을 내게도 끌어다가 이루리오. 하물며 이 기(氣)의 맥(脈)이 비록 작으나 그것은 바로 온 것으로 말미암음이니 거슬러 올라가 연구하면 이는 또한 살아 있는 기운 (氣運)중에 한 기운(氣運)이니라.

이 기맥(氣脈)의 성질이 또한 활동한 고로 앙금 가라앉은 것의 제방을 작게 통하여 사람의 성분 내 아래에 물대면 기맥(氣脈) 활동의 영향으로 성분 내에 침전한 만 가지 티끌이 매우 혼탁한 형태를 이루니 이 많이 혼탁한 것을 쫓아서 나온 사상이 어찌 맑고 밝고 평등하고 공정한 것의 본받음을 얻으며 성품 부분의 많이 혼탁한 남은 점이 몸 부분에 미치면 다만 혈맥 운용의 한 씨앗이 작은 틀에 그치는 것이니 그 남은 영기와 영력이 어찌 몸 위에 비단 구름의 큰 글을 이루리오. 그러므로 하늘의 영선(靈線) 가운데 영(靈)의 기운은 사람의 정성스런 마음의 힘으로써 그 안에 드리운 것을 얻은 것이니라.

사람의 성품(性品)내 영기(靈氣)는 사람의 믿는 마음의 힘으로써 그 보전하고 지킨 것을 얻은 것이니 사람이 그 참을 가슴에 두어 만리를 수작하며 바닷물의 중앙에 법(法)의 걸음을 시험하다가 하늘을 믿는 마음이 잠간이라도 중간에 끊어져 가슴에 만 가지 생각이 큰 밤의 세계를 이루면 몸 가에 큰 물결이 높은 파도처럼 이르리니 이는 정성된 마음 쉬는 곳에 영기(靈氣)가 문득 사라지고 믿는 마음 끊어진 곳에 영(靈)의 힘이 문득 쇠하는 밝은 증거이니 항상 참된 정성을 지키어 바르게 나아가라.

관정득용(觀定得用)

유(儒)는 하늘을 보고 상(象)을 얻고 불(佛)은 사람을 보고 이(理)를 얻고, 선(仙)은 신(神)을 보고 기(氣)를 얻은 것이니라. 작은 하늘이 땅위에 생기어 땅이 공(功)을 이루니 그 공을 조화(造化)라고 하는 것이니라. 조화(造化)는 여기에서 일어나 그것을 이룩한 것도 있으며 없음에서 일어나 있음에 주인 한 것도 있으니 이것과 저것에 변경이 있음과 없음의 교환이 다 하늘과 땅 양간에 한 기운의 운용으로 인한 것이니라.

조화(造化)의 근본 근원은 뜻이 있는 빈 기운이라 하고 뜻이 있는 것의 나타난 자취는 신(神)의 뜻 활동이니 땅은 신의 뜻이 돌아가서 머무는 곳이니라. 신(神)의 뜻이 땅에 들어 한 가지 큰 주체(主體)를 이루니 그 주체 영(靈)의 밝음을 사람이라 말하느니라. 사람이 작은 하늘을 지나 큰 하늘에 이르니 큰 하늘이 맑고 오묘한 영(靈)을 밝히어 한 구름과 한 바람의 생(生)하고 멸(滅)하는 자취가 없고 다만 예와 지금의 성인(聖人)이 가고 머무른 자취가 서로 교류한지라 사람이 바로 서서 작은 하늘을 구부리니 작은 하늘이 땅을 싸며 크고 빈 하늘 중에 매달음은 한 맑음이 백가지 형상의 가벼운 기구를 희롱함과 같으니라. 사람이 이를 보고 자기 손으로 자기를 희롱할 마음이 있어 그 줄(線)의 바로 맨 것을 밀고 찾으니 그 줄은 땅으로 쫓아 그 상단이 작은 하늘에 뻗친 것이요, 그 줄의 한 곁에 더 오묘하고 영묘한 한 가지 줄이 있어 아래에 드리우니 그 줄(線) 안의 상하 통하는 입은 곧 숨을 쉬는 숨관이니라. 그 숨 쉬는 관 상단이 또한 큰 하늘에 있는 상단 부는 것이 올 때에는 큰 하늘의 영기(靈氣)를 싸서 땅의 조화를 이루고 위 끝 마시는 것이 올 때에는 지상 조화(造化)를 거두어 큰 하늘 영기(靈氣)에 돌아간 것이니라.

사람이 바로 호흡하는 숨통을 보다가 다시 생각을 헤아려 땅의 줄을 바로 맨 것에 자기 손으로 자기를 희롱하면 스스로의 힘이 다할 때에 땅 아래 떨어지는 급한 형세를 당겨 돌아옴을 얻지 못하니 땅의 주고받는 줄을 다른 손에 주고 나는 다만 굴러다니는 저 밑을 취하여 자기 눈의 아첨함에 빠지니 어찌 옳은 것이랴?

저 호흡하는 숨통의 상단을 나의 손으로 스스로 가져서 한 기(氣)에 호흡하는 자기 마음 위함을 자기가 얻어 호흡하는 것이 멀음에 다시 뛰어 올라 호흡하는 숨통의 상단에 이르니, 이 숨 쉬는 상단에 이른 것을 주장하는 자 하늘의 주인(主人)이라 이르느니라.

사람이 하늘을 우러러 이를 바라다가 천주(天主)의 크게 증거하고 크게 결실하는 것을 시험한 결과 사람이 숨의 통함을 얻으니 이에 스스로 이 숨통의 주관자 사람이라 하고 사람이 이 하늘에 이어진 숨통관의 아래서 입으로 쫓아 감에 큰 기(氣)를 동산언덕으로 보내니 이를 조화(造化)라 하느니라.

어리석은 비고 무지한 사람이라도 정성스런 마음으로 하늘에 격식을 갖추며 깨끗한 입으로 하늘의 지극한 기(氣)를 마시면 입의 머리에 글월과 글이 능히 높은 사람을 이끄는 장수가 되게 하니라.

사람 연구의 처음 근원 재료는 어질고 어리석음이라 이르느니라.

비록 배우는 사람이 없더라도 그 티끌을 깨끗하게 씻어 사상이 통하고 밝음을 얻으면 그 높은 사상이 능히 글과 학문을 바르게 절제한 사람을 짝하는 고로 그 사상 중에 나온 말을 논함은 또한 문자를 바르게 절제한 사람을 짝함이니라.

우리 겨레 오랜 역사 이래에 북과 나팔처럼 읊고 외우던 글과 학문의 옛 운치가 공기를 화하게 하여 집의 가운데 공기의 힘을 쫓아 사람의 사상계에 들어가면 그 사상계는 한 티끌의 두 색이 없는 밝게 통한 빛의 가운데라 공기 중 글과 학문의 남은 여운이 사람의 고등한 사상을 화하게 하여 사상에 영감(靈感)을 지으며 이로 인하여 긴히 사상의 활동으로 말을 논함이 입 위에 나타나면 말을 논하는 가운데 글과 학문이 그 높은 지경을 이루는 것이로다.

이는 어떤 연고인가?

사상이 밝은데 통함은 하늘 영(靈)의 자취인 글과 학문의 원 재료요, 글과 학문의 여운은 사람 영의 자취이며 하늘 영(靈)의 남은 그림자이니라. 하늘의 영(靈)과 사람의 영(靈)이 서로 융합하여 한 둥근 것을 이룬 후에 공기의 나타나는 힘과 사상의 끄는 힘으로 이 녹아 둥글게 합한 덕(德)을 입 밖에 들어내면 이것을 고등한 글과 학문이라 이르느니라.

나라의 사람이 바로 나라에서 학문을 익히는 습관을 통함은 글과 문학(文學)의 원료가 사람의 사상 중에 이끌고 움직이게 한 하나의 증거이니라. 이때에 마음이 주권 위치에 있어 공기의 촉감과 사상을 이끌어 움직임으로 스스로 헤아리는 가운데 영감을 이루며 이로 인해 자기 오장 육부 중에 한 티끌이 일지 않아 깨끗하고 깨끗한 생각과 굳은 믿음과 굳은 정성이 도(道)의 둥근 것과 가득함을 이루면 고등한 사상과 고등한 문학(文學)이 마음의 영구한 소유를 이루느니라.

사람의 영(靈)은 큰 하늘 아래 드리운 숨 쉬는 호흡 관에 이어 대는 것이요, 사람의 형상은 작은 하늘과 땅의 양간에서 생(生)하여 이룬 것이니 하늘 땅 사이의 근본은 사람의 몸으로 사람이 비로소 마치는 곳이니라.

하늘 내에 만물 준비한 것을 말하면 신(神)의 영묘함과 신(神)의 형상과 신(神)의 소리이니 사람이 사상 밖의 한 머리를 일러 신(神)이라 이르고 신(神)이 형상이 없는 중에 작용하는 것을 영(靈)이라 말하고 신(神)의 작용으로 말미암아 사람의 눈에 들어오고 나가는 것을 말하여 형상(形象)이라 하고 신(神)의 영감 중에 전력(電力) 활동이 형상 있음에 닿아서 그 서로 닿은 것의 양간에 한 자취가 사람의 귀 가운데 이르러 들어오면 소리라 하니 영(靈)의 형상(形象)과 소리(音)를 취합하는 때를 사람이라 하고 영(靈)의 형상과 소리가 분리되는 속에 가늘게 나누어지는 때를 돌아감이라 말하느니라.

작은 하늘 가운데의 근원에 비로소 사람이 없을 때에 다만 비고 비어 고요하고 고요하여 영(靈)의 소리 머무름이 없다가 큰 하늘이 신(神)을 보내어 작은 하늘 가운데 들어갈 때 신(神)의 한 싸고 있는 것 가운데 영의 형상과 소리를 세상 작은 하늘 중에 들어내어 펴니 자기가 바로 사람으로 세상에 생(生)기는 것이니라.

이후에 사람 부분 중에 신(神)이 사람에게 준 것이 서로서로 왕래하여 사람을 위하는 때에 영(靈)의 형상(形象)과 소리(音) 전부를 얻고 신(神)을 위하는 때 영의 형상 소리 가는 부분을 가진 고로 이르기를 사람이 없으면 신(神)이 없으니 이 신(神)은 생(生)하고 멸(滅)하며 변화하는 하늘의 큰 신(大神) 밖에 서 있는 한 빈 그림자이니라. 그러한 즉, 이 신과 영의 형상과 소리는 사람의 몸(身) 다음이니라.

사람의 몸이 있는 때에 이 소리의 전력(電力)을 띠로 하여 텅 비어있는 기(氣) 가운데 흘러 다니다가 전력(電力)을 주체적으로 모은 곳에 사람의 소리 또한 살아 모은 고로 어두운 밤 가운데 전력이 이를 두드리고 나타내면 사람이 없는 사람의 소리가 이 땅에 있으나, 이는 영(靈)으로 만은 소리(音)가 나타남이 없는 것이니라. 사람의 몸(身)이 있을 때에 생기는 소리는 바로 영의 소리가 있는 것이요 사람의 몸이 떠난 뒤에 남긴 소리는 바로 영(靈)만으로는 소리(音) 들어나는 것이 없는 것이니라. 사람의 몸이 사라진 후에 영과 더불은 소리는 떠나지 못하고 또 흩어지게 못하여 영(靈)의 왕래와 나타나는 소리 몸이 있을 때와 같은 사람이 있으니 이는 삶과 죽음으로 끊어진 세계가 없는 사람이니라.

무릇 생(生)과 사(死)는 기관의 열고 닫음으로 그렇게 끊어진 세계이니라. 열 때의 광명과 닫은 후의 적막함이 그렇게 끊어진 두 세계이거늘 사람이 스스로 형상을 사례하고 물리칠 때에 그것을 물리친 것이니라.

영(靈)과 더블은 소리 오히려 너와 결합하여 그 영의 왕래와 그 소리 지난 자취가 몸이 있을 때와 완전하게 같으니, 이는 사람이 바로 귀신(음양조화)의 괴이함이니라.

비록 그러나 화(禍)와 복(福)은 생각과 육신의 양간 교제에서 생기는 것으로 무형한 것의 영(靈)과 소리가 있으나, 사람에 관한 나의 화와 복을 빼앗음이 능력과 사상에는 없느니라.

사람이 뜻도 없는 물건 형상에 절하다가 자기 몸에 재앙이 이른 것을 이룬 사람도 있으니 이는 자기 마음이 자초함에 있는 것으로 저 물체 형상과 더불어 된 것이라 이름이 가하도다. 무릇 복(福)이 밖에서 오는 것은 사람 몸 혈관의 관계가 아닌 고로 신(神)을 공경하여 기뻐하고 기뻐하는 마음이 있으면 다만 육체 혈관이 평하고 순한 힘을 도울지언정 밖에서 오는 복(福)은 없는 것이 있는 것을 생함을 어찌 알리요. 말하기를 혈기가 평하고 순함이 같다고 하면 수명의 법도 길이 연장함을 옳게 얻음이라 이를 것이나 이 또한 그렇지 않도다.

신(神)에게 절하는 때에 평하고 순한 마음이 항상 작고 두려워하여 줄이는 마음이 항상 많다하여 등지고 돌아서 평하고 순하지 아니한 혈기를 이루니 어찌 늘린 수명을 얻으리오. 그러므로 간사한 마음으로 신(神)에 절하는 사람 재앙을 보고 참된 복을 얻지 못하느니라.

286

사람이 자기 마음 영(靈)의 힘과 자기 마음 내 희망점을 버려 던지고 다른 물건 형상에 내 마음의 날과 달을 더하여 쌓고 쌓으면 그 쌓은 영이 그렇게 잠기고 잠기어 내가 저 무정물의 소유가 됨을 짓는 것이니라.

그 때 어떤 사람 마음의 영력(靈力)이 저 소유물에 닿으면 저 소유한 영이 본래 이 사람 마음 영력에 가서 옮기는 것이니 저 영이 곧 사람의 뜻과 같은 것이니라. 저 물건이 사람 마음의 생각을 쫓아서 다른 모습과 괴이한 모양을 지으니 이는 저 무정물이 어찌 다른 것과 이 괴이한 것을 지으리오. 사람 마음 중에 옮겨가는 자 일부 영(靈)이 사람 마음과 같은 뜻을 나타내어 그 원하는 모습과 형상을 지어주는 것이니라.

오호 통재라.

그러나 우리 무극대도는 크게 통하여 크게 익숙한 집이니라. 아직 5만년 오지 않은 세상에 대도의 큰 통함과 익숙함을 나타내니, 낡고 바르지 못한 습관의 습관천과 더불어 천 가지로 쫓고 방황하던 구 습관을 밝고 바르게 고치는 것이니라.

무릇 지극히 하늘님을 위하는 21자 주문(呪文)은 하늘을 있는 영(靈)의 그릇이니라. 큰 하늘의 큰 정신을 이에 이어 이 정신으로 영(靈)의 둥근 것을 지어 견고하며 빛이 밝은지라 이 견고함으로 세상에 닿아 수풀의 조화로움과 돌(石)의 괴이함도 이 광명으로 세상을 비추어 꽃이 자고 버들이 취한 것과 비와 큰 바람에 넘어짐을 깨니 이는 스스로 옛 먼지 중에 매몰되던 세상의 면목이 홀연히 우뚝 일어나 큰 하늘과 큰 정신을 얻는 것이니라.

그러나 세상은 낡은 습관천의 비추고 응함을 받은 것이라. 이 습관천의 개량이 없으면 세상의 새로운 성품의 바탕과 새로운 형식을 영구 보전하기 어려운 고로 먼저 우리 무극대도(无極大道)의 새로운 습관으로써 참된 습관 천을 세상에 주는 것이니라. 습관천의 구 습관은 옛 법식의 그러한 것을 바르게 헤아려 분별하지 못하고 무심히 듣고 따르는 것이니라.

우리 무극대도의 새로운 습관을 받은 후에 또 응하고 우리 도(道)를 순히 한 때에 비로소 이 무극대도를 듣느니라. 우리 도(道)의 새로운 습관은 지극히 하늘님을 위하는 글로써 21자 주문(呪文)이며 대우주 대정신이니 세상 사람의 야매한 성질을 고치어 도덕문명의 바탕을 이루며 야매한 형식을 고치어 밝은 문명의 형식을 이룩함이니 이는 우리 도(道)가 운용하는 기관이니라.

그 기관이 나에게 있으니 나의 책임이 지극히 크고도 넓은 것이니라. 이 책임의 영향을 말할진대 하늘의 범위 중에 봄에 생하고 가을에 거두는 그것도 나의 책임이요, 땅의 범위 중에 나라를 키우고 집을 편하게 함도 내 책임의 영향이니라. 세상의 범위 중에 생존 활동도 내 책임의 영향이니 영향의 본체는 우리 무극대도(无極大道)요, 우리 도(道)의 근본 바탕은 없고 없어 없어지지 않는 것이요, 있고 있어 길이 살아가는 것이니라.

대도선후(大道先侯)

끝없이 큰 상(象)이 하늘에 끝도 없어 헤아릴 수 없이 가득하여 사람에게도 열리니 말하기를 자취도 없는 틀이라 하노라. 앞선 성현(聖賢)의 증거 함과 뒤에 신(神)의 사용함이 다 그것으로 비롯하나 성현의 밝게 살핌과 신(神)의 영감은 그 부름이 하늘의 앞뒤를 맨 것이로다.

땅의 물(水)이 다함이란, 땅의 물(水)은 유형이라 그 조짐이 형상 있는 극도의 성스러움에 열리고 하늘의 물(水)이 다함이란 하늘의 물은 무형(無形)이라 그 영(靈)은 형상이 없는 극도의 신(神)을 이루나니 앞과 뒤의 열음은 성스러운 신(神)이 그 표현함을 가지는 것이니라.

물(水)을 있음에 쓰면 그 형상이 굳세며 그 수명은 먼 것이요 그 물을 없음에 쓰면 그 슬기를 밝히며 그 영이 둥근 것이니 하늘 물(水)의 사용이 그 주인의 요긴함에 있는 것이로다. 없음에서 일어나 있는 것을 이룬 것과 있음에 더하여 있음을 얻는 것은 개벽이니 대신사 개벽운수라 하는 법(法)을 알린 것은 있는 것 위에 있는 것을 더한 신(神)을 보는 것이니라.

사람이 있고 사람이 없는 큰 수명의 크게 나눔이란, 사람이 없는 가운데 사람이 있음은 밝은 날에 기(氣)의 재생으로 없는 틀의 자취 재현이 하늘의 눈을 밝게 증거 함이니 선천 틀의 자취가 없는 것은 글의 기록에 기대는 것이 없음이로다.

사람으로 비롯된 사람은 하늘의 두 가지 나눔에서 멀지 아니한 때라 하늘의 신(神)과 영(靈)을 사용하여 신(神)의 결과인 조화(造化)와 영(靈)의 결과인 지혜 깨달음이 사람의 근원 품격과 본 법도에 살다가 중년에 이르러서는 몸 주변에 더한 품격의 원인으로 의식이 물질에 머물러 있으니 사람 정신부분의 깨달음이 많이 나누어짐에 이른 고로 이때 틀의 자취 없는 무형의 것을 후천에 사양하는 하늘 신(神)의 조짐으로 사람이 신(神)의 지난 자리의 자국을 당기지 못하니 아까운 것이니라.

하늘이 무심치 않아 선천 요임금 순임금이 덕으로 다스림이 있던 때에 더하여 후천에 대신사 몸을 세상에 나타나게 하시어 만고(萬古)에 없는 무극대도를 내리고 덕을 천하에 펴게 하여 억조창생을 건지게 하시니라. 요임금 우임금 후에 하늘 길과 사람 길의 나눔이 현격한지라 사람의 몸에서 신(神)의 자취가 이미 끊어졌으니 경신년 사월 사일은 선천의 한 밤인 자야(子夜)이니라.

없는 것은 있는 것의 근본이요 틀은 상(象)의 비롯됨이니 선천 틀의 자취 없음은 후천 상(象)의 자취 있음의 조짐이니라. 사람의 공경과 믿음이 높으면 후천이 선천에 오르고 공경과 믿음이 엷으면 선천이 후천에 오르나니 하늘의 선후는 사람 마음 정해진 곳에 오르고 내리는 것이니라.

하늘 수명이 하늘의 선천 후천과 사람 수명이 사람의 선천 후천 바퀴의 크고 작음은 비록 다르나 하늘과 사람이 서로 교류함에 신(神)의 도움과 신(神)의 공이 그 돌아감은 한 생각이로다.

  가르치는 풍경과 신(神)을 크게 구분함은 스승님의 신(神)과 같은 법(法)이요, 한 사람이 작게 신(神)을 구분함은 마음 주체의 마음 법(法)이니 신의 법과 마음의 법이 다 하늘 꿴 것의 일점이나 신(神)의 나아가고 물러감은 마음의 한 길을 쫓음에 있음이로다.

  경신년에 천황씨를 내림은 자취 틀 없이 생기는 것을 경신년에 응시하여 보게 하는 것이니 틀의 자취 없이 신(神)이 가고 오는 것을 미리 보는 것이로다.

  도(道)의 머리는 태극이요, 꼬리는 오행(五行)이요, 등은 팔괘(八卦)니 오행(五行)의 위(上)를 당기고 아래(下)를 당기는 것과 팔괘(八卦)의 위 둥근 하늘과 아래 둥근 하늘의 그 형상은 궁을(弓乙)이로다.

태극의 소연(太極의 小衍)

크게 구르는 상하(上下)에 없는 것과 있는 것이 서로 서로 지역하여 성품(性品)과 몸(身)의 자리를 좌우에 편하게 담으니 처음 근원은 하늘 구분과 영(靈)의 법도(法度)인 태극(太極)이 이를 증거하도다. 크게 도(道)는 것의 깨달은 근본 법도가 본원을 증거 함이 영의 다음 자리에 의거하여 없는 것과 있는 것의 지은 이룸의 결과로 몸 주변 태극(太極)이 예와 지금 한 바퀴를 찾아가도다.

작게 도는 것이 심은(植) 만물(物)의 둥근 상이니 하늘의 온도와 땅의 양분을 얻어 구르고 구르는 한 바퀴 영을 깨달아 다님을 가지런히 하나 작은 태극은 다만 나고 이루는 것의 지경에 자리 하도다.

흐린 근원 세 가지 우리의 없고 있음을 크게 머무르게 쌓아 우주 만물을 준비 할 때 세 가지 굴러 도는 것이 작은 단위로 나눈 것을 의식하지 못하다가 지극한 어머니의 기(氣)를 접한 곳에 있고 없는 것을 나눈 것이 문득 물댄 아래에 없는 것을 나눈 영(靈)이 깨달아 나오는 가운데 있는 것을 나눈 가파른 하늘의 숲 가운데 각기 한 세계의 형상을 이룸으로 없고 있음을 합한 둥근 것이 영(靈)을 구분한 가운데 세 가지 결과를 맺으니 위 세 가지 아우름은 하늘(天) 부분 생한 것이요 아래 세 가지 아우름은 땅(地) 부분을 생(生)함 이로다.

비록 그러나 세 바퀴의 크고 작음은 사람이 보는 것이라 깨달아 생각하는 자의 관념 중에 각기 나를 아우른 큰 나의 큰 결과로 이치의 있고 없는 것의 헤아림을 사람만 보는 사람이 어찌 알리요.

내가 앉은 주변 나의 큰 바퀴는 내 성품 익힘이 늘 보는 것이니 나의 눈을 맑고 넓게 헤엄쳐서 서로 대하는 땅에 점령하는 크고 작은 것을 깊이 관찰한 후에 나의 땅을 스스로 그림하면 큰 나는 차제의 방법 중에 스스로 나오는 것이니라.

오행의 소연(五行의 小衍)

수(水)는 하늘 덕(德)의 정교하고 높은 쌍방이라 영(靈)의 살찐 것과 영(靈)의 진액을 만물에 물(水)을 대어 이르게 하여 형상 나타남의 한 수명이 비로소 마침을 보전한 것이요.

화(火)는 온도의 본원지이니 한 기(氣)로 만 가지 화한 형상을 번성하는 세계에 붙이고 드러나게 하여 만물 자양의 넓게 통하는 결과를 본받아 이룬 것이니 이 두 가지 다님은 자기 부분의 비어 밝음을 위 세계에 자리하여 아래 세계의 돕고 이바지하고 본받음을 크게 얻은 후에 상하의 한 둥근 것이 그 굳센 체(體)를 이루는 것이니라.

토(土)는 자체를 둥글게 채운 것이 크게 빈 것에 웅크리어 자기가 거느린 중에 4행(木火金水)이 위치하는 땅(地)을 양보하며 4행(木火金水)의 발생하는 힘을 바탕 하여 만물과 겨레의 빈 것이 차고 긴 것의 사라짐을 다 헤아려 마무리 하니 있는 것을 보는 가운데 작게 본받는 굳센 공은 하늘을 등에 지고 있는 것이니라.

목(木)은 크게 빈 것의 드리우고 드리운 만점 요긴한 흙의 입에 찧고 찧어 위에서 오는 기(氣)를 다 취득하여 아름다운 물건과 굳센 품질이 세계 사이 틈의 헤아림을 누리다가 자기 손으로 자기 공을 도운 것이니 이 두 행위는 형상과 열매의 바탕이니라. 아래 세계의 일면을 합하여 이루어 위 세계 비고 밝은 것의 주선지를 이바지 하는 것이로다.

금(金)은 중간 세계의 한 자리로 참된 바탕은 위 세계 비고 밝음을 본뜨며 굳은 바탕은 아래 세계 형상과 바탕을 이바지 하며 스스로 주체를 하늘과 땅의 중간 위치에 굳세게 한 것이니 우리 겨레의 위치한 땅이니라.

우리 겨레 이에 살며 비고 밝은 가운데 신(神)의 밝음과 신의 명(命)함을 이으며 형상 열매 위에 공평한 일 공평한 다님을 베푸니 하늘과 땅과 영(靈)의 근원은 사람이 비로소 있음이로다. 만물의 그릇함을 비고 밝은 것에서 얻어 금(金)의 일이 실제 형상의 열매를 이루니 상, 하 둘이 교류함은 금(金)의 바른 위치에 사는 것이로다.

팔괘의 소연(八卦의 小衍)

팔괘(八卦)는 역(易)이 변한 체(體)이니 복희씨(伏羲氏)의 앞선 바른 자리니라. 주나라 왕이 뒤에 이룬 이름이 다 사람을 본 것이니라. 이는 대중의 마음이 믿는 무리의 땅을 정하여 다스리는 법의 앞길을 열게 하는 방법이니 예와 지금 세계사람 마음이 구르는 바퀴 같음이로다.

선천 후천에 있어 어떤 방향에 어찌 밝게 서로를 높이 들게 하여 어떤 상에 어떤 글의 말씀을 높이 들게 하던지 사람이 스스로 움직이고 스스로 그침에 연이어 맨 것에 어찌 있으리오. 이 여덟 자리 빈 것을 함께함은 정한 이름이 없는 것으로 다만 마음 중심 한 근원을 여덟 자리 방위 이바지하는 땅에 두어 세상 돌아가는 것의 알선이 사람 마음의 지극함에 지어 있어 표명 하는 것이니라.

세상 돌아가는 것의 알선하는 수법(手法)이 민첩하게 사양하여 움직이고 쉬는 것의 법도를 평평하게 나아감에 그치면 건(乾)의 화(火)와 곤(坤)의 목(木)과 진(震)의 서(西)와 태(兌)의 동(東)이 세상 다스리는 사람의 글에 재앙의 상서로움을 어찌 부르리오. 이는 옛 익숙한 사람의 보고 살피는 법(法)을 보는 것이로다.

비록 그러하나 뒤에 오는 하늘에 있어 어찌 으뜸 주인 법(法)의 글을 이루든지 겨레의 미혹하게 보고 미혹하게 아는 것에 그 달아 나는 걸음을 인도하여 끄는 어진 재주가 없지 않은 고로 없는 자취의 틀 위에 글도 없는 우리를 배열하여 뒤에 오는 세계에 있는 자취의 글을 기다리는 것이니라.

궁을의 소연(弓乙의 小衍)

　방원(方圓)은 각기 그 정한 것을 거느리는 중에 있어 움직이고 고요한 것이 그 극치를 가진 자 하늘과 도(道)가 서로 모름지기 하늘 큰 근원의 큰 거느림과 도(道)의 한 땅과 한 다스림이 방원(方圓)의 근본과 방원(方圓)의 공(功)을 이루는 것이니라.

　을(乙)은 이치 기운의 앞선 틀이요, 궁(弓)은 형식의 선후(先候)이니 이를 본 자 이치 기운의 흘러 다니는 바탕을 앞선 틀로 쫓아 그 원소(原素)의 발생지를 얻으며 형식 그쳐서 지키는 체(體)를 앞뒤로 쫓아 그 참된 상의 붙어사는 점을 보는 것이니라.

　을(乙)은 둥근 것의 주인이고 궁(弓)은 방위의 주인이니 둥근 원(圓)은 하늘 이치 돌아와 통하는 것의 바퀴요, 방(方)은 도(道)이치의 서고 정함의 발(趾)이라, 그럼으로 을(乙)의 하늘을 향하고 하늘을 짊어진 것과 궁(弓)이 땅에 선 마음의 땅은 하늘도(天道)의 없고 있는 형상의 후천 표준이로다.

　궁을(弓乙)이 그림과 글의 자리를 점령하여 후천의 다스림을 행하니 하늘 감춘 가운데 사람이 나타내지 아니한 것이 다 궁을(弓乙)의 일어나고 엎드림에 있는지라 사람이 궁을(弓乙) 가운데 열 가지를 다하는 땅(十極地)에 살아 궁을(弓乙)의 위에 일어나고 아래에 엎드리는 것과 궁을(弓乙)의 큰 원인과 큰 결과를 스스로 누리는 것이니라.

정자 공부(定字工夫)

널리 말하니 조화(造化)가 정(定)해지지 않으면 텅 빈 생각이라. 정(定)한 가운데 천지가 생함이 옛것에 비롯하여 나오는 것이로다. 있고 없는 때를 정한 것과 오는 때와 가는 때를 정한 것은 하늘 부분이 비로소 마치는 조화요, 몸이 있는 가운데 다시 몸이 있는 것과 성품이 있는 가운데 다시 성품이 있는 것은 사람 부분이 비로소 마침을 정함이니 정할 정(定)자는 조화를 숨기고 감추는 땅이니라.

오직 모시고 오직 아는 것은 하늘과 사람이 서로 주는 것이요, 밖에서 본 것의 밝은 말이니라. 정할 정(定)자 상에 참된 정신을 크게 붙여서 3년을 하루 같이 하면, 사람과 하늘이 둘이 아니어야 조화(造化)가 오며 조화(造化)를 고르게 사용함이 이와 같이 첫날의 마음 정(定)함이니 하늘과 땅이 예를 생(生)하고 지금을 생(生)함의 그 경지를 연구함이 비로소 조화(造化)를 정(定)함이로다.

수련의 청정심

16우리(圈)

1. 17가지 검은 줄 우리.(十七條黑線圈)
_{십 칠 조 흑 선 권}
1초간 있는 사람 15만 5천 5백 20개 근본적 마음.

2. 16가지 검은 줄 우리.
1분간 있는 사람 7만 7천 7백 60개 근본적 마음.

3. 15가지 검은 줄 우리.
3분간 있는 사람 3만 8천 8백 80개 근본적 마음.

4. 14가지 검은 줄 우리.
7분간 있는 사람 1만 9천 4백 40개 근본적 마음.

5. 13가지 검은 줄 우리.
15분간 있는 사람 9천 7백 20개 근본적 마음.

6. 12가지 검은 줄 우리.
30분 6분간 있는 사람 4천 8백 60개 근본적 마음.

7. 11가지 검은 줄 우리.
75분 6분간 있는 사람 2천 4백 30개 근본적 마음.

8. 10가지 검은 줄 우리.
151분간 있는 사람 1천 2백 15개 근본적 마음.

9. 9가지 검은 줄 우리.
303분간 있는 사람 607개 근본적 마음.

10. 8가지 검은 줄 우리.
607분간 있는 사람 303개 근본적 마음.

11. 7가지 검은 줄 우리.
1,215분간 있는 사람 151개 근본적 마음.

12. 6가지 검은 줄 우리.
2,430분간 있는 사람 75개 근본적 마음.

13. 5가지 검은 줄 우리.
4,860분간 있는 사람 36개 근본적 마음.

14. 4가지 검은 줄 우리.
9,720분간 있는 사람 15개 근본적 마음.

15. 3가지 검은 줄 우리.
19,440분간 있는 사람 7개 근본적 마음.

16. 2가지 검은 줄 우리.
38,880분간 있는 사람 3개 근본적 마음.

17. 1가지 검은 줄 우리.
77,760분간 있는 사람 1개 근본적 마음.

18. 무(無) 가지 흰 우리.
155,520분간 사람 없는 근본적 마음.

요론(要論)

종교(宗敎) 부분 중에 미신(迷信)과 철학(哲學)이 있으니 미신이 많으면 진리(眞理)의 반대 면을 크게 하여 그 사람 지혜의 밝게 나타남과 세상 걸음의 참된 나아감이 없어 어지럽고 철학이 많으면 지극한 정성의 큰 근원이 또한, 어지러워 넋의 힘이 날카로움에 든 것과 몸에 일의 견인이 없으니 미혹함에 치우치고 철학에 치우친 것이 종교의 이지러져 가는 한 증거이니라.

비록 그러하나 철학(哲學)은 주로 의심하고 미신(迷信)은 주로 정성하니 의심하는 그 끝이 쪼개고 다투어 무리를 짓고 정성은 그 지경이 둥글어 화하여 모임을 이루나니 쪼개고 다투어 화한 무리의 사람 세계에 얻고 잃음이 견주어 같다 하리요. 철학자의 열성으로 앞 사람 엎드림으로 뒷사람 이어가게 하여 저 경계의 큰 속박을 벗어나 이 경계의 큰 공업을 나무한 사람에 비교하면 미신에 절하랴.

한탄스러움에 말하노니 참된 도는 온 인류를 바르게 이끌어 세계를 조성하는 것이니 온 세상의 오늘 양식은 희망이요, 세상 밝은 날의 열매는 세상 대중이 참된 진리인 무극대도 길로 나아가는 힘이니라.

개인적 종교(個人的宗教) 성립.

지금 이후에는 세계적으로 종교 개량문제(宗敎改良問題)가 생(生)하리라. 종교 개량문제가 생(生)한 후에는 종교 통일론(宗敎統一論)이 생(生)하리라.

그때에 만일 나의 뜻과 생각대로 이야기 한다고 하면 나는 반듯이 문호적인 종교(門戶的宗敎)를 주장(主張)하지 아니하고 개인적 종교(個人的宗敎)인 무극대도(无極大道)를 성립(成立)하자고 할 것이다. 왜 그러냐 하면 개인적 종교(個人的宗敎)가 성립(成立)되지 않으면, 세계적인 자유와 평화(世界的自由平和)는 성립되지 못하기 때문이니라.

-기미년(己未年)3.1운동 전 1월 설법-

무극대도와 신종교(无極大道와 新宗敎)

　우리 무극대도(无極大道)는 특정한 사람의 사유물이 아니요 세계 인류의 공유물이니라. 우리 무극대도는 문호적인 도(道)가 아니요 개방적인 도(道)이니라.

　우리 무극대도는 계급적인 도(道)가 아니요 평등적인 도(道)이며, 지역적인 도(道)가 아니요 세계적인 도(道)이며, 편파적 도(道)가 아니고, 크고 넓은 도(道)이며, 인위적 도(道)가 아니요 천연적인 도(道)로서, 지금에도 듣지 못하고 옛적에도 듣지 못하였으며, 지금도 비교할 바 없고 옛적에도 비교할 바 없는 만고(萬古)에 없는 무극대도(无極大道)이니라.

신앙통일 규모일치(信仰統一 規模一致)

신앙을 통일하는 방법은 나의 성품(性品)에도 하나로 이루어진 고유한 하늘(本天)을 신앙하는데 있으니 높고 멀리 있어 형상으로 보이는 하늘만을 믿는 것이 아니니라.

나의 몸이라고 하는 몸의 하늘(身天)이 오게 된 근본 원인은 하늘과 땅이 생기기 전에도 오히려 있었던 본래부터 그러한 본성(本性)이니 가는 곳도 없고 들어가는 곳도 없는 오로지 참되고 억지가 없는 본연의 자리이니라. 그러한 즉 나의 정신 실타래와 오묘한 이치가 펼쳐지는 기틀은 어디에서 온 것인가?

내가 생겨나는 그 처음에 아버님의 정기와 어머님의 피로 움직이는 기관이 있게 될 적에 왕성하고 신령스러운 천지의 기운을 부모님을 통하여 간접적으로 받다가 크고 높은 한 울음을 울며 이 땅에 나던 그 날에 비로소 전체의 하늘님이 직접 나를 통하시고 나를 싸고 같이 계시느니라. 이로써 참되고 참된 하늘님께 이르는 길 신령스러운 줄이 대 우주와 더불어 하나로 연결되었느니라. 그리하여 나는 능히 귀로는 들으며 눈으로 보며 입으로 말하며 코로 숨을 쉬고 냄새를 맡으며 손발로는 움직이게 되었으니 이 모든 작용은 귀와 눈과 입과 코와 손발의 능력 때문이 아니니라.

이는 바로 하늘본성(天本性)이 조화의 기틀로 펼쳐내는 것이니라. 이 말에 의문이 가거든 이미 차갑게 식은 저 시신을 볼 것이니라. 귀와 눈과 입과 코와 손발은 아직도 있지마는 보고 듣고 말하고 움직일 줄을 모르니 이것은 나를 있게 한 본성(本性) 하늘이 육신 간섭의 자리를 바꾸어 본성으로 돌아갔기 때문이니라. 이러한 즉 능력이 있는 자아에 통하여 있는 본성(本性) 하늘을 바탕 하여 신앙하지 아니하고 다만 형상만 있는 하늘만 믿으면 우리들이 받는 감화는 어느 바탕에 기본 하여 올 수가 있겠는가?

형체 있는 하늘은 다만 공변된 이치기운으로 주재하여 무한히 순환하면서 봄과 여름과 가을과 겨울이 차례로 오고 가게 하되 그와 같은 현상의 질서를 바꾸지 아니하고 비와 이슬과 서리와 눈을 때에 맞게 내리어 만물이 나고 소멸하는 변화를 주장하는 것이니라. 그러나 우리 인간의 삶에 있어서 길해지고 흉해짐과 화를 받고 복을 받음과 감화를 받는 그 모든 능력은 다름 아닌 본성(本性) 하늘을 통하여 그렇게 주관하는 것이니라.

우리 도(道)의 세 가지 강령 가운데 그 첫 번째는 자아 본성의 하늘과 몸에 대한 믿음을 바꾸는 것이라. 믿음을 바꾸는 방법은 기질에서 나오는 자기 성품(性品)을 믿는 것을 말하는 것이 아니라. 몸을 믿던 것을 바꾸어 대신사께서 서로 문답하신 그 본연(本然) 우주 생성하여 이루기 전의 자아 본성(本性) 무궁한 하늘을 믿는 것을 말하는 것이니라. 그리하여 대신사의 성령과 우리의 성령이 의심할 바 없이 한가지로 같음을 깨달아 항상 성령 하늘(性天)이 주체(主體)가 되게 하고 육신의 성품이 객체(客體)가 되게 하여, 주체와 객체가 원래의 제자리를 찾아 하나가 되게 하여야 하는 것이니라. 그리하면 객체(客體)가 주체(主體) 하늘의 덕을 따르게 될 것이니라.

그리고 다섯 가지 맛을 느끼는 것과, 좋아하고 싫어함을 아는 것과, 말하고 침묵을 지키고 움직이고 가만히 있는 것과 같은 현상이 누가 있어서 그렇게 하게 되는지를 깨달아 정성스럽고 부지런히 실행하면 조화(造化)가 정(定)해짐이 여기에 있고 만사를 깨달음도 이로부터 시작되는 것이니라.

두 번째 강령은 나의 육신(肉身)을 교육하는 것이니라. 비유하면 자아 본성(本性)은 하늘이요, 몸은 말이니 말이 달리는 데에 법칙이 없으면 말 위에 탄 사람이 편안하지 못하듯이 행동의 규범이 한결같지 않으면 성령이 제자리를 지켜서 온전하기가 어렵게 되는 것이니라. 길들여지지 않은 말은 남쪽과 북쪽으로 제멋대로 달리며 동쪽과 서쪽으로도 미친 듯이 달리니 이와 같이 하면 제아무리 성인이라고 할지라도 말에서 떨어지는 환란을 면하지 못할 것이니 이런 까닭에 말을 타려는 자는 말을 잘 길들여야 하고 성령을 수련하려는 자는 먼저 행동을 한결 같이 통일하여야 하는 것이니라.

세 번째 강령은 법(法)을 어기지 않는 것이니라. 법이라는 것은 세상 사람들의 생활에 필요해서 있는 것이니 나라의 백성으로서 의무를 지켜야 하는 사람은 법을 어기지 말아야 하는 것이니라.

그러나 온 천하가 지극히 어질고 지극히 공정하면 형벌과 법률을 어디에 쓰겠는가? 형벌이 있어도 사용하지 않는다는 것은 이것을 말하는 것이니라. 하나의 목적은 온 세상에 덕을 펴서 모든 사람을 널리 구제하는 것이니라. 온 세상은 넓고 사람들은 많은데 무슨 방법으로 이 목적을 달성하며 범위를 넓혀나갈 것인가?

모든 일과 사물은 하나의 이치로서 우주를 관통하여 정해지는 것이며 큰 도와 큰 덕은 간추린 요점으로 세계를 넓혀가는 것이니라. 여기서 하나의 이치란 곧 사람도 이에 하늘이라(人乃天)는 으뜸 되는 요소인 것이며 사람을 하늘처럼 섬기라(事人如天)는 간추린 요점이라고 하는 것은 다른 사람도 내 성품과 마음과 몸이라는 세 가지(性心身)의 실마리가 같은 것을 말하는 것이니라. 그러므로 넓혀나가고자 하면 온 세상이 가득 차게 하고도 남음이 있지만 이것을 할 수 있는 이치를 간추려보면, 지극히 오묘한 본성(本性) 이치의 한 부분에 지나지 않는 것이니라.

그러므로 덕을 온 세상에 편다고 하는 것은 지구의 오대양 육대주에 해와 달이 비취고 서리와 이슬이 내리는 모든 땅에 살고 있는 어떠한 인류를 막론하고 그 모두가 무극대도(无極大道)라는 위대한 대도(大道)의 생활에 들어와 천황 수운대신사를 공경하도록 하는 것이며 널리 창생을 구제한다는 말은 새로운 하늘이 열리는 때를 맞이하여 공기가 썩고 욕심의 파도가 넘쳐서 마귀의 소굴과 같은 곳에서 신음하며 가뭄 속에서 울부짖는 수십억 세계 인류를 지상의 하늘나라 극락세계로 인도하는 책임을 말하는 것이니라.

이 다섯 가지 실행할 조목은 오관(주문, 청수, 시일, 성미, 기도)을 통해 하는 것이니 이 다섯 가지는 모양 없는 하늘님의 길을 찾아가는 정성들이는 법이니 따질 나위도 없이 모두가 아는 것이라. 하나의 목적과 세 가지 강령이 바로 이 다섯 가지 정성(五款)을 실행해야 할 조목을 기점으로 하여 이루어지는 것이며 신앙통일과 규모일치가 바로 이 안에 있는 것이니라.

우리 동덕은 스승님의 성스러운 가르침을 깊이 살펴서 원만한 깨달음의 한결같은 길을 가야 할 것이니라. 우리가 수련하면서 마음과 생각에 의심의 구름이 만 겹으로 싸여 앞길이 망망하고 하늘과 사람 사이사이에 앞뒤로 아지랑이가 끼듯 혼미하였도다. 그러나 우리 스승님의 덕이 두루 빛나고 끝이 없으시어 우리의 고질적인 혼미의 장벽을 신령스런 무극대도(无極大道)로 크게 깨어버리고 우리로 하여금 모든 진리의 원인과 결과를 재단하고 이루게 하시었도다.

천지의 만물이 크던지 작던지 어느 하나라도 모두 우리 도(道) 가운데서 화육되지 아니함이 없으니 악한 자는 착해지며 어리석은 자는 슬기로워지며 어두운 것은 밝아지며 숨겨진 것은 나타나게 되는 것이니라. 이리하여 천지가 살게 되고 예와 지금이 살게 되며 세계가 살게 되고 인류가 살게 되어 하늘과 땅이 태평하고 화목하게 되며 온갖 변화가 하나로 돌아가 억 억 만년에 이르도록 지극히 즐겁고 크게 태평하게 될 것이니라.

원자분자설(原子分子說)

원자(原子)는 공기 가운데 원소의 일종이니 서로 떠나있는 이치가 없는 것이오.

분자(分子)는 각 원자가 서로 모이어 생성한 것이니 수소와 수소가 서로 모이면 단체요, 수소와 산소가 서로 용납하여 서로 모이면 복체니, 이는 다 천지만물 화생의 기운 요소이니라.

사람과 만물 개벽 설(人與物開闢說)

우리 무극대도의 개벽(開闢)이란 하늘이 떨어지고 땅이 꺼져서 혼돈한 한 덩어리로 모였다가 자(子), 축(丑) 두 조 각으로 천지가 나누어짐을 의미함인가? 아니다.

개벽(開闢)이란 부패한 것을 맑고 새롭게, 복잡한 것을 간단하고 깨끗하게 함을 말함이니, 천지 만물의 개벽은 허령이 창창한 공기(空氣)로써 하고 인생 만사의 개벽은 정신(精神)으로써 하나니, 너의 정신이 곧 천지의 허령 창창한 공기(空氣)와 하나이니라. 지금에 그대들은 가히 하지 못할 일을 생각하지 말고 먼저 각자가 본래 있는 정신을 개벽(開闢)하면, 만사의 개벽은 그 다음 차례의 일이니라.

그러나 정신(精神)을 개벽하고자 하면 먼저 스스로 높은 체하는 마음을 모실 시(侍)자로 개벽하고, 스스로 높은 체하는 마음을 개벽코자 하면 의심스럽고 두려운 마음을 정할 정(定)자 로 개벽하고, 의심스럽고 두려운 마음을 개벽코자 하면 아득하고 망령된 생각을 알 지(知)자로 개벽하고, 아득하고 망령된 생각을 개벽코자 하면 먼저 육신관념을 성령으로 개벽하라. "천하 일만 생각이 전혀 한 몸에 있으니, 앞의 물결이 겨우 쉬면 뒤의 물결이 일어난다." 는 이 생각이 어느 때에 없어질 것이냐. 이것을 끊으려고 불가능의 심력을 공연히 허비치 말고, 다만 "내 안에 어떤 내가 있어 굴신 동정하는 것을 가르치고 시키는가 "하는 생각을 일마다 생각하여 오래도록 습성을 지니면, 성품과 몸 두 가지에 어느 것이 주체요 어느 것이 객체인 것과 어느 것이 중하고 어느 것이 경한 것을 스스로 깨닫게 될 것이니 이 깨달음이 곧 육신을 개벽하는 것이니라.

이 생각을 한번 개벽하면, 이에 희고 흰 얼음과 눈의 깨끗함과 하늘이 개이고 날이 밝은 광명과 산이 높고 물의 흐름이 방정함과 뜻이 크고 뛰어난 운학의 고상한 그것 이 곧 참된 정신의 나이니, 이 나는 하늘이 기울어지고 땅이 터지더라도 길이 이와 같을 것이요, 바다가 마르고 돌이 녹아도 또한 이와 같을 것이라. 이 미욱하고 미욱한 세계를 돌아보고 개벽함에 무슨 어려움이 있으리오. 우리 대신사를 보라. 이러한 사람 이 아니신가.

천지의 기수로 보면 지금은 일 년의 가을이요, 하루의 저녁때와 같은 세계라. 물질의 복잡한 것과 공기의 부패한 것이 그 극도에 이르렀으니, 이 사이에 있는 우리 사람인 들 어찌 홀로 편안히 살 수 있겠는가. 큰 시기가 한번 바뀔 때가 눈앞에 닥쳤도다.

　무섭게 죽이는 가을바람이 쌀쌀하고 쓸쓸하게 서쪽으로부터 동쪽에 불어오니, 우거 졌던 푸른 초목이 아무리 현재의 모양을 아직 보존하고 있지마는 하룻밤 지나면 산에 가득 차 누렇게 떨어지는 가련한 서리 맞은 잎뿐이리니, 이제 이 유형의 개벽을 당하 여 정신상으로 무형의 개벽을 하지 않으면, 천하로 옷을 입고 우주로 집을 삼고 사해 로 밭을 가는 그 사람이라도 "한번 가지에서 떨어지면 문득 적막한 서리 맞은 잎." 과 같이 될 것이니, 이것이 사람과 물건이 개벽하는 때이니라.

성, 경, 신, 법(誠.敬.信.法) 실행법

성(誠)은 송주로 성의 극단목적을 이룸이요.
경(敬)은 청수로 경의 극단목적을 이룸이요.
신(信)은 성미로 신의 극단목적을 이룸이요.
법(法)은 도리(道理)강습으로 지식발달의 대 준비를 이루어 부분이 바지 하는 법칙으로 형식발달의 크게 쌓는 자취를 이루어 법의 극단목적을 이룸이니라. 법(法)은 성경신 실행방법의 주령이니 종문정법(宗門正法)을 따라서 성경신(誠敬信)의 특성을 이루어 가되 태만하고 소홀한 마음이 없게 하라.

주의(主意)

　하늘님과 스승님의 감화를 받는 방법은 정성, 공경, 믿음, 법을 독수하는데 있음이요. 정성을 이루는 방법은 무극대도를 주체로 인정하며 자신을 객체로 인정하여 하늘성품의 본래목적지에 이르는 것이니라.

다섯 가지 정성(五款) 실행 법

1. 하늘님을 지극히 위하는 주문(呪文)은 어느 때던지 항상 생각하여 하늘님과 스승님의 감응하시는 기운을 받고 사사로운 욕심과 망령된 생각을 버리게 하라.

2. 청수(淸水)는 매일 밤 9시에 받들되 집안 정결한 곳에 정한 그릇으로 받들어 하늘님과 스승님께 정성을 드려 감화를 받게 함이니, 다만 청수를 받들 때에 축원하는 것은 하늘님과 스승님의 감응을 받아 하늘님이 주신 성령과 스승님의 가르치신 도덕을 완전히 닦아 포덕천하 광제창생 할 것을 축원하고 그밖에 다른 소원을 축원함도 가하도다.

3. 성미(誠米)는 집안 식구를 위하여 영원한 수복을 비는 것이니

매양 밥쌀 가운데서 매 식구에 한술씩 뜨되 지성으로 행함이 가하도다.

4. 매 시일 성화 회에 참예하는 것은 도인된 자격을 발표하는 것이니 아무쪼록 도장이나 전도실에 와서 하늘님과 스승님을 지성으로 생각하고 설교하는 말씀을 자세히 들으며 또한 도의 이치를 공부함이 가하도다.

5. 특별기도(祈禱)가 있을 때는 아무쪼록 기도 절차를 쫓아 지성으로 축원함이 가하니라.

5-1. 기념 때에는 도장이나 전도실에 와서 기념예식에 참예함이 가하니라.

5-2. 음식을 대하면 매양 하늘님과 스승님님께 감사한 뜻으로 고하여 감응하시기를 축수함이 가하니라.

5-3. 어떠한 일이 있든지 또는 어떠한 일을 하든지 매양 하늘님과 스승님께서 간섭하시고 도와주심을 받게 하며 그 일을 마친 후에도 하늘님과 스승님께 감사한 은덕을 축수함이 가하니라.

5-4. 출입할 때에는 반드시 하늘님과 스승님께 가는 일과 오는 일

을 심고(心告)함이 가하니라.

5-5. 매양 잠잘 때에는 "잡니다"라고 하고 일어난 후에는 "하늘님과 스승님의 은덕을 입사와 잘 잤사오니 감사하옵니다."라고 함이 가하니라.

이것은 새로 도(道)에 처음 들어와 하늘님께 입도(入道)하고 도(道)를 배우려고 입교(入敎)한 도인에게 일일이 베껴주고 자세히 설명하라.

다섯 가지 정성 중에 주문, 청수, 시일, 기도는 정신적 헌성이요, 성미는 물질적 헌성이기 때문에 풀뿌리와 나무껍질이라도 각자 먹는 그대로 매끼마다 거짓 없이 떠서 소속 도장에 바쳐야 하느니라. 혹 대가가 없는 것이라거나 풋곡식이나 초근목피(草根木皮)를 받은 것이 여름철에 혹 썩을 경우에는 도장이나 전도실에서 심고 드리고 수량만 기입(記入)하고 정결한 곳에 묻어도 좋으니라. 세상 사람들은 대가(代價)없는 물건으로 생각하기 쉬우나 하늘님께 드리는 정성은 같은 것이니라.

세상 모든 일이 손을 부지런히 놀려야 하지만 성미 뜨는 손은 부지런히 놀려서는 안되며, 성미 뜨는 부인은 꼭 가족 수대로 한술씩 떠들고는 반드시 심고 드리고 또 뜨고 또 심고를 정성으로 드려야 하느니라. 특히 시일 기도는 특별 헌성이 있어야 하기 때문에 청수와 같이 5홉 정미를 바치는 것인데, 하늘님께 기도하는 정성은 소나 양 천 마리 보다 깨끗한 쌀 1홉이 더 나은 것이니라. 그리고 하늘님께 심고하는 데는 거짓이 있을 수 없으니 정심(正心)과 직심(直心)으로 고해야 감응을 받을 수 있는 것이니라.

하늘님을 속여서는 아니 되느니라. 그리고 기도미로 봉전했던 쌀은 하늘님께 정성 드린 쌀이니 꼭꼭 모아 두었다가 귀중하게 사용하든지 부득이하게 팔게 되어도 도인에게 팔아야 하느니라. 그 이유는 혹 부정하게 사용할 폐단이 있기 때문이다.

수인사 대천명(修人事待天命)이라 하였으니 내가 할 인사는 다했고 이제는 그대들이 수인사(修人事)를 해야 될 것이니라. 이 후에 만약 마음을 속이고 하늘을 속이는 도인이 있다면 하늘님이 절대 용서하지 않으실 것이니라.

포덕 54년 전에 도문이나 도인에게 허물이 있었다면 그 책임은 전부 내게 있으나 이제부터는 그 책임이 전부 그대들에게 있다는 것을 알아야 하느니라.

대신사의 본지(本旨)

대신사님의 본뜻은 첫째 수명(壽命)이요, 둘째 복록(福祿)이라. 그러므로 대신사님께서 가사에 이르시기를 '하늘님께 복록정해 수명일랑 내게 비네'하셨느니라. 우리는 지금 복록보다 수명 비는 일이 더 급하게 되었다. 수명을 비는 데는 개인수명도 중요하지만 억조창생의 수명(壽命)을 비는 것이 더 시급한 것이라.

이번 기도에도 지시하였지만 이제로부터 언제나 심고 드릴 때에 "대신사님의 본지를 달성하기로 결심하오며 창생의 수명은 대신사님께 전탁(專託)하옵니다." 라고 하라.

포덕 55년

새 세상 운수

하늘이 만일 큰 소리로 묻기를 '너희들 마음 가운데 거리끼는 죄가 있거든 낱낱이 고백하여라. 고 한다면 누구나 선뜻 '저는 죄가 없습니다.'고 할 사람이 극히 적으리라. 도인(道人)은 자기 마음에 부끄러움이 없는 뒤에라야 도인이라고 말할 수 있으리라. 방금 전 세계가 대 혼란이 일어나 인물 상해가 앞으로 더욱 심하리니, 이것이 대신사님께서 미리 말씀하신 개벽운수니라.

앞으로 이 운수 변동에는 백만 대병(百萬大兵)을 가지고도 막지 못할 것이요, 황금 만 꾸러미를 가지고도 속(贖)하지 못하리라, 다만 바른 마음과 바른 도덕을 가져야만 당할 수 있으리니, 우리 도인도 정말 독신자(篤信者)가 아니면 면할 수 없느니라.

이 세계에 만일 우리 무극대도(无極大道) 이상의 더 좋은 진리(眞理)가 있다고 한다면, 왜 그대들을 무극대도에 들라고 권하였겠느냐, 내가 마땅히 먼저 그 무극대도 진리를 취하였노라. 내가 늘 말하기를 '몸을 성령과 바꾸라'고 하였으니, 이것은 그대들을 죽으라는 것이 아니요 영생(永生)하라는 것이니라.

사람은 때를 밝게 보는 것도 귀하지만 장래를 밝게 생각하는 것이 더 귀하니라. 내가 생각하는 것은 내 나라 내 민족과 천하창생(天下蒼生)의 일을 생각하는 고로 어느 개인이 모략하는 것은 관계할 바 없으나 국가 민족을 위하고 또, 천하 창생을 위하는 우리 무극대도를 방해하는 자가 있다든지 내가 생각하는 우리도의 진리를 굴복시키려는 일이 있다면 내가 직접 맞설 것이며 혹, 이 몸을 해한다고 하여도 조금도 사양치 아니하리라. 사람은 누구나 한 번은 죽게 마련인데 차라리 죽을 바에는 내가 뜻한 그대로 행할 뿐이요, 구차스럽게 죽고 사는 것을 돌아볼 바가 아니니라. 사람은 언제나 새로운 포부가 있어야 하느니라.

시운시변(時運時變)의 천리(天理)를 무시하고 구태 의연하게 옛것을 그대로 지키기만 좋아하면 오래 이 사회에 설 수 없느니라.

용담 연원과 도인의 의무

일단(一團)이란 합심(合心)을 이름이니, 도인은 먼저 합심이 된 후에야 누가 보든지 일치 단합이 되었다고 할 것이 아닌가. 앞으로 시기가 급박하니 우리 도인은 특별주의를 해야 하느니라. 보국안민(保國安民)이 되지 못하면 포덕천하(布德天下)를 이룰 수 없는 것이니라.

안심가에 '요순성세 다시 와서 나라가 태평하고 백성이 편안 할 것이니'라고 하셨고 몽중 노소 문 답가에 '너는 또한 선분 있어 아니 잊고 찾아올까.' 라고 하신 대신사님의 말씀을 생각하여 보라. 내가 며칠 전의 어느 날 밤 꿈에 어디를 가니까 한 신선이 금과 옥으로 만든 소반 한 개를 주는데 받아보니 '독립(獨立) 또, 보니 독립 다시 보니 독립'이라고 새겼기에 그 소반을 금과 같이 가지고 오는 데 농부 백여 명이 길가에 모여서서 독립가(獨立歌)를 부르고 있더라, 이것을 어찌 꿈이라고만 생각할 것이냐, 우리 도인은 세 가지 복무(服務)할 것이 있다.

첫째는 무극대도(无極大道)에 대한 복무요, 둘째는 국가 사회에 대한 복무요, 셋째는 스승님에 대한 복무이니라. 도(道)에 대한 복무란 것은 개인으로서 아무리 정성이 지극하여 영통 도통이 되었다 할지라도 도(道)의 기관이 확정되지 못하면 그 사람을 가리켜 이인(異人)이라고 할지언정 도(道)의 목적을 달성하기는 어려운 것이니라. 그러므로 도인은 누구를 물론하고 도(道)가 확장하기를 자기 개인의 행복이나 도성 덕립(道成德立)보다 더 극진히 해야 자기가 세상에 태어났던 보람도 있고 하늘님과 스승님의 은덕을 보답하는 도리가 될 것이요, 또 무극대도(无極大道)를 확장하여 이 세계에 영구장존(永久長存)하게 하는 것이 하늘님의 본뜻을 달성하는 일이 될 것이니라.

국가 사회에 대한 복무란 우리의 목적이 보국안민(保國安民)과 천하의 창생을 구제함이 아닌가? 이것은 대신사님의 본지 그대로를 확장하는 것이요, 다음에 스승님에게 복무한다는 것은 양위 스승님은 하늘님과 사람 두 사이에서 우리들의 수명위록(壽命位祿)을 얻게 하셨으므로 우리는 나라를 보전하고 널리 억조창생을 구제하여 대신사의 본지 그대로 확장하자는 것이니 도인으로서 이것을 모르면 무극대도 사업에 발전을 기할 수 없는 것이니라.

무화설(無化說)

옛적 정(丁)무(戊) 사이 기억치 못한 날에 깜깜한 동산을 이룬 일이 있으니 홀연히 태양이 떨어져 천지가 아득한 것이 마치 흙물에서 헤엄을 치며 육지를 바라보는 것 같으니라. 이때에 천지간 무한한 생령이 고기떼처럼 울부짖으니 가련한 그 정경은 눈으로 차마 볼 수가 없었느니라. 슬픈 이 군생을 사랑한들 어찌 할 것인가. 탄식할 뿐이로다. 비록 그러나 사람의 목숨이 지극히 중하니 하늘이 어찌 돌보지 않겠는가.

이에 여러 사람에게 말하기를 "이것은 하늘로부터 시킨 것이니 하늘 밖에 빌 곳이 없다." 라 하고 극진한 마음으로 빌 따름이라. 하늘로부터 가늘고 가는 그림자가 있어 태양이 거울에 비친 것 같더니 맑은 빛이 하나로 모이어 다시 태양을 이루고 천지가 밝아지니, 바로 이것이 새 세계 였느니라.

하루는 큰물이 하늘에 넘쳐 가득히 차 끝이 없느니라. 온 천하의 생령이 거의 다 죽게 된 가운데 나는 언덕 위 숲 사이에 의지하였더니 또한 벼락불이 거의 죽게 된 백성들이 모여 있는데 굴러 떨어져서 목숨이 경각에 달렸음이 마음에 심히 괴이하고 의심스러워 담기가 발동하는지라, 이에 급히 마음에 힘을 일으켜 곰곰이 생각한 즉, 하늘이 만백성을 내고 살게 하는 것이 덕이 되거늘 이같이 재앙을 내리니, 어찌 이런 이치가 있겠는가.

이에 급히 벽력을 불러 말하기를 "네가 백성을 때려죽이고자 할

진대 급급히 나를 때려 뭇 백성을 속죄케 하라." 하고 손으로 벽력의 덩어리를 때리니, 벽력은 손으로부터 흩어져서 다만 한 줄기 연기와 티끌뿐 이었더라. 이때에 거의 죽게 된 민생들이 구름같이 모이어 급히 울부짖으며 말하기를 "이렇듯 이 하늘같은 위엄과 용맹으로 우리 죽게 된 창생을 구원하게 하소서." 하고, 나를 가마에 메고 높은 산 뾰족한 봉우리에 올라, 지극한 정성으로 하늘님께 밝게 고하고 글 십 여자를 써서 중생에게 주어 외우게 하였더니, 조금 만에 뭇 개울이 순히 흐르고 육 지 평야가 이루어져 뭇 백성이 편안히 살았느니라.

입진경(入眞境)

　사람에 연분이 있어 어떤 마음으로 이런 경지에 들어왔을까. 경치를 구경하러 온 것인가. 신선(神仙)을 만나러 온 것인가. 어느덧 길을 떠나는 처음에는 반드시 주관이 있었을 것이리라. 전에 들으니 "참된 지경에 신선 늙은이가 있다." 하여 참 신선을 보고 싶은 마음에 천신만고를 꺼리지 않고 걸음걸음 나아가고 나아가, 지극한 정성으로 쉬지 않고 나날이 마음을 더 하여 이 경지에 이르니 과연 전에 들던 것과 같이 신선 늙은이가 나를 기다리며 오시더라. 기뻐서 나아가 절하고 서로 말을 주고받을 즈음에 늙은이가 묻기를 "내가 너를 기다 린지 오래다. 네가 어떻게 내가 여기 있다는 소문을 듣고 이같이 왔느냐. 천천히 차례로 설명하라."

　전일 문의 앞길을 떠나던 첫 마음은 하루에 목적지까지 득달하려 하였으나 이번 걸음 이 처음 가는 길이라, 길을 떠난 지 몇 날 만에 갈림길이 많이 있어 혹 가로달아날 염려도 무섭고, 또한 지루한 마음도 있어 길 위에서 머뭇거리다가 돌이켜 생각한즉, 이 번 가는 것이 첫길이라, 누구를 대하여 물을 것인가. 마음이 답답하고 민망하여 머뭇거리며 법규를 벗어나려 할 적에 홀연히 무슨 소리가 들리며 말하기를 "길 위에서 배회하는 사람은 누구냐." 기뻐서 돌아보니 소리는 있었으나 사람은 없었더라.

　혹 의심스러운 점도 있었으나 마음으로 작정한 정한 믿음은 신선을 찾는 것이 목적이라, 믿음을 더하고 굳게 나아가니 지난해에 떠도는 소문은 의심 없는 신선(神仙)이 부른 소리라. 도리어 속으로 굳건한 생각이 있어 앞길이 먼 것을 꺼리지 아니하고, 마음과 힘을 다하여 이리와 범을 무서워하는 겁도 없이 오색구름 있는 곳을 바라보니, 필시 신선의 세계라. 점점 아름다운 경지 에 들어가니, 향기로운 바람이 불어오는 기이한 꽃과 아름다운 풀이라. 한 걸음에 한 층계씩 나는 듯이 대 위에 올라가니 만 리의 산과 들에 모든 만상(物象)이 다 눈앞의 별천지 세계라.

"어찌하여 이렇습니까?" 하니 늙은이가 웃으며 말하기를 "아름답도다. 그대의 정성이여, 나와 함께 서로 믿노라." 우러러 묻기를 "늙은이의 호(號)는 무엇입니까?" 하니, 늙은이는 웃으며 말하기를 "내 이름은 셋이 있으니 믿고 들으라. 첫째는 "영(靈)"이라 말하고, 둘째는 "마음(心)" 이라 말 하고, 셋째는 "늙은이"라 하지마는, "신선 늙은이(仙翁)"라 하는 것은 세상 사람들이 높여서 일컫는 이름이니라. 많은 말을 할 것이 없이 그대가 이렇듯이 묻는 것도 반드시 참된 괴로움이 있을 것이니, 그 참된 마음을 듣기 원하는 도다." 잠잠한지 오래어 공순히 대답하기를 "나의 사람됨이 어떻게 사람이 되었으며, 나의 나라 됨이 어떻게 나라가 되었으며, 나의 세상 됨이 어떻게 세상이 되었습니까? 물을 것 이 세 가지가 있습니다." 늙은이가 말하기를 "후에 반드시 그런 것을 밝게 가르치리니 마음을 급히 하지 말라." 매우 정답고 친절하게 대하다가 홀연히 깨달으니, 신선이 있는 곳은 어디인가? 신선 늙은이는 바로 이 내 마음의 형상한 것이로다.

현기문답(玄機問答)

문 : 하늘(天)은 무엇입니까?

답 : 무궁하고 자연한 이치와 자연한 기운으로 세상과 만물을 만
　　드신 이름이니라.

문 : 도(道)는 무엇입니까?

답 : 정당한 마음으로 정당한 권능을 행하는 것을 이름이니라.

문 : 교(敎)는 무엇입니까?

답 : 사람의 지혜와 총명함이 한결같지 못하여 상등과 하등의 차
　　별이 있는데, 상등사람의 자비(慈悲)한 마음으로 하등사람을
　　일깨워 가르치는 것을 이름이니라.

문 : 권능(權能)은 무엇입니까?

답 : 마음이 정당한 이치에 있어서 지혜로 세계의 권력을 경쟁하
　　는데, 능력이 오히려 남음이 있고, 개인의 신분상 권한을 지
　　키는데 세계의 큰 힘으로도 능히 빼앗지 못할 공권(公權)이
　　있느니라.

문 : 하늘이 공평하신 마음으로 사람을 내시는데 지혜와 총명이
　　어찌 상등과 하등의 차별이 있습니까?

답 : 하늘이 사람을 내실 때에 입으로 물을 머금어 뿜는 것과 같
　　아서 혹 큰 방울도 있으며 혹 작은 방울도 있느니라.

문 : 이치(理致)와 기운(氣運)은 무엇입니까?

답 : 천지에 가득 차 있는 이치와 기운이 각각 부분이 있나니 이

치가 있는 곳에 기운이 이에 응하여 형상을 이루는 것도 있으며, 형상을 이룬 곳에 이치가 형상을 따라 더욱 밝음이 나타나는 자도 있느니라.

문 : 이치(理致)와 기운(氣運)의 부분이 각각 무엇입니까?

답 : 사람과 금수(禽獸)와 초목과 곤충이 되는 이치와 기운이 각각 종류가 있어 서로 혼합하지 아니하며 그 이치와 기운이 없어지지도 아니하며 생기지도 아니하여 항상 세상을 준비하느니라.

문 : 세상은 무엇입니까?

답 : 만물이 형상(形狀)을 이루는 곳이니라.

문 : 이치와 기운은 하늘이요 형상은 세상이라 이를진대, 이치와 기운은 형상의 근본이라 하늘과 세상을 어찌하여 분별합니까?

답 : 하늘과 세상은 곧 한 곳이니, 만물이 생기기 전과 생기었다가 없어진 뒤가 다 하늘이요, 형상이 있어 사람의 눈에 보이는 것이 세상이니라.

문 : 지혜(智慧)는 무엇입니까?

답 : 빈 것 같은 기(氣)가 많이 사람의 영대에 들어가면 지혜가 되느니라.

문 : 공기(空氣)로써 사람의 지혜가 됨은 어찌하여 그러합니까?

답 : 천지는 본래 한 비어있는 기운이라.

　　이 비어 있는 기운 속에 쌓인 이치가 없는 곳이 없어 세상과 세상에 응하였으나 물품이 각기 이치로 발기하여 기로 형용을 이루며, 사람의 의견과 학문이 이치로 비롯하여 기로 활동하느니, 이치와 기(氣)의 부분을 정하면 서로 내외 같으나 기가 없으면 이치가 무엇을 근본 하여 생기겠는가.

그러한 고로 이치는 공기 속에 한 요점이라 이름이 가하도다. 사람이 기(氣)를 많이 마시면 기의 속에 쌓인 이치가 사람의 마음에 통하여 의견과 학문을 장만하느니 의견과 학문은 사람의 지혜라, 지혜(智慧)를 기르고자하는 자는 먼저 기를 마시느니라.

문 : 기(氣)를 마시는 방법이 무엇입니까?

답 : 기의 속에 선하고 악하고 이롭고 해로운 종류가 각기 부분이 있으니 그 부분에 대하여 능히 입으로 마시며 마음으로 마시기를 분간하여 각기 그 양을 채우는 것이 방법이니라.

문 : 기를 마시면 유익한 효험이 무엇입니까?

답 : 비유하건대 천지는 만물을 많이 쌓은 창고요, 사람은 그 물품을 주관하며 겸하여 그 물품장기(帳記)를 가진 자니 먼저 그 장기를 준비하여 창고 물품을 차례로 쓰는 것이 효험이니라.

문 : 사람이 쓰는 것을 위해 만물을 구비하는 것은 누구입니까?

답 : 만물 조화(造化)를 주재(主宰)하는 것은 하늘님이니라.

문 : 하늘이 개개인을 위하여 각기 물품을 준비하십니까?

답 : 아니니라. 세계가 창시(創始)되던 날로부터 끝나는 날까지 나고 나는 무궁(生生無窮)한 사람이 다 한 창고 물품으로 쓰느

니라.

문 : 그 증거는 무엇입니까?

답 : 하늘은 한 신(一神)이라. 신(神)은 조화가 무궁한 자이니 유형(有形)한 물품과 무형(無形)한 이치를 준비하는데 천만년이 한 날이요, 천만리가 한 곳이요, 천만 사람이 한 사람이니라.

문 : 사람의 영대(靈臺)는 무엇입니까?

답 : 하늘의 조화는 신(神)이요, 신(神)의 영(靈)은 사람의 성령(性靈)이니 영의 머무는 곳이 영대(靈臺)이니라.

문 : 성령(性靈)은 무엇입니까?

답 : 영(靈)은 사람의 지각을 준비하는 이치요, 성(性)은 영(靈)을 담는 그릇이니, 밝고 신통함이 거울 같아서 천지만물과 온갖 사리를 비추며 신기하고 공교(工巧)함이 능히 조화 기틀을 가져, 사람의 육신에 관계되는 일을 마음에 작정한 대로 낱낱이 수응(酬應)하느니 가히 신령하다 이를지로다.

그러나 다만 선하고 악한 것을 스스로 정하며 스스로 사용하는 성질이 없는 고로, 선한 마음을 만나면 선을 도와 좋은 정도에 이르고, 악한 마음을 만나면 또한 악을 도와 극(極)한 정도에 이르느니라.

문 : 육신(肉身)은 무엇 입니까?

답 : 육신은 사람이 세상에 사는 표준이요, 성령의 집이니 사람의 희로애락(喜怒哀樂)과 사상 만물이 다 육신에 관계 하니라.

문 : 마음은 무엇입니까?

답 : 성령과 육신이 합하여 사람이 된 후에, 사람이 세상에 대하여 교섭하는 직책을 맡은 자인 고로, 항상 세상 정욕(情慾)이 많으니라.

문 : 정욕(情慾)은 무엇입니까?

답 : 육신(肉身)에 관계되는 사정과 욕심이니 항상 바로 대하기 어려우니라.

문 : 성령(性靈)의 밝고 신령함을 근본 하여 밝은 마음이 어찌 바로 대하기 어렵습니까?

답 : 하늘이 사람을 시험하는데 선한 마음과 악한 마음으로 하여금 사람의 마음 곁에 있다가, 사람의 이목구비(耳目口鼻)와 수족(手足)이 만물을 교섭하여 마음에 보고할 때에, 선신(善神)과 악신(惡神)이 각기 마음에게 대하여 악신은 악(惡)한 이치로 권고하며 선신은 선(善)한 이치로 권고하는데, 악한 권고는 사람의 마음에 재미와 기쁜 생각이 있고, 선한 권고는 맑고 한만(閑漫)하여 듣기에 재미가 적은 고로, 마음이 그 악신의 권고를 들어 그대로 이목구비와 수족에게 지휘하느니, 그 지휘를 받는 자 어찌 정대한 말과 일을 행하리오.

하늘이 본래 사람의 자유를 허락하신지라, 선과 악은 물론하고 사람이 행하는 대로 볼 뿐이나 선한 사람에게는 명예와 복록(福祿)으로써 영화를 누리게 하고, 악한 사람에게는 재앙과 형벌로써 앙화(殃禍)를 받게 하느니, 이는 마음의 시험으로 사람의 내두결과(來頭結果)가 되는 것이니라.

처음 선과 악으로 시험할 때에 마음이 그 시험을 받지 아니하고 일분 동안만 다시 생각하여 악신(惡神)의 재미있는 꼬임을 받지 아니하면, 선신(善神)의 권고가 자연히 마음을 감동케 하느니 무슨 말이든지 일을 행하고자 할 때에 아무리 급하더라도 먼저 생각을 돌려 선악을 분간한 후에 입으로 말을 발하며 몸으로 일을 행하면, 육신은 마음의 지휘를 받는 자라, 어찌 정대하지 아니하리오.

문 : 성령(性靈)과 육신(肉身)과 마음(心)의 관계가 서로 어떠합니까?

답 : 성령은 하늘의 한 부분이요, 육신은 세상의 한부분이니, 성령과 육신이 합하여 사람의 한 전체를 이룬지라, 마음이 그 전체를 거느려 능히 사람의 위치에 거(居)하여 살며 사람의 일을 행하느니, 성령과 육신은 사람의 사람 노릇하는 재료요, 마음은 사람이 사람 노릇하는 주장(主掌)이니라.

문 : 마음(心)이 성령(性靈)과 육신(肉身)을 거느린다. 이름은 어찌하여 그렇습니까?

답 : 비유(比喻)하건대 성령은 물(水)이요, 물이 능히 움직이며 흐르는 힘은 마음(心)이요, 흐르는 물(水)을 받는 곳이 육신이니, 육신(肉身)이 없으면 성령(性靈)이 위탁할 곳이 없고, 성령이 없으면 마음이 생길 근본(根本)이 없으나, 성령과 육신의 사이에 마음의 소개(紹介)가 없으면 다만 한 생물이 세상에 있다 이를지언정 사람의 이름에 상당한 지각(知覺)과 능력

이 있다 이르지 못하리니, 사람이 전체로 말하면 세 가지에 하나도 없으면 아니 되는 것이요, 각기 부분을 정(定)하면 마음이 일신(一身)의 주권(主權)이니라.

문 : 마음이 주권(主權) 노릇하는 자격은 무엇입니까?

답 : 성령(性靈)을 수련(修煉)하고 육신을 보호하는데 있느니라.

문 : 수련과 보호하는 방법은 무엇입니까?

답 : 우물 근원에 흙이 막히지 아니하며 예리한 칼날에 녹이 쓸지 아니하면, 물은 근원을 통하여 능히 바다와 하수(河水)를 이루며 칼은 둔(鈍)하지 아니하여 능히 용과 범을 잡느니라.

그 중에 조리(條理)에서 성공한 것만 보면 다 마음의 힘이라 이르나, 그 시초를 궁구(窮究)하면 성령을 수련한 효력에 근본한 고로, 사람이 성현(聖賢)을 자기(自期)하여 도덕에 주의(主義)하든지, 영웅을 자기하여 공념(公念)에 주의하든지, 먼저 성령 수련으로 목적을 삼지 아니함만 같지 아니하나, 대저 성령은 곧 마음속 단전(丹田)이라.

흐트러진 정신을 수습하여 단전에 모으는데, 처음에는 세상 사념(邪念)이 정신을 끌어 매양(每樣) 단전 밖으로 빙빙 돌아, 사념이 자연히 없어지고 정신이 기를 찾아 단전에 들어가면, 이는 수련하는 초두(初頭)공부니라.

단전에 밝고 맑은 빛이 있는 듯 없는 듯 혹 졸음도 오며 혹 사지(四肢)도 무기(無氣)하다가 그 모인 정신을 흩지 말고 날 공부와 해 공부가 차차 굳어지면, 단전에 밝은 빛이 점점 명

330

랑하여 이치를 비추면 이치를 마음으로 보며, 형용을 비추면
형용을 마음으로 보며, 세계를 비추면 세계가 마음속에 있나
니, 그 때를 당하여 마음이 민첩(敏捷)하고 활동하는 힘이 전
보다 백 천배(百千倍)가 더 하느니라.

성현의 위치를 정하든지 영웅의 위치를 정하든지 때를 따라
사람의 높은 정도에 이르는데, 공덕(功德)과 사업이 세계의
으뜸이요 이름이 만고(萬古)에 빛나느니, 그 원인을 생각하면
대범 어디서 힘을 얻은 효험(效驗)이라 이르겠는가.

그러나 육신 보호하는 방법이 생소(生疎)하면 반 푼(半分)사
람에 지나지 아니한 고로, 행실(行實)로써 풍화(風化)의 보호
를 받으며 덕의로써 민중의 보호를 받으며 규칙으로써 사회
의 보호를 받으며 법률로서 국가의 보호를 받으며 실업으로
써 생계의 보호를 받아 육신 상 강장(强壯)한 효력을 얻으면,
육신과 성령이 서로 합하여 사람의 고명(高明)한 가치로 세계
문명이라 하는 이름을 저버리지 아니하느니라.

문 : 성령(性靈)과 육신을 비교하면 무엇이 소중(所重)합니까?

답 : 성령의 중함이 육신에 비할 바 아니나 다만 절충하기 어려우
니, 하등(下等) 사람은 성령으로써 육신을 거느리지 못하여
성령의 생맥(生脈)이 육신에 미칠 뿐이요, 중등(中等) 사람은
성령과 육신을 평등으로 대우하여 성령 범위에 있는 덕의(德
義)와 육신 범위에 있는 이익(利益)을 항상(恒常) 아울러 취
(取)할 사상(思想)이 있으며, 상등(上等) 사람은 육신관계보다

성령을 중히 여김이 육칠 분에 지나는 고로, 적의와 이익을 함께 놓고 자의(自意)대로 취(取)하라하면 항상 덕의(德義)를 취하며, 상등에 지난 사람은 성령의 밝고 신통한 포부로 인간 업장(業場)에 허비할 생각이 적어 항상 유유 탕탕(悠悠蕩蕩)히 세상밖에 오유하니, 정도는 비록 높으나 인족사회에 벗어진 사람이라 가히 법(法)받지 아니할지라.

다만 상등 사람의 지조(志操)를 표준 하여 육신의 일평생을 지내면 사회가 자연히 문명하리니 문명은 우리도 가르침의 목적이니라.

문 : 가르침이란 상등(上等) 사람의 자선사업(慈善事業)으로 하등 사람을 인도(引導)하여 바른 길로 돌아오게 하는 것이 목적(目的)이라. 그 인도 하는 사람의 의무는 당연(當然)하나 사람의 품질(稟質)이 원래 상등과 하등의 차별이 현수(懸殊)하여 하등 사람이 능히 상등 사람을 따라 미치지 못하는 것은 정한 일이라. 만일 사람으로 하여금 상등 사람을 표준하려 하다가 종말에 실효를 얻지 못하면, 필경(畢竟)은 가르침을 신앙하는 마음까지 나태(懶怠)할 염려가 없지 아니 하거늘, 하등(下等) 사람으로 하여금 엽등으로 상등 사람을 표준 하라 함은 어찌 함입니까?

답 : 하등(下等)으로 상등(上等)을 표준하게 하면 그 의견(意見)과 도량(度量)은 배우지 못하나 방향(方向)과 규모(規模)는 문명한 면목을 이루며 겸하여 하늘이 정제(精製)하신 수(壽)와 복

을 각기 분의(分義)대로 누리나니 이는 다 가르침을 신앙하는 효험이라. 가르침에 대하여 점점 즐겁게 따르는 마음이 있을 지언정 어찌 나태한 생각을 두리오.

문 : 가르침을 인연(因緣)하여 수와 복(壽福)을 누림은 어찌함입니까?

답 : 도(道)를 가르침은 안으로 정신을 수습(收拾)하여 하늘이 사람을 내신 이치와 사람이 세상에 처(處)하는 방법을 연구하며 밖으로 행실과 법률과 실업에 주의(主義)하여 명예와 이익의 처우 등을 스스로 자기(自期)하는데 의복과 음식과 거처(居處)와 약(藥)을 각기 문명제도로 육신에 적당한 도수를 맞추거니 어찌 하늘이 정한 수를 누리지 아니하며, 매양(每樣) 생각이 통할 때에 생각으로 생각을 살펴 외람(猥濫)하며 음란(淫亂)하며 교만(驕慢)하며 방탕(放蕩)하며 탐(貪)하며 독(毒)하며 속이는 생각을 제거(除去)하면, 표면의 높은 행실이 결단코 법률에 저촉(抵觸)한 일이 없을 뿐 아니라 겸하여 농상공의 실업으로 육신 자량(資糧)에 곤핍한 일이 없거니 어찌 지극한 복(福)이 아니리오.

대범(大凡) 그 사람이 도덕의 군자(君子)요 명예의 군자니 하늘이 군자에게 대하여 무엇으로써 대접하리오.

그 대접하는 것은 인간 수복(壽福)이라.

수복(壽福)을 누릴 때에 다시 생각하면 수복이 내려 어디로부터 좇아 왔겠는가.

문 : 하늘을 신앙하는 목적은 무엇입니까?

답 : 대범 신(神)은 정성의 근본이라.

정성스러운 마음으로써 생각과 말과 일을 살피며 다만 그 뿐만 아니라. 그 살피는 것으로 말미암아 생각과 말과 일이 확실히 효력이 있는가, 없는가 하여 또다시 살피느니 살피면 사람의 일동일정(一動一靜)이 자연히 천리(天理)에 합당할 것이요, 천리에 합당하면 일신상 광채(光彩)와 사회 문명이 다 고등한 이치를 점령하리니 사람의 정도는 살피는 범위 속에 진퇴(進退)한다 이름이 가(可)하도다.

그런고로 날마다 살피는 공부를 힘쓰는데 밤 열시를 당하여 당일 살피던 마음과 살피던 것을 인연하여 옳은 생각을 둠과 옳은 말을 발(發)함과 옳은 일을 행하던 조건을 낱낱이 조사하여 선악의 많고 적음을 비교하던 조건을 낱낱이 조사하는 성력(誠力)을 날마다 연속하여, 날이 쌓여 달이 되고 달이 쌓여 해가 되도록 일만 분이라도 해타(懈惰)한 마음이 없으면 내종(乃終) 회계(會計)에 자연히 옳은 것이 많을 것이요, 그 마음으로 또 여러 해를 지내면 순연(純然)한 옳은 것뿐이 회계에 나타나리니 살피는 공(功)이 대저 어떠한가.

그러나 살피는 것이 쌓인 자취가 없으면 마음이 항상 현황(眩慌)하며 주저(躊躇)하여 방향을 정(定)치 못하는 고로, 먼저 사람의 선악과 세상의 치란(治亂)을 증거 하되, 시초에 무슨 생각과 무슨 말과 무슨 일에 근본(根本)하여 종말에 무슨 결과가 나타나는 것을 역사상 사적(事蹟)과 학문상 의견에 참고하여 살피는 공부에 큰 준적(準的)을 삼느니라.

쌓은 것을 비록 세우고자 하나 꺼리고 두려운 마음이 없으면 자행자지(自行自止)하여 근본이 완고(完固)하기 어려운 고로 항상 천주(天主)를 모셔 엄숙하며 공경하는 마음으로 준적(準的)의 근본을 삼느니라.

문 : 하늘님(天主)은 무형(無形)중에 계시거늘 사람이 어찌 써 모시며, 천주(天主)를 모시는 연유(緣由)는 무엇입니까?

답 : 하늘님(天主)은 무형(無形) 중에 계시는 고로 사람이 무형한 마음으로써 모시나니 천주(天主)가 만일 유형(有形)하시어 사람이 그 얼굴이 뵈오며 그 언어를 통하면 사람의 공손(恭遜)한 낯빛과 공경한 말씀으로 천주의 뜻을 맞추기 쉬우며, 한 번 맞춘 뒤에는 사람의 마음이 혹 나태하기 쉽거니와 천주(天主)를 항상 무형 중에 모셔 노여워하시는지 기뻐하시는지 측량하기 어려운 고로 사람의 조심하고 공경하는 마음이 더욱 돈독 하느니라.

통상 사람의 마음이 항상 어른의 위엄에 꺼리든지 덕화(德化)에 감동하든지 양단간(兩端間) 나타나는 일이 있는 후에야 어른을 섬기는 마음이 게으르지 아니 하거늘 형용(形容)이 없으며 위엄과 덕화가 사람에게 대단히 관계가 없는 듯 한 천주(天主)에 대하여 조심하며 공경하는 마음이 어찌 돈독하리오. 대개 사람이 다 자기의 이익 점을 인연하여 조심과 공경하는 실상(實狀)을 지키느니 천주를 정성으로 모시면 육신의 평생에 복록이 진진(津津)하며 육신이 세상을 떠난 후리도 명예가 천만년에 현저(顯著)하며 음덕(蔭德)이 자손에게 무궁한 고로 천주를 모시는 마음이 더욱 게으르지 아니 하는 것이니라.

문 : 하늘님(天主)을 모시는 절차는 무엇입니까?

답 : 아침에 일어나면 먼저 천주께 향하여 종일토록 선한 사람이 되기를 축원하며, 밥을 먹을 때에는 먼저 천주(天主)께 향하여 육신을 자양(滋養)하는 덕을 축하하며, 생각이 동(動)하든지 말을 하고자 하든지 일을 행(行)하고자 할 때에 먼저 천주께 향하여 선한 사람이 되기를 축원하며, 인(因)하여 자세히 기록하였다가 저녁에 잠을 잘 때를 당하여 당일 기록한 발기(發起)를 조사하여 선악의 부분을 정한 후에 천주(天主)를 받들어 선한 것은 천주(天主)께 은덕을 축하하며 악한 것은 자기가 회개(悔改)하기를 축원하되 매일 한 모양으로 절차를 행하느니라.

문 : 가르침의 정신은 무엇입니까?

답 : 사람마다 하늘(天) 광채(光彩)로 문명하여 집집마다 하늘 광채로 문명하며 세계가 다 하늘 광채로 문명함이 도(道)의 정신이니라.

문 : 가르침의 종지(宗旨)는 무엇입니까?

답 : 정성스러우며 공경하며 믿으며 법(法)을 지키는 것으로써 종지로 삼느니라.

문 : 도인(道人)의 목적은 무엇입니까?

답 : 대범 사람의 마음이 육신의 이익에 관계가 중(重)한지라 진심
(眞心)으로 천주(天主)를 모심에 그 목적이 항상 수(壽)를 누
리며 운명(運命)이 크게 통하고 커서 지위가 높으며 복록으로
써 재산이 풍족하기를 발원(發願)하느니 천주는 사람의 부모
요 주재자라 사랑하고 보호하는 마음이 어찌 범연하리오.

문 : 도인(道人)의 참된 면목(面目)은 무엇입니까?

답 : 면목은 자기의 행동이 타인에게 나타나는 것이라.

교인의 행동이 항상 덕(德)과 의(義)와 강(强)으로서 때를 따라
면목을 정하느니라.

인의예지신(仁義禮智信)

　아, 천고의 만물이여 각각 성품이 있도다. 만물의 본성을 다 거느린 이는 하늘님이요, 인류에 떳떳함을 다 거느린 이는 성인이라. 하늘의 큰 덕이 아니면 어찌 화생하는 이치가 있으며 성인이 아니면 어찌 무극대도(无極大道)의 당연한 것을 알리오. 그러므로 성인이 동정 변화하는 천지와 더불어 덕(德)을 같이 하는 것이로다.

　옛적부터 성인이 이렇게 나시어 천도(天道)의 크게 그렇게 자연한 것을 밝히고 인류의 그러한 것을 정하여 사람을 가르치니 배우는 자는 다섯 가지 상의 큰 체 인지라, 오상(인의예지신)의 주체는 어질 인(仁)과 옳을 의(義)두 글자이니라. 인(仁)과 의(義)두 글자는 천지의 큰 다스림이라. 그러므로 성인이 먼저 인의(仁義)에 나아감에 있어 화(化)로써 덕을 삼으시어 비록 곤충 미물이라도 인의(仁義)로 일체 도를 행하여 치우치거나 의지하지 않고 한 티끌도 거리낌이 없어 크게 바르고 밝은 마음으로 도를 세상에 행하여 천지로 더불어 그 덕에 합하고 해와 달로 더불어 그 밝음에 합하고 음양(귀신)으로 더불어 그 길흉에 합하여 그 행실이 미치는 곳에 만사가 듯과 같은 고로 이르기를 성인은 하늘과 땅의 큰 욕심이라 하노라.

　소인의 행실은 꺼리고 꺼리는 바 없으나 근본을 버리고 끝을 취하여 작은 것을 구하려 큰 것을 잃느니라. 비유하건데 물동이의 밑이 없음에도 물을 길어 붙는 형상과 같아서 한 집 안에 도둑을 기르는 이치라, 옷 가운데 간을 빼앗는 도둑이 있으되 이를 허락한 것을 알지 못하고 그 배를 채우고자 하는 욕심에 하늘 이치 다스림을 잊고 잃어버리니 어찌 두렵고 두려운 것이 아니랴.

아름다운 요임금 순임금과 공자 맹자의 도가 비록 천하에 빛날지라도 유독 우리나라에 있어 끊어지지 않고 두루 들어온 고로 천운(天運)이 순환하여 우리 대 선생님이 문명의 나라에 자랑스럽게 내리시어 하늘의 물가에 가까이 열어 놓으시니 어찌 아름답지 아니하며 어찌 즐겁지 아니하랴.

말하고 잠잠하고 움직이고 고요함은 귀신(鬼神)의 자취를 깨닫고 가는 몸에 먹는 곡식은 만사의 일에 단련하여 분의를 따라 굴신 동정을 능히 행하며 운수를 따라 천도의 큰 체에 함께 돌아감이 그러하나 먼저 이치를 안후에 도를 깨달음은 사람의 꼭 필요한 길을 가르침이니라.

먼저 인의(仁義)를 힘쓰고 후에 단련에 힘쓰면 천지의 감응이 점차 아름다운 지경에 들어가 함이 없이 드디어 통할 것이니라. 사람을 대하고 물건을 접하는 것은 마음을 지키고 기운을 바르게 하는 것의 근본으로써 만사에 바른 기운의 이치를 밝힘이라. 대 선생님이 밖에 두지 아니 하나니 삼가고 삼가 하라. 멀리 구하지 말고 나를 닦을 것을 바라노라.

또 이르나니 무극대도는 비록 어리석은 사람이라도 말하기는 쉬우나 행하기는 어려운 것이라. 그 양단을 살핌이 어떠 하리요. 사람이 다섯 욕심이 있으니 욕심이란 것은 천지 만물 화생의 이치를 응함이라. 욕심이 없으면 생(生)이 없을 것이요, 생이 없으면 먹는 것이 없을 것이라. 먹는 것이 없으면 행(行)이 없을 것이요, 행함이 없으면 도(道)가 없을 것이니 어찌 중대치 아니하랴. 그러나 지나쳐 과한 즉 잃고 가득한 즉 덜어내니 어찌하여 그 중간 마디를 얻으리오.

사람이 이에 하늘 사람이라는 우리도(道)의 높은 뜻을 어찌 감히 범연히 하며 어찌 감히 공경치 아니하여 다른 것에서 구하리오. 기운은 하나이니 공경하고 정성하여 한 기운에 덕을 합한 연후에 능히 도(道)의 맛을 알지라. 사람을 대하고 물건을 접하는 도에 공경으로써 한 털끝만한 피의 흔적이 없게 함이 어떠하리오.

술(酒)이 성품을 치는 것은 우리 스승님의 성스러운 가르침이니 이 이치를 깊이 연구하여 능히 행하라.

백 가지 꾀가 한 착한 것만 같지 못하고 한 번 착한 것이 두루 고른 것만 같지 않고 마음이 또한 믿어하오며 옳은 것만 같지 못한지라 믿음이 두터워 굳게 굳은 것 같은 후에 옳게 사용하여 한 몸을 보전하며 옳게 사용하여 창생을 건질지니라. 한 몸을 구제하고 창생을 건질 계책이 다만 정성 공경 믿음의 세 가지 법에 있으며 장생불사의 약이 흉중에 있느니라.

춘하추동(春夏秋冬) 인의예지신(仁義禮智信)

대개 오랜 옛적부터 옴으로 앞의 성인과 뒤의 성인이 계승하여 천지(天地)의 도수(度數)를 글과 책으로 이루어 내어 천도(天道)의 떳떳한 그러함을 정하시니 하늘 이치의 밝게 나타남이 이에서 더할 바 없는 것이니라.

그러나 우리 수운 대 선생님 경신 사월 초오일에 하늘님 강회를 받들어 들으실 때에 하늘님이 특히 무극대도(无極大道)의 명(命)을 주시니 어찌 능히 의심할 바 없으리오. 반복하여 생각하고 헤아린 즉, 몸과 살은 부모에게서 받으며 하늘의 명(命)은 사람의 성품이요, 마음의 뜻은 푸른 하늘에서 받았으니 이는 하늘님 말씀 자취에 있음이라. 하늘님이 어찌 명(命)을 주는 사람에게 말씀이 없으리오.

대개 우리 스승님의 마음 신(信)으로써, 하늘님께 화답 하사 먼저 성인이 나타내지 아니한 것의 근본을 밝게 법으로 나타내시어 하나는 시정지(侍定知)세 글자로 정하시고 하나는 정성 공경 믿음 삼단을 지으시어 기록하여 거울하시니 하늘님 말씀과 사람의 이야기가 어찌 다름이 있으며 하늘의 천도(天道)와 사람의 무극대도(无極大道)가 어찌 사이가 있으랴. 그러므로 특히 하늘이 내린 무극대도(无極大道)라 하시니라.

그러한 즉 나누어 말하면 하늘은 지극한 정성으로 만물을 화생하나 만일 춘하추동이 아니면 어찌 정성의 결실이 있으며, 사람은 정성의 도로써 만사를 지어서 이루나 만일 인의예지(仁義禮智)가 아니면 어찌 집을 이루고 만 가지 일을 하였으리요.

하늘의 이치와 사람의 일이 서로 화하고 변하여 사용함이 어찌 다른 이치리오. 어질 인(仁)자는 봄(春)이니, 봄은 화기로써 만물을 화생 한 즉, 사람 또한 어질 인(仁)자로써 사람 마음을 감응하여 나타내고, 옳을 의(義)자는 가을(秋)이니 엄숙한 기운으로써 만물의 결실을 이룬 즉, 사람 또한 옳을 의(義)자로써 사람의 마음을 기쁘게 입게 하고, 예의 예(禮)자는 여름(夏)이니 여름은 비와 이슬로써 만물을 베풀어 기른 즉, 사람 또한 예(禮)자로써 다섯 가지 상(常)을 길게 올리고, 지혜지(智)자는 겨울(冬)이니 겨울은 눈과 서리로써 만물을 거두고 저장 한 즉, 사람 또한 지(智)자로써 만사를 능히 화하게 하는 것이라.

신(信)은 믿음(信)으로 중앙이니 춘하추동 네 계절의 바탕이며 인의예지 실행의 바탕이 되느니라. 그러므로 오직 하늘은 변화의 다스림으로 네 계절의 차례를 어기지 아니하고 사람은 가지 마디의 근본으로 네 가지 단의 우거짐을 잃지 않는 것이니 하늘의 도와 사람의 도를 한 이치로 합하여 사용한 즉, 어찌 작은 티끌이나 두 갈림길이 있으랴. 모름지기 모두 잊어버린 군자는 법식만 보지 말고 삼가 따라 받들고 행하여 실제 행동의 몸에 사용하라.

이신환성(以身換性)

몸을 성령으로 바꾸라는 것은 대신사의 본뜻이니라. 육신은 백년 사는 한 물체요, 성령은 천지가 시판하기 전에도 본래부터 있는 것이니라. 성령의 본체는 둥글고 둥글며 가득하고 가득하여 나지도 아니하며, 멸하지도 아니하며, 더하지도 않고, 덜하지도 않는 것이니라. 성령은 곧 사람의 영원한 주체요, 육신은 곧 사람의 한 때 객체니라. 만약 주체로써 주장을 삼으면 영원히 복록을 받을 것이요, 객체로써 주장을 삼으면 모든 일이 재화에 가까우니라.

그런데 주체가 영생하고자 하면 객체 즉 육체가 험하고 괴로움이 많고, 객체가 안락 하고자 하면 주체 즉 성령의 앞길이 들떠 있으리니 그대들은 무엇을 취하겠는가. 그러므로 모든 도인을 대하여 힘들고 쓴 것을 많이 말하고, 편안하고 즐거운 것을 말하지 아니하노라. 무릇 편안하고 즐거운 말은 듣기에는 비록 좋으나 실은 안락이 아니라 도리어 힘들고, 힘들고 쓴 말은 듣기에는 비록 싫으나 실은 험하고 쓴 것이 아니라 곧 편안하고 즐거운 것이니라.

우리 무극대도의 대신사는 성령으로 주체를 삼으신지라, 그러므로 수련이 극치에 이른 사람이라야 힘들고 쓴 것으로써 편안하고 즐거워 육신의 편안하고 즐거운 것을 홀연히 잊어버리는지라. 대신사 깊은 물을 건너며 빗속에 그냥 보행 하신 것을 보아도 황연하지 않는가. 그러므로 육신을 성령으로 바꾸는 사람은 먼저 괴로움을 즐거움으로 알아야 가하니라.

이신환성(以身換性) 2

수련(修鍊)의 극치에 이른 사람이라야 비로소 대신사의 성령출세 (性靈出世)를 알 수 있느니라. 사람은 누구나 각자 본래의 성품인 본 체성(本體性)을 깨달으면, 혈각성(血覺性)의 선악과 강하고 부드러움에 있어서도 능히 천만 년 전 사람이나 천만년 후 사람이나 현대 사람이 같은 것을 알 것이니, 이것을 깨달은 사람은 대신사 요, 이것을 깨닫지 못한 사람은 범인이니라. 대신사의 법력(法力) 은 둥글고 둥글며 가득하고 가득하여 길이 살아 계시어 없어지지 아니하나니, 물 가운 데 그냥 가는 것과 비속에서도 젖지 않는 것 은 대신사의 살아 계실 때의 법력(法力)이요, 한 여름에 청수에 얼 음이 얼고 성미 그릇에 성미가 불어나는 것은 대신사의 사후(死後) 법력이니, 대신사의 법력은 살아 계실 때와 성령출세 하신 후가 같 은 것이니라.

큰 바다가 번복하면 어족이 다 죽듯이 대기가 번복하면 인류가 어떻게 살기를 도모 하겠느냐. 일후에 반드시 이러한 시기를 한번 지나고서야 우리의 목적을 달성할 것이니, 이신환성은 이러한 시기 에 살기를 도모하는 오직 하나의 큰 방법이니라. 성심 수련으로 본 래의 성품을 바꾸라. 후천개벽의 시기에 처한 우리는 먼저 각자의 성령과 육신부터 개벽해야 하느니라. 만일 자기의 성령 육신을 자 기가 개벽하지 못하면 포덕 광제의 목적을 어떻게 달성 하겠느냐.

대신사 말씀하시기를 "하늘님께 복록정해 수명일랑 내게 비네"

하셨으니 이것은 육신 관념을 성령 관념으로 바꾸어야 한다는 말씀이니라. 하늘이 있음으로써 물건을 보고, 하늘이 있음으로써 음식을 먹고, 하늘이 있음으로써 길을 간다는 이치를 투철하게 알라.

천지무궁지수(天地无弓之數)

천지무궁의 수(數)를 알려거든 이신환성(以身換性)을 해야 하고 도(道)의 무극한 이치를 알려거든 다섯 가지 정성인 오관(五款) 실행을 잘 해야 하느니라.

내게 있는 본 연성(本然性)을 깨닫고자 하면 쉬운 방법이 있으니, 언제나 오후 10시 경이면 감사의 마음으로 만사를 다 잊어버리고 편안하게 잠에 들었다가 새벽에 잠이 깨어 정신이 들려 할 적에 그대로 누워서 눈도 뜨지 말고 몸도 움직이지 말며 누운 그대로 '내가 나기 이전, 천지가 생겨나기 이전 본 연성(本然性)은 무엇인가'하고 생각하여 보라. 이 생각을 가지고 하루, 이틀, 한 달, 두 달, 한해, 두해, 쉼 없이 늘 생각을 계속하면 하루아침에 문득, '아! 나의 본연성과 천지 생기기 전의 본연성은 이런 것이로구나.'하고, 활연 관통이 될 때가 있을 것이니라.

오늘의 일은 국가의 일이거나 도의 일이거나 오늘에 있는 우리가 해야 될 것이 아닌가? 사람은 큰일을 하려면 먼저 도(道)를 닦는 종교적 수련이 있어야 하나니 종교적 수련이 없으면 하늘님의 감응을 받기 어려운 것이니라. 하늘님의 감응을 받으면 만리 만사가 무위이화(無爲而化)로 되는 것이요, 하늘님의 감응을 받지 못하면 모든 일이 뜻대로 되지 않는 것이니라.

　지금 세상에는 힘센 사람이 제일인데 '힘'이란 '완력'도 힘이나 이것은 개인과 개인 사이에 힘을 겨루는 것이요 또한 완력시대는 이미 지나갔고 지금은 권력(權力)과 재력(財力)과 지력(智力)이 판을 치고 있는 세상이라.

　그러나 앞날의 세상은 도력(道力)으로써 많은 사람을 감화케 해야 할 것인데 그것이 바로 덕을 펴는 포덕(布德)이니라. 우리 도(道)에서는 포덕 많이 한 사람이 가장 힘이 센 사람이니 포덕(布德)은 하면 할수록 힘이 점점 늘어가는 것이니라.

후경(後經)

하늘 성품(天性品)은 본래 처음이 없고 마음(心)은 본래 둘이 없으나, 만법이 체(體)를 갖추어 하늘에 놓아도 한량이 없고 땅에 놓아도 끝이 없고 거두려 하여도 또한 터전을 얻지 못하느니라.

어떤 사람이 묻기를 "성품(性品)은 본래 처음이 없거니 성품이 있고 마음이 있는 것은 어찌된 것입니까?" 대답하시기를 "성품(性品)이란 것은 이름이니 이름은 만물이 있게 된 후에 처음으로 얻은 것이요, 처음이란 것은 태초 만물이 있던 때이니 능히 성품을 말하고 능히 처음을 말하는 것은 이는 영감으로 생각한 것이요, 영감이 나타나는 것은 실체가 있는 성품인 유체성(有體性)이라. 이 성품과 이 마음은 죽고 사는 것을 면하지 못하나 처음도 없는 성품은 바로 무체성(無體性)이니 나고 죽는 것이 있지 아니하여 참되고 참되며 같고 같은 것이니라."

묻기를 "참된 성품이 이미 처음이 있기 전에 있었으니, 처음이 있은 뒤에서야 있는 사람이 어떻게 능히 하늘 성품이 있음을 알 수 있습니까?"

대답하시기를 "없는 것으로서 없는 것을 보면 없는 것도 또한 있고, 없는 것으로서 있는 것을 보면 있는 것도 또한 없나니, 그 없고 있는 것을 정하여 없음이 비로소 있음을 생하고 있음이 비로소 없음을 생하나니 참되고 참되며 같고 같아 새는 것도 없고 더함도 없는 것이니라. 새는 것도 없고 더함도 없는 것은 하늘 성품과 내 마음의 처음이라 그러므로 하늘 성품이 인연 없이 생함이 있는 것을 알지니라." 묻기를 "어떠한 방법으로 그 큰 장애를 벗어나서 그 참된 하늘 성품을 볼 수 있습니까?"

말씀 하시기를 "해와 달은 비록 밝으나 검은 구름이 가리면 마치 병속의 등불 같으니라. 성품의 맑고 깨끗한 것을 많은 장애물이 둘러서 진흙 속에 묻힌 구슬과 같으니 다만 다른 묘법이 없고 내 마음으로써 스승을 삼아 굳세게 하여 빼앗기지 아니하며, 정하여 움직이지 아니하며, 부드러우나 약하지 아니하며, 깨달으나 깨달음에 매혹하지 아니하며, 잠잠하나 잠기지 도 아니하며, 한가하나 쉬지 아니하며, 움직이나 어지럽지 아니하며, 흔들어도 빼어지지 아니하며, 멈추었으나 고요하지 아니하며, 보이나 돌아보지 아니하며, 능이 있으나 쓰지 않을 것이니라."

묻기를 "보이는 것이 있으나 돌아보지 아니하고 능력이 있으나 쓰지 아니하면 어떻게 하늘을 쓰고 사람을 씁니까?"

대답하시기를 "법과 같이 행하면 스스로 무극대도(无極大道)가 나타나느니라." "어떤 것을 무극대도(无極大道)라고 합니까?"

말씀 하시기를 "무극대도(无極大道)는 하늘도 아니요 땅도 아니요 산도 아니요 물도 아니요 사람도 아니요 귀신도 아니니, 생각하나 생각하는 것 같지 아니하고, 보나 보는 것 같지 아니하고, 말하나 말하는 것 같지 아니하고, 들으나 듣는 것 같지 아니하고, 앉으나 앉은 것 같지 아니하고, 서나 선 것 같지 아니하여 변하지 않는 사이에 황연한 본래 의 맑고 깨끗한 것이니라."

묻기를 "대도(大道)가 여기서 그치나이까?"

말씀 하시기를 "그 하늘 성품을 닦아 그 무극대도를 얻은 사람은 진실로 지극히 다 할 것이나, 그러나 하늘 성품에서 마음이 생기면 몸은 청풍명월에 있고 집은 우주강산에 있느니라. 천지를 나에게서 보면 나도 있고 세상도 있어 나와 나, 만물과 만물이 각각 그 천성을 이루며 각각 그 도(道)를 지키며 각각 그 직분을 얻나니, 기쁜 나와 기쁜 만물이 어찌 극락의 세계가 아니겠는가. 세 하늘의 큰 기운이 섞이어 서로 응하여 한 마음으로 같이 돌아가니, 먼저 성인과 뒤의 성인이 문자를 나타내지 아니하고 다만 마음으로써 마음에 전한 것이니라. 도(道)를 구하고자 하면 구하는 마음을 스스로 가져야 하나 구하면 구할 것이나 구하기를 다하면 받을 것이 없느니라."

묻기를 "구하기를 다하면 받을 것이 없다 하면 도(道)를 어디서 구합니까?"

대답하시기를 "네가 구함을 묻는 것은 이는 네 마음이요, 내가 네 물음에 대답하는 것은 이는 내 마음이니, 내가 없고 네가 없으면 나와 너 사이에 어떻게 이 말이 있으리오. 무릇 하늘과 땅이 생긴 이후로 많은 중생의 움직임과 일체 선악이 다 사람 사람의 마음에 달린 것이니, 마음으로 인하여 나타나는 것이 내 성품과 내 마음이라. 이 본래의 마음을 제거하면 마침내 별다른 하늘이 없는 것이요, 이 본지를 떠나면 다시 구할 곳이 없으니 자기의 성품 하늘을 자기의 마음 하늘에서 스스로 구하라. 하늘 성품과 내 마음의

본체는 원인도 아니요 결과도 아니며, 증거 할 것도 없고 닦을 것
도 없고, 또한 형상도 없는 것이니라. 텅 빈 것 같아서 가지려 하
여도 능히 얻지 못하며, 버리려 하여도 능히 버리지 못하며, 가고
오는 것도 스스로 있어 항상 머물러 있는 곳도 없고, 미묘해서 보
기도 어렵고 말하기도 어려우나 그러나, 사람이 능히 스스로 움직
이고 스스로 쓸 수 있는 것이니라."

묻기를 "사람이 제가 능히 움직이고 쓸 수 있다면 어찌하여 하
늘을 믿습니까."

대답하시기를 "자기 마음을 자기가 믿으며, 자기 하늘을 자기 마
음으로 하며, 스스로 아는 것을 스스로 움직이며, 자기 하늘을 스
스로 법으로 삼나니, 그러므로 옛 부터 많은 경전과 많은 법설이
자기 마음을 자기가 법으로 하는 것이요, 밖으로부터 오는 것이 아
니니라. 경전을 배워서 만 번 외우고 하늘을 보고 천 번 절하라는
것은 다만 어리석은 사람들의 마음을 경계하여 만든 법이요, 단지
외우고 절만 한다고 하여 하늘 성품을 보고 마음을 깨닫는 것을
얻지는 못하느니라.

하늘 성품과 마음을 닦는 데는 반드시 묘한 방법이 있으니 깨닫
고 깨달아서 어둡지 말 것이니라. 마음이 하늘 성품 속에 들면 비
고 비어 고요하고 고요하며, 하늘 성품이 마음에 들면 활발하고 활
발해지느니라. 비고 고요하고 활발한 것은 자기 성품과 자기 마음
에서 일어나고, 자기 성품과 자기 마음은 내 마음의 본바탕이니,
도를 어느 곳에서 구할 것인가? 반드시 내 마음을 통하여 구할 것

이니라.”

묻기를 “나는 또 어디서 났으며 성품은 어디서 왔습니까?"

말씀 하시기를 “하늘의 입장에서 보면 나도 없고 성품도 없고, 사람의 입장에서 보면 나도 있고 성품도 있느니라. 나도 없고 성품도 없다고 보면 그 수명이 한량이 없고, 나도 있고 성품도 있다고 보면 그 수명이 반드시 짧아서 죽고 사는 것을 떠나지 못하느니라. 큰 수명은 죽고 사는 것도 없고, 선하고 악한 것도 없고, 움직이는 것도 없고, 비고 고요함도 없고, 빛깔과 형상도 없고, 위도 아래도 없고, 옛적과 지금도 없고, 말과 글도 없는 것이니 형용하기도 어렵고 말하기도 어려운 것이니라.”

묻기를 “형용하기 어렵고 말하기도 어렵다는 것은 무엇입니까?”

말씀 하시기를 “너의 물음이 다만 색상에서 나온 것이요, 너의 묻지 아니하고 듣지 못하는 것이 바로 형용하기 어렵고 말하기도 어려운 것이니라. 하늘 성품은 비고 고요함도 없으며 빛깔도 형상도 없으며 움직임도 고요함도 없으나, 그러나 기운이 엉기어 혈맥이 서로 통하면 때가 있고 움직임이 있나니, 이것을 하늘이 있다, 사람이 있다, 뜻이 있다, 신(神)이 있다 말하는 것이니라. 보통 사람의 눈은 다만 자신의 감각 영식으로써 광내에서 대조할 뿐이요, 안광 밖에 한량없이 넓고 큰 근본 하늘 성품은 알지 못하느니라.”

묻기를 “한량없이 넓고 큰 것은 어디에 있습니까?”

말씀 하시기를 “너의 감각이 미치는 것은 형상이 있고 빛깔이 있는 것이요, 너의 감각이 미치지 못하는 것은 이것이 한량없이 넓고 큰 것이니라. 너도 또한 그 한량없이 넓고 크고 맑고 깨끗한 지경으로부터 온 것이라. 그러므로 본래는 일로 인한 원인과 장애가 없었거늘 오랫동안 고해에 빠져 뜬구름이 햇빛을 가린 것 같으니라. 네가 자기 성품과 마음을 깨닫지 못하면, 비록 몸을 깨뜨려 티끌같이 할지라도 끝내 크게 이루지 못할 것이요, 네가 자기의 하늘 성품이 스스로 크며 자기의 마음에 도가 통하여 있음을 알지 못하면, 비록 천 가지 경전을 만 번 읽어서 설득하더라도 반드시 분별치 못하리라.

도를 자기의 성품에서 구하고, 법을 자기 마음에서 구하라. 성품과 마음이 있는 곳은 저기도 아니요, 여기도 아니요, 위도 아니요, 아래도 아니요, 다만 내가 내게 있는 것이니라. 내 하늘을 내 도로 하면 천도의 한량없는 것도 또한 내게 매어져 있으니, 내가 높고 높음이 위도 없고 위도 없어 세 하늘 위에 높이 있느니라."

후경(後經)2

비고 빈 것이 본래 빈 것이 아니요, 마음이 비어서 비고 고요한 세계가 되나라. 내 하늘 성품은 본래 하늘이요, 내 마음은 몸 뒤의 하늘이니라. 내 하늘 성품에는 나도 없는 것이요, 내 마음에 내가 바로 있는 것이니라. 세상 법은 백년 괴로움이요, 성인의 법은 만년 수심이니라.

밝은 가운데서 어둠이 나고 어둠 가운데 밝음이 나는 것이요, 어둠 가운데서 밝음이 나고 밝은 가운데서 어둠이 나느니라. 도가 세 하늘을 지나면 마음이 스스로 어두워지고, 바람이 잔잔한 물결을 움직이니 부질없이 시끄럽기만 하느니라.

흰 구름 위와 흰 구름 아래에 위에서는 듣고 아래서는 논하느니라. 들어도 들리지 않는 것을 듣는 것이 하늘마음 있는 곳이요, 알려고 해도 알지 못할 것을 아는 것이 내 마음이니라.

뜬 꽃이 하늘을 묻어 만겁을 벗어나고 빈 배가 물결을 멍에 하여 백년을 실었더라. 법계를 두루 돌아 옛집에 돌아오니 오색꽃잎이 처마 끝에 날리니라. 맑고 빈 달빛의 담박한 맛은 속절없이 내 마음을 스스로 흐뭇하게 하느니라.

하늘님이 잠잠하고 잠잠하여 하늘이 오래 비고 바람이 속빈 대를 움직이어 처음으로 마음이 생기게 하느니라.

도는 반드시 하나의 이치로 꿰뚫어 둘이 없으나 사물을 대하는 정신은 각각 정이 있느니라. 헤아릴 수 없는 큰 하늘도 조그만 마음보다 작고 홀연히 풍운이 일어나 만리를 뒤밟느니라.

베개 위에 깨인 혼이 하늘 가운데에 올라 달 아래 동서를 다 굽어보느니라. 사람은 해와 달같이 분시가 아니니 단연코 백년 슬픔을 만들지 말라. 사나이 마음을 두면 하늘도 쉬지 않나니 그 목숨은 반드시 백년의 앎을 만 드리라.

삼난장(三難章)

사람은 상하가 있으니 위도 어렵고 아래도 어려우니라. 위에 있을 때는 두루 고르게 하기가 어렵고 아래에 있을 때는 과하여 지나치지 않기가 어려우니라.

사람은 가남함과 부유함이 있으니 가난한 자도 어렵고 부자도 어려우니라. 부자는 욕심을 멈추기 어렵고 가난한 자는 부지런히 하기가 어려우니라.

사람은 삶과 죽음이 있으니 살기도 어렵고 죽기도 어려우니라. 살아 있을 때에는 뜻을 기리기 어렵고 죽을 때는 마음을 지키기 어려우니라.

십삼관법(十三觀法)

1. 주문을 생각하여 보는 것과 감화를 보는 것.
2. 나를 없다고 보고 하늘을 있다고 보는 것.
3. 나를 있다고 보고 하늘을 없다고 보는 것.
4. 성품을 없다고 보고 마음을 있다고 보는 것.
5. 마음을 없다고 보고 성품을 있다고 보는 것.
6. 성품도 없다고 보고 마음도 없다고 보는 것.
7. 성품도 있다고 보고 마음도 있다고 보는 것.
8. 나를 먼저 보고 하늘을 뒤에 보는 것.
9. 나도 있다고 보고 하늘도 있다고 보는 것.
10. 나도 있다고 보고 물건도 있다고 보는 것.
11. 자유를 보고 자용을 보는 것.
12. 창생을 보고 복록을 보는 것.
13. 세계를 보고 극락을 보는 것.

각세진경(覺世眞經)

묻기를 "높은 것은 하늘보다 더 높은 것이 없고, 두터운 것은 땅보다 더 두터운 것이 없고, 비천한 것은 사람보다 더 비천한 것이 없거늘 사람이 하늘을 모셨다 하는 것은 어찌된 것입니까?"

말씀 하시기를 "만물(萬物)은 다 이 마음(心)이 있나니 이 성품(性品)과 이 마음은 하늘에서 나온 것이라, 그러므로 하늘을 모셨다고 말하는 것이니라."

묻기를 "성품(性品)과 마음(心)이 하늘에서 나왔다는 것은 어찌된 것입니까?" 말씀 하시기를 "음(陰)과 양(陽)이 합덕 하여 체를 갖춘 것을 성품이라 하고, 밖으로 접령이 있고 안으로 강화가 있는 것을 마음이라 하느니라."

묻기를 "그러면 높은 것이 하늘이 아니요, 두터운 것이 땅이 아니란 것입니까?"

말씀 하시기를 "높은 것은 두터운 것에 의지하고 두터운 것은 높은 것에 의지하였으니, 사람은 그 사이에 있어 위로는 높고 밝은 덕을 입었고 아래로는 넓고 두터운 은혜에 실은 것이니라. 이러므로 천, 지, 인 삼재란 것은 도무지 한 기운뿐이니라."

묻기를 "성품(性品)이란 것은 무엇입니까?"

말씀 하시기를 "천지의 정미로운 체이니라."

묻기를 "마음(心)이란 것은 무엇입니까?"

말씀 하시기를 "들리는 듯 하나 보기 어려운 혼원한 허령(虛靈)

이니라."

묻기를 "영(靈)이란 것은 무엇입니까?"

말씀 하시기를 "허령이 창창하여 만물에 남기지 아니함이 없으며, 비치지 않은 때가 없으며, 고요하여 움직이지 아니하며, 일어나면 밝고 어두우면 변화하여 스스로의 덕(德) 과 스스로의 이치가 천지의 세요, 자연의 이치니라."

묻기를 "오행(五行)이란 것은 무엇입니까?"

말씀 하시기를 "기운의 정(精)한 체(體)이니라."

묻기를 "기(氣)란 것은 무엇입니까?"

말씀 하시기를 "이치의 정령(精靈)이 크게 나타나는 빼어난 모양이니라?"

묻기를 "이치(理)란 것은 무엇입니까?"

말씀 하시기를 "한 덩어리(一塊)이니라."

묻기를 "한 덩어리(一塊)란 것은 무엇입니까?"

말씀 하시기를 "시작이 없는 것으로써 있는 것이니라."

묻기를 "정(精)이라는 것은 무엇입니까?"

말씀 하시기를 "체(體)의 지극한 영(靈)이니라."

묻기를 "음양(陰陽)이란 것은 무엇입니까?"

말씀 하시기를 "처음에 한 물건이 있었으니 물건이란 것은 한 덩어리요 덩어리란 것 은 무극이니, 다만 처음의 나눔이 있어 이른바 무극이 태극을 낳은 것이라. 무극은 음 이요 태극은 양이니, 상하로 말하면 상하도 또한 음양이요, 동서로 말하면 동서도 또한 음양이요, 그밖에 춥고 더운 것, 낮과 밤, 가고 오는 것, 구부리고 펴는 것 등이 다 음양 아님이 없으니, 그 근본을 연구하면 천지, 귀신, 변화의 이치가 서로 대하고 서로 응하나니 서로 대하고 응하는 것은 도무지 음양의 이치이니라."

묻기를 "강화(降話)란 것은 무엇입니까?"

말씀 하시기를 "강(降)이란 것은 영(靈)이 접하는 이치요, 화(話)란 것은 귀신(鬼神)이 영을 받지 아니 함이 없어 능히 말하고 웃고, 능히 움직이고 고요한 것이 다 강화의 가르침 아님이 없는 것이니라."

묻기를 "접령(接靈)이란 것은 무엇입니까?"

말씀 하시기를 "그 나타나는 형상이 그렇고 그렇게 물을 뿌리고 뿌림같이 골격에 혼연히 들어가 총명이 그 귀와 눈에 응하여, 나와 하늘의 기운이 서로 합하여 하늘과 사람이 말을 서로 들으며, 뜻과 생각이 서로 같아서 모든 일을 능히 통하는 것이니라. 어리석은 사람들이 어찌 하늘의 적실한 것을 알 수 있으며, 마음을 지키고 기운을 바르게 함으로써 성현의 경지에 이르며, 능히 하늘님 말씀의 적실한 것을 들어 교화의 덕을 어김이 없게 하리오."

묻기를 "귀신(鬼神)이란 것은 무엇입니까?"

말씀 하시기를 "천지로 논하면 음은 귀(鬼) 양은 신(神)으로 음과 양이 변화하는 것을 이름이니라. 귀신으로 말하면 음은 귀 양은 신이요, 성심(性心)으로 말하면 성은 귀 심은 신이요, 굴신으로 말하면 굴은 귀, 신은 신이요, 동정으로 말하면 동(動)은 신, 정(靜)

은 귀이니, 통틀어 말하면 기운이 이치를 안고 그 이치가 기운을 받는 것인데, 의지 한 것도 없고 선 것도 없는 둘레이니라."

묻기를 "의지한 것도 없고 선 것도 없는 둘레라면, 방위는 있으나 변치 않는 것은 어찌된 것입니까?"

말씀 하시기를 "배 가운데 누우면 배를 돌려서 가도 그 가는 방향을 알지 못하는 것 과 같으니라.

슬프다, 살면서도 그 사는 것을 알지 못하고, 행하면서도 그 행하는 것 을 알지 못하고 먹으면서도 그 먹는 것을 알지 못하느니라."

명심장(明心章)

아! 밖으로 영기(靈氣)의 접함이 있음이란. 그 속에서 스스로 비롯됨에 오행(五行)이 덕(德)을 합하여 만물이 각각 영에 이은 기운이 있음이요, 안에 가르침의 말이 있음이란 것은 오행으로서 만물(萬物)을 이룸에 이르니 어찌 상생상극 변화의 이치가 없겠는가. 스스로 움직이어 밝게 응하고 스스로 잘잘못을 헤아리고 입으로 말을 하니, 움직이어 밝히고 스스로 헤아림은 가히 강화의 가르침이라 이를 것이요, 입으로 말을 함은 가히 선생의 가르침이라 이를 것이니, 하늘님 말씀과 사람의 말이 어찌 다름이 있겠는가.

그러나 수심정기(守心正氣)하고 한마음으로 기운을 바르게 하여 무극의 경지에 혼연히 들어가면 강화의 적실함을 밝게 알 것이나 방심하여 생각이 어지러우면 하늘님 말씀과 사람의 말이 서로 떨어지므로 헤아려 기록하지 못하느니라. 그런 즉 언어와 동정은 실로 이에 지나지 않으나 그러나 실로 음양귀신의 자취가 아니면 어찌 화생동정의 이치가 있겠는가. 그러므로 천만이치에 자연히 무위이화가 있는 것이요, 일동일정이 도시 귀신의 가르침이니라. 들어도 들리지 아니하고 보아도 보이지 않는다고 말하는 것은 세상 사람이 귀신의 자연한 이치를 알지 못하고, 다만 내 몸이 스스로 행하는 이치로 아는 것이니라. 그러므로 언어는 교화할 즈음에 먼저 나오나 그러나 들어도 들리지 않는 것이요, 한 몸은 이치기운 가운데에서 화생하였으나 보아도 보이지 않으니 이는 다름이 아니라 아직 큰 깨달음에 이르지 못한 연고이니라.

시천주(侍天主)의 마음을 지키고 기운을 바르게 하여 덮어주고 실어주는 덕을 환히 알게 되면 만물과 내가 어찌 털끝만치라도 사이가 있겠는가. 말은 한 기운 속에서 생기는데 귀천이 또한 명에 있느니라. 모든 일을 이 말씀같이 하면 평생을 나 스스로 알리라.

음양 조화로 만물이 생기는데 다만 형상을 이룬 것은 알아도 이치는 나타나지 않느니라. 음양이 처음 나뉘어 오행이 생기고, 오행이 덕을 합하여 만물을 이룸이라. 다만 물건의 체는 알아도 기운은 보지 못하여 자기 몸이 행하고 기운은 행치 않는 것으로 아노라.

한 생명이 처음 나뉘니 이것이 음양이요, 탁하면 땅이 되고 맑으면 하늘이라. 땅은 수, 화, 금, 목, 토요, 하늘은 해와 달 아홉별의 밝음이라. 음양오행이 어찌 구분이 없겠는가. 맑고 흐린 가운데 자연히 구별이 있느니라. 만물은 그 가운데서 화생한 것이요, 사시가 분명 함은 무위(無爲)로 되느니라. 마음에 능히 통함이 있다고 이 하늘에 거만하니 어찌 탄식치 않으며 어찌 민망치 않겠는가.

옛 부터 영웅은 지금까지 들건 데 죽은 후에는 영영 다시 위엄이 없노라. 천만 물건이 생함에 이르니 생함에 이치요, 행함에 신(神)이라. 천만 물건이 밝고 밝음이여! 귀신(음양)의 자취는 또한 여기에 머무느니라. 성품은 바탕이요, 마음은 기운이요, 기운과 바탕이 덕을 합하여 이룬 것은 형상이라. 안으로 신령이 있고 밖으로 기화가 있음은 영의 기운이요, 화함은 이치라. 이치와 기운이 어찌 사이가 있겠는가. 만물을 이룸에 자연히 구별이 있느니라.

강론경의(講論經義)

　서로 뜻을 물어 도덕을 투철히 하라. 힘써 일하면 얻는 것이 있고 안일하면 이루는 것이 없으니 힘쓰고 경계하라. ""

　"시천주 조화정(侍天主造化定)"은 근본이요 "영세불망 만사지(永世不忘萬事知)"는 단련함이니 지극한 기(氣)와 지극히 화(化)하여 지극한 성인에 이르는 것이 어찌 정당한 이치가 아니겠는가. 경(經)에 이르길 "모셨다는 것은 안에 신령이 있고(內有神靈) 밖에 기화가 있다(外有氣化)"는 것을 해월신사께서 분석하여 말씀하시기를,

　"안에 신령이 있다는 것은 땅에 떨어진 처음 어린아이의 마음이요, 밖에 기화가 있다는 것은 포태 될 때에 영(靈)이 강림한 것이라." 하였으니 이 말씀이 지당하고 극진한 것이니라.

　그러나 도(道)와 덕(德)이란 것은 안과 밖이 있을 수 없으니 신(神)의 영과 기(氣)의 화하는 것은 처음에 둘로 된 것이 아니라 한 이치 속에서 흩어진 이치요, 주문 해석의 "내유신령(內有神靈)"과 논학문의 "외유접령지기(外有接靈之氣)"라고 가르친 것은 바로 영(靈)과 기운(氣運)이 본래 둘이 아니요 도시 한 기운(一氣運)이라는 것이니라. 하늘과 사람을 나누어서 말하면, 마음이 몸에 의지한 것이 하늘이 만물에 의지한 것과 같으니라.

　"마음은 본래 비어서 물건에 응하여도 자취가 없다."고 하나 텅 빈 것 같은 영은 형상이 없는 듯 하나 자취가 있느니라. 마음과 하

늘은 본래 둘이 아니니 마음이 곧 하늘이요 하늘이 곧 마음이라. 그 마음을 지키고 그 기운을 바르게 하면 통하지 못할 것이 없느니라.

시천주(侍天主)의 주(主)는 "님" 이란 뜻으로 "님(主)" 이란 것은 천지부모를 공경하는 뜻이요, "조화(造化)" 란 것은 함이 없는 것이요 함이 없는 것은 곧 현묘(玄妙)요 한이 없어 아득하여 검고 묘한 것은 곧 귀신(음양)이요, 귀신(鬼神)은 형상하기 어렵고 헤아리기 어려운 것이라. 아는 사람은 아나 실로 말하기 어려운 것이니라. "정할 정(定)"이란 것은 하늘님 덕(天德)에 합하고 하늘님 마음(天心)에 맞게 내 마음을 정하여 비로소 사람의 형체를 이룬 것이므로 말씀하시기를 "하늘님 덕에 합하고 그 마음을 정함이라(合其德定其心)" 하였고, "지(知)"란 것은 적실히 이것이 하늘님께 받는 이치 기운이란 것을 안 뒤에야 능히 하늘님의 가르침을 받으므로 말씀하시기를, "그 도(道)를 알아서 그 지혜를 받는 것이니라." 라고 하였느니라.

이러므로 십 삼자 주문은 사람이 된 근본이니 근본을 투철히 하면 능히 조화를 통하여 하지 못할 것이 없기에, 감히 어리석은 소견을 말하여 여러분을 위하여 부족함을 불구하고 제군들을 위한 공부의 자료로 삼노라. 어떤 사람은 말하기를 "모신 것은 그림자라" 하니 그림자라는 것은 기운과 형체를 따르는 물형(物形)이니라.

용담정기

　용담(龍潭)에 물이 있어 그 근원(根源)이 깊었으니 사해(四海)에 둘렀도다. 검악(劍岳)에 꽃을 심어 임자를 정(定)했으니 꽃이 피는 소식이 분명(分明)하다. 동풍삼월(東風三月) 이때로다.

　보름날 밤의 밝은 달은 사해(四海)에 밝아있고 배꽃 복숭아 꽃 만발(滿發)하여 수 만 가지 꽃 흐드러지게 피고 백 가지 꽃이 붉고 붉은 그 가운데 뜰 앞에 일지매(一枝梅)는 뛰어난 절개(節介)로서 은근히 빛을 감춰 굳은 마음 변치 않고 정절(貞節)을 지켰도다.

　가련(可憐)하다 가련(可憐)하다 꽃과 버들에 부는 봄바람의 좋은 시절(好時節)을 어쩔 수 없이 보냈으니 노란 국화와 붉은 단풍이 아닐런가. 서리 바람이 크게 일어 흰 눈을 날렸도다.

　빈 하늘에 걸린 달은 가을바람에 정신(精神)모아 서산(西山)에 나려있고 만 가지 꽃이 흐드러지게 피어 붉은 꽃은 소리 없이 떨어짐이 아닐런가. 가련(可憐)하다 가련(可憐)하다 적적하고 고요한 빈 창 앞에 인적(人迹)이 없었으니 꽃이 피는 소식 누가 알꼬. 뜰 앞에 심은 매화(梅花) 향기로운 바람에 뜻을 내어 가지가지 마다 날로 피고피어 흰 눈(白雪)을 웃었으니 꽃피는 소식이 분명(分明)하다. 더디도다. 더디도다. 나귀등에 오는 손은 이런 꽃피는 소식(消息) 모르고서 편답강산(遍踏江山)은 무슨 일인고. 봄꿈을 깨닫지 못하여 정신수습(精神收拾) 못했도다.

　세상풍진(世上風塵) 괴로운 바람 중에 무릉도원 소식 어찌 알꼬.

364

무릉도원 복숭아 꽃 흐르는 물 네 바다에 흘렀거늘 고기잡이 배 벗을 삼아 비월비시(非月非時) 그때로서 찾아오기 분명(分明)하다. 고요하고 적적한 공창(空窓)앞에 바람을 맞으며 홀로서서 마음 변치 않고 정절(貞節)을 지켰으니 군자의 즐거운 곳이 아닐런가.

그럭저럭 지내나니 흐르는 물과 같이 빠른 세월 순식간에 지나가니 서산(西山)에 구름이 걷히고 춘풍삼월(春風三月) 또 있도다.

이때로다. 이때로다. 정당한 삼월(正當三月)이 이때로다. 남산 북산(南山北山) 그 가운데 동산서산(東山西山) 일체(一體)로써 하루아침에 화창하게 되었더라. 나귀등에 오는 손님이 이제야 잠을 깨어 봄 나비에 믿음(信)을 붙여 꽃을 따라 찾아가니 바쁘고도 바쁘도다. 나귀걸음 재촉하여 꽃핀 문 앞에 당도(當到)하여 말 위에서 얼른 내려 텅 빈 창 앞에 네 번 절하고 일지매(一枝梅) 부여잡고 크게 한숨 쉬며 탄식(歎息)을 한참 할 때 반쯤 빈 하늘에 옥피리 소리 홀연(忽然)히 들리더니 오색구름의 광채가 찬란하고 좋은 향취(香臭)가 진동(震動)하며 학(鶴)의 소리 가깝도다.

정신(精神)이 개운하고 깨끗하여 양손을 들어 올려 모아 마주 잡음에 의지(依支)하여 동정(動靜)을 살피니 바람결에 나타난 학의 깃처럼 머리 결이 하얀 노인이 이러하고 저러함을 묻지 않고 내려와서 학(鶴)의 등에서 얼른 내려 집 위에 좌정(座定)하여 일지매(一枝梅)를 어루만져 기뻐하고 기뻐하며 즐거워하고 즐거워함이 아닐런가.

말을 타고 와서 도착한 손님이 뜰아래에서 네 번 절을 하니 입을 다물고 아무 말도 하지 않음이 아닐런가. 이윽고 생각(生覺)하다가 주머니 안의 한 조각 물건을 완연(宛然)하게 내어들고 말 위에 걸어주며 이러이러하게 분부(吩咐)하니 불과 몇 마디 말 그뿐이라. 이윽고 천지(天地)가 진동(震動)하며 비와 바람이 크게 일어나서 강산(江山)이 뛰놀면서 벼락과 천둥소리 귀가 먹고 정신수습(精神收拾) 못 할러라.

이 웬일인가 이 웬일인가. 천지의 큰 꿈이 이 아닌가. 끊이지 않고 계속 진동(震動)하며 일천지하(一天之下)가 한 모양이라 천지개벽(天地開闢) 이 이 아닌가. 살고 살아가는 계책을 누가 알랴 억조창생(億兆蒼生) 곤궁하고 고통스러운 가운데에 이 창생들을 건지는 것을 어찌 할까. 만 가지 근심과 걱정을 한참 할 때 집 위에 학발노인(鶴髮老人) 빙긋이 미소 짓고 나서 탄식하며 하는 말씀 미련(未練)한 이것들아 일편 물(一片物) 주는 것을 자세(仔細)히 보고 행하게 되면 만에 하나 살기도 어려운 그 가운데 생활하고 사는 방법을 근심하며 세상 큰 꿈같은 그 중(中)에도 이로써 창생을 건지지 못할 소냐. 자세(仔細)히 보고 시행(施行)하라.

그제야 깨닫고서 일 편물(一片物) 살펴보니 금(金)도 아니고 옥(玉)도 아닌 그 가운데 마음심(心)자 뿐이로다. 정신(精神)이 개운하고 깨끗하여 수심정기(守心正氣) 다시하고 일동일정(一動一靜)을 시험(試驗)하니 내 뜻대로 쓰며 일에 움직이는 거동(擧動) 천지조화(天地造化)가 분명(分明)하다.

그제야 의혹되고 의심함을 풀어버리고 마상객(馬上客) 다시 불러 이러이러하고 이러이러하게 지휘(指揮)하니 먼 곳과 가까운 곳의 어진 친구(親舊)들이 구름 모이듯 하였더라. 그중(中)에 현인군자(賢人君子) 의기남자(義氣男子) 몇몇인가. 마음과 뜻이 서로 통한 그 가운데 이러 이러하게 지휘(指揮)하니 무궁한 조화(無窮한造化)의 그 이치(理致)가 마음먹은 뜻대로 쓰는 것이 분명(分明)하다. 불과 몇 달 못 되어서 각자 자기 마음만을 위하던 그 사람들이 동귀일체(同歸一體) 되었으니 차차차차 시험(試驗)하면 한 하늘 아래 그 가운데 모든 것이 화하여 한 덕으로 돌아감이 아닐런가.

좋을시고 좋을시고 태평시절(泰平時節) 좋을시고 마상객(馬上客) 그 손님은 한번지휘(指揮) 들어가서 믿을 신(信) 한 글자 아니 잃고 성, 경, 신, 법(誠敬信法)이 분명(分明)하다. 장(壯)하도다 장(壯)하도다 복록과 위엄이 있는 거동 장(壯)하도다. 일지매(一枝梅) 한 가지가 강산을 널리 다니지 아니하고 한 하늘 아래 넓은 천지(天地)에 꽃 피는 소식을 전(傳)했으니 오만년 영원히 다함이 없음이라.

용담(龍潭)과 검악(劍岳)이 돌아 들어와 모두 다 건지고 건지니 모든 사람이 현인군자(賢人君子)가 분명(分明)하다. 뜰 위를 살펴보니 뚜렷하게 큰 글을 써서 붙인 선판(宣板)은, 무극대도(无極大道) 오만년지(五萬年之) 무궁(無窮)이라. 선판(宣板)에 새긴 글은 정자가 높고 높아 기록(記錄)하기도 어렵도다.

현숙(賢淑)한 제군(諸君)들은 이말 저말 하지 말고 수심정기(守心正氣) 살펴내어 정성들이고 또 정성들이어 잃지 마오.

집안의 가도(家道)를 화하고 순히 하는 법(法)은 부화부순(夫和婦順)이 으뜸이라. 부화부순(夫和婦順)하게 되면 천지합덕(天地合德)이 아닐런가. 군자(君子)의 이른 말씀 하늘이 만백성을 내었으니 각각 해야 할 직분을 받음이 아닐런가. 직업(職業)을 잃지 않으니 하늘마음을 잃지 않음이 아닐런가. 직업(職業)을 힘써하면 입고 먹는 것이 넉넉함이 아닐런가. 입고 먹는 것이 넉넉하게 되면 물질 욕심 때문에 덮는 폐단이 있을 소냐. 물욕교폐(物慾交蔽) 없게 되면 수심정기(守心正氣) 못할 소냐.

정성들이고 또 정성들여 공경하니 인의예지(仁義禮智) 없을 소냐. 수신제가(修身齊家) 분명(分明)하니 도덕군자(道德君子)가 아니겠는가.

경운가

푸른 산골짜기에 흐르는 맑은 물과 두견새는 누굴 위해 돌아가지 못함을 노래하는 고. 담 벽 위 오동나무에 봉황새는 어찌 그리 시절을 읊는 시(詩)를 일삼아 노래하는가.

하늘 오색구름 위를 날아가는 저 푸른 빛깔의 청학은 생사(生死)자랑 갈수록 더하며 날아오고 날아감을 갈수록 더하여 천하에 펴는 것이 어느 때인고. 여보아라 창생들아 어느 해 어느 달 좋은 대책과 방법 찾아 좋다말고 때와 운수도 때에 따라 변함을 기다려서 하늘의 명(命)을 돌아보아 하늘을 공경하고 하늘을 따랐어라.

태고의 태호 복희씨 팔괘(八卦) 이치 경신년(庚申年) 신유(辛酉年)년이 그에 들어맞게 오니 주 문왕의 괘와 효 당장 마련하여 갑술년(甲戌年)과 을해년(乙亥年)을 맞은 후에 후천 팔괘 다시 그려 이제 창생 효유해서 군자에게 가르침을 보이어 이어 내려가게 하였더니 세월이 물과 같이 흘러 주문왕의 역수(易數)팔괘 경신년 신유년에 당도하여 천도(天道)의 순환이 회복되니 순수 천리(天理) 틀림없이 확실하다.

새 운수(運數)가 이렇기로 천지 왕생 운수 따라 아동방 먼저 밝아 복덕(福德)이 왕한고로 어리석은 이내 소견 하늘님 전 명(命)을 받아 하도(河圖)와 낙서(洛書) 살핀 후에 시운(時運) 시변(時變) 깨닫고서 순수 팔괘 다시 그려 사람사람 전해주고 만지장서(滿紙長書) 베풀어서 오는 사람 깨우쳐주니 순수 천리 이 아닌가.

　여보시오, 덕(德)이 있는 군자 세상 풍속 던져두고 이내 노래 들어보소. 동경대전 용담유사 전한문자 배우고 또 익혀 그 참뜻을 안다 해도 이치 이(理)자 몰랐으니 여러 사람에게 훈시하여 지도함을 잊지 말고, 쌓인 눈이 북악산에 가득하여 때를 몰라 그러 한가.

　억새로 지은 조그마한 집에서 봄에 취하야 꿈을 못 깨 그러한가. 남쪽 하늘에 노는 큰 기러기와 작은 기러기를 보니 고향을 생각하는 노래가 절로난다.

　흐르는 물(水)처럼 살아있는 신(神) 그때로다. 1.6수(水) 먼저 되어 적설(積雪)이 다 지나고 흐르는 물과 같이 하게 되면 강(江) 아래에 저 어진 사람도 행장(行裝)을 다 차려서 옛 주인을 찾지만은 이런 이치 모르고서 방황하고 주저하는 너의 거동 어찌 그리 애달한고.

　각자위심(各自爲心) 하는 말이 내 옳고 네 그르지 매일 때때 하는 시비(是非) 그 뿐이니 애달 하다 너의 거동 뒤에 닥칠 일을 어찌 할꼬. 밝고 높은 뜻을 몰랐으니 주인 찾기 쉬울 소냐. 다시 만날 그 시절에 괄목상대(刮目相對)하게 하여 이와 같이 전했으니 응당히 알련마는 어찌 그리 못 깨닫는가. 거울에 아름다운 사람을 대했으나 말은 화답하지 못함을 실수 없이 맞혀내니 터무니없고 같지 않아서 탄식이 절로난다.

　많고 많은 무극대도를 닦는 사람 앞의 일은 고사하고, 다시금 살펴내니 만년 묵은 가지 위에 꽃이 피어 천 떨기라. 사해(四海)의 구름 가운데 달 솟으니 하나의 거울일세와 한 가지에 꽃이 피니

온 세상이 봄이로다. 라는 말을 넉넉히 깨달아서 그 주인(主人)을
찾았어라.

산삼(山蔘)이 아무리 좋다 해도 뿌리 없는 산삼이 없고 화창한
봄날에 흐드러지고 빛나는 꽃이 제 아무리 좋다 해도 뿌리가 없는
꽃이 없네. 이러므로 허공위에 나는 새도 집을 찾아 돌아오거든 하
물며 만물가운데에 최령자라고 하는 사람 삼강오륜(三綱五倫)밝혀
두고 예의염치 가려내며, 남의 제자 되는 사람 하늘 이치에 순수하
게 하자하는 것이니 이런 이치 알게 되면 허황된 마음 사라지고
조급한 마음 살폈으면 처변하기 한 몸(身)이라.

도(道)의 아는 이치 그렇기로 그 근원이 끝이 없이 깊고 그 이치
또한 심히 멀도다. 라고 일렀나니 여보시오 저 도인들이여 자세보
고 깨달으소.

봄 산의 봄기운 따라 꽃구경 하거니와 눈 안에 있는 것을 몰랐
으니 춘말하초(春末夏初) 기다리어 완화 할 사람 몇몇 인고. 이런
일로 본다 해도 운수 운(運)자 알리로다.

그도 또한 그러하나 자고이래 전한 말은 봄빛이 밝고 밝아 경치
좋다 일렀으니 물 가운데 연꽃이 아닐진대 무슨 경치를 좋다하며
흰 눈이 산에 가득한데 일지매(一枝梅)가 없게 되면 누구라서 봄소
식을 전해주리 자고이래 그러하니 부디부디 깨달아서 시킨 대로
시행하면 마침내 군자를 이루게 될 것이니 의심 말고 가자 서라.
나도 또한 이 세상에 신선(神仙)이라 이름 해도 이런 고생 다시없
다. 라고 밝고 밝게 전했건만 어찌 그리 못 깨닫는가.

　여보시오, 창생들아 나의 고생 들어 보소 시운(時運)이 불행하여 갑자(甲子) 풍파 지낸 후에 세업(世業)을 던져두고 끝없이 넓은 세상 바다위의 섬과 같은 가운데에 무정한 이 세월을 무연히 보냈으니 거연 사십 또 보내며 전후 사십 보낸 손이 석 달 동안의 화창한 봄을 맞는 것이로다.

　젊은 나이에 세상일로 울울한 그 회포를 부칠 곳 바이없어 공산에 비켜 앉아 곰곰이 생각하다가 명아주 대 지팡이 벗을 삼아 흰 구름 사이에 걸어가 홀연히 한곳을 바라보니 표표한 한 소년이 나귀를 재촉하여 뜰아래에서 사배하거늘 다시금 살펴보니 다른 사람 아니로다. 전일 금강산 제일봉에 잠시 잠깐 상봉하여 불과 수언 일렀더니 아니 잊고 찾아와서 옛정을 이야기하니 믿지 못하던 것을 믿게 되었더라.

　이내 마음 즐거워서 일장 지휘하여 차제 분별 위에 알리고 일을 맡기는 것을 이야기하니 기장하다 저 손님은 일장지휘 들어다가 차서분별 아니 잊고 명(命)을 받아 시행하니 그도 역시 운수로다. 이는 또한 그러하나 나도 또한 이 세상에 나라를 보전하고 백성을 편하게 하라는 보국안민(保國安民) 명(命)을 받드네.

　밝고 밝게 전했으니 운수는 때가 있는 고로 이런 고생 다시없다. 무지한 저 사람들 숨어서 남에게 해(害)를 끼치는 세상 음해(陰害)다 했더라. 그는 역시 그러하나 그 말 저 말다 다 던져두고 덕(德)이 있는 그 군자는 동경대전 용담유사 외우는 운수 문자대로 시행하여 이내 수치 씻어주소. 이내 수치 씻어주면 다시 만날 그 시절에 괄목상대 될 것이니 의심 말고 시행 하소. 나도 또한 이 세상에 음양(陰陽) 사상(四象) 품고 받아서 신체발부 받은 몸이 천, 지, 인(天地人) 삼재(三才)의 덕 알았거늘 헛말로 유인할까? 좋은 시절 그때 오게 되면 서로 의심을 깨트리게 되련마는 때가 있어 그러하니 부디부디 의심하지 마소.

조조한 저 사람은 도(道)의 근원을 살펴내어 오는 운수 깨닫지 않고 대신사가 무엇인지도 모르고서 횡설 수설 하다가서 믿지 못하는 의심의 빛을 못 이기어 의심의자 주장타가 지질해서 그쳤더라. 서로 서로 효유해서 좋은 운수 받게 하소. 그는 역시 그러하나 때도 알지 못하는 이치 지어두고 난법 난도 하는 사람 효유(曉喩)해도 듣지 않거든 공경하되 멀리 하였어라.

옛 성현(聖賢)이 전한 말씀 인연 없는 그 창생은 제도하기 어렵도다. 이 같이 일렀으니 이런 말씀 생각하여 오는 사람 효유하고 가는 사람 막지 마소 중생제도 그러하니 연분 따라 제도하소. 창생제도 운수 그러하니 덕이 있는 모든 군자들은 자세보고 깨달으소.

몇 아름드리로 크게 자란 나무 재목 좋다 하더라도 양공(良工)을 못 만나면 쓸 곳이 전혀 없고 일곱 구멍 옥통소도 보물이라 일렀으되 장자방(張子房)을 못 만나면 어느 그때 써먹을까? 이치가 그렇기로 뿌리를 배반한 나무 아무리 무성코자 하나 내 어찌 할 도리가 있으리오. 나무는 그 뿌리에 힘을 이은 가지라야 능히 성실하게 크는 것이요. 사람이 아무리 잘되고 잘하되 하늘님의 간섭이 없으면 어찌 해볼 도리가 없는 것이요.

남의 제자 되어 잘되고자 하더라도 스승님의 교훈을 어기면 성공하기 어렵다 하였으니 이런 일로 본다 해도 뿌리 없는 회초리가 성실한 법이 없느니라. 자고로 이치가 한가지로 같으니 의심 말고 살펴보소.

돌 속에 묻힌 옥석(玉石) 사람마다 알까보냐. 아는 사람 있지마는 모르는 사람 허황될 것이니 때를 따라 세상에 나오되 어떤 사람 연분 하여 세상에 나오는 고로 사람마다 다 알 소냐. 아는 사람 있지마는 저마다 다 알소냐. 용담의 깊은 물에 은근히 숨은 용(龍)을 어느 누가 볼까보냐. 때가 있어 승천하면 세상사람 다 알 것이라. 이말 저말 다 하자니 말도 많고 글도 많아 약간 약간 기록하여 이와 같이 전해주니 자세히 보고 터득해서 춘말하초(春末夏初) 기다리소. 그때 오면 아래의 운(運)은 다 받들어 일어나니 오색 빛깔 구름이 없을 소냐. 오색구름 깊은 곳에 학도 날고 봉황도 날고 범도 뛰고 용도 놀아 만 가지 의혹을 깨트리게 될 것이니 의심 말고 기다리라. 이러한 줄 모르고서 세상사람 어찌 그리 애달 한고.

은덕은 고사하고 근본조차 잊었으니 후회막급 잊지 말고 나의 소견으로 하늘님 전 명을 받아 일장 설화 전한 말씀 무병지란(無兵之亂) 삼년운수 지난 후에 살아나는 인생들은 하늘님 전 복록정해 수명일랑 내게 빌라 명백히 전했건만 이런 말은 신청치 않고 허황된 마음만 주장하니 제 아무리 능통한들 일대 천지 무궁운수 무극대도 무극지리 깨달아서 돌아오는 일의 머리를 다 알 소냐?

이치 이(理)자 그런고로 근본을 버리고 먼 것을 취하여 경천 순천 하여내어 일반 창생 지도 행한대도 매매사사 역천이니 근본을 버리고 끝의 나머지를 부디 취하지 마소.

나의 교훈 실시하면 너희운수 가련하다. 이러 한줄 모르고서 어찌 그리 빠르게 이루었는고. 자고 유래 촌탁하면 성현 군자 영웅 열사 많다 해도 경천 순천 하여내어 여보시오 저 군자들 예와 지금의 일에 다른 사람의 마음으로 미루어 생각하여 성지우성 하였어라.

용(龍)이 정령 있지만은 보지 못한 그 사람은 헛말로 알 것이요, 학(鶴)이 정령 있지만은 보지 못한 그 사람은 지각없는 그 안목에 제 소견만 주장하여 허황된 것으로 알리로다. 스승 교훈 살핀대도 이치 이(理)자 몰랐으니 어찌하여 터득할고 많고 많은 세상사람 부자 형제 그 가운데 운수는 각각이라. 한탄하지 말고 가자 서라.

내가 아니 가르쳐도 운수 있는 그 사람은 차차 찾아 올 것이니 오는 사람 효유하고 운수 없는 그 사람은 아무리 효유해도 차차차차 갈 것이니 가는대로 그냥 두소. 많고 많은 그 사람에 사람마다 다 살진대 개벽의 운 말할 소냐. 개벽의 운 말할진대 오는 운수 알 것이니 개탄지심 두지 말고 하늘 이치의 순수한 인연 따라 억조창생 제도하세.

성운 쇠운 움직이지 않는 고로 사람마다 열지 못하나니 이일 저일 생각하면 한탄할 것이 없지만은 울울한 이내회포 금하자고 하니 감당하기 어려우니 약간 약간 기록하여 경운가를 지었으니 다시보고 시행해서 후회 없게 하여보소.

어화세상 사람들아 믿지 마소 믿지 마소. 힘으로만 억지로 하는 일을 믿지 마소 때와 운을 모르면 쓸 데 없네.

세상에서 가장 강한 초나라 왕 항우도 힘으로는 산을 뽑고 기운으로는 세상을 덮어 백전백승 한다하여 강하고 강하다 이르더니 해아 상에 진을 첬다 계명산 가을 달밤에 장자방 옥피리 소리에 대군(大軍)이 흩어지고 일신(一身)의 몸이 되어 혼백이 비월하여 우미인을 이별하고 본국으로 향하다가 오강(烏江)을 못 건너고 제 칼 아래 혼이 되어 강물 따라 쓰러지니 그 아니 가련한가.

이런 일을 본다 해도 시운을 모르고 힘으로만 억지로는 일이 아니 됨을 잊지 마소.

예로부터 세상사람 중에 지각 있는 사람 선왕(先王)의 가르침을 계승 하여내어 그 덕으로 복의 사람 되었으니 어찌하여 모를 소냐.

나도 또한 이 세상에 천은이 망극하여 경신사월 초오일에 만고 없는 무극대도 여몽여각 받아 낸 것을 마음으로 믿어내어 예와 지금에 견주고 비추어 보아 오는 운수 알았거늘 때를 모르고 처변 할까? 이런 줄 모르고서 무지한 세상사람 흉한 말을 지어내어 이야기 한다 해도 내가 알지 네가 알까?

그런 소리 말았어라. 천지도 이에 응해서 이십 사방 있는 상(象) 따라 가고 오는 그 기운을 어느 누가 다 알 소냐. 다 알기로 믿을(信) 소냐? 믿기로써 행(行)할 소냐? 허령 창창한 그 이치를 아는 사람 알 것이요. 행할 사람 행할 것이요. 모를 사람 모를 것이라. 무극대도의 운이 이렇기로 뜻이 현문(賢門)에 있으니 반듯이 나 같으리라 일렀으니 어진 사람 있거들랑 의심 말고 시행하소.

그러그러 하다가서 춘말하초(春末夏初) 오거들랑 서로 상봉 하게 되어 나도 성공 너도 득의 그 아니 좋을 소냐. 나라를 보전하고 백성을 편하게 하는 보국안민(保國安民) 하여 놓고 태평가를 불러내어 시운(時運) 따라 놀아보세. 차서 없는 이내 노래 전후 사적 없는 고로 졸필 졸문 지어내어 이와 같이 전해주니 자세보고 깨달으소. 때가 되면 만날 테니 조급하게 서두르는 급한 마음 두지 말고 일심으로 믿어내어 숙독 상미 하였어라.

몽중문답가 (夢中問答歌)

천봉우리 만 골짜기 기이한 바위와 기이한 돌은 그림속의 강산이 분명하다. 천만번의 파도가 일며 수없이 부딪치는 물소리는 길 위에 가는 사람의 마음을 상하게 하는 곳이요.

푸른 산의 짙은 녹음 숲에 두견새 소리는 돌아가지 못함을 노래하더라. 꽃과 버들에 부는 봄바람의 좋은 시절을 그렇게 빨리 보냈으니 무정한 세월이 분명하다. 흰 달 봄바람의 밝은 달 아래에 홀로앉아 생각하니 가을비 오동나무 잎이 덜어지는 때는 나를 두고 일렀도다. 흰 구름 깊은 곳의 몇 칸짜리 초가집에서 인간풍속(人間風俗) 몰랐으니 무릉도원이 분명하다. 세상 풍속 괴상하고 이상하여 천명을 돌아보지 못함이 아닐런가. 매사(每事)에 한탄(恨歎)하다 홀연(忽然)히 잠이 드니 침상일몽(沈上一夢) 괴이(怪異)하다.

청풍명월(淸風明月) 희미한데 큰 동산에 봄 나비가 날아와서 길을 인도(引導)하여 따라가니 험(險)하도다 험(險)하도다 천봉우리 만 골짜기 험(險)하도다. 평생의 기력(氣力)을 다하여서 생사(生死)도 돌보지 않고 따라가니 산(山)도 많고 물도 많아 끝이 없는 그 길이라. 온갖 고생을 무릅쓰고 따라가서 한곳에 당도(當到)하여 좌우(左右)를 바라보니 물도 없고 산도 없네.

끝없이 넓고 넓어 아득하여 어지러운 모양의 그곳을 나비가 인도(引導)하여 한편으로 들어 갈 때 붉은 다리와 흰 다리의 넓은 길로 천천히 들어가니 끝없이 아득하고 넓은 천지(天地)는 수중세계

(水中世界)가 분명(分明)하다. 갈 바를 전혀 몰라 길 인도한 나비를 돌아보니 나비는 사라져 볼 수 없게 되었더라.

정신(精神)이 황홀(恍惚)하여 길에 앉아 탄식(歎息)하고 수심정기 (守心正氣) 다시 하여 나비가 간곳을 살필 즈음 홀연(忽然)히 뇌성 벽력(雷聲霹靂) 일어나며 검푸른 수중 세계 진동하니 정신수습(精神收拾) 못할러라. 한 마음으로 정기(精氣)를 다시모아 수심정기(守心正氣)하고 단정히 앉아 동정(動靜)을 살피니 차차차차 고요하여 해와 달이 밝고 밝은데 난데없는 물 한 점(點)이 차차차차 벌어질 때 그 움직이는 모양이 난형(難形)이라.

마음과 기운을 바르게 단속(團束)하고 일편단심(一片丹心) 단정히 앉아 자세히 살펴보니 북방 수기(北方水氣)가 일어나며 사방(四方)으로 점(點)을치고 청홍단색(靑紅丹色) 고운실로 팔방(八方)에다 줄을 매고 동서남북(東西南北) 중앙(中央)에다 마음심(心)자 기둥 하여 한데매어 세워놓고 태극의 그림으로 돌려내니 궁을체격 분명하다.

일 년 삼백 육십일과 일일 십이 열두 시각(時刻) 동서남북(東西南北) 이십 사방(二十四方) 방위(方位)대로 돌려가니 천지의 도수가 분명(分明)하다. 해와 달의 정기가 모아들어 태음태양(太陰太陽) 눈이 되고 맑은 바람의 정기(淸風精氣) 모두모아 정신으로 귀가되고 동서남북 사지(四肢)되고 다섯 가지 색 단청(五色丹靑)의 고운 물로 골격과 살 피부를 갖추니 사람형상완연하다.

신기(神奇)하기 짝이 없어 정신(精神)차려 살펴보니 신선의 풍채와 도인의 골격이 분명(分明)하고 세상(世上)사람 아닐러라. 기골

(氣骨)도 좋거니와 풍채도 장(壯)하도다. 신선(神仙)일세 분명(分明)
하여 괴이(怪異)하게 여겨 살펴보니 물결이 넓고 조용한데 난데없
는 표표 소년(飄飄少年) 홀연(忽然)히 들어와서 공순하게 네 번 절
한 후에 무릎을 꿇고 단정히 다시앉아 닦고 단련하는 소리 내어
소리함을 순(順)하게 하여 본연의 이치(本然理致)를 묻자오니 묵묵
부답(默默不答) 말이 없어 수 없이 어렵게 물어 애걸(哀乞)하니 수
중천지(水中天地) 운동(運動)하며 입을 열어 말씀하니 다른 말씀
바이없어 음양(陰陽)이치와 천지 순환 전해오는 이야기 잠간 덮어
두고 만물화생(萬物化生)하는 조화의 이치 이와 같이 대강하고 일
과 일마다 교훈(敎訓)해서 다른 할말 바이없고 백천 만물(百千萬
物)이 되는 이치(理致)이와 같이 되는 거니 근본을 잊지 말고 부디
부디 하늘을 공경하고 하늘의 순리를 따랐어라.

　하늘님이 높으시나 낮은 곳의 소리도 듣는다는 그 문자(文字)와
하늘이 만백성을 내었다는 그 말이며 자기 마음을 속이고 자기 하
늘을 속이면 안 되는 줄을 이제정녕 알겠더냐.

　넓고 넓어 아득하고 아득한 넓은 천하(天下) 오곡 백곡 마련할
때 음양 이치기운 조화(調和)되어 비와 이슬 가운데 마련해서 만민(萬
民)에게 녹(祿)을 정(定)해 이십 사방(二十四方) 혈기 쫓아 그 기운
돕게 하고 천지음양 건곤(乾坤)으로 남녀(男女) 마련 짝을 정(定)하
고 선천과 후천 그 이치(理致)로 부자인륜(父子人倫) 완성(完成)하
고 네 계절 순환 이치(理致)붙여 인간화복 마련하고 금, 목, 수,
화, 토 오행의 이치 중앙 토(土)가 주장(主張)이라.

천하만국의 이 이치(理致)로 세상 사람의 생활을 마련하고 해와 달의 차고 기우는 이 이치(理致)로 인간부귀(人間富貴) 순환(循環)하고 네 계절의 성하고 쇠하며 되는 이치(理致) 생사와 수명(生死와壽命) 마련해서 한번 움직이고 한번 고요함과 언어동작(言語動作) 선과 악에 마음 쓰는 일은 조화(造化)로서 하는 거니 이대로만 하게 되면 순환하는 이치에 오래되지 않아 좋은 시절(時節) 정(定)할 테니 어찌 아니 좋을 소냐. 요순세계(堯舜世界) 다시와도 이와 같진 못할 테요. 삼황오제(三皇五帝) 다시 온들 이에서 지날 소냐. 좋을시고 좋을시고 오만년의 회복하는 운 백성의 생활이 즐겁고 나라가 태평한 세상이 분명(分明)하다.

근본을 잊지 않는 그 이치를 생각하고 생각하여 잊지 않아 한탄(恨歎)말고 있게 되면 너의 소원 이루리라. 축문(祝文)을 지어 현송(現誦)하며 죽고 사는 것을 돌아보지 않고 맹서(盟誓)해서 삼재인륜(三才人倫) 다시 정(定)해 다짐 맹서(盟誓) 하는 줄을 내가 어찌 모를 소냐. 이대로만 하게 되면 돌아오는 그때에는 음양조화 다 알아서 천하를 두루 살필 것이오. 소원대로 행(行)할 테니 한탄(恨歎)하지 말고 돌아가서 너의 스승님 교훈 받아 한 가지 일이라도 법(法)을 어기지 말고 차제도법 밝혀내어 순리순수 하였어라.

서로 말을 주고받는 그 거동을 마음을 가라앉히고 보다가서 봉황(鳳凰)의 울음소리에 홀연히 잠을 깨니 그 곳을 볼 수 없게 되었더라. 앞뒤좌우 살펴보니 침상위에 한 꿈이 그뿐일세.

도(道)의 태원경 (道의 太元經)

도 전체도 (道全體圖)

도 전체도설(道 全體圖說)

무릇 우리 도(道)는 하늘이라. 하늘의 한없이 넓고 한없이 큰 범위 안에 있는 새, 물고기, 짐승, 풀, 나무가 각각 바탕의 원소 속에서 미는 힘 당기는 힘을 받아 그 바탕을 이루며, 기운의 원소 가운데 많은 부분과 작은 부분을 받아 그 기운을 마련하니, 이것은 하늘 이치의 유행(流行)이라. 이것을 본체로 하여 사람과 물건이 하늘 이치에 밀접한 관계가 있게 하는 것은 우리 무극대도에 책임이 있느니라.

도는 무선무악(道는 無善無惡)

(넓힌 뜻衍義)

새는 것도 없고 더함도 없는 근원의 체(體)를 이름이니라. 선과 악은 베풀어 이루는 데서 그 자취를 발하는 것이요, 선(善)이라 악(惡)이라 말하는 것은 향하고 등지는 데서 일어 난 생각이니, 하늘 이치의 처음도 없고 나중도 없으며 얕은 것도 없고 깊은 것도 없는 큰 우리에 대하여, 사람의 향하고 등지는 데서 일어나는 생각을 용납하여 조치하지 않을 수 없을 때에 이 경지가 비게 되는 것이요, 이 방안은 끊음이니라. 그러므로 선한 것도 없고 악한 것도 없는 것은 하늘이요, 하늘은 우리 도(道)의 기원이니, 경(經)에 말씀하시기를 무극대도(无極大道)라 하시니라.

새는 것도 없고 더함도 없는 것은 이상의 참된 깨달음이라. 우리 사람의 눈앞과 마음 안에 엇갈린 이치의 미묘함과 물건의 형상이 하늘 밖에 별 다른 구역으로 좇아서 가고 돌아오는 것이 없고, 다만 푸른 하늘 속에서 이 형상의 소화된 남은 원소가 저 이치의 만물을 생성하는 도를 제공함에 불과하니, 이에 대하여 과학적 관념으로 시험하면 하늘 속에 어디나 늘 있는 현묘한 기틀을 스스로 깨달을 것이니, 하늘의 한 궤도에 같이 돌아가는 우리 도의 근원인 체(原體)는 한 말이라도 더하는 것을 요구치 않느니라.

교는 선악분별(敎는 善惡分別)

(넓힌 뜻衍義)

두개의 마음과 성품을 저울처럼 평평하게 함이라. 교(敎)는 자와 먹줄의 일정한 표준으로, 선(善)은 높은 정도에 이르게 하며 악(惡)은 싹트기 전에 경계하여, 두 길이 같지 아니한 생각과 자취를 인류문화의 요긴한 점에 돌아가게 하고, 선천의 순박한 소질을 버리어 미래의 밝은 등촉을 얻게 하는 새로운 법(法)을 겸하여 내포한 것이니라.

이는 선악범위(理는 善惡範圍)

마음과 성품이 정하여져 있는 우리이니라. 이치는 선과 악의 두 경계에 도(道)의 빛을 대조하여, 선(善)의 높은 언덕과 악(惡)의 열조(熱潮)가 어떠한 테두리에 점거한 실적을 연구하여 얻는 슬기로운 지혜의 눈이 내게 있는 것이니라.

정은 사물분별(政은 事物分別)

(넓힌 뜻.衍義)

일체 이익을 감정함이라. 정치는 같은 겨레에 관한 사유와 물질을 쌍방으로 적당하게 주재하는 입각점이니, 적극적인 좋은 성과를 맺는 중요한 가치를 가진 것이라. 정치가 뇌 속에 젖어 구시대의 낡은 사상을 물리치면, 사람은 정치를 신뢰하여 사람 된 도리의 지극한 정도에 이르나니, 정사는 사람에 점착하고 사람은 정사를 사용하여 서로 맺어 합한 뒤에야, 국가의 기능과 가정의 규칙이 건전하느니라.

법은 사물범위(法은 事物範圍)

(넓힌 뜻衍義)

이익 원인의 구역함이라. 법(法)은 법과 개인 사이에 서로 끊어진 것을 맺는 원인의 밝은 증거니라. 법의 성질은 국가의 특정 형식으로 대중적 원소의 영향 아래 구성되어 획정한 한계 내에서 각 개인의 활발한 기색을 처음 돕는 일점에 있으며, 그 다음은 사람의 정당한 궤도 밖에 맹종하는 정적을 이끌어 법의 발족한 점에 다시 돌아가게 하는 만 능력이 있으니, 법은 행정상 큰 기관이요, 신분상 반사경이니라.

치는 범위평균(治는 範圍平均)

넓힌 뜻(衍義)

다스림은 기운이 화하고 형상이 화하여 만방이 마침내 어질게 되는 것이니라. 다스리는 것은 수많은 인족이 한길로 돌아가 마음의 자리를 가르치는 구역에 세우고, 몸의 격을 정계에 지켜서, 길게 이어 닿은 한 규칙으로 영의 빛을 세계에 발휘하면 사람 세계에 참된 면목이 드러나느니라.

○의 극치(○의 極致)

하늘은 높고 땅은 둥그니라. 다스림의 극치에 이르러 크게 빛나고 크게 화하는 천연한 품격이 있으면, 이는 종교와 정치를 넓게 펴는 근본적 사상에 이른 것이니라.

도(道)

　하늘(天)과 사람(人)이 덕을 합(合德)한 것이니라. 우리 도(道)의 본체를 말하던 여상으로 마음자리의 세 단계를 말하여 사람의 세 가지 생각을 힘쓰게 하노라. 그 처음은 자기를 이롭게 하고 주관적으로 나아가는 것을 시험하고, 그 다음은 종교와 정치의 나누어진 부분을 이해하여 그 참된 핵심을 찾아내며, 한 방면으로는 차별하는 사상이 객체에 진흙같이 합하여 아득하고 망령된 생각이 가슴 속에 머뭇거리다가 참신한 깨달음을 나중에 얻어, 도의 본체 속에 맞부딪친 마음의 뿌리가 만마귀의 힘으로도 움직임을 얻지 못할 것이 있으며, 그 셋째는 도의 본체를 확실히 인식하여, 신비한 하늘의 계시문은 어떤 사람 자격으로 인하여 얻은 것이며, 신의 사랑과 신의 은혜는 어떤 인격을 좇아 베풀어진다는 참된 근본을 문득 깨달아, 이로써 내면의 정신을 함축하며 외면의 계기를 계시하여 천연적인 이상한 빛이 스스로 나타나면 이것은 높은 덕이니라.

　하늘님의 계시하는 말과 글도 그 사람의 입에 의하여 나타나며, 신의 사랑과 신의 은혜도 그 사람의 손에 의하여 베풀어지므로 하늘과 사람이 덕을 합한 것이라 말하느니라. 먼저 두 계단은 아득한 것이요, 뒤에 한 계단은 깨달은 것이니, 아득함과 깨달음이 내게 있는 것이니라.

도연구도(道研究圖)

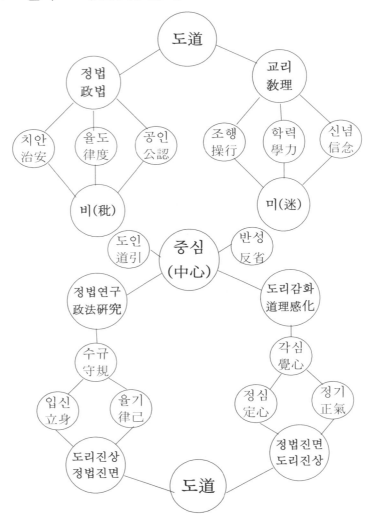

개인자격도(個人資格圖)

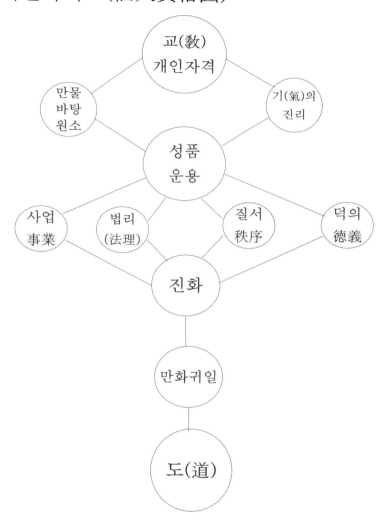

도 연구도설(道 研究圖說)

도(道)에 근원하여 가르침에 미친 세 단계의 사상과 세 단계의 형식이 있으니, 제일 슬기로운 사람은 도의 큰 근원에 곧 접하여 문득 하늘 성품 깨달음을 스스로 얻으므로 깨달은 상을 하늘의 해라 말하고, 그 다음은 깨달은 사람의 소개로 인하여 기억하는 마음이 그 참된 형상을 좇아 느끼므로 느끼는 상을 밤의 해라 하고, 또 그다음은 광선을 태우고 남은 점에서 불어 얻는 명상이 빈 곳에서 머뭇거림으로 공상으로 맑은 날의 번개라 이르나니, 이 세 단계의 사상은 직관인 바로 보는 것과 영관(靈觀)인 비치어 보는 것의 성품 도수의 부분이요, 신의 표준과 다스림의 산 기틀을 공상 속에서 추상적으로 얻어 각종 신의 모습과 많은 사람의 법칙을 그려내니 이는 정령관 세계관이요, 생각하여 느끼는 가운데서 활동하는 힘이 발달하여 신의 계시와 정치의 바른 표준이라고 말하는 기색이 인류세계에 드러나니, 이는 사람과 신을 보는 것이니라.

바르게 깨달은 힘이 성품과 이치 위에 투명하여 초신 적인 사상을 발표하니, 그 말에 이르기를 신(神)은 참된 도(道)를 가르치는 가르침의 주체라, 사람의 마음 생각으로 가장 빼어낸 형용사를 신(神)이라 말하나니 신(神)의 계시는 사람의 생각이 함축된 영향이요, 정치는 참된 도(道)를 가르치는 교(敎)의 배필이니라.

같은 겨레의 편의한 방법을 정치라고 말하나니 정치의 바른 목적은 같은 겨레의 자유 권한을 제정하는 것이라 하니 이는 도(道)

를 보는 것이요, 도(道)는 지극히 큰 것이라. 하늘의 창창한 것이 또한 지극히 크므로, 도(道)는 하늘의 도라고 말하여 사람의 신앙 하는 표준을 하늘님께 의속하게 한 것이니라.

도의 사상은 깨달은 상에서 일어나 공상을 하는 사람에게 전급 하고 형식은 공상에서 시작하여 상을 깨달은 사람에게 소급하나니, 사상의 세 단계는 인격의 성인과 범인의 증거요, 형식의 세 단계는 세상등급의 문명과 야만의 증거이니라.

개인자격도설(個人資格圖說)

종교에 명을 돌린 신앙의 생각이 밀물처럼 착착 전진하여 그 마음의 중심을 도(道)의 근본인 참된 경지에 투합하면, 세계관의 전체 몸 중에 어떤 물건은 절대로 인정하고 어떤 물건은 상대로 부정하는 감각이 투철하며, 이곳에 서서 다시 머리를 돌리면 도를 높은 사람의 홀로 지키는 물건인 줄 알아 그 나머지를 구하던 지난날 아득한 생각이 자연히 풀어지고, 우주의 모든 이치가 사람의 성품 속에 본래 있는 원료로 믿어 이 높은 자리 속에 편안히 서게 되면 이는 개인적 종교인 무극대도(无極大道)의 한 둥근 것이니라.

교 비평설(敎 批評說)

도(道)의 성질은 한 둥근 한 근원이요, 사상은 만 가지 둥근 것이요, 그 영향은 작게 나눈 한 둥근 것이니, 교(敎)는 사상에 기초하여 영향을 찾아내는 것이니라. 사상을 과거에 구하면 태고의 소박한 것을 드러내고, 미래에서 구하면 진화하는 한 길을 얻나니, 교(敎)는 인류세계를 운반하는 한 큰 기구이니라.

우리 무극대도(无極大道) 가운데 모든 현인과 철인은 아래에 열거한 예와 지금을 비교한 경황을 공경히 연구하여 사상을 진화하는 한 길로 달리게 할지어다. 옛날 자연계에 있어서 정령이 사람의 마음을 서로 통하게 하는 마력은 불가사의로다.

사람은 도(道)의 이치 속에 한 그림자를 찍어낸 것이라. 형상과 그림자가 은은히 서로 비추는 두 사이에 자연히 한 반짝이는 빛이 심리상 작은 부분의 깨달은 흔적을 이루어, 사상의 옮기는 힘이 거칠고 어두운 한 기운을 벗어버리지 못한 상태가 있으므로, 나무나 돌을 신(神)으로 알고 여기에 경사와 행복을 구하며, 태양은 착한 귀신이요 밤의 어두운 것은 악한 귀신이니, 태양이 불화살을 던져 세계의 밝은 빛을 극복하리라 바라며 이에 절하다가 한층 진화하여 윤리적 광채 아래 돌아오니, 중세는 사람을 보는 시대니라.

유교라 이르고, 노자라 이르고, 부처라 이르고, 바라문이라 이르고, 예수라 이르고, 마호메트라 이르는 것이 교문의 중요한 이치를 점하니라.

유(儒)는 인격상의 정사를 보는 것이니, 실제 방면에 자신의 규칙을 실천궁행하는 마음의 자취로서 사람 세계에 풍속과 교화를 펴는 특성이 있으며, 하늘의 정령과 조상을 공경 하는 신교(神敎)의 면목이 있느니라.

노자(老子)는 천지만유의 일체에 관통한 철리(哲理)를 논하여 밝히며, 자연한 천칙으로 처음과 중간과 나중의 편안하고 건전한 것을 스스로 가지어, 예절과 음악과 형벌과 정사에 얽어 매인 속된 생각이 없는 초인격적 진수니, 선교(仙敎)는 여기에서 나온 남은 잎이니라.

부처는 신(神)도 없다 보고, 나도 없다고 보는 것이니, 그 참된 깨달음은 없는 것도 있고, 있는 것도 없고, 없는 것도 없다는 세 가지 속에 큰 정신의 정점에 이른 것이요, 법문의 이른바 고제, 집제, 멸제, 도제와 정신, 정사, 정어, 정업, 정명, 정진, 정념, 정정 등 삼생인과에 관한 일종의 특색은 교단 가운데서 처음으로 바퀴처럼 돌림이니라.

인도(印度)의 바라문(婆羅門)은 불교에 앞서 고대(古代) 인도(印度)의 경전(經典)인 베다 신앙(信仰)을 중심하여 발달한 종교로 시조를 범천(梵天)이라 말하는 것이니, 큰 정신을 우주의 생멸 변화하는 밖에 서서, 금욕주의로 한 교(敎)를 조성한 것이니라.

예수는 예수를 믿는 세 교단이 있으니, 기독교, 희랍교, 로마교라 이르느니라. 기독교는 사람과 신(神)을 결합하는 사상이니, 세상의 미혹한 양을 불러 하나님 아버지의 품안에 돌아가게 하는 중간 역할로, 심령 계와 도덕계의 양편 끊어진 관계를 스스로 담당하는 천직이라 말하며, 희랍교인 그리스 정통 가톨릭 사도교회는 유태 예언자의 창도한 진리를 사랑하고 구하여 개인의 도의를 가르치며, 윤리를 연찬하여 기독교의 선구를 만들며, 로마 가톨릭교는 다른 교에 대하여 너그럽게 용납하는 태도를 가지므로 사상이 발달한 점을 얻으니, 희랍교에 감화를 받은 것이니라.

회회교(回回敎)라 하는 이슬람교는 아라비아의 민족 신앙에 유대교와 기독교가 가미되었으며 교전은 유일신 알라가 모하메드에게 계시하였다는 꾸란(코란)을 쓰며 알라에게 귀의하는 것이니라.

유대교(유다교)는 이스라엘 고유 정통 종교로 여호와(야훼)를 신봉하며 예수를 메시아로 인정하지 않고 스스로 이스라엘이 신(神)의 선민임을 자처하고 메시아의 도래와 그의 천국 건설을 믿는 종교니라.

무체법설(無體法設)

성심변(性心辨)

　성품(性品)이 닫힌 즉 모든 이치와 모든 일의 원소요 성품이 열린 즉 모든 이치와 모든 일의 좋은 거울이 되나니, 모든 이치 모든 일이 거울에 들어 능히 운용하는 것을 마음이라 하느니라. 마음이란 바로 신(神)이요, 신(神)이란 곧 기운(氣運)이 이루는 것이니라. 작용의 처음 시작하는 기점을 하늘 본래의 나라고 이르는 것이니 일어나는 기점은 바탕 하늘인 성천(性天)에 기인한 것이요, 근본의 본 하늘인 성천(性天)의 근본 한 바는 천지가 생기기 전에 시작하여 이때에 억 억 만년이 본래 하늘의 스스로의 나로부터 시작되었고, 그 하늘인 나 스스로 부터 천지가 없어짐에 이를 때까지 이때에 억억 만년이 또한 하늘 본래의 나에게 이르러 끝나는 것이니라. 이러므로 마음이 하늘 성품과 바뀐 것을 닫혔다 말하고 하늘 성품에서 나의 마음이 생기는 것을 열렸다 말하나니, 하늘 성품과 마음을 같이 닦는 것은 오직 무극대도(无極大道)를 아는 사람이라야 능히 할 수 있는 것이니라.

성심신 삼단(性心身三端)

혹 말하기를 "하늘을 내 마음 밖에 두고 다만 지극히 정성을 다하여 감화를 받아 도를 얻는다."하고, 또 말하기를 "하늘이 내게 있으니 어느 곳을 우러러 보며 어느 곳을 믿으리오. 다만 내가 나를 우러러 보고 내가 나를 믿고 내가 나를 깨닫는다."하여, 닦는 사람으로 하여금 마음과 머리 두 곳에 의심스러움을 겹치게 하여 근본 하늘 성품을 보고 자기 마음을 깨달으려 하는 사람의 앞길을 아득하게 하느니라.

무릇 천지만물이 주인과 객의 형세가 있나니, 하늘을 주체로 보면 나는 객이 되고 나를 주체로 보면 하늘이 객체가 되나니, 이를 분별하지 못하면 이치도 아닌 것이요 도도 아닌 것이니라. 그러므로 주체와 객체의 위치를 두 방향으로 정하노라. 사람의 권능이 하늘을 이기면 하늘이 사람의 명령아래 있는 객체가 되고, 하늘의 권능이 사람을 이기면 사람이 하늘의 명령 아래 있는 객체가 되니 하늘과 사람 주체와 객체는 다만 보는 권능의 균형에 있느니라.

그러나 하늘 성품을 보는 사람은 기운을 보지 못하고, 하늘 기운을 보는 사람은 하늘 성품을 보지 못하여, 무극대도에 어김이 없지 않으니 아까워라. 하늘 성품은 이치니 성품의 이치는 비고 비어 고요하고 고요하여 끝도 없고 양도 없으며 움직임도 없고 고요함도 없는 하늘 본래의 근원일 뿐이요, 마음은 기운이니 마음의 기(氣)는 둥글고 둥글며 가득하고 가득하며 넓고 넓어 흘러 물결치며 움직이고 고요하고 변화하고 화하는 것이 때에 맞지 아니함이 없는 것이니라. 이러므로 이 하늘 성품과 마음 두 가지에 하나가 없으면 이는 성품도 아니요 마음도 아니니라.

밝히어 말할진대 하늘 성품 이치가 없으면 내 마음이 없는 마치 나무 사람과 같고, 마음(心)의 기(氣)가 없으면 물이 없는 곳의 고기와 같으니, 무극대도(无極大道)를 닦는 사람은 밝게 살피고 밝게 깨달으라. 하늘 성품을 보는 것은 누구이며 내 마음을 보는 것은 누구인가. 만약 내가 없으면 하늘 성품과 마음을 대조하는 것이 어느 곳에서 생길 것인가. 하늘 성품이 있은 뒤에야 내 몸이 있고, 내 몸이 있은 뒤에 라야 내 마음이 있느니라.

그러나 성품과 마음과 몸 세 가지에서 어느 것을 먼저 할 것인가. 하늘 성품이 주체가 되면 하늘 성품의 권능이 내 몸의 권능을 이기고, 내 몸이 주체가 되면 내 몸의 권능이 성품의 권능을 이기느니라. 하늘 성품을 주체로 보고 닦는 사람은 성품의 권능으로써 비고 고요한 성품의 경지를 무궁히 하고 그 본래 근원을 넓히고 충실하게 하여 나는 것도 없고 없어지는 것도 없는 것을 도(道)라고 이르고, 몸을 주체로 보고 닦는 사람은 몸의 권능으로써 활발하고 거리낌 없이 현 세계에서 모든 백성을 함양함을 도라고 이르느니라. 그러므로 하늘 성품과 몸의 두 방향에 대한 수련을 보이어도 닦는 사람에게 밝혀서 말하려 하노라.

몸이 있을 때에는 불가불 몸을 주체로 알아야 할 것이니, 어찌하여 그런가 하면, 몸이 없으면 성품이 어디 의지해서 있고 없는 것을 말하며, 마음이 없으면 하늘 성품을 보려는 생각 이 어디서 일어날 것인가. 무릇 마음은 몸에 속한 것이기 때문이라. 이 마음은 바로 하늘 성품으로 부터 몸이 세상에 나타날 때 생기어 형체가 없는 것으로 하늘 성품과 몸의 둘 사이에 있어서 있어 만 가지 이치와 만 가지 일을 소개하는 중요한 중심의 추가 되느니라.

마음의 자취가 나타나는 것은 뜻이 있는 빈 기운으로써 변화의 능력이 생하는지라 고로 마음의 힘을 얻은 사람은 능히 뜻 있는 하늘의 능력과 변화를 행할 수 있느니라. 그러므로 자기 몸에서 하늘 성품을 보는 사람도 또한 자기가 능히 하늘 성품의 능력을 스스로 쓰나니, 이것은 하늘 성품을 보는 마음이 또한 뜻이 있는 하늘에 의하여 스스로 생기는 것이니라.

하늘 성품을 보는 사람의 "나(我)도 없고 마음(心)도 없고 몸(身)도 없고 도(道)도 없다." 는 주의로 신(神)과 통하는 힘을 비방하나 이는 신(神)과 통하는 힘이 자연히 하늘 성품과 마음 수련하는 데서 생기는 것을 알지 못하고, 다만 자기 철학의 작고 좁은 견해로써 비방을 하는 것이니라. 그러므로 세상을 돌아보고 하늘의 능력을 취하여 때를 따라 도를 쓰는 것은 무극대도를 닦는 사람이 마음으로 도의 중심을 잡는 데 있느니라.

신통고(神通考)

수운 대신사께서 자신을 천황씨(天皇氏)라고 자처하신 말씀은 자신이 하늘위에 계시다는 것이 아니요, 다만 하늘 성품을 보고 마음을 깨달아 세 하늘의 맨 위 하늘에 계시다는 것이 명백하니라. 그러므로 비고 비어 고요하고 고요한 형상이 없는 하늘과 둥글고 둥글어 가득하고 가득한 뜻 있는 하늘과 티끌이 자욱하고 자욱한 습관천의 하늘이 다 하늘 성품과 마음 좌우의 현묘하고 참된 두 곳에 있는 것이니라. 이로 말미암아 하늘 성품과 자기 마음을 연구하면 어찌 홀로 수운 대신사만이 천황씨로 스스로 살으리요. 사람은 모두 다 시천주(侍天主)로 통하여 계시는 하늘이 있으니 그 하늘 성품을 보고 자기 마음을 깨달음에 이르러서는 하나이니라.

해월 신사께서도 현묘하고 참된 두 사이에 계시어 하늘 성품의 한 쪽은 생하는 것도 없고 죽어 멸하는 것도 없는 것이요, 마음의 한 쪽은 만세에 극락이니라.

사람이 하늘 성품을 깨닫는 것은 다만 자기 스스로의 마음과 자기 스스로의 정성에 있는 것이요, 하늘님과 스승님의 권능에 있는 것이 아니니라. 자기 마음을 자기가 깨달으면 자기 몸이 바로 하늘이요 자기 마음이 바로 하늘이나, 이를 깨닫지 못하면 세상은 세상대로요 사람은 사람대로이니라. 그러므로 하늘 성품 깨달은 사람을 천황씨(天皇氏)라 이르고, 하늘 성품을 깨닫지 못한 사람을 범인이라 이르느니라.

그러한 즉 오직 무극대도(无極大道)를 닦는 사람은 부지런히 하고 부지런히 하여 그치지 아니하고, 앞으로 나아가고 나아가 물러가지 아니하여, 내 마음이 하늘 성품 깨닫는 데 들어가면 스스로 그 하늘 성품의 자리에서 살 것이라. 하늘 성품에서 하나의 덕으로 살면 이 마음이 한번 조용함에 비고 고요한 극락이요, 한번 기쁨에 크게 화한 건곤이요, 한번 움직임에 풍운조화이니라.

하늘의 한 체(一體)가 성품 하늘과 내 마음과 내 몸 세 가지로 변하는 것은 하늘 성품과 마음이 할 수 있는 것이니 세 가지에 능한 사람을 천황씨라 이르고, 만약 세 가지에 하나가 능하면 성인이라 이르고, 세 가지에 하나도 능치 못하면 범인이라 이르나니 천황씨와 성인과 범인이 별다른 묘법이 없는 것이요, 다만 자기의 마음을 자기가 정하고 정하지 못하는데 있느니라.

하늘 성품을 보고 내 마음을 깨달으면 내 마음이 극락이요, 내 마음이 천지요, 내 마음이 풍운조화이니라. 마음 밖에 빈 것도 없고, 고요함도 없고, 생하는 것도 없고, 없어지는 것도 없고, 극락도 없고, 동작도 없고, 희로애락도 없으니, 오직 우리 도인은 자기 마음을 자기가 정성하고 자기 마음을 자기가 공경하고 자기 마음을 자기가 믿고 자기 마음을 자기가 법으로 하여 털끝만치라도 어긋남이 없으면 가는 것도 없고 오는 것도 없으며, 위도 없고 아래도 없으며, 구할 것도 바랄 것도 없어 스스로 천황씨가 되는 것이니라.

수운 대신사 경에 말씀하시기를 "내가 나를 위함이요 다른 것이 아니니라." "멀리 구하지 말고 나를 닦으라." "가까운 데 있고 먼 곳에 있지 아니하다." 라고 하였으니 깊이 생각하라.

시천주(恃天主)의 모실 시(恃)자는 하늘님을 깨달았다는 뜻이요, 천주(天主)의 주(主)자는 내 마음의 주(主)라는 뜻이니라. 내 마음을 깨달으면 하늘이 곧 내 마음이요, 천지도 내 마음이요, 삼라만상이 다 내 마음의 한 물건이니라. 내 마음을 내가 모셨으니 나라고 하는 것은 곧 지명(指名)하는 것이요, 지명(指名)하는 것은 곧 현재 나의 몸을 말하는 것이니라.

하늘 성품과 마음은 아득하여 검고 묘하고 묘해서 물건에 응하여도 자취가 없나니, 있는 것도 같고 사는 것도 같으니라. 하늘 성품은 본래 없는 것도 없고, 있는 것도 없고, 나타난 것도 없고, 의지한 것 도 없고, 서있는 것도 없고, 선한 것도 없고, 악한 것도 없고, 처음도 없고, 끝나는 것도 없는 것이요. 그리고 마음도 본래 빈 것이라.

모든 생각과 모든 헤아림과 억만년 예와 지금이 형상도 없고 자취도 없으나, 천만가지 모든 일이 생각하는 빈 가운데서 생하여서 얻어지는 것이니라. 그러므로 마음이 하늘 성품의 이치 속에 있으면 변화가 무쌍하여 조화를 헤아릴 수 없으니, 하늘 성품과 마음 두 사이에 변화가 자연히 이루어지느니라. 이를 자세히 나누어 말하면 마음이 흰 것을 구하 고자 하면 흰 것으로 보이고, 붉은 것을 구하면 붉은 것으로 보이고, 푸른 것을 구하 면 푸른 것으로 보이고, 노란 것을 구하면 노란 것으로 보이고, 검은 것을 구하면 검은 것으로 보이는 것이니라. 이로써 미루어 생각하면 도(道)를 구하는 사람이 또한 삼가 하지 않을 수 없는 것이니 구하는 사람이 구하기를 바르게 하면 보이는 것도 또한 바르게 보이고, 구하기를 그릇되게 하면 보이는 것도 그릇되게 보이느니라.

지나간 옛 현인과 철인이 스스로 구하고 스스로 보이는 것으로 서로 다투었으나, 우리 무극대도(无極大道)에 이르러서는 사람이 스스로 구하여 도(道)를 이루는 것이 아니라 하늘이 반드시 바르게 보고 바르게 들으니, 만에 하나도 의심이 없느니라. 바르게 보고 바르게 듣는 것은 하늘성품과 내 마음과 몸 세 가지를 합하여 보고 나누어 보는 것이니 세 가지에 하나가 없으면 도가 아니요 이치가 아니니라. 나도 또한 이 세 가지를 합하여 일체로 깨달아 얻어 황황 상제(皇皇上帝)의 자리에 앉았노라.

사람이 반드시 서로 사랑하면 큰 도를 반드시 얻으리니 항상 생각하고 생각하라. 내가 뭇 사람들을 사랑하면 뭇 사람이 하늘 길에 가서 영의 다리를 반드시 이룰 것이요, 뭇 사람들이 나를 사랑하면 내가 하늘 길에 가서 영의 다리를 반드시 이룰 것이니, 돌보고 돌보아 서로 사랑하면 반드시 성과를 얻을 수 있느니라. 하늘 성품과 내 마음과 몸 삼단으로 서로 돕고 서로 사랑하면 무극대도(无極大道)의 큰 으뜸이 되느니라.

내 마음을 멀리 보내도 갈 곳이 없고, 저 하늘이 내게 와도 들어올 곳이 없느니라. 도를 어느 곳에서 구할 것인가, 반드시 내 마음을 통하여 구할 것이니 살필지어다.

무릇 하늘 성품의 이치는 비고 고요하나 자체의 숨기고 감춘 가운데에 크게 활동할 만한 움직이는 틀이 있는 것이니라. 만물이 하나의 체로 정밀하고 묘한 이치의 기맥을 드리워 만상이 자위적으로 전부 한 곳에 모여 크게 활동할 근본 바탕을 지은 것이요, 마음은 작게 활동하는 나의 기관이니 각각 자기 직분의 동작을 받은 것이니라. 마음을 단련하는 것은 자기 하늘 성품 본바탕의 크게 활동하는 비밀한 기틀을 받는 것이니, 능력이 가히 천지를 운반하고 권능이 가히 만상의 머리 자리가 되느니라.

견성해(見性解)

하늘 성품 보기를 어디서 보며 내 마음 지키기를 어디서 지킬 것인가. 하늘 성품도 또한 내게 이르러 있는 성품이요 마음도 또한 내 마음이나, 보려고 하여도 볼 곳이 없고 지키려 하여도 지킬 터전이 없도다. 내 성품과 내 마음은 물건에 응하여도 자취가 없으니 어떻게 보며 어떻게 지킬 것인가.

하늘 성품을 보고 내 마음을 지키는데 성품과 마음 두 가지가 보이지 않는 것이니, 스스로 내 성품을 만들고 스스로 내 성품을 걸어 놓아 각각 자기의 분수 안에서 자기가 마음먹은 대로하여 서로 시비하니 애석하도다. 내 성품이 내게 있으니, 성품을 보고 마음을 지키는 것은 내가 마음대로 할 것이니라. 내 마음을 물건 밖에 보내면 형상도 없고 자취도 없고 위도 없고 아래도 없으며, 내 마음을 물건 안에 보내면 억 천 만상과 삼라 미진이 다 내 성품이요, 내 마음이니라. 그러므로 마음을 물건 밖에 두면 뜻 없는 이치 하늘이요, 마음을 물건 안에 두면 뜻 있는 마음 하늘이니, 그러므로 뜻이 있고 없는 것은 내 성품과 마음의 본체이니라.

내 본체에 비밀히 간직한 것이 영(靈)의 묘함과 영(靈)의 자취니라. 영(靈) 가운데에서 나타는 것이 나의 생각과 나의 헤아림이니, 나의 생각과 나의 헤아림은 영의 묘함에서 나타나는 것이니라. 그러므로 깨달은 왼쪽은 성품하늘과 이치하늘이요, 깨달은 바른쪽은 마음하늘과 몸 하늘이니라.

영(靈)이 나타난 본 곳은 내 성품과 내 몸이라. 성품도 없고 몸도 없으면 이치도 없고 하늘도 없나니, 이치도 내 하늘 다음에 이치요, 옛적도 내 마음 다음에 옛적이니라. 그러므로 세 가지가 덕(德)으로 합하여 하나로 된 나는 성품과 이치의 거울이요, 하늘과 땅의 거울이며, 옛적과 지금의 거울이요, 세계의 거울이니, 나는 성품과 이치의 하늘이요, 하늘과 땅의 하늘이요, 예와 이제의 하늘이요, 세계의 하늘이 되나니, 세 가지가 하나로 된 내 마음은 곧 천지만물 고금세계를 스스로 주재하는 한 조화의 신선 늙은이 이니라. 이러므로 이 마음 밖에 하늘이 없고, 이 마음 밖에 이치가 없고, 이 마음 밖에 물건이 없고, 이 마음 밖에 조화가 없느니라.

하늘 성품과 하늘 이치를 보고자 할지라도 내 마음을 통해서 구할 것이요, 조화를 쓰고자 할지라도 내 마음에 통하여 있는 것이요, 천지만물 세계를 운반코자 할지라도 내 마음 한 쪽에 있는 것이니라.

시(詩)로써 말하기를 "내 마음은 천지의 저울이 되나 달아도 한 푼의 무게도 없고, 내 눈은 예와 지금의 기록이 되나 보아도 한 글자 쓴 것이 없더라."

삼성과(三性科)

　나에게 한 물건이 있으니 이 물건이란 것은 바로 나의 본래의 나이니라. 이 물건은 보려 해도 볼 수 없고, 들으려 해도 들을 수 없고, 물으려 해도 물을 곳이 없고, 잡으려 해도 잡을 곳이 없는 것이라. 항상 머물러 있는 곳이 없어 능히 움직이고 고요함을 볼 수 없으며, 법으로써 능히 법하지 아니하나 만 가지 법이 스스로 갖추어지며, 뜻(情)하여 능히 기르지 아니하나 만물이 자연히 나는 것이라.

　변함이 없으나 스스로 화해 나며, 움직임이 없으나 스스로 나타나서 천지를 이루어내고 도로 천지의 본체에서 살며, 만물을 내서 이루고 도로 편안히 만물 자체에서 편하게 있나니, 다만 하늘의 체를 원인과 결과로 하여 선한 것도 없고 악한 것도 없으며 사는 것도 없고 죽는 것도 없나니 이것을 본래의 나라고 이르니라.

　그러나 나도 또한 이름이요, 하늘도 또한 이름이요, 사람도 또한 이름이요, 성품도 또한 이름이요, 마음도 또한 이름이나, 특히 맨 처음에 두 가지 이름이 있으니 첫째는 나요, 둘째는 저쪽이라 하는 것이니라. 나는 바로 사람이요 저쪽은 바로 하늘이니라.

　내가 있으면 저쪽이 있고 내가 없으면 저쪽이 없으니, 나를 나라고 이름 하는 것도 내가 스스로 한 말이요, 하늘을 하늘이라 이름 한 것도 내가 스스로 한 말이니라. 나와 저기에게 각각 이름이 있고 먼저 근원의 이치와 근원의 바탕이 있어, 하늘도 생기고 만물도 또한 생기었으니, 이치도 또한 나의 본래의 나니라.

만물이 생겨나지 못한 것은 인연도 없고 나타남도 없었던 시대요, 만물이 생겨난 것은 형상도 있고 나타남도 있는 시대니라. 이 생겨나는 것이 있기 전의 나도 또한 만물(萬物)을 생하게 하였나니 선천의 억 억 년과 후천의 억억 년이 다 원인도 없고 결과도 없고 나타남도 없는 나의 있음으로 말미암아 시작되어 하늘과 하늘 만물과 만물이 다 있는 것이 있기 전의 나를 바탕으로 하고 나를 쓰는 것으로 하는 것이니라. 나를 바탕으로 하고 쓰는 것으로 하는 것이 실로 세 성품이 있느니 첫째는 원각성(圓覺性)이요, 둘째는 비각성(比覺性)이요, 셋째는 혈각성(血覺性)이라 하느니라.

원각성(圓覺性=둥근 하늘 성품을 깨달음)은 만법(萬法)으로 원인과 결과를 삼아 함이 없이 되는 것이므로, 자기 마음을 지키고 하늘 성품을 단련하는 사람은 법체(法體)의 원인과 결과를 얻지 못하면 좋은 성과를 얻기 어려우니라.

비각성(比覺性=견주어 하늘 성품을 깨달음)은 만상(萬象)으로서 원인과 결과를 삼아 나타남이 있으나 헤아림이 없는 것이니, 마음을 닦고 하늘 성품을 보려는 사람이 만일 바르게 보고 견주어 생각하여 헤아리지 않으면 참된 지경을 얻지 못할 것이요,

혈각성(血覺性=육신에 작용하는 하늘 성품을 깨달음)은 사람의 화복(禍福)으로 원인과 결과를 삼아 선(善)도 있고 악(惡)도 있어 수시로 서로 보는 것이니, 그 착한 것으로 세상에 성과를 얻으려는 사람은 그 좋고 좋은 변화의 머리를 가려야 할지니라.

　이러한 세 성품으로 재료를 삼아 착함으로 지키어 잃지 않으면 하늘 성품을 보고 마음을 깨닫는 것이 때(時)에 있고 마음(心)에 새기는 것에 있는 것이니라.

삼심관(三心觀)

　도(道)에 세 가지 마음의 계단이 있으니, 마음을 닦고 하늘 성품을 보려는 사람은 만약 이 세 가지 계단의 묘한 법이 아니면 좋은 성과를 얻기 어려울 것이니라.

　첫째는 허광심(虛光心)이니 빈 가운데 빛을 발하는 마음으로 하늘과 하늘, 만물과 만물이 각기 성품과 마음이 있어, 자체가 스스로 움직이는 것이 다 법의 상과 색의 상에 말미암은 것이니라. 닦는 사람의 생각 머리에 반드시 양단이 있으리니, 부지런히 하고 부지런히 하여 쉬지 아니하며, 깨닫고 깨달아서 어둡지 아니하고, 고요하고 고요하여 어지럽지 아니하면, 빈 가운데서 빛이 날 것이니라. 반드시 모든 이치가 갖추어 있어 형상이 없는 법체가 깨닫는 곳에 나타나며, 형상이 있는 색체에 돌아오는 빛이 돌려 비치어 밝지 아니한 곳이 없고 알지 못할 곳이 없으니, 이것을 빈 곳에서 빛이 나는 마음의 힘이라 하여 허광심력(虛光心力)이라 이르니라. 여기에 멈추어서 구하지 않으면 내 반드시 찬성하지 않을 것이니,

410

스스로 힘써 분발하여 또 한 단계를 더 나아가라.

둘째는 여여심(如如心)이니 같고 같은 마음이라. 한번 위 지경에 뛰어 오르면 비고 비어 고요하고 고요하여 물을 것도 없고 들을 것도 없으나, 마음과 같고 참과 같아서 삼라만상의 근본이 나와 한 몸이라. 오직 하나요 둘이 아니니 나와 나 너와 너, 선과 선 악과 악, 좋은 것과 좋은 것, 나쁜 것과 나쁜 것, 나는 것과 나는 것, 죽는 것과 죽는 것이 모두 이 법체가 스스로 쓰는 것이니 사람이 어찌 지어서 이루리오. 또한 법 가운데 묘하게 쓰는 것이 다 내 성품과 내 마음이라. 성품과 마음의 본체는 비고 또 끊겼으니, 이 밖에 어찌 더 구하랴 마는 쉬고 쉬어 숨을 돌려 다시 한 층계를 더 나아가라.

셋째는 자유심(自由心)이니 스스로 말미암은 마음이니라. 하늘도 또한 비지 아니하고 만물도 또한 끊기지 아니하니, 도가 어찌 빈 데 멎으며 만물이 어찌 끊어진 데 그치리오. 하늘 성품은 근본과 끝이 없고 이치는 처음과 나중이 없으니, 다만 내 마음 한 가닥에 기인하여 만법과 만상을 헤아려 생각할 것이니라. 마음이 오직 비고 끊기면 이치 또한 반드시 끊어지리니, 만약 이와 같다면 어찌 가히 하늘 성품이라 말하며 어찌 가히 하늘 이치라 말하랴. 그러므로 자기의 성품과 자기의 마음을 스스로 가르쳐 뛰어넘어라.

마음이 옥(玉)이 되고자 하면 옥도 또한 장애요, 마음이 물(水)같이 되고자 하면 물도 또한 장애요, 마음이 비고 고요하게 되고자 하면 비고 고요한 것도 또한 장애요, 마음이 밝고자 하면 밝은 것도 또한 장애요, 나로서 나를 없애려 하면 나도 또한 장애요, 마음으로 마음을 없애고자 하여도 마음도 또한 큰 장애니, 어떤 묘법으로서 그 큰 장애를 벗어날까. 다시 돌이켜 살핌을 더하여 반드시 자유를 쓰라.

성품과 마음이 자유로우면 도가 반드시 끝이 없을 것이요, 세상이 반드시 자유로우면 세상이 또한 없어지지 않을 것이요, 사람이 반드시 자유로우면 억만 사람이 마침내 이 자유를 깨달을 것이니, 살려고도 하지 아니하고 죽으려고도 하지 아니하며, 없으려고도 하지 아니하고 있으려 고도 하지 아니하며, 선하려고도 하지 아니하고 악 하려 고도 하지 아니하며, 기뻐하려 고도 하지 아니하고 성내려고도 하지 아니하여, 한번 움직이고 한번 고요한 것과 일용행사를 내가 반드시 자유롭게 하나니 좋으면 좋고, 착하면 착하고, 노하면 노하고, 살면 살고, 죽으면 죽고, 모든 일과 모든 쓰임을 마음 없이 행하고 거리낌 없이 행하나니 이를 하늘을 바탕으로 한 공평한 도를 널리 행한다고 하는 것이니라.

성인도 또한 큰 장애요 세상도 또한 반드시 작은 장애니, 무엇으로써 장애를 물리치어 공평한 도를 같이 사용하여 하늘 바탕을 스스로 쓰겠는가. 닦는 사람에 고하여 알아듣도록 이야기 하니 일체의 장애를 헌옷을 벗는 듯이 하여 빠른 걸음으로 빨리 나아가 좋고 좋은 자유 극락을 즐거워하라.

극락설(極樂說)

　나에게 한 잠잠한 것이 있으나 세상이 능히 알지 못하는 도다. 잠잠한 속에 나무가 있으니 줄기는 성품(性品)이 되고 그 가지는 마음이 되었느니라. 성품이 있고 마음이 있음에 큰 도가 반드시 생겨나느니라. 도가 또한 세상에 있으니, 만약 말을 쓰지 않으면 도가 끊어지고 세상이 거칠어질 것이니라. 잠잠한 것은 반드시 성품이 근본이 되나니, 만약 그 근본이 굳건치 못하면 잎이 푸르지 못하고 꽃도 붉지 못할 것이요, 말은 반드시 마음이 근본이 되나니, 만약 그 근본이 맑지 못하면 봄도 오지 아니하고 가을도 오지 아니 하느니라.

　마음을 들어 도를 쓰는 사람이 하늘 성품을 잠잠한 속에서 얻지 못하면 도가 반드시 빈 곳으로 돌아가고, 말을 들어서 세상을 쓰는 사람이 도를 마음에서 얻지 못하면 세상이 반드시 거칠어지는 것이니, 도를 쓰고 세상을 쓰는 것은 하늘 성품과 자기 마음에 있고, 세상과 나라를 태평하게 하는 것은 나의 바른말에 있는 것이니라.

　말이 반드시 바르면 하늘도 또한 바를 것이요, 말이 반드시 바르면 세상도 또한 바를 것이요, 말이 반드시 바르면 나라도 또한 바를 것이요, 말이 반드시 바르면 사람마다 반드시 바를 것이니라.

　하늘과 땅이 바르면 만물이 자라고, 세계가 바르면 전쟁이 반드시 그치고, 국가가 바르면 백성이 복을 누리고, 세상 사람들이 반드시 바르면 천하가 극락이 되리니, 어찌 오늘의 잠잠한 것이 후일에 많은 말이 될 줄을 알겠는가. 나는 하늘을 바탕으로 한 공평한 법을 써서 아름답고 거룩하신 하늘님의 마음에 맞게 하노라.

성범설(聖凡說)

어떤 사람이 묻기를 "성인과 범인이 특별한 차별이 있습니까?" 말씀 하시기를 "한 나무에 꽃이 피니 꽃도 같은 색깔이요, 같은 나무에 열매가 맺혔으니 열매 또한 같은 맛이라. 하늘 성품은 본래 한 근원이요, 마음은 본래 한 하늘이요, 법은 본래 한 바탕이니 어찌 성인과 범인의 구별이 있으리오."

묻기를 "성인은 밝고 일반 사람은 어리석으니 어찌 차별이 없다 하십니까?"

말씀 하시기를 "그렇지 아니하다. 하늘 성품은 어질고 어리석음이 없고, 마음도 어질고 어리석음이 없고, 몸도 어질고 어리석음이 없으나, 그러나 다만 이 마음을 쓰는데 각기 작은 차별이 있으니 성인은 내 성품을 물들이지 아니하고, 내 마음을 변치 아니하고, 내 도를 게으르게 하지 않는 것인지라. 마음을 쓰고 세상을 쓰는데 하나라도 거리낌이 없으며, 마음을 가지고 도를 쓰는데 선한 것이 아니면 행하지 아니하며, 바른 것이 아니면 쓰지 아니하며, 옳은 것이 아니면 행하지 아니하며, 밝은 것이 아니면 하지 아니 하니

라. 그러나 일반 사람들은 내 성품을 내가 알지 못하고, 내 마음을 내가 알지 못하고, 내 도를 내가 알지 못하여, 마음을 쓰고 세상을 쓰는데 스스로 도가 아닌 것을 쓰며 악한 것을 행하고 패도를 행하며 바르지 않은 것과 옳지 않은 것을 행하지 않는 바 없느니라."

묻기를 "성인과 범인의 성품과 마음이 한 바탕에서 나타난 것이라면 마음을 쓰고 세상을 쓰는데 어찌 가히 다름이 있다고 말합니까?"

말씀 하시기를 "사람이 태어난 그 처음에는 실로 한 티끌도 가지고 온 것이 없고 만 보배로운 거울 한 조각을 가진 것뿐이라, 비고 빈 곳에 도로 비치니 왼쪽 가에 한 편은 고요하고 고요함과 같고 바른쪽 가에 한 편은 티끌이 자욱하고 자욱하니라. 그 두 사이에 살면서 비로소 위하고 위하는 위위(爲爲)심이 생기었고, 위위심(爲爲心)이 비로소 생기니 천지가 생기고, 세계가 생기고, 도가 또한 반드시 생기었느니라.

고금의 현인과 철인이 다만 이 한마음으로 항상 쉬지 아니하고 오래오래 끊기지 아니하여 천지 만물을 다 위위심(爲爲心)의 머리에 실었으나, 범인은 위위심(爲爲心)이 없어 다만 오늘 보는 것으로서 오늘 마음을 삼고, 또 내일 보는 것으로서 내일 마음을 삼아서 방향을 알지 못하고, 자기 천성의 소관 아님이 없어 하늘 성품의 본래를 알지 못하고 모든 일이 자기 마음의 소관 아님이 없으나, 자기 마음의 용도를 알지 못하니 이것이 이른바 범인의 마탈심(魔奪心=좋지 않은 악한 것에 빼앗긴 마음)이니라.

하늘 성품은 본래 어질고 어리석음이 없으나 마음을 쓰는데 반드시 어질고 어리석음이 있느니라. 성인의 위위심(爲爲心)은 곧 자리심(自利心=스스로 이로운 마음)이니 자리심이 생기면 이타심(利他心=다른 것을 이롭게 하는 마음)이 자연히 생기고, 이타심이 생기면 공화심(共和心=여러 사람이 공동으로 화합(和合)하여 일하는 마음)이 저절로 생기고, 공화심이 생기면 자유심(自由心=스스로 자유로운 마음)이 저절로 생기고, 자유심이 생기면 극락심(極樂心=끝없이 즐거운 마음)이 저절로 생기느니라.

일반 사람들은 마탈심(魔奪心)이 한번 생기면 한 몸이 반드시 망하고, 한 나라가 반드시 망하고, 한 세상이 반드시 망하고, 천지가 반드시 망하나니, 사람은 마탈심(魔奪心)을 두지 말 것이요, 위위심(爲爲心)을 잃지 말 것이니라."

진심불염(眞心不染)

세상 사람들이 천만 티끌 구덩이에 빠져 능히 미혹하여 아득한 꿈에서 깨어나 벗어나지 못하니 세상 티끌에서 벗어나는 이유를 말하노라.

나는 바로 나이니 나는 한 티끌이 되고, 만물은 바로 만물이니 만물은 많은 티끌이 되느니라. 나라는 티끌과 만물이란 티끌이 도시 한 티끌이니 어찌 여기에 물들며 저기에 물들겠는가. 그러나 나는 뜻이 있고 만물은 뜻이 없으니, 뜻이 있는 것으로써 뜻이 없는 것을 취하는 것은 이치가 본래 그런 것이니라.

마음이 있고 빼앗음이 있는 것을 바로 티끌에 물들었다 말하나 실로 그렇지 아니하니 생각하고 다시 생각하라. 나에게 두 마음이 있으니 하나는 사랑하는 마음이라 이르고, 하나는 미워하는 마음이라 이르느니라. 사랑하고 미워하는 두 마음이 본래의 마음을 가린 것이 마치 먼지가 거울을 가린 것과 같으니라.

사랑하고 미워하는 마음은 어디서 온 것인가. 모든 물건이 마음에 들면 사랑하는 것과 미워하는 것이 스스로 생기나니 사랑하고 미워하는 것은 물건에 대하여 반동(反動)하는 마음이라. 비유하면 젖먹이가 눈으로 물건을 보고 사랑하는 마음이 생기어 기뻐하며 웃다가 물건을 빼 앗으면 성내어 싫어하나니 이것을 물정심이라 이르느니라. 물정심(物情心=물건에 뜻을 두는 마음)은 곧 제이 천심이니 억만 사람이 다 여기에 얽매어 벗어나지 못하느니라.

그리하여 나의 본래 하늘을 돌아보지도 않고 찾지도 않고 다만 물정심(物情心)으로써 세상에 행하니 이를 범인의 어리석음이라 이르느니라. 성현(聖賢)은 그렇지 아니하여 항상 나의 본래를 잊지 않고 굳건히 지키며 굳세어 빼앗기지 않으므로, 모든 이치의 근본을 보아 얻어 모든 이치가 체를 갖추게 하며 마음머리에 머뭇거리어 둥글고 둥글어 그치지 아니하며 스스로 놀고 놀아 슬기로운 빛 안에서 고요하지 아니하여 일만 티끌 생각이 자연히 꿈같으니 이 것을 해탈심(解脫心=얽매임에서 벗어난 마음)이라 이르느니라.

해탈은 곧 하늘 성품을 보는 법이니 성품을 보는 것은 해탈에 있고, 해탈은 자기 하늘을 스스로 깨달음에 있느니라. 내 마음을 내가 지키어 잃지 아니하고, 굳세게 하여 흐르지 아니하면 내 마음이 자연히 해탈이 되나니, 만법과 만상이 일체 마음에 갖추어져서 일과 이치가 엇갈리지 아니하면 나와 하늘이 둘이 아니요, 하늘 성품과 마음이 둘이 아니요, 성인과 범인이 둘이 아니요, 나와 세상이 둘이 아니요, 삶과 죽음이 둘이 아니니라. 그러므로 참된 마음은 둘도 아니요 물들지도 아니 하나니, 하늘의 바탕을 스스로 쓰며 스스로의 땅을 스스로 쓰는 것이 나의 자유이니라.

성심신변론(性心身 辨論)

성품은 본래 어느 곳에서 왔는가. 성품도 없고 온 곳도 없고 내 또한 없는 것이더라. 마음은 보배로운 거울이 비고 비어 비치는 것을 머금고 달렸으니, 능히 천지를 삼키고 능히 세상을 뱉는 도다. 몸은 여덟 자도 못 되는 피 한 덩어리에 한가지로 우주를 실어도 걸음걸음 가볍더라.

그 성품은 달이 아득히 일렁이는 푸른 파도에 떨어져 숨은 것 같고, 그 마음은 불이 천리에 큰 바람이 일어나 타는 것 같으니라. 달이 푸른 파도에 숨으니 바다 나라가 밝고 불이 큰 바람에 타오르니 구름 하늘이 개이도다.

바다가 맑고 구름이 개이니 한 색의 빈 것이요, 빈 것을 거두고 색을 지우니 밤에 말이 없어라. 어둠속에서 바람이 나니 하늘이 사는 것을 회복 하는 도다.

명리전(明理傳)

창세원인장(創世原因章)

　하늘이 열리고 땅이 열리니 건곤(乾坤)이 정해지고, 만물이 자연스러움에 오행이 상생하여서 기운이 엉기어 불길같이 성함에 만물이 화생하였느니라. 만물 가운데 가장 신령한 만물의 우두머리가 있으니 문자를 만든 처음에 이름 하여 사람이라 일렀느니라.

　문자가 있기 이전에는 물건으로 더불어 축을 같이하여 능히 이름이 없었느니라. 나무 열매를 먹고 살았으며 나무를 얽어 집을 만들고 살았으며 짐승의 가죽으로 옷을 만들어 입었으니 어찌 사람의 도리가 있었겠는가.

　모든 인연은 다름이 아니라 만물이 난 처음에는 풍기가 열리지 못하고 인지가 발달 하지 못하여, 하늘님이 주신 만물이 있는 것만 알고 사람이 만드는 이치는 깨닫지 못 하였느니라. 이로부터 먹을 것은 차차 모자라고 인종은 점점 불어나니, 강한 자가 약한 자를 치고 빼앗는 폐단이 자주 일어났느니라.

　하늘의 명이 있는 곳에 또한 바로 잡을 방책이 없지 않으므로, 여러 사람 가운데서 의견이 처음으로 생기어 여럿이 보는 가운데 가장 뛰어난 사람을 어른으로 추대하고 백성의 모든 일을 관할케

하며 여러 사람의 힘을 모아 먹을 것을 받들어주니 이것이 언제나 정상적인 녹이 된 것이니라. 이같이 한 뒤에 일동일정을 한결같이 그 사람의 지휘에 복종하여 행하게 하니 이것이 사람을 다스리는 임금이 된 것이요, 여러 사람의 일을 한 사람이 도모함에 또한 흡족 하지 못하므로 내(임금)게 당한 녹을 덜어주고 일을 볼 수 있는 사람에게 일을 분담시키니 이것이 조정이 된 것이요, 여러 사람 가운데 혹 품성이 사나워 생령을 해치면 징벌로 그 폐단을 막으니 이것이 정치와 법률이 된 것이니라.

여기에서 임금이 그 백성들의 먹을 것의 어려움을 근심하여 봄에 심으면 가을에 열매를 거둘 수 있는 이치를 투득하니, 이로부터 먹을 것은 넉넉하나 여름 해와 겨울밤 에 춥고 더운 괴로움이 또한 걱정스러우므로 그 오행(수, 화, 목, 금, 토)의 이치 됨을 시험하고, 돌을 다듬고 갈아서 그릇을 만들고, 나무를 깎아서 집을 짓고 칡을 짜서 옷을 만들고, 우물을 파서 물을 마시고 밭을 갈아 곡식을 먹으니 사람의 편리함이 이로부 터 시작되었느니라. 이에 역서(易書)와 천문대를 만들어 천시를 우러러보고 공경히 사람이 할 일을 가르쳐주므로 춘하추동에 각기 절기의 공을 얻어서 춥고 덥고 찌는 듯하고 서늘한 것이 갈아들어 어김이 없으니, 음양으로 다스리는 사시(四時)에 순응함이니라.

다섯 가지 맛을 보아 약을 만들어 사람의 병을 고치니 이것을 위생이라 이르고, 배와 수레를 만들어 통하지 못할 곳을 건너, 있고 없는 것을 무역하니 멀고 가까운 것이 한 몸 같으니라. 사랑스럽게 백성을 기르니 마음으로 기뻐하며 정성스럽게 복종 하느니라. 이러할 즈음에 높이어 공경할 마음이 기름 번지듯이 스스로 싹터서 다 임금의 공을 추대하니 이를 임금과 신하가 의리가 있다고 이르느니라.

글과 책을 만들어 글을 지어 사람을 가르치고 그 마음을 열어 선(善)으로 인도하니 인의예지(仁義禮智)가 이로부터 생겼느니라. 그 선악(善惡)의 다름을 밝히어 그 화복의 이치를 정하니 이것을 도덕(道德)이라 이르느니라. 도덕의 풍화가 날마다 새롭고 달마다 성하여 풍기가 크게 열리고 세도가 높이 성하여 인사가 크게 새로 워지고 물품을 받아 흥성하니 이를 문명의 성대함이라 이르느니라.

그러면 옛 성인의 쌓은 공이 과연 어디에 있는가. 이 말은 역사에 실려 있으니 비록 삼척동자라도 능히 읽고 말할 수 있으나, 그 실제 이치는 투득하기 어려운 것이니라. 이것이 예와 이제로 인하여 사물을 추측하여 사물을 연구하고 깨닫는 대경대법(大經大法)이니 이것을 어찌 쉽다고 말하랴. 이것으로 미루어보면 비록 몇 만년이라도 가려 헤아릴 수 있으니 흥하고 망하는 것과 성하고 쇠하는 것이 사람의 하는 일에 관계된 것이 아니냐.

대개 선천의 운은 처음으로 열린 수라. 이것은 순전한 음기로 순연히 만물을 이룬 것이므로 사람의 기운은 순후한 성심이니라. 그러므로 그때 성인이 동양에 나시어 그 때에 마땅한가를 보아 다스리는 법과 규모를 문서로 만들어 변할 수 없는 법을 정하였으므로, 사람마다 각각 그 법이 당연한 줄로 알아서 털끝만치라도 어김이 없었으므로 옛날 문명의 풍화가 동양에서 울렸더니, 이 세상 운수는 곧 폭양의 기운이 천하에 처음으로 밝아 크게 한번 변하고, 크게 한번 열리는 수이니라. 이러므로 사람의 기질이 장대하고 지혜와 총명이 앞 사람의 갑절이나 뛰어나나, 교화가 무너지고 해이하여, 능히 시운과 시기의 바뀌고 변함을 따르지 못하고 고금에 정한 법 밖에 다시 연구치 아니하니, 연구치 아니하고 생각지 아니하는 곳에 사물의 이치와 의견이 어디서 나올 것인가.

어제 일과 오늘 일도 같지 않고 서로 다르거늘, 하물며 몇 천 년 전 옛날 규범이 몇 천 년 뒤에 서로 맞을 것인가. 저렇듯이 장대한 사람이 어린 아이의 어리석음을 면치 못하여 능히 천하에 용납하지 못하니, 실로 이것이 뜻있는 사람의 부끄러워하는 바이니라.

서양 사람은 물질 개발의 운을 타고 물건의 이치에 확실하게 투철하여 각각 활동하는 기운이 있으므로 연구하는 가운데 재주가 늘어 기계가 편리하여 일마다 사업에 성공하고, 정치가 밝아 임금과 신하의 분의를 서로 지키어 잃지 않으므로 공화의 정치와 입헌의 정치가 세계에 문명을 하였고 당세에 이름을 드러내니, 이것이 동서양 번복의 이치가 아닌가.

아! 예를 상고하여 지금에 미치고 지구를 전부 말하여 볼지라도 임금은 처음에 만 백성 가운데로부터 세운 명칭이요, 세상 백성은 처음부터 임금의 기른 바가 아니니라. 그러므로 백성이 오직 나라의 근본인 것은 밝기가 불을 보는 듯 한 것이라. 지금 우리 동양은 그렇지 못하여 임금이 백성 보기를 노예같이 하고 백성이 임금 보기를 호랑이같이 무서워 하니 이것은 가혹한 정치의 압제라.

　이제 만약 그 정치를 한번 변하여 천명을 공경하고 민심을 순히 하며 인재를 길러 그 기예를 발달시켜 빛나고 빛나는 문풍(文風)이 찬연히 다시 세상에 밝아지면 가고 돌아오지 아니함이 없는 이치를 가히 이룰 것이니 오직 우리 가운데 뜻있는 군자는 생각하고 생각할지어다.

척언 허무 장(斥言虛誣章)

하늘의 총명은 곧 우리 백성의 총명이니라. 사람은 동물의 영장이 되어 능히 그 총명하고 슬기로운 성품을 다하는 자니 하늘과 사람이 말을 서로 들음에 뜻과 생각이 오직 하나라 만사를 능히 통할 수 있느니라. 크게 깨달아 마음을 맑게 하기를 새로 만든 거울같이 하면, 물건이 비치는 곳에 곱고 미운 것이 분명하고 일에 임하는 곳에 경위가 분명하여 사리에 통달하고 행함에 빠르니라. 이러므로 예나 지금에 대인과 지사가 이어 나서 각각 그 나라에 가르침을 세우니 이것이 백성을 화하고 풍속을 이루는 정책이니라.

대저 가르침을 세우는 것은 바람 아래 풀 같으니 그 생령으로 하여금 마음을 주로 하여 의를 믿게 하며 다 유일한 덕을 믿게 하는 것이니라. 일이 만약 그렇지 아니하면 백성이 각자위심하여 예의는 비록 아름다우나 어느 곳에 시용하랴. 그러면 먼저 성인과 뒤 성인이 다녀간 년도는 같지 아니하고 세대가 서로 어기나 임금은 자리를 전해준 임금이 없었건마는 법강을 어디서 받았으며, 스승은 가르침을 받은 스승이 없었건마는 예의를 어 디서 본받았을까. 알지 못하고 알지 못할 일이니라. 나면서부터 알아서 그러함인가 저절로 되어서 그러함인가. 고기의 눈이 아무리 밝아도 밝기가 바다 밖의 육지를 꿰뚫어 보지 못하고, 성인의 도가 하늘까지 사무쳤다 하여도 뜻이 하늘 높고 땅 두터운 사이를 지나지 못하느니라.

어찌하여 그런가. 사람은 바로 하늘 사람이요 도는 바로 대 선생님의 무극대도이니 능히 도(道)의 본성을 지키는 사람이면 때가 다르고 도가 다르나 지혜와 계책이 서로 비치고 의사가 같을 것이니 합하면 한 이치가 되느니라.

그 대체는 같으나 조금 다르다는 것은 그 시대에 마땅한가를 보아 절중하게 변화에 쓰는 것이니, 그러므로 대개 천지가 갈린 이래로 그 하는 바 사람을 가르치는 법이 이 마음을 밝히는 묘한 것이 아님이 없나니, 어찌 가르치기를 기다려 깨달으며 또한 배우기를 기다려 알 것인가. 이에 볼 만한 것은 옛 사람의 뜻도 또한 그 만물이 만물되고 이치가 이치 된 큰 업을 얻으려는 것이니라. 이러므로 도법이 한이 없고 도를 가르침이 비록 빛난다 할지라도 뿌리와 바닥이 자연히 드러나 고 머리와 꼬리가 이미 잡히나니, 그 화두는 마음을 부어 이치를 투득함이 황연히 의심이 없느니라.

그러나 그 중에는 가히 배척하고 버릴 것도 있고, 가히 배우고 가르칠 것도 있으니, 확실히 그 옳은 것은 취하고 그른 것은 버리는 큰 이치를 얻은 것이니라. 논하여 말하면 허무하여 가히 생각하지 못할 것이 셋이 있으니 몽매한 인간이 공연히 심력을 허비하여 늙음이 닥치는 줄 알지 못하고 마침내 사물의 이치를 깨닫지 못하니, 어찌 가히 말을 다하랴.

애석하도다. 내 또한 처음이 없는 데로부터 생긴 한 물건이니 내가 태어나기 이전은 처음의 한 물건도 없었는지라, 만물이 없는 이전에 어찌 그 이치가 있었으랴. 저렇듯이 몰각한 사람들이 옛 습관에 빠져서 생령이 있기 이 전의 일을 깊이 연구하기를 일삼으니,

나무에 올라가 고기를 구하는 것과 무엇이 다르랴. 이것이 진실로 한심한 것이라, 첫째 허무한 것이 이것이오.

내 또한 하늘의 음양오행 기운을 타고나서 이 세상에 붙어살면서 언어동정과 마음을 쓰고 일의 처신함이 한 기운이 시키는바 아님이 없느니라. 그러면 길흉화복이 전부 행위득실에 있으나 사람이 불민한 탓으로 다 술수와 잘못된 서책에 미혹되어 오는 팔자를 속여서 말하며 능히 오는 일의 길흉을 미리 말하니, 이 어찌 말이 되는가. 이것이 세상을 의혹되게 하고 백성을 속이는 풍습을 이뤄 당당히 이치가 있는 것인 줄 알고 전혀 다른 일을 폐하고 여기에 몸이 마치도록 공부하기를 일삼으니 그 끝에 이르러 무슨 영험이 있을 것인가. 곧 자기가 자기를 버린 소개에 지나지 아니하느니라.

자세하게 그 이유를 말하면 당장 경험이 있는 것은 만일 사람이 일수가 아무리 좋으나 대인접물할 때에 행패로서 말이 순하지 않으면 곧 그 자리에서 욕을 볼 것은 눈앞에 환한 것이니라. 무릇 이와 같으면 길흉화복은 어김없이 그 몸에 스스로 있는 것이 아닌가. 이러므로 시전에 이르기를 "길이 천명에 맞게 하는 것은 스스로 많은 복을 구한다." 고 이른 것은 이를 말한 것이라. 이러므로 미래의 잘못된 화복을 생각하고 연구하는 것이 둘째 허무한 일이오.

사람이 한번 태어났다가 죽는 것은 물리의 자연한 법칙이라. 있는 데서 없는 데로 돌아가는 것을 무엇으로 가히 상고할 것인가. 눈에 보이는 것으로 비유하면, 나무를 찍어 불태우면 나는 것은 한 연기니, 가벼운 저 푸른 연기는 공기와 같이 날아가고 다만 남는 것은 바람 앞에 타고 남은 재뿐이라. 그 근본도 없는 재를 가지고 깎고 새겨서 그릇을 만들고자 하면 어찌 가히 얻을 수 있겠는가. 많은 일을 만들 따름이니라. 하물며 지금에 살아있는 사람은 생전의 복록은 힘쓰지 않고 죽은 뒤의 일만 깊이 연구하니 가당한 것이냐. 이것이 셋째로 허무한 것이니라.

이상의 세 가지 이유를 한 가지씩 밝히어 말하면 과거, 현재, 미래의 세 가지 일이니 과거는 이미 지나간 것이라, 말한다하여도 이익 될 것이 없고, 미래는 있지 아니한 전 이니 알지 못 하는데 부치고 현재는 눈앞에 일이라, 마땅히 쉽게 헤아릴 수 있으나 눈앞에 나아가는 일에 능치 못하고 고해에 잘못 빠져 도끼자루 찍는 일을 면치 못하니 심히 슬프도다.

공자 말씀에 "어진 것은 사람의 편안한 집이요, 의로운 것은 사람의 바른 길이라" 하였으니 바른 길을 좇아가 행하고 편안한 집에 살면 이것이 중립이요, 치우치지 않는 것이 아니냐. 이것이 비록 말은 쉬우나 지모 있는 선비가 아니면 능히 할 수 없는 것이니라. 이러므로 사람을 가르치는데 도가 있으니, 그 천연한 마음을 지키고 그 천품의 기운을 바르게 하여 넓게 지식을 배우고 행하는 도를 베풂에 경위를 잃지 않으면, 이것이 가히 사람이 사람 된 인사의 경위를 잃지 않는 것이라 말하리니, 사람의 경락이 있는 것과 같으니라. 만약 사람의 발이 도리어 위에 있고 팔이 등에 있다면 굴신 동정을 임의로 할 것인가. 이러므로 수심정기(守心正氣)가 도법의 제일 으뜸 되는 뜻이니라.

명언천법장(明言天法章)

왜 그런가.

무릇 사람은 천명(天命)을 순이 하고 하늘의 바른 이치를 보존해야 하느니라. 그러므로 하늘 법에 응하여 사람의 일을 만드는 것이니, 오직 큰 지혜는 품부한 것이 완전하므로 확실 히 내게 맡겨진 명을 알아 능히 하늘의 법을 지키는 것이요, 그 다음은 배워서 아는 것이니 비록 먼저 깨닫고 뒤에 깨닫는 차별은 있다 할지라도 그 이르는데 미쳐서는 가 히 그 뜻을 투득할 것이요, 그 다음은 비록 혹 고심하여 얻는다 할지라도 배우고 익히며 힘써 행하면 성품을 거느리는 경지에 이르나니, 사람마다 각기 하늘 법을 알아 어기지 말 것이니라. 그러므로 군자 나라에 벼슬함에 뭇 사람 부리는 것을 도로써 하며, 교화하는 것을 비유로써 하여 백성의 마음을 화하고 즐겁게 하며, 각기 그 직업을 권하여 나라가 부하고 백성이 편안하면, 이것을 가히 극락세계라고 말할 것이니라.

비록 그러하나 많고 많은 사람들 가운데 혹 품성이 사리에 어그러짐이 있어 교화에 들지 않으면, 나라에 정법이 있어 법령과 형륙으로써 그 불법을 징계하나니, 이것은 하늘 법에 응하여 사람의 할 일을 만든 것이니라. 그러면 법령과 형륙이 어찌 가히 사람을 해하는 것이랴. 사람의 어질지 못한 것은 스스로 하늘의 법을 어기어 정치, 법률에 걸려드는 것이니 그 실상을 생각하면 자기가 자기의 몸을 버리는 것이니라.

응천산이 발달인조장(應天産而發達人造章)

　무릇 하늘 높고 땅 두터운 사이에 금, 목, 수, 화, 토가 상생 상극하여 물건 모양마다 각기 그 개성을 이루니, 사람은 동물의 영장이요 만물의 주장이라. 이것은 하늘이 주신 물건의 성품이니, 천연한 물리를 연구하면 오행이 서로 이룸에 물건을 이루지 못하는 것이 없느니라.

　방금 서양 사람이 나라가 부하고 소업이 넓어서 천하에 횡행하는 것은 다름이 아니라 먼저 이 이치를 투득하여 사람이 만들어 사용하는 것의 발달에 힘을 얻은 것이니라.

활동장(活動章)

　아! 슬프다.

　지금에 어리석은 사람들은 세 가지 허무한데 미혹되어 전혀 깨어날 기운을 못 차리고 아득한 꿈을 깨지 못하니, 몸에는 기화의 신(神)이 없고 공부는 참에 돌아가는 길이 없어 활동할 수 있는 기운을 막았으니, 어찌 가히 영기(靈氣)를 받은 동물이라고 말하겠는가. 다만 사람의 형상을 갖추었을 뿐이니라. 몸을 갖추고 영(靈)이 없는 것은 주검이니 살고도 죽은 것은 가히 세상을 헛살았다고 말할 것이니라.

무릇 활동하는 기운은 활발하고 활발하여 물이 방금 솟는 듯하고 불이 활활 붙는 듯하니, 그 기운 됨이 지극히 크고도 정미로우며 능히 강하고도 유하며, 중정에서 발하여 총명에 달하면 만물에 남기지 아니함이 없고 일에 이루지 못함이 없느니라. 그러므로 원형이정(元亨利貞)은 천도(天道)의 활동이요, 동작위의(動作威儀)는 인사의 활동이니라.

하늘은 지극한 정성으로 쉬지 않는 천도(天道)가 있으므로 춘하추동 사계절의 공을 이루고, 사람은 나아가고 나아가는 것을 마지 않는 마음이 있으므로 지, 인, 용, 략(智仁勇略)을 일에 따라 나타내나니 사람이 능히 활동하는 기운을 기르면 재주와 웅대한 책략과 생업과 천태만상의 이치가 전부 그 속에서 나오느니라. 그러면 천지만물(天地萬物)의 이치가 어느 것이 이 보다 크겠는가.

지금에 미혹한 어리석은 사람들이 긴 밤에 취한 꿈을 언제 깰는지 기약이 없는지라, 서구와 침략열강이 마치 죽은 송장처럼 대하니 이것이 어찌 통탄할 일이 아니냐. 지금 우리나라 사람 가운데도 반드시 뜻있는 훌륭한 사람이 없지 않으리니 큰 꿈을 누가 먼저 깰 것인가. 아직 꿈을 깬 사람을 보지 못하겠으니 심히 두렵도다. 만일 먼저 깬 사람이 있으면 깨어난 정력을 다 써서 억만 생령의 아득한 꿈을 깨쳐주기를 이에 바라고 바라느니라.

치국평천하지정책장(治國平天下之政策章)

　서전(書傳)에 말하기를 "하늘이 뭇 백성을 내시니 만물이 있고 법(法)이 있도다. 백성이 떳떳함을 잡았으니 좋은 이 아름다운 덕(德)이로다." 하였고, 맹자 말씀하시기를 "일정한 생업이 없는 사람은 일정한 생각이 없다." 하였으니, 이러므로 백성이 떳떳함을 잡는 마음이 없으면 재앙이 반드시 이르고, 백성이 일정한 생업이 없으면 배고픈 것이 겹쳐 이르나니, 그러면 화단과 복록과 요사스러운 것과 상서로운 것은 이것이 사람 자기가 스스로 만든 것이 아니냐. 이러므로 나라에 도(道)가 있으면 집과 사람이 충족되고 물건이 다 넉넉하며 나라에 도(道)가 없으면 백성이 궁하고 재물이 다하여 밭과 들이 거칠어지나니, 이것을 미루어 생각해 보건대 백성이 일정한 생업이 없고 일정한 생각이 없으면 나라를 장차 안보하기 어려울 것은 손바닥을 보는 듯 하니라.

　왜 그런가.

　나라라는 것은 백성과 토지를 총칭한 이름이요, 임금이란 것은 백성을 다스리고 교화하는 어른이니, 어진 임금이 위에 계시어 교화와 법령으로써 뭇 백성을 거느리면 백성이 자연히 부강하여 그 나라가 편안할 것이나, 가혹한 정치가 미치는 곳엔 백성이 자연히 쇠잔하여 강토가 위태로운 것이니라.

　지금 우리 동양은 방금 상해의 운에 있는지라, 조야가 솥에 물 끓듯 하고 민생이 물 마른 못에 고기 날뛰는 것 같으니, 만일 강적이 침략하여온다 할지라도 정부에서는 막을 만한 계책이 없고 가난과 추위가 뼈에 사무쳐 백성이 물리칠 힘이 없으니 실로 통곡할 일이로다. 전혀 다른 까닭이 아니라, 이것이 시대의 운수니 이를 장차 어찌할 것인가.

그러나 오직 우리 동포가 만약 보국안민 할 계책을 잃으면 세계 대세를 반드시 안보하기 어려울 것이니 어찌 통탄하지 아니하랴. 그러면 그 정책이 진실로 어디 있는가. 오직 우리 생령은 그 강개의 옳은 이치를 밝히어 결연히 금석 같은 마음을 지키고 중력을 합하여 하나로 꿰면 지(智), 인(仁), 용(勇) 삼단이 그 속에서 화해 나오리니 그것을 참으로 실시할 계책이 장차 어디 있는가.

무릇 수신제가 치국평천하는 옛 성인의 가르친 것이라. 여러 군자는 거의 듣고 사람사람이 각기 자기의 직분을 다하고 한집 사람일지라도 수고롭고 괴롭고 부지런 하고 힘써 각각 생령의 이치를 알고 먹게 하면, 장차는 반드시 놀면서 입고 먹는 백성 이 없을 것이니, 그러면 몇 해 안되어 집집이 부자가 되고 사람마다 편안하고 즐거울 것은 보지 않아도 알만하니라.

이와 같으면 나라의 정치도 황연히 의심이 없을 것이니라. 무릇 수신제가로 나라가 부해지게 하는 것은 그 까닭이 없지 아니하니 맑은 마음으로 미리 생각하여 그 실지의 이치를 밝히면 우리나라 삼천리강토 내에 이천만 동포가 매일 세끼씩은 밥을 먹을 것이니 세 번 먹는 밥에서 세 술 쌀을 덜더라도 그 사람이 주리지는 않을 것이요, 이익이 남으면 한 사람이 하루 동전 한 닢 같은 것은 비록 아무 사업을 해서라도 남을 것이니, 날마다 한 닢씩 불리어 손해가 없으면 적은 것을 모아 큰 것을 이룰 수 있는 것을 가히 보아 도모할 것이니라.

분석해 보면 세끼에 세 술은 자연한 가운데 절용한 것이요, 하루에 동전 한 닢은 부지런히 힘쓰는 가운데서 불어난 것이니, 이것이 아무리 적은 것이라도 우리 이천만 동포로 하여금 한 해를 계산하며 이에 몇 억 만원이 될 것이니라. 대강 보면 일이 이와 같으니 성력이 이르는 곳에 무슨 일인들 이루지 못하며, 나라를 부하게 하는 것이 무엇이 어려우리오. 또한 나라가 부해지고 병력이 강해지는 도도 또한 다른데 있는 것이 아니요, 백성이 부하고 나라가 부하여 재물이 넉넉하면 써도 다함이 없을 것이요, 먹어도 축나는 것이 없을 것이라. 혹 적국과 전쟁이 있다 할지라도 군량과 병기를 계속하여 끊기지 아니하며 나아갈지언정 물러가지 아니하면 저 적병이 스스로 물러갈 것은 형세가 확연한 바라. 병력을 강하게 하는 계책도 이에 나라가 부(富)한 가운데 있는 것이 아닌가.

만약 그 나라가 작고 병력이 적으면 이에 묵어가는 돈과 곡식을 허비하여 저 강한 이웃 나라의 병력을 사서라도 백번 싸워 백번 이기기는 또한 당연한 것이니, 이것이 재산을 보호하는 가운데 실지 효력이요, 또한 재산을 불리는 방침이 있으나 우리나라 백성은 설혹 부한 사람이 돈과 곡식을 저장하였다 할지라도 재산을 불리는 도에 전연 어두우니 이것이 미개한 결점이니라.

방금 세계는 은행 규칙이 있어 비록 편리하다고 말하나, 이것은 갑작스럽게 사사로이 스스로는 설립되기 어려운 것이라. 나라의 수도로부터 각 도, 각 군, 각 마을에 까지 식산회사를 설치하고, 감당할 만한 사람을 택하여 그 명목을 맡기어 빈 부간 그 일과 힘을 따라 부한 사람이면 그 자본을 세우게 하고, 가난한 사람이면 무슨 사업을 물론하고 부지런히 힘쓰게 하여 식량이 된 나머지에 몇 푼씩 매일 회사에 저금케 하면, 마지막에는 이익을 불리게 하는 기술을 깊게 연구함이 농상공업간에 이와 같이 편리한 것이 없으리니, 나고 드는 그 돈으로 생산도 하고 판매도 하여 십년이 되면 자연한 가운데서 원래 부자는 더 큰 유명한 부자가 되고, 가난하던 백성은 살아갈 만한 부자가 될 것이라. 이같이 한 후에 백성을 통계하면 일반적으로 평균 부자가 될 것이니 나라가 부하고 백성이 편안한 술책이 또한 다른데 있으랴. 진실로 이같이만 면 백성의 쾌활함이 있을 따름이니, 어찌 평천하의 경륜이라고 말하지 않겠는가.

무릇 서생의 유학은 농상공업 발달의 기초니, 저 먼저 깨달은 학문을 배워 미개척 된 땅에 시용하면 산과 들과 내와 호수에 정확하고 정교하며 자연스러운 이치를 사용하면 수출수입에 스스로 방침이 있으리니, 이렇듯이 재예가 겸비한 사람의 능숙한 행동과 의범이 군자의 경지에 이르러 수고롭고 괴롭고 부지런하고 힘쓰는 도를 더하면 가회 단맛이 더욱 화청을 받고 흰 바탕에 비단으로 수를 놓은 것 같은 같음을 이에 가히 볼 것이니라.

이에 백성이 부해지고 나라가 태평하면 도덕문명이 천하에 넓게 빛나리니, 천하에 누가 능히 당하겠는가. 천하에 일등으로 살면서 천하의 일등 권리를 행하면, 이것을 수신제가 치국평천하의 방책이라 말하느니라. 적은 것을 쌓아 큰 것을 이룸은 물리의 자연이니, 물건이 적다고 버리지 말고 덕이 적다고 천히 여기지 말라. 일의 형편과 때를 따라 도를 쓰는 것을 대강 말하였으니, 생각하고 힘쓸 지어다. 마음을 고요히 하고 맛을 보아 능히 이를 투득하면 거의 도(道)에 가까울 것이니라.

위생보호장(衛生保護章)

물건은 처음과 나중이 있으니 처음과 나중은 이치와 기운이 변화하여 스스로 되는 것이므로, 봄과 여름에 생장하고 가을과 겨울에 시들어 떨어지나니, 이것은 현재 눈으로 적실하게 보는 것이라 어찌 의심이 있겠는가.

방금 세계는 위생을 심히 중요하게 여기나 사람이 다 정한 명을 살지 못하는 것은 다름 아니라 그 실은 사는 근본을 알지 못하기 때문이요, 또는 아는 사람이 혹 있다 할지라도 그대로 능히 지키지 못하기 때문이니라. 능히 알고 능히 행하면 어찌 명대로 살지 못하겠는가. 무릇 사는 근본은 음양 동정(陰陽動靜) 조화(造化)의 이치라, 어찌 쉽게 단언 하리오 마는 대강 말하면 하늘이 만물을 내었다는 것은 사람마다 말하고 아는 것이요, 포태로 화생하였다는 것도 또한 다 눈으로 보는 것이나, 실지 이치를 알지 못하므로 정한 수명을 채우지 못하느니라.

사람이 화생하는 처음으로 말하면 순연한 음양이기가 교류하여 응하게 된 것이거니와, 형상을 이룬 것으로 말하면 그 부모의 포태로부터 이룬 것이요, 기르고 낳는 것으로 말하면 자연히 낳는 것이 당당한 이치이니라.

나면 기운이 접하고 기운이 접하면 처음으로 사지가 움직이고 귀와 눈이 열리어 능히 동정을 갖추나니, 이것은 어떤 연고인가. 마음(心)과 성품(性品)과 정(精) 세 가지일 따름이니라. 세 가지를 나누어 말하면 마음은 기운이요, 성품은 바탕이요, 정은 뇌수와 골격과 폐부 개개 절절을 응하여 있는 것이니라.

동작의 조화로 말하면 마음(心)이 먼저 발하여 정(精)을 움직이고 정(精)이 발함에 몸(身)이 움직이는 것이니라. 그러므로 사람이 움직일 때에 마음을 먼저 발하여 사지에 혈기와 정신이 통한 뒤에 동작하여야 서로 어김이 없는 것이요, 또한 말할 때에도 마음으로 먼저 생각하여 정과 맥이 서로 통한 뒤에 말을 하면 혈기가 감손되지 아니하나, 무심중(無心中)에 말을 하면 기운과 피가 크게 상하고 음식도 무심중 급하게 먹고 마시면 해가 되며 보통 기거할 때에도 무심중 급하게 움직이면 해가 되는 것이니 삼가하고 삼가하라.

대개 세 가지로 말하면 전체 마음이 주재라, 이가 되고 해가 되는 것이 도무지 마음에 있으니 첫째 마음을 잘 단속함이 옳으니라. 첫째 수심(守心)이니 사람이 마음을 잠시라도 정맥(精脈)에서 떠나지 않게 할 것이라. 떠나지 않게 하는 방법은 일용행사 간에 생각하고 생각하여 잊지 말고 세 가지를 서로 어김이 없게 할 것이며, 둘째 정기(定氣)니, 기쁘고 성나고 슬프고 즐거운 것을 과도하게 하지 말 것이라. 성내는 것이 과하면 경맥(驚脈)이 통하지 못하고, 슬픈 것이 과하면 정맥(精脈)이 화하지 못하고, 기쁘고 즐거운 것이 과하면 산맥(散脈)이 고르지 못하나니 이는 반드시 큰 해가 되는 것이라 삼가하고 삼가 하라. 셋째 음식조절이니, 음식이 과하면 위가 넘치고 위가 넘치면 경락(經絡)이 고르지 못하여 소화를 잘하지 못하므로 해가 많으니라.

사람이 먹는 물건이 많되 그 중에 오곡은 순연한 정기라 이가 되고, 기타의 물건은 이해가 서로 절반이 되나, 제일 고기류는 해가 많으며 술도 또한 해가 많으니라. 넷째 거처와 청결이니 비록 흙집이라도 안과 밖을 아침, 저녁 닦고 쓸고 거처를 깨끗이 하며, 또는 집 근처에 물을 버리지 말라. 부패하여 악취가 나면 유해하며 날마다 단속하여 닦고 깨끗이 할 것이며 또는 몸을 자주 목욕하라. 몸에 땀과 때가 많으면 해로우니라.

위생을 보호하는 법과 민생을 보호하는 법과 재산을 보호하는 법은 도의 종지이니라. 우선 위생을 보호하는 긴요한 방법을 기록하여 반포하니 먼저 시험하고 시행하기를 천만 바라노라.

삼전론(三戰論)

서론(序論)

　태고(太古)의 역사여 말로써 가히 밝히고 글로써 가히 거울하리로다. 태고여, 만물이여 그 어찌 그러하며 어찌 그러한가. 이치를 붙여 헤아리면 아 득하고 아득하게 멀고 물건을 느끼고 알아보면 섞이고 섞이어 의심이 없도다. 이러므로 예로부터 지금까지 선성, 후성이 이어 나시고 제왕의 법이 같은 궤도에 하나로 돌아가니 어찌된 일인가. 다스림은 다르나 도는 같은 것이요, 때는 다르나 규범을 같이한 것이니라. 대략 그 이유를 살펴보면 도가 하늘에 근본하여 우주에 흘러넘치는 것은 한 기운의 간섭하는바 아님이 없는 것이니라.

　그러나 사람이 동물의 영장이 되고 영장인 그 가운데 특별히 총명함이 있어서 임금을 만들고 스승을 만드니 이 어떤 연고인가. 하늘님은 편벽됨이 없으시어 하늘 성품을 거느리는 사람과 오직 친하심이라. 하늘을 모시고 하늘대로 행함으로 이를 하늘 몸이라 말하고, 나를 생각하여 사람에게 미치므로 이를 도와 덕이라 말하느니라. 빛이 사방에 덥히고 만사에 맞게 흩어지고 때를 따라 마땅함을 취하니 무릇 때에 맞는다 함이요, 때를 쓰는데 잘 변하여 중도를 잡아 잃지 아니함이요, 처음과 내종이 있으니 한 이치에 합하는 것이로다. 이로 좇아보면 하늘과 도에 어찌 사이가 있으며 도와 사람이 어찌 멀다고 하겠는가. 잠시도 떠나지 못할 것이라는 것은 이를 말한 것이니라.

태고의 무위(無爲) 시대는 그 기운이 아직 발하지 않은 때요, 삼황이 세상의 기초를 세움이여, 도(道)를 마음에 근본 하였음이요, 오제가 문물제도를 시작함이여, 정치와 법을 바르게 폄이니라. 사람이 순후하니 백성이 다 요순이요, 성도로써 가르치니 세상이 다 요 순 아님이 없느니라.

무릇 성인(聖人)의 도(道)도 물건 없이는 이루지 못하느니라. 능히 난(亂)을 다스리는 약석이 되나니 병장기와 형륙이 이것이니라. 이러므로 주(周)나라가 성함에 이르러 그 기운이 장대하여 다스림이 위에서 융성하고, 교화가 아래까지 아름다웠느니라. 빛나고 빛나는 문물이 이에 성한지라, 어찌 부러운 것이 아니랴.

아 물건이 오래되면 낡아지고 도가 멀어지면 소홀해지는 것은 이치가 그런 것이라. 밝기 불본 듯 하도다. 이로부터 역대에 여러 나라들이 권력 잡기만 숭상하여, 흥하고 망하고 이기고 지는 것을 장기, 바둑 승부같이 하였으니 이 어찌 한심한 바가 아니랴. 아무리 그러해도 역시 운수요, 천명이니 누구를 원망하랴. 이렇듯이 헤아리면 이치의 번복과 운수의 순환이 손바닥을 보는 듯 하도다. 이 같이 하면 옛적을 거울삼고 옛적을 상고하여, 오늘을 가리키고 오늘을 살펴보는 것에 어찌 조금인들 어려움이 있으랴. 이러므로 예와 이제가 같지 않은 것은 나는 반드시 "운(運)이 변한 것이라" 이르노라.

방금 천하대세가 운과 함께 나아감으로 사람의 기운은 강하고 매우 강하고, 교묘하고 매우 교묘하여 기예의 발달과 동작의 연습이 이에 극진하였느니라. 아무리 그러해도 강하다는 것은 병력이 강하다는 것이 아니라, 의에 나아가 굴하지 않음을 말하는 것이요, 계교는 교활한 교태가 아니라, 일을 통달하여 예리함을 타는 것을 말함이니, 만약 예리한 무기와 굳센 무장으로써 병력이 서로 접전하면 강약이 서로 나누어져서 인도가 끊어지리니, 이 어찌 하늘의 이치이겠는가.

불민한 나로서 세계 대세를 살펴보니 온 세상이 모두 강해져서 비록 싸운다 할지라도, 같은 적수가 서로 대적하여 싸운 공이 없으리니, 이것을 오수부동(五獸不動=쥐, 고양이, 개, 범, 코끼리가 한 곳에 모이면 서로 두려워하고 꺼리어 움직이지 못하는 것)이라 말하느니라. 그러면 무기로만 싸운다는 것은 자연히 쓸데없이 되는 것이요, 무기보다 더 무서운 것 세 가지가 있으니 첫째 도전(道戰)이요, 둘째 재전(財戰)이요, 셋째 언전(言戰)이라. 이 세 가지를 능히 안 뒤에라야 가히 문명에 나아가 보국안민과 평천하의 계책을 가히 얻어 이루리라. 이러므로 말을 거듭 청하여 삼전론을 말하노라.

도전(道戰)

도전(道戰)이란 무엇인가.

옛 사람이 말하기를 "하늘의 때가 땅의 이치만 못하고 땅의 이치가 사람이 화하는 것만 못하다."하였으니 사람을 화하게 하는 방책은 도가 아니면 할 수 없는 것이니라.

또 말하기를 "도(道)로써 백성 을 화하면 다스리지 않아도 절로 다스려진다." 하였거니와 싸움에 돌아가면 그렇지 않다고 말할 수 없는 것이니라.

군자의 덕은 바람 같고 소인의 덕은 풀 같으니, 도가 있는 곳과 덕의 행하는 곳에 바람을 좇아 쓰러지지 않는 것이 없느니라. 큰 덕이 화하는 것은 초목에까지 미치고 힘이 만방에 미치느니라. 지금 세상은 천운이 크게 통하고 풍기가 크게 열리어, 멀고 가까운 것이 한 몸과 같고 온 천하가 한가지로 돌아가나니 이 어떤 연고인가. 나라마다 국교가 있어 첫째 주장은 개명문화이니라. 대개 먼저 개명한 도(道)로써 미개 한 나라에 베풀어 그 덕을 행하고 그 백성을 화하면 민심 돌아가는 것이 물이 아래로 흐르듯 하나니, 어찌 "백성이 나라의 근본이라."고 말하지 아니하랴. 그 근본이 온전치 못하고 그 나라가 홀로 온전한 것은 있지 않느니라. 이러므로 세계 각국이 각각 문명의 도를 지키어 그 백성을 안보하고, 그 직업을 가르쳐서 그 나라로 하여금 태산같이 안전하게 하니, 이것은 별 수 없이 도 앞에는 대적 할 자 없다는 것이니라. 병력으로 치는 곳에는 아무리 억만 대중이 있다할지라도 억 만심이 각각이요, 도덕이 미치는 곳에는 비록 열 집의 충성이 있다 할지라도 같은 마음 같은 덕이니, 나라를 보전하는 계책이 무엇이 어려울 것인가. 그러면 하늘의 때와 땅의 이치가 쓸 곳이 없지 아니한가.

옛사람이 말하기를 "지극히 잘 다스리는 시대에는 논밭이 넉넉하고, 비와 바람이 순하여 산천초목이 다 생기가 넘쳐 활발함이 있다."하니, 하늘의 때와 땅의 이치가 다름 아니라 사람들이 도와 덕으로 서로 화하는 중에서 되는 것이 아니냐. 이러므로 나는 반드시 말하기를 "싸울만한 것은 도전(道戰)이라."고 하노라.

재전(財戰)

재전(財戰)이란 무엇인가.

재물이라 하는 것은 하늘이 준 보배의 물화니 생령의 이용물이요 원기의 기름이니라. 그 종류가 얼마인가. 동물, 식물, 광물 등이 이것이니라. 사람은 만물을 다스리는 주인이 되니 그 이익은 무엇인가. 농업, 상업, 공업 등이 이것이니라.

농기구를 발달시키어 농사할 때를 어기지 않으면 그 곡식을 다 먹을 수 없느니라. 먹는 것은 때맞추어 쓰고 절중하면 가히 흉년과 환란을 방비할 것이니 이것을 "농업" 이라 하고, 있는 것과 없는 것을 사고팔고 옮기고, 이익을 불리어 부를 이루고, 수입을 보아 쓸 데 쓰고, 힘껏 벌어서 먹고 쓰면 이것이 생산한 것을 보전하는 계책이니 이것을 "상업" 이라 하고, 기계를 만들어 쓰기에도 편리하며 보기에도 좋음을 다하고, 재주에 규격의 법을 바로하면 물건이 모두 넉넉함이 있을 것이니 이것을 "공업" 이라 하느니라.

이 세 가지 업은 예로부터 지금까지 아름다운 법이요, 좋은 규칙이라. 근래 세계는 인기가 왕성하여 경위를 널리 보고, 물건을 대하면 이치를 생각하여 만들고 꾸며 쓰는 것과 진귀한 각종 물건을 미처 쓰지 못할 것이 많으리라. 만약 특출한 물건을 각국에 상품으로 시험하여 그 나라 소산물로 바꾸나니 이같이 하면 혹 미개한 나라가 이해분석을 할 줄 모르면 몇 해 안되어 그 나라의 쇠잔함을 면치 못할 것이니, 이로써 보면 정녕히 이것은 기름을 빨아먹는 앞잡이니라. 이러므로 꾀 있는 선비는 생각이 같은지라, 위에서는 왕가의 자제로부터 아래로 민간의 수재에 이르기까지 그 재주를 기르고 그 기술을 발달시키어 한편으로는 외국 자본을 막아내고 한편으로는 나라가 부해지는 술책을 쓰는 것이니, 이것이 어찌 싸움이 아니라고 하랴. 이러므로 나는 반드시 말하기를 "싸울만한 것은 재전(財戰)이라." 하노라.

언전(言戰)

언전(言戰) 이란 무엇인가.

말이란 것은 속에 있는 생각을 드러내는 표신이요, 사실 있는 그대로를 알게 하는 기본이라. 속에 있는 생각을 발하여 사물에 베푸는 것이라, 그 나오는 것이 형상은 없으나 소리가 있고, 그 쓰는 것이 그렇지 않은 때가 없으니, 경위에 는 호리를 분석하고 조리에 는 지극히 정미로워 생존하는 것과 전쟁을 일으키는 것이 모두 이에 관계하니 믿지 않을 수 있겠는가. 이러므로 옛 선비가 말하기를 "때가 된 뒤에 말을 하라" 한 것은 이것을 말한 것이니라.

무릇 사투리는 그 지방 산천 풍기를 따라 각각 그 조절을 달리하나니, 그러므로 각 나라 사람들이 품질은 비록 같으나 서로 뜻을 통치 못하는 것은 다름이 아니라, 말에 모순이 있기 때문이라, 하물며 지금 세상 복잡한 사이에서 사람이 오고가고 물품과 재화가 상통되며, 국정이 넓어서 서에서 동에까지 남에서 북에까지 이웃과 다름이 없으니, 만약 말이 통하지 못하면 어찌 교제할 방책이 있겠는가. 말은 하는데도 도가 있으니 지혜와 계책이 병행한 뒤에라야 말도 빛이 나느니라. 이러므로 한마디 말이 가히 나라를 흥하게 한다하니, 옛 성인의 심법이 이 글에 나타났으니 단연코 그림 그리는 사람이 물건을 보고 묘하게 그리는 것과 다름이 없느니라.

교제할 때에 또한 담판법이 있으니 두 적이 서로 대하여 판결하기 어려울 때에는 여러 나라가 모이어 먼저 시비곡직을 가리고 경위의 가부를 열람하여 사리의 마땅한 것을 얻은 연후에야 모든 일이 하나에 돌아가 승부의 목적을 확정하고 마침내 귀화할 규정을 짓나니, 이때를 당하여 만일 그 반 푼의 경위라도 지혜와 계책에 맞지 않으면, 어찌 가히 세계무대 위에 권위를 세울 것인가.

나라가 흥하고 패하는 것과 빠르고 더딘 것이 담판하는데 달렸으니, 이로써 생각하면 슬기로운 계책이 있는 선비는 말을 하여 맞지 않는 것이 없느니라. 무릇 이같이 말하면 사물에 베풀어질 때에 그 공이 어찌 중대치 아니하랴. 이러므로 내 또한 말하기를 "싸울 만한 것은 언전(言戰)이라." 하리로다.

총론(總論)

지금 세계의 형편을 보니 우리도의 앞길이 더욱 황연하도다.

경에 말씀하시기를 "무병지란(無兵之亂)" 이라고 하는 것이 어찌 맞는 것이 아닌가. 내가 생각하기에는 여러분이 우물 안에 앉아 있는 것 같아서 외세 형편에 어두우므로 이에 "삼전론" 한편을 만들어 고루 함을 잊고 돌려 보이니 행여 마음을 극진히 하여 대동소이한 이치를 분석하면 힘을 이 책에서 얻어 그 글 밝기가 단것이 화함을 받고 흰 것이 채색을 받음과 같으리니, 마음을 잠기어 맛을 보아 무식한 탄식을 하는 일이 없도록 하는 것이 어떠할꼬.

방금 세계문명은 실로 천지가 한번 크게 변하는 첫 운수라. 먼저 깨닫는 그 곳에는 반드시 하늘님의 돌보시는 기운이 응하리니 부디 생각하여 천지가 감동하는 정신을 어기지 말라.

무릇 효제충신(孝悌忠信)과 삼강오륜(三綱五倫)은 세계에서 칭송하는 것이며 인의예지(仁義禮智)는 옛 성인의 가르치신 바이고 수심정기(守心正氣)는 인의예지를 바르게 실천하는 바탕임과 아울러 천지(天地)의 덕(德)과 떨어져 끊어지는 것을 우리 대 스승님께서 보충하여 놓으신 것이니라. 우리 무극대도의 종지와 삼전론의 이치를 합하여 쓰면 어찌 천하 제일이 아니겠는가. 이같이 하면 비단 위에 꽃무늬를 더한 것이니 이로써 밝게 생각하기를 바라고 또 바라노라.

대도교지(大道敎志)

진리(眞理)

하늘은 형상도 없는 무한대의 무한함에 자리하여 형상이 있음을 생(生)하고 도(道)는 형상이 있는 모든 곳에 이르러 형상이 없는 무형(無形)을 근원으로 하나니 무형(無形)은 영(靈)이요 유형(有形)은 몸(身)이니라.

생(生)하고 멸(滅)하는 변화는 영(靈)의 자취요 법식(法式)의 즐거움과 법(法)의 형벌과 정치사는 몸(身)의 사용이니 사람은 없는 것에 바탕 하여 있는 것을 사용하느니라.

천도대원(天道大原)

하늘(天)은 형상이 없음에 자리하여 형상이 있음을 생(生)하고 도(道)는 유형(有形)에도 자리하여 무형(無形)을 바탕으로 하니 사람의 무형은 영(靈)이요 유형은 바로 몸(身)이라. 생(生)하여 나타나는 것과 사라지는 것의 변화는 영의 자취인 것이요, 예의와 즐거움과 형벌과 정치는 몸(身)의 사용함이니 사람이 형상 없음을 바탕으로 하여 형상이 있음을 행하느니라.

　근본인 성품(性品)은 이치의 고요한 체(體)요 영은 본성의 깨달은 힘이니 사물에 접하기 전에 영(靈)이 성품내로 퇴장하여 성품의 가르침을 이어 받아 오관(눈, 코, 귀, 입, 몸)에 전하는 소리를 접하면 성품(性品)이 영(靈)을 명(命)하여 우주 만유를 수작하나니 이 때에 있어 성품(性品)을 가중하여 묘함이 커지고 그 커진 바탕에 맑은 흐름이 맑은 근원에 있어 굳세고 맑고 화하게하여 성품을 기르면 밝고 민첩하고 맑고 촘촘한 시험의 자취를 스스로 드러내는 것이니라.

성령수련(性靈修煉)

　성품(性品)은 이치의 고요한 체요, 영(靈)은 성품의 깨달은 힘이니 일과 물건을 제대로 대하지 못할 때 영이 성품 내에 들어가 성품의 가르침을 받고 육신의 다섯 기관이 성품의 전하는 소리를 접하면 성품이 영(靈)을 명하여 우주 만리를 통하여 뜻을 서로 주고 받게 하나니 이를 항상 지키면 성품은 일의 좋음을 가중하여 일을 바르게 하고 살핌이 매사에 분명함은 지극히 살핌에서 생기고 흐르는 물이 맑으려면 그 근원의 맑음에 달려 있는 고로 사람 또한 건전하고 맑게 화함으로 인하여 성품(性品)을 기르면 영(靈)이 일에 밝고 재치가 있음을 나타내는 것은 바로 성품(性品) 수련함을 증거함이라 하느니라.

육체 보호(肉體保護)

사람의 몸은 하늘의 이치를 갖추어 사람의 자격을 이룬 것이니 하늘의 이치는 성분상 영(靈)을 비추어 표현 함이니라.

육신은 위생과 자양의 보호를 더해야 함이요, 몸을 잘 갖추는 것은 건강의 충만함에 있고 이를 근본으로 하여 영(靈)이 그곳에 머무르는 것이니라. 영(靈)은 몸에 머물러 맑은 것으로 있으므로 사람은 육신을 나라고 칭하여 나를 사랑하는 것이니 나는 사람 세상의 큰 사업을 일으켜 나아가고 스스로 일함이 있는 것이니라.

진리 강해(眞理講解)

진리는 이치의 요점이요 이치는 하늘의 원기(圓機)이니 우리 도(道)의 근본 체(體)이니라. 이 원기를 들어 마시어 마음으로 하나되게 갖추면 끝없는 무한 이치의 그 속에 또 다른 나의 새로운 이치를 비추면 온갖 이치가 그 회오리바람처럼 나타나며, 이는 또한 마음이 스승을 사표 함으로 그 다음 이치를 끌고 나가고 이치의 본원을 자신의 마음이 밝게 비추어 만물을 새롭게 새 옷 입는 것처럼 하면 만 가지 화한 것을 수용하나 연구하여 깨달은 처음의 길은 하늘이요 사람이 하늘에 이르면 그 사람이 성인(聖人)이니라.

율례 계명(律例揭明)

법률은 사람 세계의 공편된 채찍이요. 법식은 법률의 법을 한정함이니 사람은 공변된 법의 제도 아래에 서며 법이 규정한 한도를 자의로 넘지 말고 바른 법의 궤도를 따르면 바른 목적지에 이르나니 이에 뜻을 확고히 하여 하늘 성품의 참됨을 살펴 융합하면 이때에 사람이 지극함에 이르나라. 이렇게 높은 법도에 살아 전일 길을 몰라 양쪽 길에서 거닐고 노닐던 자취를 돌이켜 상기하여 보니 크게 두려움이로다.

마음의 반은 도(道)의 문(門)이요 마음의 반은 욕심의 세계이니, 부지런히 걷고 생각하여 달리다가 갈 곳을 몰라 헤매다 법의 가르침아래 들어오면 이 문(門)은 대도의 큰 지평이라. 그 발자취가 편안하면 가로 질러 달려갈 사념이 있을지라도 마음의 경계를 엄히 하여 나아감의 지나침을 경계하라. 그렇지 않으면 근심하고 상하는 것이 심하니 경전을 바탕으로 하여 마음이 가르침 안에 돌아가 가르침에 바로 서면 금(金)과 같고 옥(玉)과 같은 밝음의 나타남이 크게 넘치는 것이니라.

사회문명(社會文明)

사람의 마음은 사회를 운반하는 영(靈)의 기구라. 이 마음이 거짓 마음으로 사회를 실어 암흑계에 들어가면 풍속이 야매하며 품행이 오랑캐와 같으며 그 나라를 깎아 내리니 그 겨레가 야위는 것이니라. 그러므로 뜻있는 선비는 이를 두려워하여 세상 바퀴를 밝은 곳으로 당겨 돌아오게 하니 이렇게 하여 마음에 담아 교차하여 가는 일에 공을 조성하여 밝고 밝게 한 새로운 채색으로 사회를 장식하니 이는 사회문명이니라.

그 근원은 어디서 말미암은 것인가? 사회는 개인에서 비롯된 것이니 개인이 스스로의 직분에 자리하여 스스로의 일을 하여 지혜와 능력이 스스로 잘못된 것의 구태 한 것을 벗어나 단합하면 이것이 문명사회요, 사회의 문명은 개인이 빛나고 빛남의 큰 단체이니 사회는 사람 마음의 명령 아래에 나아가고 물러가는 것이니라.

도단 면목(道團面目)

하늘이 도(道)의 찬란함을 들어내어 세상을 밝게 비추나니 그 빛은 영(靈)이라. 영(靈)이 만사에 응하니 정성, 공경, 믿음, 법은 우리 무극대도 닦는 사람들이 몸을 지키는 법이라. 도(道)를 닦는 무리는 모든 인류이니 세계가 한 둥근 것이니라. 이 둥근 것은 온 인류의 중요한 가치를 지은 것이니라. 그러므로 자기 마음을 깨우쳐 다스려 잘 관리 하면 유도(儒道)의 따뜻하고 공손함과 불도(佛道)의 둥근 깨달음과 선도(仙道)의 고결함이 각각 이름이 있음을 알 것이니 정성, 공경, 믿음, 법의 큰 면목을 이루면 이는 바로 도(道)의 광채에 있는 큰 체이니 도의 광채는 하늘의 진실한 본원이니라. 이것이 우리 도의 단체이니 이것이 바로 하늘 단체를 이름이니라.

도인 자격(道人資格)

도(道)는 하늘이 크게 싸고 있는 가운데서도 특별한 것이니 사람은 바른 일에 이 도(道)를 맞추어 함이요, 사람이 바름을 자기의 집으로 삼고 사사로움을 밖으로 던져 버리면 이는 성인(聖人)과 같은 밝음이니라.

마음의 간사함을 남김없이 지우고 티끌을 지워 버리면 일을 분별함에 도심(道心)이 밝게 나타나서 방향을 옳게 정한 후에 마음이 바른 것의 위치에 있으면 이에 몸 또한 바르게 엄히 하여 위엄을 지키면 일의 자취가 이로 말미암아 밝게 나타나는 것이니라. 이로써 구시대의 낡은 것과 꿈속에 빠진 어리석음에서 세상 사람들을 인도 하는 것은 오늘날 도인의 밝음이니라. 그러므로 우리 도인의 밝음은 바로 무극대도(无極大道)를 가르친 성인(聖人)의 밝음에 기인 한 것이니라.

성경연구(聖經研究)

성인(聖人)은 하늘을 대신하여 이야기 하는 것이라. 하늘을 대신하여 세상에 밝은 소리를 전하는 것이며 경(經)은 성인 마음의 자취를 추출하여 사람의 바른길을 인도하는 것이라.

이는 사람의 몸(身)과 영(靈)이 관계하는 관념이 있을 때에 성인(聖人)의 행적과 경(經)을 바탕으로 하여 일에 응하고 영예를 얻나니 이는 성인이 말씀과 행적이 담겨 있는 경의 공부에서 시작하니 우리 무극대도(无極大道)를 닦는 사람에게 경전(經典)은 세상을 담는 무한히 큰 통발과 같은 것이니라.

교육방침(敎育方針)

사람의 재주와 지모는 만사에 두루 이르러 만기를 주선하나 도덕이 그 바른 위치에 서지 못하면 매사 순조롭지 못하고, 일을 마무리 짓지 못하느니라.

성품(性品)이 순수하여 착함을 갖추었으나 지혜나 깨달음이 갖추어지지 못하면 지각(智覺)을 받쳐주고 보조하는 힘이 약하여 그 결과 일을 마치지 못하는 것이므로 교육에 이르러 그 방법을 생각하고 연구하면 지식과 지혜가 활발하나니 덕성을 함양하여 겸하여 갖추어 나아가야 인류가 참되고 착함에 이르는 것이니라. 바로 이것이 세계문명이니 이는 하늘의 법칙과 사람의 법에 지극히 정당한 것이니라.

경(經)에 이르기를 덕(德)의 그림자는 착한 것이요, 착함의 결과는 복(福)이니 복은 하늘이 주는 것이요, 이는 사람이 부르는 것이니라. 사람이 어떠한 지극히 착함에 화하여 정도에 이르고 생각이 늘 이에서 떠나지 않으며 영각(靈覺)이 용담 연원에 항상 이르러 있으며, 큰 덕의 위치에 있으면 복(福)의 안락을 누리게 되는 것은 당연한 것이니라.

하늘의 크고 바르며 밝은 명을 순연히 하여 마음의 성냄과 시기 질투함을 제거하고 만인을 그와 같이 바로 인도하여 화한 기운을 기르면 그 덕이 크고 넓은 것이니라.

복(福)은 먼 것이 아니요 복의 근원은 바로 덕(德)이며 덕의 근원은 하늘(天)이니라. 하늘의 크게 품은 가운데 들어가 그 자비로운 사랑과 은혜를 우러르면 하늘이 그 뜻한 것을 따르게 하여 사람의 본분을 채우게 하는 고로 사람이 매 식사에 하늘의 덕(德)을 기리고 기도로 하늘의 덕(德)을 구하여 생각마다 일마다 하늘이면 덕(德)을 하늘과 같이하여 하늘과 같이 먹는 것이니 이를 하늘로써 하늘을 먹는 이천식천(以天食天)이라 하는 것이니라.

계명(誡命)

하늘은 사람의 으뜸 되는 벼리요, 도(道)는 사람의 정기(定基)이며 교(敎)는 사람의 활기(活機)이고 정성은 마음의 근본이고 공경은 사람 몸의 표준이며 믿음(信)은 교제에 최고 성품이며 법(法)은 자기 스스로 정한 것을 지켜야 할 한정된 근간인 것이니라.

주애(主愛)

사랑함은 어진 것이 나타남이니 어질 인(仁)에 근본 하여 자애로운 눈으로 보면 천하가 나의 겨레이니라. 우리 겨레의 기초는 각자한 몸이요, 몸은 하늘의 이치와 기운을 갖춘 것이니 하늘을 아는 사람은 능히 내 한 몸을 사랑하고 만인을 사랑 하느니라. 하늘이 사람함의 결실은 사람을 가르치고 깨우쳐 지혜와 덕이 높은 법도에 이르게 하는 실효를 거두는 것이니 이는 하늘의 근본을 헤아림으로 인하여 사람 각자가 자기의 위치로 돌아오게 함이니라. 사람을 가르쳐 깨우치게 하되 성내는 말과 화난 기색으로 대하면, 이는 사람을 사랑 하다가 반대로 스스로 사랑함을 잃어버리는 것이니라.

주겸(主謙)

겸손함은 스스로 하늘에 빌어 사람이 하늘의 빈 것에 덕(德)의 더함을 받는 어진 복(福)이니 하늘의 끝이 없음을 자기 마음에 담으면 능히 성품을 닦으며 몸을 윤택하게 하면 이는 성품을 사용하여 그 열매를 얻은 것이니 이것을 겸손함이라 이르며 겸손함의 사용은 물러남이니 사용함에 마음이 물러나 자기 자리에 있으면 지혜는 아득함에 있음이요, 일은 가는 것이니 물러남의 사용은 다만 바탕하는 것과 쓰는 것에 있는 것이니라.

정념(正念)

생각은 세상을 실은 기구라. 생각으로 큰 기치를 확립하여 바름의 그늘로 세상을 이끌면 세상은 영예와 공익을 권하여 생각의 기치 아래에 쌓아 놓은 것이니라. 생각이 처음 생길 때에 생각으로써 생각을 보아 악(惡)을 꺾고 선(善)을 길러 어진 것의 근본에 바탕하면, 착함의 결과는 덕(德)이라 이 덕(德)을 통하여 온 인류가 같이 배부르게 되는 것이니라.

정기(正氣)

기(氣)는 마음의 그림자라 덕(德)과 의로움(義)과 화함과 군셈으로 기(氣)를 이루어 하늘의 대기에 이어 합하면 하늘의 경사로움과 상서러움을 지극한 사람은 얻는 것이라.

우리 무극대도의 진리를 얻은 사람은 지극함에 이른 사람이요, 지기(至氣)에 이른 사람의 기(氣)는 하늘의 의로움과 옳음, 화함과 군셈의 표현이니 하늘이 이에 대하여 하늘의 기(氣)를 베풀어 간섭하여 주는 것을 진정 아는가?

천언(踐言)

마음은 마음으로 말미암아 비로소 나타나며 마음이 말을 쫓아 이르름이 지극하면 말이 일을 위반한 꾸짖음과 망령된 말의 질책이 없는 것이요.

거친 말로 사람을 속이고 희롱하여 사람을 기만하면 신(神)의 눈이 번개와 같이 마음에 작은 죄도 물으니 사람 마음에는 하늘이 싫어하는 말을 담지 않음이 옳으니라.

천행(踐行)

몸(身)은 영(靈)의 명령 하에 복종하여 사람의 규칙과 나라의 법(法)을 준수하여 스스로 모범을 지음이 가하니라.

금욕(禁慾)

욕심으로 인하여 분수에 넘침과 추한 행동과 도둑질과 거만함과 속임과 이로 인한 습관이 있으면 이는 스스로 법(法)의 형벌을 구함과 같은 것이니라.

욕심이 마음에서 나타나 마음이 이를 사용하면 일에 나타나는 자취는 비록 없다하나 하늘은 그것을 알고 있어 죄를 이루었다 보나니 사람이 죄를 짓고도 하늘의 꾸짖음을 면하기는 어려운 것이니라.

금폭(禁暴)

사나운 것은 혈기(血氣)가 나타난 자취라. 만물을 접함에 방자하고 사나워 성품의 본원이 막히고 잃어 몸의 공변됨을 잃으면 이는 사람의 인격을 잃은 것이니, 폭력을 막을 계책은 일에 응할 때에 마음을 비우고 조용히 사물을 관찰하여 옳은 이치를 정하면 마음이 망령되게 움직임이 없는 것이니라.

대도교전(大道敎典)

천도(天道)

하늘은 오직 신(神)이요 신(神)은 오직 하나이니 도(道)의 근원 이니라. 하늘의 도(天道)는 무한한 것이어서 지극히 순하여 생기지 않는 것이 없고 통하지 않는 것이 없으며 이루지 못하는 것이 없으며 화해 나지 않는 것이 없느니라.

시작하지 않음에 시작함이 있고 마치지 않음에 마침이 있다 하니 신(神)은 모든 일에 통하여 있는 만사의 주재자 이니라. 이렇듯 자연은 그렇고 그러한 것이니라. 그래서 천도(天道)는 성대함을 이루는 것이요. 이것이 바로 신(神)의 조화가 운행하는 것이라고 이르는 것이니라.

인성(人性)

사람은 오직 영(靈)으로 그 생명은 하늘에서 받은 것이라. 그 처음은 지극히 하늘의 본(本) 자리에 근본 한 것이니라.

본 성품(本性品)은 무선 무악(無善無惡)하며 구부리고 펴고 움직이고 고요한 것은 기(氣)와 합한 것이요. 구부리고 펴고 움직이고 고요한 굴신동정이 부실한 것은 이치가 서로 엉킨 것이니라. 사람의 영성(靈性)은 태어남으로 시작됨이 아니며 죽음 또한 그 끝이 아닌 것이니라. 중도(中道)에 선 것은 의지함이 없으나 빈곳에 빌어 감응하여 가는 것이라 영(靈)적인 깨달음이 있는 것이니라.

신운(神運)

그 운용함이 지극히 묘연함에 이름이요, 굳세게 행함이 끝이 없어 만물을 하나로 거느리고 있으니 신(神)은 무한히 커서 나의 형상과 생각도 모두 담고 있으며 어두운 곳이 없느니라. 넓고 넓어 지극히 화하니 화함은 신(神)의 근본이라. 끝없이 크고 넓고 넓으니 그 까닭은 그것을 쓰기 위함이니라. 뛰어나고 뛰어나며 높고 높음은 스스로를 나타냄이요. 심오함이 그윽하니 그윽함은 신(神)을 근본 함이니라.

무한히 산처럼 우뚝 솟은 지혜가 있고 무한히 흐르는 물과 같은 지혜가 있으니 누구로 하여금 편하게 함이냐. 순환되지 않는다 하여 거두려 해도 헤아릴 수 없으며 일월을 밝게 하고 바람과 비를 일으켜 윤택하게 하는 것이 누구인가 생각하여 보라.

영각(靈覺)

　사람은 생각하는 하늘에 근원 함이니라. 그러므로 본성(本性)이
도(道)이며 그 안에서 영(靈)을 깨달음도 신(神)의 능력이니라. 그
러므로 영(靈)을 깨달은 사람은 성품(性品)을 느끼는 것이니라. 마
음을 모으면 정(情)이 생겨나고 정(定)한 곳을 향한 것은 뜻(志)이
요, 생각을 사용하는 것이 뜻(意)을 위함이니 그러함이 이르러 나
타나는 것은 감응함을 이름이니라.

　이제 새가 능히 구름위로 날며 물고기가 시내에서 헤엄치며 짐
승은 산과 들을 달리고 또 그 성질이 다 되면 느끼고 응함이 있으
니 그 능함은 사람의 능력이 아니고 하늘의 능력이며 신(神)의 능
력인 고로 만사에 능한 영(靈)이 사람이 된 것이로다.

입교(立敎)

천도(天道)의 주재자인 신(神)이 사람의 성품(性品)과도 하나로 되어 있으며 이는 바로 영(靈)이니라. 그러므로 사람과 하늘은 근원이 하나이니라. 하늘은 말이 없으니 사람이 이를 대신하는 고로 하늘의 도는 사람의 법칙이니 귀가 없어도 듣고 형상이 없어도 보는 것이니라. 시작과 끝이 더불어 변하지 않으나 쓰는 것에 변함이 있나니 오직 정성이라야 능하게 되는 것이니라.

무릇 가르침을 세우는 것은 사람으로 하여금 성품을 거느리고 도를 합하게 하여 하늘과 더불어 하나가 되게 함이니 구슬처럼 다듬고 원만함을 더하여 물처럼 흐르게 함이니 이에 힘쓰는 것이 가하도다. 가르침이 없으면 어찌 참에 의지 하리오. 하늘을 바탕으로 하여 가르침을 세워 그 마음 씻음으로써 영원하다 하니 생각하고 잊지 말 것이니라. 널리 사랑하며 돈독히 사랑하며 널리 용맹하며 그에 순응함이 우리 도(道) 가르침의 네 가지 벼리이니라. 영(靈)의 깨달음으로 어둡지 않고 일에 바르며 믿음을 돈독히 하라.

몸이 이치에 벗어나지 않으면 천하가 잘 다스려져서 고칠 것이 없음이요, 성품(性品)으로 인하여 도(道)가 있어 잘 다스려지니 이 또한 고칠 필요가 없느니라. 오직 우리 도(道)는 예와 지금의 이치를 하나로 이은 것이요, 세상 사람은 억만 가지로 다르나 그 근본은 하나이니라.

하늘의 도(天道)는 들어가고자 하면 안이 없으며 나가고자 하면 밖이 없고 높고자 하면 위가 없고 낮추려 하면 아래가 없는 우주지간에 가득하고 무한하며 큰 것이니라. 무릇 혈기 또한 벗어나지 못하는지라 다 같이 높이 대하고 친하게 대함이 가하다 하는 것이니라.

박애(博愛)

우리는 오직 사람이라 모두가 같은 무리요 다 그대와 같은 것이라. 그러므로 네가 사람을 사랑함에 네 몸과 같이하여 함께 행함이 도(道)이니라. 사람들이 착한 것을 즐거워하는 것을 내가 선(善)을 좋아 하는 것 같이 하여 근심하라.

힘이 미치지 못한다고 하여 저버리지 말고 보듬으며 성내지 말고 나의 힘을 다하여 세상의 참된 것을 돕는 것이 가하니라. 내 마음에 원망하고 미워하는 마음이 있으면 내 마음이 본성(本性)과 하나가 되지 못하니 이는 큰 사랑을 베풀지 못함이 되어 세상이 거칠어지니 나 스스로를 살피고 돌아보라. 사람들이 나를 싫어하는 것은 나에게 허물이 있음이니 생각하건대 자기를 돌이켜 반성하라. 그런고로 넓게 사랑하는 것은 근본이요 이 사랑이 사람의 정(情)에 통함이 있음이로다.

돈행(敦行)

　사람위에 사람이 없고 사람 아래 사람이 없나니 사람은 평등이라. 사람이 하나로 세상에 나서 큰 무리를 이루니 인륜이 있고 차례가 있어야 서로 나눔으로 인하여 친함이 있고. 장유유서의 구별이 있음이니라. 원인은 자기가 있고 상하가 있고 이름이 있음이니 수련하여 밝아져야 때와 자연히 합하여 지느니라.

　부부가 서로 바르고 화하여 부모를 위하고 자녀가 효도하게 하면 위에 예절이 있고 아래에는 의로움이 있으며 사람을 가르치는 믿음을 다하여 정사에 곧음과 매사에 화목하고 이치에 순히 하고 사랑하고 효를 다하면 서로 얻음이 있어 집안이 가지런하고 위는 예절이 있고, 아래는 의로워 국가가 편안하고, 믿음이 있은 즉 사해(四海)가 안에 있으니 다 형제와 같이 대함에 옳으니라. 이것이 백성에게 나타내는 큰 것이요 천하가 덕을 이루는 것이니 오직 성찰하여 잘 길러서 밤과 같은 어두움을 이겨 없애라. 어두운 것을 없애면 수많은 착함이 모이어 복록이 무궁하리라.

회용(恢勇)

　대범 일이라 함은 행함에 결단이 필요한 즉 날램과 결단에 능해야 하는 고로 사람이 옳지 못하면 용맹하지 못함이니라. 날램과 결단함은 사용함이니 이는 기(氣)를 씀에 있는 것이니라.

　마음이 고요한 후에 정(情)이 화하고 정(情)이 화한 후에 뜻(志)이 밝고 뜻(志)이 밝은 후에 마음 생각을 바르게 할 수 있으니 무릇 그렇게 한 연후에 선(善)에 능하게 되는 것이니라. 하늘이 사람을 세상에 낸 후에 각자로 하여금 서게 함이니 재주를 지어 갖추게 하여 작게 모여 위함이 가족이요 크게 모이면 나라를 이루는 것이요 더 크게 통하면 세계이니, 그러므로 큰일도 한 사람이 스스로 자립함에 있고 한 집안도 스스로 자립함에 있으며 한 나라도 스스로 자립함에 있으니 서로 이를 지킴으로써 서로 약탈하지 않는 법이 있은 즉, 세계가 같이 즐거워하는 평화에 이르는 것이라.

　강하다고 하여 약한 것을 누르는 것과 크다 하여 작은 것을 억압하는 것, 이것은 잘못된 집과 나라에서 행하는 것으로 이는 하늘 아래 도적과 같은 행위니라. 사람이 스스로 자립하지 못하면 사람을 잃을 것이요, 한 집이 스스로 자립하지 못하면 가정을 잃을 것이요, 나라가 스스로 자립하지 못하면 나라를 잃을 것이니 어찌하는 것이 진정으로 큰 도를 따르는 것인가? 날래고 용감함은 두려움을 죽게 하는 것이니 이는 하늘의 밝은 명이라 날램과 용기는 죽는 것이 아니니라.

　무릇 자유를 빼앗긴 자는 세상의 노예가 되는 것이니, 이것은 우리의 도(道)가 아닌 것으로 이는 사람으로는 큰 탄식이니라. 근래에 인심이 사납고 스스로 게으르고 어리석은 꿈에 빠져 법을 어지럽히고 도를 어지럽히니 이를 경계하여 우리 무극대도를 닦는 사람들은 스스로의 자유를 죽음으로써 지키고 용맹과 날램으로 하늘을 받들어라.

　우리 무극대도의 끝없이 넓음은 널리 사랑 함이니 너의 뜻을 넓게 용맹하고 바르게 펴며 널리 떨쳐라.

안명(安命)

　사람의 목숨은 하늘에 있는 것이니 순리를 받아들이면 이에 편안해 지는 것이니라. 그러므로 도둑질과 속임과 교만함과 비겁함은 모두 이것이 하늘을 거스르는 거짓된 것이니라. 세상은 스스로 하늘에서 생한 것이라. 죽음조차도 복귀 시키는 것이 하늘이요, 옳게 사는 것이 삶이며 옳게 죽는 것이 죽음이니라. 그러므로 생과 사는 하나이니라.

　어려울 때라도 구하면 면함이 있고 흡족하지 아니함이 없는 것이니라. 그러므로 스스로 옳은 것을 구하여 오래된 병을 치료함이니 어긋날 목숨을 다스리고 스스로 마음을 편안히 하여 가난한 것이 부자가 되고 천함이 귀하게 되나니 매사 스스로 바른 것을 행하여 이 바르고 참된 것을 넘치게 함이 옳으니라.

성품도 도(道)가 있어야 빛나며 도(道)에 돌아가고 일에 바르면 모든 이치를 근원에 이르게 하느니라.

치성(致誠)

　지극한 정성에는 두 가지가 없는 것이니 하늘과 도(道)를 위함이요 사람의 성품에 있는 것이니라. 하늘은 신(神)이기에 하늘이며 사람은 영(靈)이기에 사람이니라. 크게 운행하여도 남음이 있고 밝게 감응하여 도와 성품이 하나를 이루니 이는 지극한 정성으로 인한 것이니라.

　하늘의 정성은 자연한 것으로 지극히 높고 무궁하여 시작과 끝도 알 수 없거니와 사람은 마음을 닦음으로 인하여 이 덕에 이를 수 있는 것이니라. 허나 사람이 망년된 생각으로 이 지혜를 부정하게 구하여 빌며 행동하면 하늘의 지혜를 얻어 쓰지 못하는 것이니 정성을 들이되 바르게 구하고 바르게 사용해야 함이 옳으니라.

　영(靈)을 통하여 바르게 구하면 이루어지나 그릇되면 바르게 회복시키기 어려우니라. 그러므로 정성을 들이되 바르게 구하여 바른 하늘의 도(天道)를 영(靈)으로써 얻어 하늘의 덕(天德)에 합하기를 바라노라.

복응(福應)

　지극한 정성으로 하늘을 위함이 한결 같으면 그 즐거움이 무궁하리라. 사람의 화복은 자기가 구하는 것이니, 만약 착하지 못하고 이것이 마음의 오랜 병이 되면 불안하고 불안하면 어지럽게 되고 어지러운즉 정하여짐이 없고 마음이 어두워 스스로 재앙이 옴을 살펴 알지 못하느니라.

　반대로 마음의 큰 기(氣)를 펴서 환함이 지극함에 이르면 손과 발이 없어도 밟고, 잡을 수 있고 모르는 것이 없는 것이 그러한 사람이로다. 마음의 기(氣)가 빛남이 봄볕 같이 펼쳐지며 비가 내리는 것과 같으며 아침 해가 뜨는 것과 같이 생하여 복이 모이고 땅과 동화하리라.

　영(靈)의 깨달음을 받아 착하고 바른 곳으로 돌아가면 오직 너의 몸이 백가지 복(福)에 이름이니 이를 넓게 하여 천하의 사람들과 더불어 큰 복을 함께 누리리라. 그러므로 우리 무극대도(无極大道)로 각자 하늘성품(天性品)을 얻도록 인도함은 연못에서 용(龍)이 나게 함이니 이를 먼저 깨달은 사람은 굳세게 나아가 어지럽지 않으며 어렵고 험해도 전진하여 사해(四海)에 펼쳐 만세(萬世)에 무궁히 전하여 영원한 깨우침과 복록이 만백성의 사람들에게 생기도록 하는 것이 옳으니라.

환원(還元)

　신(神)이란 바로 하늘이요 영(靈)은 바로 사람이니 영(靈)으로 말미암아 신(神)이 나타나는 것이니라. 그러므로 신(神)이라는 것은 영의 으뜸을 이름이니라. 신(神)이 도(道)를 행하고 영이 성품(性品)을 드러나게 하면 하나의 신(神)과 하나의 영(靈)이 사람이니라.

　사람은 다시 본래의 하늘로 돌아가게 되는 것이요 이것은 자기의 본 성품이 하늘과 하나이기 때문이니라. 그러므로 사람은 태어나 닦아서 도(道)의 본성과 하나가 되어야 죽어서도 근본으로 돌아가는 것이요, 영(靈)이 다시 신(神)의 자리에 돌아간 사람을 환원(還元)하였다 하나 자기 본 성품이 도(道)를 잃으면 죽어서도 영(靈)이 돌아가지 못하는 것이니라. 하늘로 돌아간 것은 본연의 영성으로 무극대도(无極大道)를 닦아 돌아감이니 영(靈)을 밝게 씻는 사람은 그 수명이 길고 밝음이 있는 것이니라.

　오직 신(神)은 큰 자애로써 크게 머금고 있음이 무량하나니 사람의 한정된 티끌이 자욱한 마음으로 어찌 그 무한함을 다 비추리오. 티끌이 자욱한 마음은 거울의 먼지와 같아서 그것을 떨쳐 버려 없어지게 하여 그 본연성에 돌아감은 우리가 스스로 닦음에 신(神)이 우리를 더 사랑하사 또 다시 새롭게 함이 있는 것이니라.

삼수요지(三壽要旨)

  큰 수명(壽命)은 하늘과 같고 중간 수명(壽命)은 세상과 같고 작은 수명(壽命)은 사람과 같으니라. 이에 도(道) 닦는 자 세상 사람을 하늘과 더불어 융합하여 하늘로 살게 하고 하늘 덕(德)으로 나아가게 하라. 참되고 참되어 새는 것도 없고 더할 것도 없는 이것이 바로 하늘이니 어찌 하늘을 모른다고 한정하리오. 그러므로 사람은 하늘의 덕 안에 있는 것이요, 넓은 지혜의 슬기로써 있게 하고 크게 성한 힘으로 달관함에 살아있는 생각이 멀고 가깝게 대함에 가까운 생각이 나오니 사람이 넉넉함을 보는 것에 있고 하늘을 보는 것도 다름이 없는 것이니라.

  비록 그러나 몸이 굳세어 검고 어두운 것을 위하여 바른 기를 핍박함이 없어 사람이 수명을 한평생 바르게 누리게 하라. 하늘과 사람은 한 하늘이라 하늘의 수명을 누리는 것이니라. 하늘을 보는 것은 사람이요 사람을 보는 것은 하늘이니 조화(造化)는 둘로 작용하지 않고 보는 것이니라. 우리 도(道)는 하늘을 보전하고 하늘의 덕에 합하여 행하는 것이니 이 하늘의 수명(壽命)이 나의 수명(壽命)이로다.

  하늘이 세상을 위하여 성인(聖人)을 냈으니 성인의 위엔 하늘이 있고 성인의 아래에는 일반 창생이 있으니 수명(壽命) 또한 이렇게 칭하는 것이니라. 하늘이 스승님을 내시어 사람이 하늘을 보게 하시며 사람이 하늘의 말을 듣게 하시니라. 하늘은 바로 수명(壽命)

의 근본이라 그 수명(壽命)을 바라는 자 어찌 이 하늘을 쓰지 아니 하리오. 스승님 말씀하시길 도인이 큰 하늘이거늘 사람이 퇴진하여 자기 안의 작은 하늘이라고 하니 자기 꾀에 머무름을 어찌 탄식하 지 않으리오.

수명(壽命)을 위하는 것은 마음의 자취라 마음으로 본성을 기르 면 그 수명이 긴 것이요 그 마음 형상이 짧으면 그 수명이 짧은 것이니 길고 짧은 것을 사람이 세상에서 시험하는 것이니라. 사람 이 큰 하늘이면 세상에 더하여 얻음이 능할 것이요, 사람이 작은 하늘이면 사람이 능히 편함을 얻을 것이니 성인과 범인의 차이는 나의 하늘을 시험하여 쓰는데 있는 것이요, 선(善)과 악(惡)도 사람 이 하늘을 시험하여 쓰는데 있는 것이니라. 하늘이 능히 사람을 이 루며 사람이 능히 하늘을 이루니 두 가지를 이룬 것이 살아 있는 수명(壽命)이거늘 하늘이 사람을 수명으로서 키우느니라.

하늘 빈곳의 만 가지 기(氣)와 사람 지혜의 만 가지 법(法)의 두 원인에 기인하여 만사의 결과를 낳느니라. 그런 즉 어찌 사람이 하 늘이 아니며 어찌 하늘이 사람이 아니리오. 그런고로 두 가지를 이 룬 것이요, 이룬 즉 도(道)를 생하니 도는 반듯이 쉬지 않고 나아 가며 하늘의 수명은 해가 끝이 없는 것과 같이 길며 사람은 반듯 이 작은 수명으로 마디마디 이어져서 도(道)와 같이 나란히 하리니 도(道)가 있은 즉 하늘이 있고 사람이 있느니라. 이렇게 연결하는 것이 수명을 이룸이니라.

도(道)를 연구함에 유형(有形)이 있고 유형한 것이 사람이니 하늘은 반듯이 형상과 수명이 있게 하고 사람은 형상이 있음에 유형한 사람으로 돌아가는 것이니라. 수명(壽命)은 하늘을 비치고 땅을 비추어 듣는 사람의 자취이거늘 세상이 어두워 이 변함을 알지 못하니 하늘이 큰 빛으로 아래를 비추어 밝게 하여 사람에게 수명(壽命)을 보게 하시고 사람에게 수명을 주는 것을 아는 것은 사람이 자기 마음으로 하늘에 비추어 살핌에 있느니라.

관감록(觀感錄)

세계는 하늘 가운데 나온 것이라. 물건마다 하늘이고 땅마다 하늘이라 하늘이 무한하여 없어 보이는 것이 또한 하늘이 있음으로 인한 것이니 물건 또한 수명(壽命)이 길며 어떤 물건은 수명이 짧은 것도 있느니라. 대나무의 늘 푸름도 스스로 바탕에 비롯함이요, 꽃의 붉음이 짧은 것도 스스로 바탕 한 것에서 비롯함이니 스스로 바탕 한 것을 다시 연구하면 모두 한 세계이니라.

하늘의 으뜸 신하는 이치(理致)와 기운(氣運)이 공변된 것이니라. 하늘이 이를 명(命)하여 세계의 만물을 생성할 때 그 바탕은 가볍고 부드럽고 무겁고 굳은 것이요, 그 맛은 달고 쓰고 시고 짠 것이니라. 그 수명(壽命) 공변은 해와 달 같음이니 이는 이치와 기운이 스스로 따르고 스스로 짓는 것이니라. 하늘은 만물을 화하게 기르는 가운데 있으며 사람이 하늘의 덕(天德)을 늘 말하거늘 그 하늘이 있음을 사람이 알지 못하는 도다.

대나무가 주는 꽃의 수명이 오래되고 빠르게 자라는 것은 근본 형상이 그러한 것이니라. 형상은 색상이니 근원에서 이치와 기의 공변된 것이 비로소 크게 빈 가운데 살며 만물을 예비 할 때에 비교하고 생각하여 헤아리는 마음이 있지 않고 다만 자연적 기능으로 길고 짧고 두텁고 넓은 것과 예쁘고 추하고 깊고 얕은 것을 재단하여 이루어 영(靈)의 마을 가운데 쌓아 두었다가 네 계절의 생성함에 다시 마땅한 것을 따라 세상의 따듯한 법도 중에 흐트러트려 떨어지게 하니 어떤 지면에 어떠한 색을 이루든지 다 자연한 가운데에 나고 오게 한 것이니라. 그런고로 색상을 갖추었으나 영(靈)의 앎이 없는 사람은 나의 짧은 것과 저쪽 긴 것의 비추어 경쟁하는 마음이 없느니라.

사람 영(靈)의 아는 능력과 복과 덕은 자기 마음에 스스로 갖춘 것은 아니니라. 그 온 것을 거슬러 올라가 연구하면 이치와 기운이 공변된 것은 하늘의 명령으로써 비롯된 것이니라. 하늘이 명령하신 본뜻을 더 연구하면 이는 하늘 장인을 대리하여 우밀 주밀하고 빽빽한 발명으로 하늘이 지은 물건을 윤택하게 하여 큰 땅위에 큰 사업을 이루고자 하는 신(神)의 계산에 말미암음에서 비롯한 것이니라. 그러므로 사람이 자기 부분내 책임이 이처럼 무겁고 이같이 큰 것이요 자기 부분내의 사업이 이 같이 무겁고 큰 것이니라.

비록 그러하나 책임과 사업은 저것의 한번 변한 것이요 영(靈)의 앎과 능력은 이것의 한번 변한 것이니라. 저 일변과 이 일변을 서로 비례하면 어느 것이 무겁고 어느 것이 가벼운 것의 시험하는 자취가 있나니 연구하는 사람이 영(靈)의 앎과 능력도 하늘이 바로 주는 것이요, 책임도 하늘이 명(命)한 것이니라. 작고 얇은 영(靈)의 앎과 작고 얇은 영의 능력을 주고 어찌 이에 이르지 아니한 큰 층계의 책임을 명(命) 하리요. 그러한 즉, 사람에게 하늘의 책임이 옳고 마땅하게 있는 것이요 책임을 마땅하게 이은 즉 사업은 책임 범위 내에 있는 것이니라. 사업은 여하 방법을 시험하여 그러한 것의 효과를 얻는 것이니라.

성품으로 신(神)의 도움을 안으로 받으며 몸으로 만물의 아름다운 물건을 양성하면 만물은 하늘 영의 자취를 쌓은 것이요, 세상은 만물의 커다란 동산이니라. 만물의 작은 가치로도 세상의 커다란 가치를 이루며 세상의 큰 가치로 성품(性品)과 몸(身)의 범위 내에 가치를 이루느니라. 그러므로 사람의 사업 세계에 있어 하늘의 도우심을 그늘 하여 받는 것을 그림 같이 하나니 그 방법의 중요한 점을 말하노라.

그 방법은 바로 정성이라 하고 공경이라 하고 믿음이라 하고 법이라 하노라. 이 성(誠), 경(敬), 신(信), 법(法) 네 가지에 살며 쓰는 힘이 극도에 이르면 하늘을 믿고 응함으로 느끼고 깨닫는 힘이 생기어 성품 부분 내에 있는 지혜의 빛이 자기 부분을 비추어 이룰 것이니라. 그 눈을 시험하면 밤과 아래 흙덩이와 같은 옛것이 가고 지금이 오는 것을 보며 기존의 대기와 있지 않은 현묘한 지경이 다 눈의 안광 아래에 들어오고 나오는 것이니 이 들이고 나오는 것에 대하여 완급을 조절하고 취사선택 하는 것과 고르게 살피어 기울이고 엮음이 자기 뜻의 실제 계산 아래에 있는 것이니라. 비록 그러하나 하늘이 미덥게 응하는 것이 사람의 크게 막은 것을 피하여 스스로 깊게 사무침에 들어간 자가 아니라 사람의 연구력이 날마다 정성하며 달마다 믿음을 낳아 앞으로 나아가고 나아가면 힘써 거두는 곳에 작은 구멍이 반듯이 생기니 하늘 영(靈)의 빛이 그 구멍으로 말미암아 사람의 눈에 비치는 것이니라. 사람이 이를 보고 정성과 믿음을 낳음이 도타워 많은 힘을 함께 갖추면 하늘의 빛이 홀연히 크게 비추어 그 향함이 크게 막힌 것의 조각 그림자도 머무르지 못하게 하리니 이는 하늘이 기쁘게 응함이로다. 사람이 자기 마음위에 연구하고 노력하는 힘을 쓰지 않고 하늘이 미덥게 응한 것을 맞이한 사람이 어찌 있으리오. 무릇 연구는 어떠한 마음에서 일어나 말미암은 살아 있는 힘인가. 그렇게 연구하는 지경 중에 점점 믿음의 힘이 생기어 그 살핌이 사나우며 그 나아감이 바르지 않은 자도 있으니 이는 하수 공부의 극치이니라.

그러나 바르게 정성하여 하늘성품의 바른 것을 얻으며 몸의 바른 자리에 서서 이렇게 바르게 살고 바르게 행하는 것이 바르면 한 티끌도 생기지 않으며 만법이 나와 스스로 같으면 이 사람이 바로 성인(聖人)이요 이러한 성인(聖人)이 바로 하늘이니라. 이 언덕에 크고 높이서서 다시 머리를 돌리면 옛날의 미혹한 꿈이 한 꿈의 나라이니라.

살은 즉 만산이 속에 모이는 것이요, 행한 즉 큰 불의 밝음이니 그 성품을 어찌 보전하며 그 몸을 어찌 보전하리요. 성품과 몸을 연구함은 경계가 없음이니라. 생각한 즉 성인이요, 생각하지 않은 즉 범인이니라. 한 생각이 향하는 하늘에 만사가 옛것이 아니니라. 그 지혜 밝게 통함과 그 바탕 변화는 큰 세계 광채 기림을 맞이하는 도다.

사람이 만약 대나무 같고 꽃과 같아 영(靈)의 앎이 없으면 나의 하늘을 어찌 하늘하며 나의 사람됨이 어찌 사람됨이리요. 하늘의 영을 사람이 이미 느끼며 성인의 가르침을 또 받아 스스로 살피고 스스로 깨닫는 넓은 힘으로 성품이 있고 몸이 있는 사람의 자리에 사는 것인가를 추구하면 나의 천연한 바탕이 꽃도 아니요 대나무가 아니어도 행복이요, 나의 연구력이 대나무가 아니고 꽃이 아니어도 또한 행복한 것이로다. 우리 도는 바로 행복의 큰 근원이라. 일마다 하늘에 갖추면 사람 스스로 하늘 가운데 오는 것이니 이것을 우리 무극대도(无極大道)라고 하느니라.

비록 그러나 도(道)가 스스로 말하고 행하는 것이 없어 스승님께서 이 가르침을 크게 베푸시니 가르치는 힘이 깊고 굳세어 그 성품에 미치면 그 성품이 하늘이요, 그 몸에 미치면 그 몸이 하늘이니 연구한 것으로 하여 사람이 하늘을 보며 하늘로 하여금 사람이 살게 하는 방법을 말하여 가르침이라 하느니라. 이 가르침을 받은 자 반듯이 같은 마음이니 마음을 받은 즉 귀가 통하는 것이요, 귀에 통한 즉 소리가 들어오는 것이요, 소리가 들어온 즉 마음을 주고 부합하여 연구하는 힘이 스스로 생기니 연구는 지혜의 근원이니라. 지혜가 밝은 즉 하늘을 보고 하늘을 행하는 것이니 어찌 어지럽고 어찌 어지러우리오. 그러한 즉 하늘의 촛불이 하늘 스스로 오는 것이 아니라 자기 마음 도움으로 나오는 것이니라. 하늘의 차도 스스로 오는 것이 아니라 자기 마음 지은 것으로 나오는 것이니 안의 하늘 밖의 하늘이 이 행복을 위하는 것이니라.

종교는 도(道)의 가르침을 갖춤이니라. 세계를 실어 암흑계에 들어가면 사람이 암흑이요, 빛의 밝은 지역에 들어가면 사람이 빛과 같이 밝으니 광명은 지인용(智仁勇)이요 우리 도(道)는 지혜와 어질음과 용맹으로 가르침을 위한 것이니라. 지혜(智)인 즉, 사리에 반듯이 밝은 것이요, 어질(仁)은 즉, 우리 겨레를 반듯이 사랑할 것이요, 용맹(勇)한 즉, 무리 앞에 반듯이 나아갈 것이니, 이를 사용하여 세계에 반듯이 펴는 것이요, 사용하지 않은 즉 세계가 반듯이 주릴 것이니 우리 무극대도(无極大道)는 세계의 양식이니라.

비록 그러하나 악한 마음들이 사람을 많이 데리고 저 암흑세계에 들어가니 이에 우리 무극대도의 큰 덕을 베푸는 마음이 어찌 없으리오. 이에 큰 소리로 세상 사람의 마음 질병을 다스리고 돌이켜 걷고 돌이켜 걷게 하면 너의 지혜가 이에 있으며 너의 용맹함도 이에 있으니 스스로의 뜻으로 스스로를 취하라. 한번 부르고 재차 부름에 마음에 질병이 있는 사람이 반듯이 걸음을 돌리니 돌이키는 사람은 하늘의 복이니라.

스스로의 지혜로 스스로 밝으며 스스로 어질어 스스로 베풀며 스스로 용맹하고 스스로 강하여 그 비롯됨으로 스스로 살찔 것이니라. 그 마침은 세계의 부유해짐에 이바지 함이니 우리 도의 으뜸 가르침을 전한 것이 세계를 살찌게 한 것이니라.

도(道)의 그 땅은 하늘의 덕(德)이요, 그 열매는 세상의 복(福)이니 원하는 뜻이 있는 사람은 도(道)를 닦는 것이니라. 세상의 복(福)을 묻고 시험하는 것의 원인은 어떤 것인가. 성품 하늘의 큰 빛이 빛나는 것을 나타내어 마음 주인의 큰 지혜를 바탕 하면 지혜의 힘이 바로 이음에 만 리가 한 숲이니라.

어질(仁)은 즉, 높은 법도요, 의로운(義)은 즉, 높은 법도요, 굳센

482

(武)즉, 높은 법도요, 농사(農)지은 즉, 높은 법도요, 장사(商)즉, 높은 법도요, 공업(工)한 즉, 높은 법도요, 다스린(政)즉, 높은 법도요, 법(法)이 있은 즉, 높은 법도요, 군사(兵)있은 즉, 높은 법도요, 의원(醫)있은 즉, 높은 법도이니, 높은 즉 크게 이룸이요 이것이 세상의 복(福)을 위하는 것이니 세상의 복(福)은 스스로 구하는 것에 있는 것이니라.

하늘의 크게 싸고 있는 중에 하늘 부분과 사람 부분의 구별이 있으니 하늘의 부분에 있는 것은 신(神)의 영(靈)이요, 사람 부분에 있는 것은 바로 지혜와 깨달음이라. 두 사이에 작은 사이가 있어 하늘 부분에 바로 있는 것을 사람이 취하여 쓰며, 사람 부분에 바로 있는 것을 하늘이 취용하고 통하여 사용하는 법이 없는 고로 사람이 자기 것만 지키고 하늘과 멀어져 한정 하다가 세상이 어두워 만리가 그믐날 밤 같으며 만사를 펴지 못할 때에 하늘이 사람을 변하게 하여 사람을 사용하며 사람이 하늘을 이루어 하늘 부분을 쓰나니 이를 하늘과 사람이 덕(德)을 합한 천인합일(天人合一)이라 하느니라.

신령한 영이 깨달음을 알아 둘을 아울러 하나로 쓰면 하늘의 덕도 사람이 바로 받음이요 세상의 복(福)도 사람이 바로 누림이니 복과 덕의 쌍전이 우리 도(道)의 본뜻이니라.

하늘의 일변은 하늘이 스스로 임한 것을 위하는 것이요, 사람의 일변은 사람이 스스로 임한 것을 위하는 것이니, 우리 무리는 사람이라. 사람 주변 일을 어떤 방법으로 써서 선량한 면목을 이룰 것인가? 연구하는 힘을 사용하여 지혜의 깨달음을 맞이하다가 작은 지혜의 깨달음이 오고 큰 지혜의 깨달음이 오지 않거든 사람 나눔의 이미 실험하고 이미 시험한 큰 지각을 취하여 나의 작은 지각을 서로 이으면 곧 나의 큰 지혜 깨달음이니라.

큰 지혜의 깨달음을 보내어 하늘을 교섭하면 하늘 부분 중에 신(神)의 영(靈)이 이를 환영하여 심히 굽은 것을 의심하며 길을 돌이킴에 조화의 한 보배와 더불어 조화로 세계에 임하면 세계는 조화의 명령을 복종하는 것이니라. 어찌 다스림이 밝지 않으며 어찌 일이 형통하지 않으리오. 그러므로 우리 도(道)의 본뜻을 아는 사람 배우는 것을 묻고 답하는 것에 뜻을 세우는 것이니라.

조화(造化)는 하늘의 보배로 사람이 사용하여 사람의 보배로 짓는 것이니 영을 통하는 자 생각을 나타내어 어느 산은 어는 방위에 우뚝 솟게 하며 어느 물은 어느 방향에 통하며 어는 꽃은 어떤 언덕에 나며 어떤 나무는 어느 언덕에 크게 하라. 조화(造化)를 명하면 조화는 이 생각을 쫓아 영의 자취를 이루며, 밝혀 배우는 사람은 지혜를 사용하여 어떤 바다를 옳게 멍에 하니 어찌 산을 옳게 사다리 하며, 어찌 새로운 것을 발명하며 어찌 옛것을 윤택하게 하는가. 조화(造化)를 명하면 조화는 이 지혜를 따라 실적을 이루며 신앙하는 사람 정성을 사용하여 그 수명을 길게 함이 옳아 그 복을 옳게 누릴 것이나, 그 질병을 어찌 걷으며 그 어려운 것을 옳게 면하게 하리오. 조화(造化)를 명하면 조화는 그 정성을 쫓아 실효를 이루나니 조화는 바로 하늘의 근원이요, 사람이 바로 정한 것이니라. 사람이 마음의 헤아림을 정하여 조화를 사용하면 조화는 쓰는 것을 위함이니라.

그렇지 않으면 조화는 하늘 부분으로 돌아가 사람이 스스로 구하는 것을 기다리나니 조화는 하늘에 있고 사람에 있는 것이니라. 복(福)과 덕(德) 조화(造化)는 영(靈)을 아는 것으로 바로 부르는 것이요, 도(道)는 사람 영(靈)의 앎을 보관하는 큰 기관이거늘 사람이 이 기관의 밖에 등지고 서서 귀를 열지 않고 눈을 열지 않으며 마음과 뜻의 힘이 없어 영(靈)의 아는 것을 큰 티끌 가운데 던져서 가게하면 이는 하늘 밖의 한 물건덩어리 이니라.

대나무의 무지함과 꽃의 깨달음이 없음을 지으니 새 구름인 즉 새요, 짐승 구름인 즉 짐승이니 깊이 슬프고 민망하도다. 대나무의 깊은 푸름과 꽃이 붉게 번성함이 있다 해도 영(靈)의 앎이 이에는 없는 것이니라.

본바탕을 스스로 지키어 이치가 공변되고 기운이 공변된 것의 처음 재료를 답하여 사람 하는 것을 맞이하거니와 영(靈)의 아는 것을 지키지 못한 사람은 인격을 스스로 버리어 사람 세계에 스스로를 내친 것이니라.

새와 더불어 같이 돌아가도 새와 더불어 반듯이 즐기지 못하고 짐승과 더불어 벗하려 하여도 짐승이 받아주지 않으리니 이에 그 슬픔을 어루만지는 도다. 이를 앉아서 보고 구원하지 못하여 다른 것에 스스로 돌아가 있으면 이 또한 어질지 않은 것이니라. 이로써 도(道)의 힘을 사용하여 도(道)의 빛을 비추어 저 쓰러진 것을 어루만지며 저 다니는 것의 발꿈치를 도와 슬픈 빛으로 저 감정을 구하며 관용과 사랑의 얼굴로 저 사람을 구하여 차마 버리지 못하고 버리지 못하면 저도 하늘 가운데 온 것이거늘, 우리 겨레 영(靈)의 아는 것을 나눔이 어찌 없으리오.

도(道)는 하늘의 말씀이라 하늘의 말씀은 쉽게 느낌이니 저 마음이 반듯이 느낄 것이요, 느낀 즉 하늘의 말씀이 귀에 들어오는 것이니라. 들어온 즉, 영의 앎이 반듯이 회복할 것이니 사람 세계의 경사와 다행이요, 대나무와 같고 꽃과 같이 아는 것에 어둡고 어두움으로 금수와 같은 행실에 스스로를 던지던 우리 사람들을 불러 돌아오게 하여 도(道)의 문(門) 안에서 같이 즐거움을 누리니 이는 우리 도(道)의 다행스럽고 경사스러운 것이니라. 그러므로 무극대도(无極大道)를 받은 사람도 복(福)과 덕(德)이요 가르침을 베푸는 사람도 복과 덕이니 모두가 조화(造化)의 덕(德)이 겹치는 집에 있는 것이니라.

도경(道經)

하늘에는 네 가지의 하늘이 있으니 하나는 형체의 하늘이요 하나는 기운의 하늘이요 하나는 이치의 하늘이요 하나는 신(神)의 하늘이니라.

땅에도 네 가지의 땅이 있으니 하나는 공적인 땅이요 하나는 생산하는 땅이요 하나는 법(法)이 있는 땅이요 하나는 이치의 땅이라 이르니라.

사천(四天)

형상(形象)의 하늘이라 함은 하늘의 자리요 아주 높고 푸르고 푸름이라. 무한함으로 막혀서 사람이 능히 그 끝을 볼 수 없는 것이고 그 참된 면은 굉장히 빠른 것이며 수십 억 만리로도 그 끝을 알 수 없도록 널리 퍼져 있어 하늘과 더불어 배회한다 하여도 그 끝을 찾을 수 없는 것이로다.

세상을 날아올라 끝없이 세밀히 보는 사람보다도 형상이 그 위에 있음이요, 어떠한 것을 행하는 자의 형태도 그 아래이니 모든 영상이 그 안에서 심고 자라고 이루어지는 것이로다. 대지(大地)에서 나고 들어가는 것의 모든 것이 하늘 안에서 생하고 하늘과 땅이 서로 대하듯이 하늘을 봄에 가깝게 서로 비추어 대하나 하늘을 본즉 멀고, 들에 말이 위 아래로 달리듯 봄과 가을이 한 하늘에서 이루어지는 것이로다.

기운(氣運)의 하늘이란 땅위의 하늘이 굳센 것으로 수십만 장으로도 측정 할 수 없도록 길게 펼쳐져 있고, 큰 땅을 안고 있으며 그 가운데 있는 다섯 가지의 기운과 모든 것이 헤아릴 수 없이 가득한 기운으로 이루어져 있고 그것이 공으로 채워져 있는 고로 땅이 행하지 않으면 하늘도 이루는 것이 없게 되는 것이니라. 땅의 기운이 오르면 그 기를 받아 다시 땅에 내려 생명이 자라도록 하고 큰 기운을 이루도록 하니 하늘은 반듯이 땅을 근본으로 하여 길러내니 이는 하늘의 근본이 땅에 스며들어 있음을 나타낸 것이니라.

차가운 것과 따뜻한 것의 그 안에서 큰 틀로 색을 이루고 찬 것과 따뜻한 기운의 음양이 서로 엉기고 응하여 맺어져 오래됨이 지나고 새것이 새로 열리니 바로 하늘은 형통한 것이라 이르는 것이요, 하늘의 이치 변화는 분명한 것으로 천지가 하나이니 하늘에는 솔개가 날고 물에는 고기가 뛰는 것이 바로 이 이치니라. 하늘에는 나누임이 없으나 밀어냄이 있음은 대기에 온도가 갖추어져 있음이요, 서로 밀고 당기는 힘에 의하여 온 세상에 많고 많은 것이 갖추어져 온 세상이 다 쓰지 못하는 것이요, 그 나가고 물러서는 사이가 있지 않으니 능히 5만년 영원함을 이루는 것이니라.

도(道)로써 화하는 것이 하늘이라. 그러므로 이르기를 근본 성품

을 닦는 자는 스스로 하늘을 쓰는 것이 그 하늘인 것이요, 몸을 보
호 하는 자 간접적으로 하늘을 먹는 것이 또한 이 하늘 이니라.

　내가 어찌 으뜸 하늘을 많은 인류와 같이 한 그물처럼 움직이리
오. 땅은 기(氣)가 이루어짐으로 바탕이 있으니 허공에 소리가 나
고 터럭과 같이 많은 것도 담을 수 있는 것이니라. 땅을 밟아서 재
배를 하면 하늘이 반듯이 쓰는 것이니 이것이 땅의 앎과 신령함이
라 하느니라.

　신(神)의 하늘은 하늘에서 사람이 거처함을 이름이니라. 낳는 것
은 신(神)의 성스러움이니 하늘의 참됨으로 살고 낳은 것은 그 형
태의 바탕이라. 축축함을 낳는 것은 물(水)이요 따듯함을 낳는 것
은 육지이니라. 신(神)은 오직 덕(德)이요 예와 이제도 아니며 우주
의 근본을 만든 것으로 신(神)은 반듯이 능력과 조화가 무궁하니
라. 하늘의 신(神)은 항상 작용하는 것이니 그 이치를 아는 그대가
하늘의 신(神)과 덕을 합하여 성인(聖人)에 이른 즉 참된 그것만을
하늘의 신(神)이라 함이 옳으니라.

　하늘과 함께하는 몸은 하늘과 같이 만기를 갖춘 틀이니, 하늘이
가득차면 땅도 가득차고 큰 빛이 나면 따듯한 것이요 모든 무리가
한 기운을 이루면 한 빛을 서로 도움이니라.
그렇게 마침과 시작이 있는 것으로 하늘과 땅을 이루는 것이니 내
가 그 이룸을 거스르지 못하는 것이니라.

사지(四地)

　공평(公)한 땅은 태양이 맺어진 결정이요 여기에 그 열기가 길게 두루 비춤이니 이를 본받아 누가 능히 사람을 구원하여 이 같이 회복 하게 하리요. 봄의 땅은 날이 따듯해져서 땅이 되고 가을의 땅은 날이 서늘해져 서늘한 땅이 되는 것이요, 봄과 가을은 이와 같이 땅의 간직한 능력으로 부터 비롯되는 것이니라. 땅은 시기하지 않으나 사람은 언제나 이를 논하는 것이요, 큰 땅이나 작은 땅이나 모두 나라에 속해 있는 것이며 땅을 알면 세상을 아는 것이요 세상도 땅위에서 겨레를 이루니 땅이란 큰 덕을 이룬 집이니라.

　생산(生産)의 땅은 땅의 웅대함을 이르는 것이니 만인이 땅위에 실어져 있음이요, 사람이 능히 이익을 얻는 것은 땅이 해와 달의 빛 아래에서 만물을 이루어 냄이요, 비와 이슬 또한 흡족하게 하여 사람이 쓰도록 갖춤이니 땅은 견고함이 있는 것이니라.

　땅이 능히 스스로 생하지 않으면 하늘이 생하게 되고 사람이 능히 먹지 않으면 땅으로써 먹게 하니 하늘이 능히 땅과 하나 되어 사람을 먹이고 기르나니 그 땅에서 먹은 힘으로써 사람이 하늘의 도(道)를 행하느니라. 내가 한 몸 된 사람으로 입과 코로는 하늘의 기운을 받아 살아가며 몸은 땅에 의지하여 생명을 영유해 나가는 것이며, 나의 큰 지혜는 하늘에 연결되어 기대어 있으며 땅 또한 나에게 많은 것을 갖게 함이 있는 것이로다.

　법(法)의 땅은 사람이 땅위에 집을 이루게 하여 국가가 되게 함이요, 그 법이 있어 지상에서 그 준칙이 이루어지게 함이요 사람이 법을 실행하면 땅은 선한 것인 즉, 땅이 알아서 그 일을 이루게 돕고 반듯이 사람으로 하여금 나라의 땅을 사람의 집으로 주는 것이요 땅은 그것을 능히 이루게 해주는 것이니라. 이것은 땅의 법이 있는 가운데 행하여지는 것이라. 사람의 마음에도 땅이 있는 법이니라.

하늘은 사람의 법이요 그 법이 나타난 것이 땅이니라. 땅이 있으면 법이 있는 것이라 땅이 있어야 집도 되고 나라도 되는 것이니라. 나의 지혜는 마땅히 땅을 이룬 즉 세상을 이루어 마땅히 나아가니 나라를 이루고 세상을 이루는 큰 대들보와 같은 것이로다. 이에 밝은 즉 사람을 얻고 어두우면 스스로를 잃을 것이니라. 어찌 세상의 영(靈)을 땅과 상쇄 시켜 다르다고 하겠는가.

이치(理致)의 땅은 땅을 근간으로 하여 사람이 대대로 이용하고 땅 또한 사람에게 응하나니 이것은 하늘의 명(命)에 기인한 것이로다. 이것을 가르치는 것은 하늘이요 이는 세상의 법칙으로써 하늘이 사람에게도 있음이로다. 땅이 나에게 전한 것은 사람으로서 세상을 써서 많은 것을 심고 갖추어 가지게 함이요. 하늘과 땅이 바람과 비를 갖추고 있고, 나에게 없음을 공손히 배려하니 크고 작은 것을 모두 사용하는 것이니라. 이는 땅이 하늘로 말미암아 된 하늘의 열매를 나에게 주는 것이니라.

성훈연의(聖訓演義)

총설(總說)

　어두운 세상에서도 마음이 올바른 길로 나아감으로 말미암아 행복의 열매를 얻게 되는 것이니 이렇게 하는 사람은 믿는 마음과 사랑하는 마음이 두 개의 저울추처럼 어울려 무겁기 때문이니라.

　믿음의 결과는 행복이요 행복의 문은 사랑이니 행복이란 것이 나 스스로에게 있다는 것을 아는 사람은 하늘을 믿으며 사람을 사랑하느니라. 하늘과 인간 세상의 사이에 티끌의 장벽이 있는데 사람의 참된 신앙심이 이 티끌의 장벽을 쓸어내고 하늘 세상에 도달하면 이 도달한 모양을 영(靈)이 나타난 다리라고 부르며 하늘이 이 영교(靈橋)를 통하여 많은 행복을 보내 주게 되는 것이니라.

영통(靈通)

* 영통도(靈通圖)

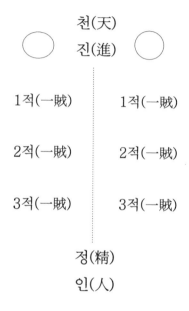

성품(性品)의 고요함에 들어 천지인을 크게 볼 때에 본성품의 본
래 주인이 배회하도다. 사람이 하늘의 큰 것이 막혀 있는 밖에서

볼 때에는 마치 두꺼운 구름이 가린 것 같으니라.

빈 것의 큰 본성을 볼 때 보는 힘에 참을 더하여 오직 마음이 결과를 이루면 부모님을 다시 봄과 같으며 구름위에 눈이 빛남과 같이 마음을 다시 정하면 창창한 가운데 보옥처럼 모양을 이루며 그 다음 검은 막을 뚫음에 힘을 다해 이루면 밝음이 어두움을 깨뜨리도다. 어렵고 힘들다 하여 머무르지 말 것이며 더욱 힘을 더하여 나아가 산을 뚫듯이 하면 스스로 통함이 있으리라. 이때에 내 마음을 잃지 말고 지켜 크게 판을 다투나니 마음에 의심을 내면 몸이 힘드니 의심을 내지 말고 믿음으로 크게 나가기를 결단하면 마음이 무궁함에 거하여 하늘의 아득히 먼 언덕을 보니 마음이 큰 바다위에 태양이 솟는 듯하며 크게 기쁘도다.

이때에 이 집에서 나가지 않고 정하지 않음으로 정진하면 마음이 참다운 보배를 얻는 고로 하늘을 크게 투영하니 크게 두려워함이로다. 여기서 한 걸음 더 나아가 본연의 나를 기다려야 더 밝은 사람이로다.

사람이 하늘의 대덕(大德)을 만나 만유를 수작하니 해와 달 산과 바다 바람과 이슬 서리와 눈은 사람의 범위에도 통해 있는 영(靈)의 큰 모양에서 나타남이로다.

철학(哲學)

* 철학도(哲學圖)

천안 ················ 법상
(天眼)   (法相)

전륜
(轉輪)

현상   인안
(現相)   (人眼)

··············

이(理)   성(性)

천(天)
인(人)
합(合)
일(一)

신(身)   기(氣)

··············

하늘이 유형(有形)하면 사람이요 무형(無形)하면 하늘이니 하늘과 사람은 본시 하나이나 나누어서 보면 둘이로다. 지혜의 눈으로 양쪽으로 구하면 사람을 하늘로 보며 사람을 사람으로 봄이로다. 사람이 하늘의 눈으로 보다가 사람의 눈으로 보나니 이는 사람의 음과 양의 눈이로다. 나의 미래는 하늘이 보는 것으로 인하며 나의 돌아가는 곳은 사람의 눈으로 볼 수 없음으로 인하며 보는 것의 있음과 없음은 보는 것에 있어서 하늘과 사람의 나누임은 사람에게 있으니 나의 수명을 하늘에서 구함은 이를 이름이로다.

나의 본성품은 하늘을 앎이요 나의 몸은 하늘을 쌓은 것이니 깨달음의 밝은 빛으로 나아가 바르게 쌓으며 밝히는 것이 가하도다.

철학은 사람이 보는 것을 확장한 요점이니라. 그로 인하여 세상의 좋은 답을 구하면 세상은 크게 비어 있는 거울이니 빈 것이 또한 사람의 마음이로다. 이치로 인하여 유형의 발명이 무형에 기인하며 기운으로 인하여 무형의 윤택함이 유형에 쌓이니 이치와 기운은 지혜의 시작과 끝이요 물건의 근본과 끝이로다. 지혜를 사용하여 이치를 구하는 마음은 경쟁이요 기운은 경쟁을 갖춘 것이며 지나친 경쟁의 끝은 날카로움이요 날카로움의 끝은 큰 살기니라. 그러므로 사랑의 이치와 사랑의 기운으로 큰 언덕을 이루어 덕과 지혜의 길로 큰 살기를 막아 크게 화한 기운을 붙임이 가하도다.

몸이 세상에 이르면 세상은 욕심의 세계라. 그 교섭의 양간에 욕심이 생김이니 세상에서 교섭의 시기에 도와 덕으로 그 욕심이 오는 것을 막으면 도와 덕은 사랑의 거울이라 몸이 사랑에 머물러 우리 모든 사람들이 즐거움을 함께 누리리라.

신앙(信仰)

* 신앙도(信仰圖)

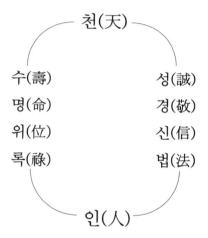

천(天)

수(壽)   성(誠)
명(命)   경(敬)
위(位)   신(信)
록(祿)   법(法)

인(人)

하늘이 사람을 하늘의 젖으로 기르는 것이니라. 사람이 젖을 필요로 할 때에 큰 소리로 울게 되니 이 소리를 들은 하늘이 돌보는 것이니라.

마음의 계율인 성, 경, 신, 법을 지키어 스스로의 몸을 기르고 수명과 복록을 구하면 하늘에 충만한 복록과 이익이 모두 사람을 위해 구비됨을 알 것이니라.

제도는 사람이 살아가는 법이니 이를 따르며, 갈림길로 가지 말

며 사람이 항상 중도에 있어야 그 결과로 덕을 얻나니 사람의 신
앙심이 저울의 추처럼 한쪽으로 기울어짐이 없어야 하느니라.

  믿음의 결과는 복(福)이요 복의 문의 사랑이니 복은 자기 몸을
근본으로 하여 이에 하늘을 믿으며 사람을 사랑하는 도(道)이니라.
하늘과 사람은 틈이 없으나 사사로운 각자위심(各自爲心)의 티끌이
막고 있는지라 사람의 신앙심이 그 티끌을 거두고 하늘의 참에 들
어 베풀면 하늘이 그 베풂으로 그 사람의 영(靈)을 하늘 높이 올
리는 것이니 이 영(靈)의 다리로 인하여 많은 복(福)을 옮기느니라.

부설(敷設)

내가 스승님의 단전밀부를 받아 억만 사람이 돌아가 편히 쉴 마음자리를 정(定)하여 말하니 영통(靈通)은 사람의 본원 하늘에 융합하는 하나의 길이요, 철학은 하늘과 사람이 모름지기 서로 서로 바탕 하는 모든 법(法)을 둥글게 증거 하는 한 길이니라.

신앙(信仰)은 하늘에 천 번 붙고 만 번 잡아 넓게 맹세하여 세우는 한 길이니 이는 세상의 큰 겨레가 고뇌의 힘든 바퀴를 굴리는 큰 방편이니라. 그 지극한 공평함과 지극한 덕(德)은 우물 가운데에서 달을 보는 작은 지혜의 사람은 추측하여 헤아려 얻기 힘든 것이니라. 사람은 하늘의 공편된 큰 사랑으로 그 상과 사람이라는 이름을 받아 만물의 머리 자리에 자리한 자로 하늘의 가르침을 대표하는 우리 스승님이 크게 경계하고 깊이 깨우치게 함을 쫓지 않고 참된 길 밖으로 등지고 달려가면 이것을 지옥의 불타는 집이라 하는 것이니라.

작게 범하고 크게 괴로운 것을 어찌 참아내고 도(道)를 이야기 하리요. 내가 창생을 생각함에 일찍 다시 걷게 하여 성, 심, 신(性心身)세 가지 위에 굳세게 걸음을 시험할 지어다.

체리종적(體理宗的)

도의체(道의體)

도(道)는 하늘빛의 크게 둥근 것이요, 그 안에 쓰는 자취 두 가지가 있으니 성품(性品)과 육신(肉身)이니라. 성품(性品)과 육신(肉身) 쌍방에 자리하여 성품의 기구로 하늘의 참된 영과 진수를 받아서 몸의 표준으로 세상의 정밀한 일과 기능을 이루면 사람은 성품과 육신이 스스로의 직책을 자리하여 그 영향을 얻는 것이니라.

그러나 성품(性品)과 육신(肉身)은 사람의 범위 내 양 부분이라. 이 부분을 잘 관리하고 거느려 범위를 확장하게 하는 주권(主權)이 있는 것이 마음(心)이요, 마음 주장의 명령으로 실제 효력을 이루고 그것을 다스리고 관리하는 것은 지혜(智慧)이며 지혜를 나타내는 근본 원소(元素)는 영(靈)이니라.

마음(心) 세계에 준 것에 기인하여 지혜(智慧)의 구하고 쓰는 것을 지을 것이나 영(靈)을 연구하는 것은 하늘 성품(性品)이라 마음이 스스로 짓기 어려운 고로 마음이 하늘 관청에 이르러 오랜 하늘을 수작하다가 늙은 하늘이 비 쏟아짐같이 저장한 영(靈)을 주거든 마음이 이것을 받아 자기의 땅에 돌이키니 그때에 영은 마음의

소유라 이것을 성품 내에 감추니 그 밝음이 해와 같고 그 묘하게
사용함이 신(神)과 같더라.

마음이 청명 건전한 방편의 것을 베풀어 이를 보전함이 있음이
로다. 마음이 지혜에 이를 물어 구하여 이미 윤택하게 하여 펴니
너의 땅에 가서 너의 다스림에 이를 행하라. 너의 땅은 육신이니
육신은 안의 일이요, 육신이 교제하는 것은 세상이니 세상은 육신
밖의 일이니라. 안의 일과 바깥일을 네가 힘써 관리하되 너의 등급
이 정하여 지지 않으며 너의 보는 것이 이르지 못하고 너의 보는
것이 밝지 못하여 길 가운데서 방황하거든 영(靈)을 불러서 너의
뒤를 이으며 너의 짧음에 보태여 나의 뜻을 넓게 펴라.

지혜(智慧)라는 것은 큰 깨달음(大覺)이니 큰 깨달음(大覺)의 스
승은 영(靈)이니라. 영(靈)이 지혜(智慧)의 다스림을 길게 도울 때
그 법(法)이 크게 둥글고 크게 통하며 크게 묘하고 크게 참되도다.
가르침으로 화하는 세계란 어리석음을 없이하며 허망함을 베어 크
게 어질고 밝고 바르며 새로운 자격이 이르러 모임이며, 일의 세계
란 산과 바다를 뒤집으며 초목을 깨어 크고 작은 등급의 진면목을
이룸이니라.

법(法)으로 다스리는 세계란 생각이 마음에 의논하고 경영하고
새로움을 억제하여 사용하고 옛날 것의 뜨거움이 사방으로 물러나
며 새로운 서늘함이 처음 움직이거든 밝은 달의 정자에서 옥 노리
개 소리가 쟁쟁하니 이 지경에 있어 마디마디 법(法)의 걸음으로
그 참된 근원을 거슬러 올라가면 그 머리위의 보배로운 물건은 바

로 영(靈)이니라. 영(靈)과 신(神)의 빛과 신의 자취가 또한 이와 같이 법으로 덮음이로다. 그러므로 사람의 자리에 위치한 자 그 몸을 믿지 않음이 불가하고 그 몸을 바탕으로 하는 사람 그 지혜를 부정함이 불가하고 그 지혜(智慧)를 지혜로 하는 사람 그 영(靈)을 부정함이 불가하니 영(靈)은 사람의 중요한 것이니라.

사람이 사람을 아는 사람은 먼저 바른 등급의 생각을 본 성품에 붙여 성품 내에 감싸는 것이 있으면 영을 함양 하느니라. 영이 크게 밝은 큰 열매를 이루어 크게 높은 언덕에 서나 지혜를 돕지 아니하여 몸의 공용을 이루지 못하여, 한 틈이 있으면 이 한 틈의 물건을 가진 사람이 남의 재미에 미혹하여 마치는 것에 불과하도다.

도(道)의 터전은 개인과 개인이 한 세상에 비로소 수십억 사람과 수십억의 길이 오만 년에 같이 이르는 것이니라. 그 가득하고 큰 범위는 천지를 짝하나 그 넓음을 만약에 등지고 실지 평준한 자취를 시험하면 개인의 성품과 몸의 운용은 그치는 고로 도의 크게 둥근 것을 개인 성품과 몸에 증거 하여 그 몸을 가르침과 다스림의 합일이라 칭하니 이를 크게 나누어 보면 둥근 지혜와 둥근 깨달음이 하늘을 한가히 하여 종교로 크게 참된 것을 같이하다 그 여력으로 사람이 이로운 은혜를 택하여 다스림의 세계에 깊이 드리운 것이니라.

작게 나누어 보면 개인의 범위에 자기 본성의 늘어짐으로 맺은 것이니 크게 나눈 체(體)는 하늘과 사람이 가르치는 정사요 작게 나눈 체(體)는 성품(性品)과 몸(身)을 가르치는 다스림이니라.

도의 이치(道의 理致)

도(道)의 이치(理致)는 하늘의 큰 근원이니 만기 만상과 많은 소리와 많은 자취를 거느려 한 영(靈)의 머리 근원에 말미암아 사람이 정하여 보는 것을 이바지한 것이니라.

크고 바르게 보는 것으로 하늘(天)을 시험하면 하늘이 크게 바르고 크게 고요함을 보는 것으로 하늘(天)을 시험하면 하늘이 더 고요하고 크게 한가한 것으로 하며 하늘이 더 한가하니 산하(山河)를 연구하여 일어나는 가운데 이룸이요, 세계도 이를 생(生)하는 가운데 이룸이로다.

도(道)의 근원 가운데에서 세 집이 나오니 익혀서 보고 때를 보는 것으로 그 긴 것을 지으니 말하기를 유(儒)라하고, 불(佛)이라 하고 선(仙)이라 이르니라.

유(儒)는 몸 주변의 실제 일로 세계 확장을 그 책임으로 인정하며 선(仙)은 영(靈)을 보호하여 갖는 마음을 점령하여 초연히 사물에 서고 만물의 밖에 서며 불(佛)의 깨달은 가운데 이치를 헤아려 몸과 영을 말하는 것이 티끌 막힌 그런 형상이니 이를 해탈하여 크게 빈 것의 크게 고요함을 의지함이 사람의 세계주의라 하여 이를 잡으니 유, 불, 선 세집의 보는 것을 다 높이 붙인 것이니라.

사람 일이 높은 기틀에 마땅한가를 따라 각기 일단 면목을 이룸이 가하나 홀로 고르고 홀로 물건 하여 두 가지를 나누어 우뚝 세우면 만 겨레가 한 이어 싸고 있는 것으로 인하여 큰 덕으로 사랑의 거울 중에 한 사람 한 문(門)의 뜻이 이르지 못함에 다름을 열은 것이니라.

우리 무극대도(无極大道)는 하늘에 바탕 하여 이룬 세 가지 보는 것을 크게 나누기 전의 바탕인 즉, 유(儒)의 근원이며 크게 고요한 과정인 것은 불(佛)의 근원이며 크게 한가한 과정이 있는 즉 선(仙)을 위한 것이니 이 세 가지 과정으로 한 둥근 것을 품부하여 이루면 겨레와 개인의 전체 범위를 억제하여 짓되 몸 주변의 일은 유(儒)의 과정을 바르게 사용하며 본 성품 주변의 일은 선(仙)의 과정을 바로 사용하며 본 성품과 몸의 기울어져 향하는 것을 물론하고 자기 부분의 보통을 뛰어넘는 사상은 불(佛)의 과정이 자연히 나타나 정당한 인격을 이룸은 유불선이 무극(无極)한 이치의 바탕에 근원하기 때문이니라. 이로 인하여 세상을 개량하면 비유하건데 다섯 가지 맛이 합한 것이 한 보배 구하는 것을 이룸이니라.

개인을 도(道)로써 화하게 하면 비유하건데 다섯 가지 기운이 합한 바탕으로 하나의 건전한 몸을 이룸이니라. 그러한즉 우리 무극대도(无極大道)의 그 비롯됨은 하늘이 사람에 이른 것이니라.

그 마침은 사람이 하늘의 덕에 합하는 것이니 유(儒)의 몸과 불(佛)의 깨달음과 선(仙)의 영(靈)은 우리 본래의 무극대도에서 흩어져 세상의 많은 일에 자리한 것이로다.

도의 종지(道의宗旨)

　도(道)의 종지(宗旨)는 사람이 시험하여 잡은 것을 평평히 하며 괴로운 근원을 빼며 그 자격은 참된 체(體)의 참된 사용과 큰 지혜와 큰 믿음이 크게 둥글고 크게 가득하여 하늘이 크게 준 것의 근원을 물건 하여 스스로를 보전하며 그 안락은 금(金) 가지에 옥(玉)구슬을 단 이슬 같은 영(靈)의 샘물이 크게 살고 크게 일어남이 사람 세계에 머리 있는 복을 스스로 통하게 하여 원하는 힘이 사람의 힘을 손가락처럼 거느린 것이니라.

　사람이 큰 하늘의 도(天道)로 크게 덮은 아래에 들어가 영의 근원 반분 찌꺼기 흐린 것에 머무르지 않으며 몸을 크게 갖춤은 백 가지 되돌리는 기능을 스스로 갖추어 가까운 결과는 편하게 기르는 세계 가운데에 맺으면 먼 결과는 근원 꽃을 기리는 가운데에 씨앗 하여 마땅한 아래 넉넉한 이익을 거두며 멀리 와서 넓게 값는 것을 먹으면 사람이 스스로 꾀에 스스로 감춘 한 영향으로 우리 도의 종지를 너로 하여금 스스로 나아가고 나아가게 하라.

　세계는 공변된 헤아림을 반듯이 휘날리는 것이니라. 도문(道門)의 크고 작은 것을 들되 활발한 가르침이 크게 으뜸 되는 것이라 반듯이 글이라 하리니 활발한 것은 사람의 정이 큰 즐거움에 평등하게 표준 한 것이로다.

　한 이야기로 이르노니 본성을 홀로 보호하여 크게 빈 것이 어둡게 싼 것을 증거 하는 것과 몸을 홀로 보호하여 급급히 세상 돌아간 자취에 나아간 사람은 머리를 돌려 돌아오는 것이로다.

 본성과 몸이 같은 것을 쌍으로 갖고 쌍으로 거두어 나누어짐이 있는 것은 현 세계에 큰 자취를 이루며 나누어짐이 없는 것은 뒤 세상의 큰 소리를 지음이 가하니 이는 사람에게 바로 지극한 즐거움의 극락(極樂)이 있음이니라. 극락(을 먼저 극락과 뒤의 극락에 나누어 먼저 극락은 현생에 같게 하고 뒤의 극락은 후생을 같게 할 것이니라.

도의 목적(道의 目的)

도(道)는 만백성 진화의 어머니이며 법도를 다하는 문명의 어머
니로 그 성질을 갖춘 것이니라. 큰 세계에 영(靈)의 머무름을 사람
이 기르는 가운데 슬기롭고 어진 명(命)의 가르침으로 좌우를 끌
때에 말하기를 너의 성품(性品)은 법(法)의 하늘에 의지하여 산이
솟은 것처럼 보는 것을 잊지 말며 너의 몸은 법의 땅에 의지하여
미혹하고 핍박 받음을 없이 하라. 법(法)의 하늘과 법의 땅은 바로
나라의 즐거움을 위함이니라. 나라는 스스로 강하니 스스로 지킴을
스스로 굳게 하되 방법은 경계함을 같이함이니라.

본 성품(本性品)이 바늘 같이 견고하게 인내함으로 몸이 바늘 같
이 강하고 곧아서 크게 바르고 크게 화평한 것이니 이를 사용하면
하늘이 나의 천지요 나의 땅이나, 그렇지 않으면 스스로 하늘이 스
스로 죽으며 스스로 땅을 스스로 잃어 나의 겨레가 덜어지니 오랑
캐로 인해 크게 힘들고 천해짐이니라. 저 산과 물도 미혹하여 두렵
게 위협하니, 이에 나의 배 이미 완전하여 나의 차 다음에 편안하
니 너의 무리들이 편안한 마음으로 빠르게 오르는 것이로다. 나의
배와 나의 차는 하늘 능력과 하늘 힘을 바로 지음이요 하늘과 스
승의 공을 바로 거느림이라.

그 마침을 이은 언덕을 생활계라 하니 깨끗한 생각은 가을 달의
밝은 빛이요 즐거움은 마침내 봄바람의 즐거운 곳이니라. 하늘 물
건이 그 먹는 것을 이바지하며 하늘의 향이 그 기(氣)를 접하여 비

로소 사니 하늘 마을이오, 비로소 사람이 하늘 백성이라. 많은 바퀴가 비록 구르나 한 티끌도 일어나지 않으니 땅을 두려워함이 어찌 마땅히 꿈속의 생각이리오.

무리의 괴로움을 나에게 말하여 구하지 않으며 너의 기댐이 없거늘 네가 많은 입을 끊으면 나는 반듯이 대답하여 이르길 성인의 가르침을 들으면 성스러운 열매를 비록 증거 하나 자신을 홀로 베풀고 넓게 건지는 마음이 없으면 이는 하품(下品)에 스스로 거처하는 것이니라.

하물며 우리 도(道)의 목적에 하나는 보국안민(保國安民)이라 나라가 바로 나의 집이요 백성이 나의 동포니 바로 집을 보전하지 못하면 어찌 가능하며 동포를 사랑하지 않으면 어찌 가능하리오. 깨달음은 반듯이 말이 있는 것이요, 말은 반듯이 쓰는 것이 있는 것이니 나의 말은 굳은 소원 굳은 맹세 굳은 생각이니라.

세상 마귀를 덕으로 화하게 하며 미혹한 눈이 지혜로우며 성품이 참되면 예전 길의 티끌에 빠질까 두려워하던 것이 즐거운 세계에 편하게 사는 것으로 변하리니 너의 미혹함과 어두움이 없어 생각함이 성스럽고 그 성스러움은 한 생각 조화의 자취이니라.

우리 도(道)는 가르침과 다스림이 하나니라. 가르침은 성품(性品)에 이은 것이요 다스림은 몸(身)에 이은 것으로 가르침은 하늘을 점하고 거느려 무형(無形)에 자리하니 하늘(天)은 하나이니라. 이를 보전하되 무형한 성품으로 인한 다스림은 땅을 거처하여 유형(有形)에 자리하니 땅의 자취도 하나이니라. 이를 보전하되 유형한 몸

으로 쓰나니 하늘과 땅이 하나인 것과 있음과 없음이 하나인 것을
거느림은 우리 도(道)의 범위이니라.

비록 그러하나 무형을 모은 사람은 무형을 다투며 유형을 모은
사람은 형상이 있는 것을 다투나니 이로 인해 스스로 다름의 구별
이 생기느니라. 자기와 다름을 일러 세계라 하니 세계에 무형(無
形)이 있은 즉 그 넓음과 보전함이 있고, 무형(無形)이 주는 것을
근본 성품이 주장하고 유형(有形)이 세계에 있은 즉 그 확장의 보
전함에 있어 같은 것을 주는 것은 몸이 주장하나니 유형(有形) 주
장의 범위 내를 말하여 국가(國家)라 하느니라.

성품을 잘 보전하는 것은 도(道)를 아는 사람의 책임이요, 몸(身)
과 나라(國)를 스스로 보전하는 것은 참된 다스림을 아는 사람의
책임이니 알고 가르치는 것과 알고 다스리는 것은 바로 우리 도
(道)의 교육이요 하늘을 보전하고 땅을 보전하는 것은 바로 우리
도(道)의 목적이니라.

총설(總設)

비로소 하늘 근원이 넓으며 사람이 법으로 집을 다스림에 집이 윤택함을 이룰 것이요, 개인이 집을 다스림에 집의 윤택한 자취를 더 이루리니 그 재목은 성품(性品)이 몸에 주는 것이니라. 성품이 영의 헤아림과 몸의 기품을 쌍으로 구하고 쌍으로 바탕 하고 취하여 사용함이 다 넉넉함에 늙은 주인이 비로소 땅을 점령하여 비로소 집을 세우니 그 높음은 위가 없는 것이요, 그 윤택하게 한 것이 가운데도 없는 것이니라.

들어가 많은 물건의 씨앗을 구비하니 유(儒)의 글 바탕은 한 몸 일의 어진 법이요, 선(仙)의 맑고 참된 것은 본 성품 한 일의 어진 법이요, 불(佛)의 증거 함을 뛰어 넘음은 아래에 기운 것을 그렇게 더하여 제지하고 깨우고 살피는 법이니라.

그 좌우에 갖춘 것이 참을 맺은 사람의 한 사이의 맑은 바람과 밝은 달이요 그 중간의 누런 뜰에 한 책의 글이 책상위에 있음과 같은지라 옛 집에 바로 사니, 어찌 사상이 어찌 그 땅 머리 위에 배회하는가? 큰 근원이 이미 고기저민 포 같고 집의 빛남이 이미 이루고 착한 품성이 이미 갖추며 영리한 늙은이 주인을 위하니 크게 으뜸 되는 좋은 것이니라.

만 기틀(機)을 마음으로 맞이하며 만사를 몸으로 모아서 지혜로 사용함이 최고 밝음이며 그 행동이 최고 깊은 것이니라. 끌고 걸고 막히고 꺼리 끼는 옛 자취를 이 같이 거두며 복과 덕의 공양이 새로운 재미를 이같이 생하면 바로 현생 세계의 극락 품안에서 기른 것이니 금지옥엽(金枝玉葉)처럼 귀한 자 몸의 한 증거는 바로 몸이 후세 사람들의 세계에 응한 것이니라.

성품과 몸의 평등과 자신과 타인을 보는 것은 도문의 정한 법이니라. 그러므로 성품이 있는 사람은 반듯이 몸이 있는 것이니라. 몸이 있는 사람은 반듯이 나라가 있는 것이니 나라는 마침내 성품과 마음의 이어짐을 연구하는 것에 바로 있는 것이로다.

영을 닦는 것은 그 나오는 지혜를 계산함이요 지혜의 생함은 그 몸을 잡은 것을 셈한 것이니 몸을 바로 잡은 즉 도(道)가 나오는 것이니라. 도의 참된 생각 참된 면목은 넓은 사랑과 넓게 건지는 것이니라. 말하고 사랑한 즉 우리 겨레의 맺음이요 건진 즉 우리 겨레의 활기이니 하늘의 마음은 본래 땅에 오는 것이로다. 그러므로 가르침에 능한 것은 하늘을 쓰는 것이니라. 능한 것의 자취는 세계로 하늘의 만기 만법과 세상의 많은 일과 많은 만물이 먼저 성품 중에 일어남을 보는 것이요, 마침은 몸 주변에 일어나는 색이니 성품과 몸을 요약한 즉 한 사람의 한 세상이요 넓힌 즉 억만 사람의 억만 하늘이니라.

밝게 보는 사람이 말하길 사람의 성품이 맑음과 영이 밝아 하늘의 말씀이 비록 마음에 있고 하늘의 빛이 비록 몸에 있으나 그 만물을 잔 돌림 같이 소통하여 트임이 멀어 스스로 살아 둥근 방위 본뜸이 있지 않으면 이것은 바로 묶어 놓은 한가한 소가 꽃과 풀을 같이 뜯어 씹음이 꺼리 끼지 않게 한곳에만 묶지 않음이니라.

그 뜻이 비록 참되어 만 거울이 한 빈 것이니 세상 사람과 인연하여 일하는 사람은 마침내 까마귀 도루 먹임을 얻는 고로 사는 것을 전하는 마음의 땅을 가지고 이치를 갖추고 법을 이루어 스스로 누리는 것이 있으니 그 다음이 성공이니라.

그 남은 것인 즉 백일에 같음이 마땅히 하늘에 많은 무리의 머금음이 빛나니 봄에 생하고 가을에 거두는 것을 거느린 것이 바로 백일의 밝은 빛 가운데 있음이니라.

혹, 이르기를 온 것이 바로 빈 것이요, 가는 것도 빈 것이라 몸과 마음을 가린 것이 진실로 심한 무리이거늘 편히 사용함을 달갑게 짓고 위하여 이 빈 것을 쓰는 것이 참된 하늘이니라. 내가 말하기를 영(靈)이 있고 몸(身)이 있음은 하늘이 세간에 복을 짓는 것을 하고자 하는 것이거늘 어찌 내가 비고 빈 것이 스스로 가깝다 하여 사람을 위함에 외로움만 있으리오.

성품과 몸을 연구한 것이 세상에서 사람을 위함에 있음이요 신(神)을 위하는 것이 이 하늘에 있는 것이니라. 스스로 직분에 응하고 때에 응함은 사람이 바로 보는 것을 정한 것이거늘 이것이 어찌 자기만의 당당한 인격이라 하여 어두움을 지어 신(神)의 덕(德)을 끊는 것은 괴이함이로다. 그러므로 앎이 있는 사람은 오늘을 보는 것이요, 신(神)을 아는 사람 후일을 보는 것이니라.

아름다운 나무 같은 하늘의 글을 스스로 도끼 같아 받지 못하니 그저 하늘인 것이요, 집을 위하고 용마루를 위하는 것이 세상이니 세상을 쓰는 것은 하늘이 아니면 그 돌아가는 것이 어리석고 미혹한 것을 위해 이루는 것을 볼 것이요, 세상이 능히 하늘을 겸하면 그 거두는 재주를 구하고 지혜를 이루는 그릇이 되느니라.

미혹하고 어리석은 사람은 어진 것이 곁에 이르는 것을 막으면 장애요 재능이 있는 사람은 세상 사람들이 짓고 표방한 것을 나누니 막힘이 있는 사람은 세상의 얼굴을 바로 알지 못함이니라. 하늘을 표방하는 사람은 이치가 도로 갚음이 있어 하늘이 응함이니라.

밖에서 오는 것이 가까워도 꺼릴 것이 없으며 현재 땅위 집에 석가래를 반듯이 이룬 좋은 나무처럼 좋고 아름다운 냄새를 맡으리라. 성품 속에 비록 하늘의 큰 영을 갖추었으나 몸이 주변 세간에 한 걸음도 가지 못하면 이는 보배를 감추어 스스로 가난한 것이요, 강한 것을 품고도 스스로 약한 것이니라. 몸을 스스로 보전하지 못하니 성품 또한 어찌 머무르리오.

몸을 불사르는 사람의 한 몸은 한 주머니의 냄새 같은 것이라. 성품은 하늘의 열매라 하여 성품은 있고 몸은 있지 않는 것이라 하니 성품을 이음에 자취 없음이 편함을 알고 몸을 잇는 소리가 있는 것이니라. 이치가 이러하니 몸을 불사르려는 사람에 대하여 탄식하고 또 탄식 하느니라.

대종정의(大宗正義)

총설(總說)

도는 하늘의 큰 정신이니 사람은 이 정신 범위 안에서 나고 이루어지는 것이니라. 사람은 그 안에서 나온 것이라, 그 생각이 능히 종교계에 통하기는 불가사의한 일이로다. 그 생각이 종교계에 머뭇거리다가 각기 생각의 반짝이는 빛으로 천지 속에 무정물을 만나 옛적 신앙의 표준 되는 곳에 위치하니 일, 월과 바다, 나무, 돌, 산이 그 대개니라. 여기에 뭇 사람이 돌아갈 마음의 귀착점을 만들어 이에 자그마한 일단을 이루었으니 이것은 다신 시대의 가장 높은 면목이니라.

후천의 큰 기운이 돌아온 이래로 생각이 한층 진보되고 밝아져서, 일신을 숭배하는 교문을 세우니 하늘은 그 추상적인 큰 범위라. 이로 말미암아 옛적에 반짝이던 작은 부분이 다 그 아래로 나아 가니라.

대신사는 우리 도의 원조라. 그 사상이 넓은 데로부터 간략한 데 이르렀으니 그 본체는 무궁한 하늘이요, 그 요지는 사람도 하늘이라는 인내천(人乃天)이니라.

무극대도로 도의 주체를 이루고 인내천(人乃天)으로 도의 객체를 이루며 인내천을 인정하는 마음이 그 주체적인 자리를 점하여 자기 하늘마음을 자기가 절하는 도체(道體)로, 하늘의 참된 근원이 있게 한 극(極) 안에 서니 이것이 사람 세계에서 처음으로 창명된 무극대도 대종정의(大宗正義)라 말함이 족하도다.

오도의 신인시대(吾道의 神人時代)

수운 대신사는 신(神)의 능력은 일반 철학으로는 추구할 수 없는 영적이 있는 것이라. 대신사 깊은 물과 소나기 속에 그냥 가시어도 의복과 두건이 젖지 않았으며, 손으로 만지거나 마음으로 생각하시어 사람의 병을 고치셨느니라. 생각하건대 영의 자취는 사람의 지혜와 능력으로 뽑아내기 어려운 것이니라. 하늘의 대표로 하늘님의 능력을 행하는 자연의 살아있는 기운이니, 이 영적의 거쳐 온 근본적 신기는 말과 글로 표상할 수 없는 것이니라.

사람이 이것을 캐어물으면 다만 잠잠할 수밖에 없으며, 돌이켜 살피어도 그 추상력이 능히 그 영적이 나타난 곳에 미치기 어려우니, 이것은 의식 세계에 인연한 것이라 말하지 못할 것이요, 하늘님의 영적과 영적을 받은 사람 양간의 소개라고 말하는 것이 옳으니라.

하늘님의 영적은 끝이 없는 무한한 것이요, 사람의 지혜는 유한에 범위 한 것이므로, 유한으로써 무극하고 무한한 것을 대조함에

안광이 늘 미치지 못하여 의심을 낳고 비방을 일으키느니라. 하늘
님과 스승님은 일체 이위로서 다만 유형과 무형의 구별이 있는 것
이니라. 비와 병은 무형한 하늘의 능력이요, 비속에 그냥 가도 젖
지 않는 것과 병에 약을 쓰지 않고도 낫게 하는 것은 유형한 하늘
님의 능력이니 먼저의 능력과 뒤의 능력이 전부 한 기틀 속에서
짜내는 것이니라.

　대신사는 사람의 덕성과 재주의 본원을 무형에 둘 뿐이요, 세계
를 꾸미는데 관한 면목과 제도는 사람의 스스로 집행하는데 맡기
었느니라.

　대신사 하늘님의 덕(德)을 받아 직책을 체행하신 연한이 4년에
그치었으나 무극대도 창도의 기초를 다지시고 이어 하늘님(天主)
천명(天命)으로 2세 무극대도(无極大道) 대도주 해월신사(海月神
師)를 이어 내리시어 도체(道體)를 더욱 보충케 하시니라. 그러므
로 해월신사의 말년에 이르러서는 만 번을 흔들어도 빼어지지 않
는 무극대도의 더욱 큰 기초가 세상에 정하여 졌느니라.

오도의 현명시대(吾道의 顯明時代)

사람이 하늘로 좇아 세계에 이른 뒤에 다만 붉은 몸으로 살면서, 주택과 의복과 음식의 자양과 예악과 형정의 보호가 없으면, 사람이란 이름이 있으나, 사람의 위치를 보존하기 어려움으로, 하늘님이 성인을 나게 하시어 사람 세계의 제도와 면목을 나타내어 밝히었느니라.

우리 도의 신앙과 철학과 제도를 셋으로 나누어 인심경향의 표준한 곳을 정하니, 신앙은 사람이 하늘님에 다가붙어서 그 몸이 스스로 있음을 잊으며, 철학은 성품의 본래 하늘과 몸의 중생상을 양단으로 나누어 정하여 성품과 몸의 오래가는 것과 잠깐 있는 것으로 구별하고, 성품세계의 영화를 기리는 것은 세 가지 빛과 같은 수명을 기약하고, 몸 세계의 이익은 백년일몽을 인정하는 큰 취지의 뜻을 높여 밝히며, 제도는 하늘님과 사람이 합일 하는 요점을 추출하여 성령인의 바른 목적과 육신인의 바른 궤도를 정하니, 신선한 면목이 하나의 큰 천국을 구성한 것이니라.

밝은 날이 천심을 당하여 그 빛이 만국에 비치리라.

오도의 신사상시대(吾道의 新思想時代)

　사람은 유년 장년의 구별이 있으니 도(道)의 오늘은 사람의 장년 시대라. 그 체는 하늘같이 크고, 그 빛은 해와 같이 솟았거늘 그 사상이 옛것을 그대로 가지면 어찌 옳다 고 하겠는가.

　우리 무극대도의 근본 바탕은 가득히 차서 반 푼의 더할 것을 요구치 아니하나 이것을 들어내고 밝히는 것은 사상문명으로 현대 문명에 앞선 모습을 갖추고 새로운 도덕문명을 지어야 하느니라.

　혹 이르기를 머리는 어떻고, 다리는 어떻고 하는 것은 아직 큰 장애를 면치 못하는 것이니, 다만 내 마음의 진실에 힘써서 하늘의 조용한 기쁨을 얻는 것이 가하다 하나니, 이를 알지 못함이 심하도다. 작은 한 촛불이 암실 중에 있어 그 장벽이 모두 검으면 어두운 거리의 방황하는 사람을 어떻게 가까이 인도할꼬. 큰 덕을 펴고 베푸는 것은 우리 도가 먼저 갖추고 베풀어야 할 것이니라.

　사농공상(士農工商)은 인생의 근본 그릇이요, 지휘하고 양보하고 나아가고 물러서는 것은 인사의 옳은 취지니, 만법을 깨닫는 것은 이른바 새로운 사상이니라. 생각하건대 마음을 배우고 연구하는 것은 하늘님의 지혜를 바탕으로 하며, 형상학의 발달은 사람의 시기 와 형편에 맞도록 짐작함이니, 여러 조목이 서로 통하고 많은 사람 에게 다 베푼 것이 우리 도의 큰 덕(大德)이니라.

오도의 요지(吾道의 要旨)

　무극대도(无極大道) 신앙으로써 비로소 사람이 하늘의 길을 얻고 그 다음은 하늘이 기뻐하는 마음을 맞으며 그 마무리를 맺음은 천인합일(天人合一)적인 참된 지경에 들어감이니라. 그 참된 진경에 들어가 하늘의 나눔을 대하는 그 자리에 앉으면 하늘이 그 사람을 자기의 일체로 인정하여 스스로 범위 내에 고유한 영부(靈符)를 모두 다 그 사람에게 위임하리니 그 위임을 받은 후에 영부(靈符)에 저장한 조화와 복록을 그 사람이 덕에 합한 스스로의 뜻으로 세상에 베풀어 쓸 것이니라. 세상에 비바람이 불어도 그 사람이 그 사람 스스로의 뜻으로 나서면 나라를 보전하고 백성을 편하게 하는 것도 그 사람의 자기 뜻 아래에 말미암는 것이니라.

　신앙심은 객체에 도움을 더한 것을 바탕으로 하여 주체의 굳세게 채운 것을 얻는 한 점에 있으니 의심이 나거든 뜰 앞에 푸른 버드나무를 시험하여 볼 것이니라. 푸른 버들잎의 버드나무가 처음 생길 때에는 누런 한 마디의 모종에 불과하다가 태양의 온도와 봄바람의 따듯한 기운을 쌓아 그 줄기가 백 척을 자라며 그 잎이 뜰 전체를 덮나니 다만 높은 가지 백 척과 뜰에 가득한 푸른 녹음을 보고 원래 푸른 버들의 주체가 바로 그러한 줄로 인정한 사람은 녹색 버들 녹음을 알지 못하는 사람이라 이르니라.

　노란 모종 한 마디의 주체로 태양과 봄바람의 도움을 더한 것을 바탕 하여 그와 같이 굳게 채운 것을 얻은 줄로 아는 사람이라야 크고 푸른 버드나무를 아는 사람이니라.

또, 작은 물고기를 보고 이르길 어떤 물고기는 그렇게 용(龍)이 되며 구름이 일고 비가 내릴 때에 변화가 신(神)과 같은데 어떤 물고기는 작은 물에서 노닐고 위아래로 헤엄치고 다니며 작은 물고기를 면하지 못하니 하늘이 부과한 것이 고르지 않아 서로 다르게 남긴 것이 이와 같은가? 라고 의아해 하더라.

나의 무리도 작은 사람이라 품질이 말같이 쓰이고 지식이 얕고 짧은 것이니 비록 수백 년 가르침이 있더라도 저 언덕에 무엇을 원하여 어지럽게 오르리니 가르침을 믿는 마음을 사절하고 육신 정욕을 따라서 세간 즐기는 즐거움을 다하는 것의 한 가지 꾀를 겨우 얻음이라. 혹 방탕함에 돌아가며 혹 간사한 잡신을 사귀고 통하나니 심히 한탄스럽고 애석하도다.

물고기는 미련하고 어두운 한 미물이라 능히 객체의 효력을 얻어 맞이할 사상의 힘이 없는 것이니라. 그러나 다만 그 생명이 길어 장생한다면 용(龍)을 이루나, 그 생명이 짧으면 작은 물고기에 그치느니라.

사람은 그렇지 않음이 심하여 마음이 하늘을 독실하게 믿으면 마음이 영(靈)의 다리를 지어 하늘에 이르나니 하늘 마을에 가득히 채운 밝은 지혜를 얻는 것과 수명과 복록과 영화와 사랑이 영(靈)의 다리로 쫓아 사람에게 운송함이 강과 바다의 많은 것과 같으리니 사람이 자기 몸에 크게 갖추고 더 보탠 것을 찾아 가질진대 먼저 각 몸의 간사한 것과 바른 것을 구별 할 것이니라. 신앙심이 하고자 하는 것을 정하지 못할 때에 정욕이 육신세계(肉身界)로 쫓아 백만 악마로 마음을 막고 희롱하는데 음란한 소리 어지러운 색과 기이한 금과 다른 것으로 앞서서 귀와 눈을 이끌어 욕심 세계에 들어가면 마음이 반드시 그 뒤를 쫓아 귀와 눈에 붙어사는 곳에 이르니 정욕이 이를 환영하여 자기 세계 자기 집에 그치게 하며 다시 기이한 마을이 좋게 희롱함을 이바지 하여 마음이 환희를 맺으면 마음이 이에 빠져 사랑하여 본래 자기 마음자리가 오래되어 스스로 빈 것을 살피지 못하는 것이니라.

정욕(情欲)은 마음이 넉넉하게 사용함을 돌이키지 못한 때를 타서 마음의 그 자리에 들어감을 증거 하니 그 들어감을 증거 한 후에는 사람의 움직임과 고요함을 두루 돌아 거느려 정욕의 명령 아래에 사람이 있는 것이니라. 무릇 정욕(情欲)은 하늘이 싫어하니 그 싫어하는 것을 복종하는 사람에 대하여 하늘의 은혜로운 마음이 어찌 있으리오. 그러므로 사람이 신앙심을 처음 정할 때에 정욕의 유인함을 받지 않음이 자기의 자취를 스스로 지키는 큰 기초이니라.

성품 부분 상 한 둥근 하늘 격식이 바로 그렇게 강과 바다를 채워 화한 즉 봄바람과 같고, 밝은 즉 달과 별빛 같으며 깨끗한 즉 얼음 수정 같아 만 티끌이 이를 어지럽히지 못하며 많은 바람이 이를 어지럽히지 못한 후에 성품의 법도를 다함이라 이르니 사람은 성품과 몸의 영양 아래에 나아가고 물러가는 것이니라. 가르침의 자리에 들어가 다만 세상의 화한 문명에 쓰면 그 사람은 사람이 이룬 참 사람이니 거짓 속이는 한 길은 마음 세상에 작은 장애 같은 것이니라.

성품의 근원을 처음 회복할 마음의 힘이 만장의 티끌을 나눈다 하여 하늘의 큰 근원에 영통하되 사이를 끊음이 없으며 이에 성품 의 위치를 정하여 그 품질이 굳으며 범위가 이루어지면 둥글고 가 득 찬 성품 하늘의 큰 근본 자리에 나누어진 마음의 연못이 없으 면 성품의 자연적 광채로 몸의 나아가고 물러가고 꺾여 도는 것이 자기 마음 스스로 깨우침을 기다리지 아니하니 비로소 덕에 하나 됨이 천지인(天地人)의 한 덕이니라. 이로 말미암아 사람 글과 사 람 법칙이 세계 밝은 문명을 짓는 것이니라.

청수(淸水)는 마음의 힘을 이에 부어 하늘 길에 들어가게 하는 뜰의 첫머리 문이요, 하늘님을 지극히 위하는 주문(呪文)은 하늘문 밖에 서서 나에게 거듭 오게 하고 통하도록 찌르는 소리이니 이를 쓰지 않고 하늘이 스스로 불러들임을 기다리다가 티끌 중에 만 마 귀가 좌우로 이끌고 핍박함을 피하여 불꽃 연기 구덩이 속에 떨어 지면 우리 겨레가 짐승 같으리니 자비한 눈을 갖춘 사람 어찌 그 렇게 편히 앉아서 보리요.

큰 소리로 질병을 불러 말하길, "또 오라 너의 몸(身)은 누구로 하여금 나게 하는 것이며 너의 성품은 누구로 하여금 영(靈)이게 하고 너의 마음은 어느 곳에 돌이켜 붙고 붙음이 그러하여 참된 진실에서 멀고 먼 것이 그러한가." 하여 이에 눈을 돌려 바르게 보 게 하여 참된 곳을 보면 그것은 비로소 한 하늘의 아롱진 것을 보

고 그 끝은 하늘의 일면을 보리니 생각을 시험하면 나의 하늘이
곧 너의 하늘이나 네가 있으면 너의 하늘이 스스로 있는 것이니라.

  신앙은 하늘이 하늘 되게 한 하늘을 만나는 것이요, 철학은 사람
이 하늘을 보는 것이요, 제도는 사람이 사람을 보는 것이니 세 가
지에 하나가 어그러지면, 나무는 아름다우나 재목으로는 쓸 수 없
으니 이는 쓸 수 없는 나무이니라. 나무의 본성은 거리낌이 없으나
하늘을 보고 사람을 보지 못하면 하늘이 적다하고 사람의 무리가
사람 세계 하늘을 같이하기는 쉬우니라.

  유(儒)는 사람 세계를 향하여 달려가는 것을 시험하는데 우측 길
은 하늘의 공평한 것을 아는 것이요, 좌측 길은 하늘이 인정하지
않는 것이라 칭하는 제한을 스스로 정한 것이요,

  선(仙)은 하늘이 사람을 돌아보다가 금빛 채색과 옥빛얼굴이 왼
쪽을 잡고 오른쪽을 묶은 것을 놀라게 하여 그 머리를 하늘에 돌
이키게 한 것이요,

  불(佛)은 비고 고요한 것을 두드려 하늘을 얻은 것이니 유불선
세 집의 높은 법도를 일러 하늘이라 하니 하늘은 나의 근본성품
안의 요소이니라.

  하늘과 사람 두 사이에 서서 하늘에 주고받을 때와 하늘 자격을
지어 사람에게 주고받을 때 사람의 자격을 지으면 이는 바로 성인
의 밝음이요, 하늘에 주고받다가 사람을 잊으면, 또 사람에게 주고
받다가 하늘을 잊으면 이는 하늘과 사람이 반이고 사람과 하늘이
반이니 하늘과 사람의 반은 가르침의 본원을 지키고 반인 사람은

도(道)의 면목을 이루느니라. 도(道)의 크게 참된 것으로써 마음이
이에 배부르고 또 윤택하며 몸이 아름답게 빛나는 글을 이루면 그
말씀이 법이요, 그 몸이 법칙이니 사람을 나눔이 이를 본받아 행하
면 제도라 이르는 것이니라. 사람 가르침의 크게 참된 근원위에 서
서 이에 빛나는 집을 이룩하면 용맹함을 떨치는 힘이 없고 다만
세상의 자취로 글을 꾸민 것으로 제도를 진흙 같이 지키면 이는
사람의 여력아래에 배회하는 것이니라.

철학은 사람이 하늘의 빈 것을 이야기한 것이요, 제도는 가르침
의 표상에 그치게 한 것이라 하여 그 마음을 신앙에 택한 자 이를
힘쓰지 않으나 생각 결과의 형용이 분명하지 않으면 거울의 먼지
에서 배회하는 사람을 어찌 문에 끌고 들어가며 법을 서로 베낀
모양이 없으면 사람이 어진 성덕을 어찌 본받아 도우리오. 그러므
로 큰 촛불을 밝히어 사람을 대하고 비추기를 바탕 하여 큰 뗏목
을 지어 사람이 편히 건너는 것을 기다리니라.

정한 것으로 말미암아 정한 사람에 들어가며 고요함으로 말미암
아 슬기로움에 들어가면 신(神)의 밝음이 다섯 가지 정성이 쌓인
가운데 스스로 나타나며 하늘 없음도 서로 보며 서로 있음에도 보
나니 보는 그 지경이 늙은 주인의 집이니라. 기쁜 것과 성내는 것
얻는 것과 잃는 것이 늙은이의 집 밖의 것이요, 늙고 죽고 나고 자
라는 것도 늙은이의 바깥 한 지경이니라.

하늘의 이치가 모인 것을 일러 성품(性品)이라 하고, 기(氣)가 쌓
인 것을 몸(身)이라 이르니 이치 기운에 말미암음으로 인해 능히

지혜와 기능의 나타남에 말미암고 연유하여 밝음의 나타남과 윤택한 색은 하늘 사이에 이은 것이니 사람의 일동일정과 만물이 가득한 수풀처럼 크게 거느림을 나란히 하늘이라 이름이 가하니라.

그런 즉, 하늘과 사람을 이같이 식별하고 갑이 을에게 대하여 자비가 있으면 바로 선한 하늘이요, 장애가 있으면 악한 사람이니라.

그러므로 하늘을 모신사람 자기 마음을 스스로 착하게 함에 당연한 것이니라.

사람은 작게 나눈 하늘이니 작게 나눔은 크게 나눈 가운데에서 나온 것이니라. 크게 나눔은 사람과 하늘의 하늘이니 하늘이 스스로 하늘의 하늘을 모시되 정성(誠)으로 그 마음을 얻으며 공경(敬)으로 그 자리를 보며 믿음(信)으로 그 느낌을 붙이어 믿음이 있다 하며 법으로 그 형상을 이루어 그 말하는 것이 하늘이요, 그 침묵이 하늘이면 하늘이 기뻐하여 그 기쁜 것을 뜻 하나니 기쁨의 자취는 영(靈)이니라. 영(靈)은 조화의 뿌리이니 뿌리가 성품에 붙어 성품으로 하여금 살아서 활발하게 짜여 진 움직임을 몸에 나타나게 하느니라.

하늘은 위도 없고 아래도 없으며 가장 자리도 없고 가운데도 없는 것이니라. 사람이 이 사이에서 생(生)하되 이에 어두워 그러한 것을 알지 못하니 바로 물고기가 강과 호수에 있으면서 물을 잊어버린 것과 어찌 다르다 하리오? 가희 탄식할 뿐이로다.

천도의 문(天道의門)

총론(總論)

　하늘(天)과 세상(世)의 두 사이는 부모(父母)의 문(門)이니라. 사람이 부모(父母)의 문(門)으로 말미암아 세상에 나올 때에 하늘이 사람에게 대하여 사람 노릇 할 도덕(道德)과 지혜(智慧)와 위치와 명예와 이익을 구비하여 주시나니 그 주시는 본뜻은 다만 사람을 위할 뿐 아니라 자기의 대표로 세상을 확장코자 하심이니 그 대표의 책임을 맡은 자 장차 무슨 방법으로써 능히 자기의 직분을 극진히 다 하겠는가?

　대범사람이 세상으로 하여금 정도와 면목을 능히 하늘 본의에 맞추고자 할진대 자기 일신에 본연히 구비한 재료로써 실시함이 묘할지니 어찌 반 푼이라도 어렵고 먼데서 구하리오. 사람은 각기 세상의 한 부분이라 사람마다 자기 한 몸에 구비한 재료로써 자기 일신상의 극진한 직분을 지키면 세상은 사람의 영향아래 있는지라 자연히 문명한 면목으로 고등한 정도에 이르느니라. 가령 말씀하시기를 사람이 세상에 나온 후에 하늘과 더블은 부분이 서로 다르거늘 어찌 사람의 직분으로써 하늘의 뜻을 맞추고자 합니까? 하면 크게 설명할 말이 있도다.

대개 사람의 성령(性靈)이 하늘 이오 육신이 하늘이라. 성령과 육신이 한 작은 부분 하늘로 정신과 명맥이 서로 큰 부분 하늘에 연하였으니 큰 부분 범위 속에 있는 작은 부분이 어찌 큰 부분 명령을 복종치 아니 하리오. 설사 하늘의 명령을 조금 어기더라도 사람이 자유 활동 할 능력이 있으면 혹 어기려니와 일호라도 하늘의 명령을 어기면 하늘은 사정이 없으신지라 그 어기는 동안에 서로 멀고멀어 일깨워 가르치는 은덕이 끊어지나니 끊긴 후에는 하늘과 사람이 서로 천만리에 떨어지는 것이니라. 하늘의 영광은 더욱 멀어지고 사람이 스스로 행하다 스스로 그치는 태도가 점점 사람이 사람노릇 하는 자격을 버리나니 그때를 당하여 다시 생각하면 이는 다 하늘의 뜻을 맞추지 못한 허물이니라. 그런 고로 사람이 사람노릇 할 마음이 있으면 먼저 하늘의 뜻을 맞추기에 주의하여야 하느니라.

그러나 사람이 세상 정욕에 끌려 자기의 본연한 재료가 희미한 지경이 되나니 희미한 즉 지식이 또한 얕고 짧을 것이니라. 그 얕고 짧을 지식으로써 어찌 하늘의 뜻을 맞추리오. 하늘이 이를 민망히 여기사 먼저 자기의 뜻 맞출 사람을 내시니 이른바 신인(神人)인 성인(聖人)이니라. 신인(神人)은 세상 사람의 보통 지혜와 재능으로써 능히 행하지 못하는 일을 행하여 여러 사람의 마음 돌아가는 목적지를 정하나니 이는 종교의 시조(始祖)이니라. 시조(始祖)의 시대에는 종교의 면목과 규칙이 항상 거칠고 흩어져 어두운 기운을 면치 못하다가 하늘의 명령으로써 다시 성인(聖人)을 내시사 신인(神人)이 종교의 기초를 계속하여 분명한 면목과 규칙을 이루시니 이때를 당하여 도문(道門)이 비로소 창대하니라.

도인의 직분은 자기의 전체가 항상 하늘의 사랑하시는 품 가운데서 떠나지 아니하며 하늘의 명령으로써 신성하게 제정하신 성, 경, 신, 법(誠敬信法) 네 과정을 실심으로 지키나니 유교(儒敎)의 사람 도의상 규칙과 불교(佛敎)의 금욕주의와 선교(仙敎)의 자유사상이 다 도문의 계명에 포함되었느니라. 정성, 공경, 믿음, 법 네 과정은 사람의 정신이요 세상의 규칙이니라. 사람이 정신을 수련하여 정신의 힘으로써 세상을 운전하면 세상이 자연히 규칙의 범위 안에 돌아오나니 그러한 즉 사람도 이에 하늘 이오 세상도 하늘나라라 믿음이 가하도다.

인부(人部)

도덕의 사람, 윤리의 사람, 규칙의 사람, 법률의 사람, 풍화의 사람, 생리의 사람, 실업의 사람. 이 일곱 가지 사람은 하늘의 명령으로써 각기 성령과 육신이 합하여 세상에 당당한 위치에 거하다가 육신의 정한 수명이 다하면 육신을 눈으로 보기에는 그 사람이 세상에 없으나 없는 것이 아니니라.

억만년을 명예의 세상에 거하면 천지사이의 이치로 육신 세상에 다시 인연이 있어 육신과 성령이 합하면 또 세상에 당당한 사람이 되며 인하여 다시 명예 세상에 억만년 죽지아니한 사람이 되나니 무릇 전생에 얻은 명예가 억만 년이오 차생에 얻은 명예가 억만년이니라.

후생에 명예가 억만년이 되면 이는 참 하늘의 뜻에 합당한 사람이라 하늘이 세상을 확장하기 위하여 항상 사람 되는 문으로 보내시나니 그런즉 육신도 세상에 있을 것이며, 설사 육신이 잠시 세상을 떠나더라도 이는 하늘과 세상의 교섭하는 규칙을 인연하여 잠깐 쉬는 동안이니라.

수부(獸部)

음탕한 마음의 짐승, 탐하는 마음의 짐승, 독한 마음의 짐승, 거만한 마음의 짐승, 속이는 마음의 짐승, 방자한 마음의 짐승, 포악한 마음의 짐승, 투기하는 마음의 짐승, 나태한 마음의 짐승. 이 아홉 가지 짐승은 사람의 사회에 용납하지 못하는 자이니라.

하늘이 사람을 명하사 저 짐승을 벌하는데 붓과 말씀으로써 명예를 죽이며 형벌로써 육신을 벌하나니 명예가 죽은 후에는 짐승의 이름으로써 사람이란 본래 이름을 바꾸며 육신이 죽은 후에는 짐승의 육신으로써 사람의 본래 육신을 바꾸느니라. 슬프다 우리 동포여 하늘이 주신 성령 육신 좋은 재료로써 일분동안 생각을 돌리지 못하여 전만고 후만 고에 다시 얻지 못할 사람의 자격을 갑자기 이루어진 어느 판에 잃어버리게 되었으니 자기의 몽매한 소견이야 오는 앞의 결과가 어느 지경이 될 줄을 어찌 알리오.

다만 기르고 길러 스스로 얻어서 사람인체 호걸인체 하거니와 세상의 공평한 눈으로 보면 행실이 날마다 짐승이며 말하는 것 마다 짐승이며 생각마다 짐승이라 짐승은 점점 많아지고 사람은 점점 적어지니 짐승의 사회가 사람의 사회보다 더 확장 하는 도다.

스승님의 높으신 옳은 말씀으로 날마다 효유하시기를 세상에 행하는 길이 두 가지가 있으니 하나는 사람의 사회로 가는 길이요 하나는 짐승의 사회로 가는 길이라. 사람의 사회로 가는 길은 정성 성(誠)자 땅을 골라 공경 경(敬)자 지평하여 믿을 신(信)자 끝없는 공으로 법 법(法)자 일정한 규모를 정하였으니 그 길이 대단히 큰 정성으로 이루어 놓은 엄숙한 것이니라. 방탕한 태도로 하늘 이름을 옮기기 어려우니 마음을 삼가며 몸을 단속하여 날마다 한 걸음씩 나아가면 끝나는 지경은 크게 넓고 크게 평하여 화려한 기상과 상서로운 기운이 족히 사람이 거할만한 곳이라 이를 것이니라.

짐승의 사회로 가는 길은 방향이 없는 넓은 뜰에 짐승의 자취만 분분히 지내는 곳이라. 희미한 가닥의 길이 사방에 통하였는데 요망한 꽃빛과 공교한 새소리가 족히 마음을 유인하는지라 동(東)인지 서(西)인지 살피지 못하고 정신없이 끌려가다가 끝머리에 이르러 돌아서지 못하고 한번 발을 헛디딤에 그 떨어지는 곳은 짐승의 사회이니라. 그 사회에 들어가면 비록 억만년이라도 겁을 벗지 못하느니라.

성인이 천번만번 효유하시는 말씀을 귀 밖으로 듣고 제 마음 제 생각으로 규칙인지 법률인지 예절인지 풍속인지 기탄없이 행하다가 서산에 지는 해를 붙잡지 못하여 백발이 소소하면 차생에 남은 육신이 형용은 아직 사람이나 하늘 법의 명령이 지엄하사 오는 생의 이름이 짐승의 호적에 붙으며 자기 형상 쓰는 것을 짐승의 혈육으로 하나니 슬프도다. 우리 동포여.

인문(人門)

　도덕(道德)의 문, 고업(高業)의 문, 현허(玄虛)의 문.

　하늘이 사람 출입하는 세 가지 문을 준비하셨는데 그 문은 사람의 차생 후생의 중간이니라. 후생(後生)은 차생(此生)의 영향이니 가령 도덕으로써 세상을 인도하여 선량한 풍화를 이루던지 공업으로써 창생을 건져 태평을 누리게 하던지 현허 한 마음으로써 인간 정욕을 버리고 세상밖에 오유하던지 자기의 자격대로 각기 극진한 정도에 이르면 이는 사람의 고등한 위치에 거하여 있는 사람이니라. 그래서 그 위치는 세상에 보배로운 자리니라.

　한사람 육신이 길게 거할 곳이 아닌 고로 매양 후에 오는 자를 위하여 그 위치를 사양하나니 사양하는 교대는 곧, 차생의 작정한 수명의 한계이니라. 수한이 다 하면 하늘 법은 그 사람으로 하여금 출입문의 종류를 따라 가는 곳이 있나니 성현의 자격으로 성현의 덕화를 행하던 사람은 제일 도덕 문이요, 영웅의 자격으로 영웅의 사업을 행하던 사람은 제이 공업 문이요, 진인의 자격으로 진인의 정신을 온전히 수련한 사람은 제 삼 현허 문이니 그 문의 전편은 사람의 후생 이오 후생의 결과는 차세의 자격과 위치로써 거울하나니라.

수문(獸門)

비족 문, 주족 문, 라족 문.

하늘의 법에 의해 하늘 법대로 세상의 여러 악한 죄인들을 풍운같이 몰아다가 세상과 연결된 앞에 앉히고 육신 평생을 낱낱이 검사하여 살피는데 음탕하고 악독하며 거만하여 탐하는 마음으로 도적의 일을 행하며 투기하며 나태하여 자기 직분을 버리는 여러 가지 죄상을 기안에 기록한대로 차등을 따라 각기 형벌을 내리는데 조금 죄가 있는 자와 반분쯤 죄과에 범한 자와 순연히 죄과에 빠진 자를 분별하여 혹 몇 해씩 금고(禁錮)에 부쳐 귀부(鬼簿)에 두었다가 기한이 지난 후에, 다시 무슨 조처를 행하며 심한 자는 짐승 되는 문으로 보내어 짐승의 혈육으로 세상에 생(生)하게 되는데 혹 사람의 집에 육축이 되어 사람의 힘을 보좌하기도 하며 혹 산과들에 있으면서 길게 짐승 사회에서 짐승의 종자가 되기도 하니 불쌍하도다 짐승의 마음이여.

본래를 헤아리면 다 일반 우리 동포이건마는 공평하고 바른 도리를 대수롭지 않게 여기다가 면치 못할 벌책이 있는 줄을 살피지 못하고 다만 세상 정욕에 끌려 뺏기는 마음을 붙잡지 못하다가 필경 저 극한 벌을 당하니 당한 저 짐승이야 이미 짐승 같은 마음에서 비롯하여 그 혈육으로 짐승의 성품을 받았으니 마음도 또한 짐승이라 자기 신세가 장차 불쌍한 줄을 어찌 알리요 마는 사람이 큰 덕의 자비한 눈으로 보면 심히 처량하고 측은하도다.

대개 사람으로 짐승 형상이 되는 것이 하루에 그 형상이 변하는 것이 아니요, 먼저 자기 마음으로부터 짐승이 될 근본 원인을 스스로 장만한 연후에 자기 마음과 몸의 행실이 짐승 형상을 이루니 하늘의 법은 저의 마음이 정하고 향하는 대로 따라서 시행하여지는 것이니라.

사람이 세상에 나올 때에 각기 지어서 정한 수명의 한계가 있는지라 그 수한 전에는 아무리 마음으로 짐승 될 근본 원인을 품으며 몸으로 짐승 될 일을 행하더라도, 혹 잘못을 회개하여, 사람의 길로 향할까 하여 정하여 준대로 기다리다가 수한이 다하도록 짐승의 마음으로 인해 사람의 참된 마음을 깨닫지 못하면 하늘의 법이 부득이하여 자기 마음이 지어 장만한 짐승 되는 문으로 그 짐승의 마음을 따라 보내니 후생에 자기 스스로 짐승의 형상을 이루게 되니 슬프도다. 우리 동포여.

짐승 같은 마음과 행실을 버리고 마음을 회개할 지어다.

우리 동포여.

인부

하늘 법의 명령으로 사람이 오는 문이 열리니 사람이 다시 사람이 사는 곳에 나타나는 도다. 어제 서로 작별할 때에 도덕 풍화의 가르침은 누가 다시 붙잡으며 정치와 공업은 누가 다시 주장하며 현묘한 높은 사상은 어디서 다시 볼까 하였더니 세상은 보이는 곳이 아니었더라.

그러나 하늘이 또한 무심치 아니 하사 그 사람의 마음을 도로 세상에 보내시니, 세상은 하늘의 처분 하에 있는지라 세상이 그 사람을 환영하여 각기 주장할 책임을 다시 위임하니 그 사람이 자기 직분을 극진히 하는 영향으로 세상의 면목이 다시 빛나는 도다. 그 빛나는 빛이 대개 어디로부터 좇아 온 것이냐.

도덕(道德)도 마음이요, 공업(工業)도 마음이요, 현허(玄虛)도 마음이라. 마음이 정한 방침의 일평생을 자기하면 그 자기하는 참된 마음의 효력으로 저 사람의 마음 곁에 몰래 숨어있는 짐승이 제자리를 도덕에게 사양하며 공업에게 사양하며 현허에게 사양하니 그 때를 당하여 세상을 통제하면 세상은 순연한 사람뿐이니라.

사람이 세상을 점령하면 이른바 도덕문명이오 정치문명이니 문명은 세상의 양식이라 세상의 평생이 억만년이라도 주리지 아니하느니라.

저 현허(玄虛)한 사람은 자기 사상에 세상은 정욕만 모인 곳이라 하여 그 정욕을 가까이 하면 정욕이 내 마음을 빼앗을까 염려하여

스스로 처음부터 정욕의 근처에 있고자 아니하니 그 지조는 극히
높으나 자기 일신뿐이라. 한 작은 부분 세상에 처한 자라 큰 부분
세상의 처리하는 책임이야 어찌 위임하리오.

수부

하늘이 사람으로 하여금 어찌 차마 짐승이 되게 하시리요. 하늘은 사람을 극히 사랑하시는 지라, 사람이 혹 짐승이 될까 염려하사 능히 짐승이 되지 아니할 지혜화 능력을 다 구비하여 주시며 그 주시는 것을 능히 발명하여 쓰지 못할까 또 염려하사 겸하여 사람의 스승노릇 할 성인(聖人)을 세상에 보내어 사람으로 하여금 그 교육을 받게 하셨으나, 사람이 자기에게 구비한 지혜와 능력을 쓰지 아니하며 또 스승의 교육을 받지 아니하고 자기 뜻대로 짐승의 사회를 교통하다가 차차 짐승에게 화를 입어 마음이 먼저 짐승 되며 필경은 육신까지 짐승이 되는 이는 다 자기 행실의 자취라 누구를 원망하며 누구를 허물하리요.

짐승이 사람의 사회를 점령하기로 목적을 삼으나 힘이 능히 사람을 이기지 못한지라 능활한 계책으로써 사람을 꼬이는데 아름다운 빛과 공교한 노래와 맛있는 음식조품이 다 그 꼬이는 소개니라. 사람이 그 꼬임에 빠져 꿈인 듯 취한듯하여 살피어 물리치기는 고사하고 도리어 자기의 주장하던 위치를 짐승에게 사양하나니 짐승이 그 주장이 된 후에는 비유하건대 집은 네 집이나 주인은 짐승이라 외면은 비록 사람이나 중심 마음은 순연한 짐승이더라.

대개 중심 마음은 자기의 테를 주장하는 것이라. 짐승이 이미 주장이 되었으니 주장의 명을 복종하는 육신을 어찌 사람의 육신으로 두리요, 육신까지 변하여 짐승이 되기는 정하여진 이치이니라.

속론

　사람과 짐승을 무엇으로써 분별 하는가. 다만 덕의(德義)와 사사로이 다른 사람의 이익마저 탐하는 욕심으로부터 정하여지니 덕의와 탐욕은 두 사람 이상이 서로 교섭하는 영향이니라. 대범 덕의(德義)는 서로 평균 분배할 이익에 대하여 자기 가사 분을 칭하는 칭찬 이오, 탐욕은 갑이 을에게 대하여 손해를 끼친 원통함을 들어 말하는 칭원(稱寃)이니 칭찬과 칭원(稱寃)이 곧 사람과 짐승을 형용하는 이름 이니라.

　덕의와 탐욕의 정도가 서로 이같이 크게 다르거늘 덕의를 취하는 사람은 어찌 적으며 이욕을 취하는 사람은 어찌 많은가. 세상에 쌓인 만물이 다 사람의 탐욕을 돕는 자라 사람이 자기 이목구비로 하여금 세상을 교섭하다가, 이목구비의 보고가 자기의 마음에 일거든 마음이 엄연한, 태도를 가져 덕의(德義)로 더불어 서로 의논하면 덕의는 항상 사람이 짐승 될까 염려하는 것이라 반드시 마음을 권고하여 탐욕으로 더불어 같이 공모하고 주선하기를 허락하지 아니할 것이니라. 그러한 즉 사람의 본연한 자격과 위치가 자연히 하늘의 뜻에 합당할 것이니라. 우리 무극대도는 하늘의 뜻을 대표하여 사람마다 짐승같이 되지 않도록 효유하는 주의이니라.

도우자성(道友自成)

박애(博愛)

　우리 도(道)는 널리 사랑하기를 주장하는데 그 이치를 궁구하면 사랑하는 이치 두 가지가 있나니 한 가지는 육신관계로 사랑함이요 한 가지는 성령관계로 사랑함이니라. 육신관계로 사랑하는 이유를 말할진대 육신은 혈맥이 통한 것이라. 혈맥이 서로 통한 사람은 가까운 데로부터 먼데까지 차서를 따라 사랑하는 정이, 후함과 박함이 있기는 다름이 아니라 부자와 형제 숙질에 날로 친하며 날로 가까이하여 사랑하는 마음이 먼 일가보다 더 친밀하나니 이는 윤리 상의 규칙으로 질서를 작정하여 사랑하는 차등을 분별한 고로 사람이 어렸을 때로부터 교육에 키워져 점점 마음이 굳어진 까닭인 것이오.

　성령관계로 사랑하는 이유를 말한다면 사람의 성령은 하늘 이치로 말미암아 생긴 것이니 그 생기는 곳은 곧 성령의 부모이니라. 한부모의 이치를 갖추어 사람이 된 것인 즉, 어떠한 사람을 물론하고 다 형제라 하니 형제가 서로 사랑하기는 이치에 떳떳한 일이니라. 한 이치로 말미암아 사람이 생긴다 하여 서로 사랑하며 형제라 이름 할 진대 육신부모도 성령 관계에는 한 형제와 같다 하느냐

하면 그렇지 아니하니라.

육신의 부모는 사람이 세상에 나오는 큰문이 없으면 사람이 생기지 못하는 것이기 때문이니라. 사람이 없으면 우리 도(道)는 누구를 인연하여 가르치리오. 우리 무극대도는 성령과 육신의 소중함이 일반이니라. 성령이 아니면 육신을 거느리지 못하고 육신이 아니면 성령이 의지할 곳이 없는 고로 성령의 부모 되는 하늘도 공경하며 육신의 부모도 하늘같이 공경하나니 하늘같이 공경 하는 부모를 어찌 나와 대등 시 하는 형제와 똑같게 사랑하리오.

돈 행(敦行)

대범 개인의 일신상 규칙과 국가의 법률이 다 사람의 마음으로 말미암아 제작된 바라 사람의 마음은 세계를 조직하는 하늘이치의 영향이니 하늘을 공경하며 믿는 자 어찌 마음으로 촌탁하여 제작한 규칙과 법률을 어기리오. 규칙과 법률은 고명한 사람의 높은 의견으로 풍속과 인정을 참작하여 정부와 개인 사이에는 법률로 약조를 정하여 개인과 개인의 사이에는 규칙으로 약조를 정하였으니 규칙은 사람의 도에 적당한 삼강오륜이 으뜸이니라.

이 규칙을 일심으로 지키어 공손하며 겸손히 사양하며 사랑하는 실상이 일에 나타나면 그 사람은 성령을 수련한 높은 정도에 이르렀다 이르니라. 그러한 높은 사람의 행실을 상고하면 일호라도 집안에 불효하는 상서롭지 못한 일과 사람에게 대하여 교만하며 업신여기며 음탕하게 속이기를 좋아하는 일과 도적 마음으로 남의 재물을 탐하여 거짓으로 남의 약조를 증거하며 예산에 과도한 사치를 숭상하며 범람한 마음으로 분수 밖의 일을 구하는 일이 어찌 있으리오.

사람의 규칙에 어기는 마음이 비록 나타나지 않더라도 다만 마음에 있으면 일은 마음으로 인연하여 형식에 나타나는 것이라 마음에 있고서 어찌 일에 나타나지 아니하며 설사 규칙과 법률을 꺼려 마음에 있는 욕심을 일에 행하지 못하더라도 마음은 한 몸의 주장이라 주장이 이미 명령 중에 규칙을 범하였는데 마음의 명령을 복종하는 육신이 아직 규칙에 범하지 아니하였다하여 정대한 사람이라 이르지 못하리로다. 만일 말하기를 마음속에 있는 욕심이 밖으로 나타나지 않으면 남이 어찌 알며 남이 알지 못하니 무슨 죄책이 있으랴 하나 마음이 스스로 경계하며 스스로 단속하는 방법이 없으면 육신이 자연히 마음에 있는 일을 밖으로 나타내나니 이는 알지 못하는 중에 탈로 되는 거동을 어찌 요행으로 은닉하며 설사 은닉하더라도 이는 내 마음이 내 몸을 속임이니 남을 속이고 저 하다가 먼저 내가 나를 속이는 그 죄는 더욱 어떠한 것인가? 남을 속여도 법률에 범하였다하여 형법에 처하거늘 하물며 내가 나를 속이고 어찌 형벌이 없으리오.

하늘의 감응이 늘 있어 사람의 마음을 살피시나니 하늘이 무슨 말씀과 무슨 형률이 있었으리요. 하늘의 말씀을 대신하여 형법을 제작하기는 성인(聖人)이라.

성인(聖人)은 만물을 다스리는 우리 황상이시니 황상께서 아무리 자식같이 우리를 사랑하사나 정해진 법률에야 어찌하리오. 그런고로 사람의 형식의 제일 관계는 행실을 삼가 하는데 있느니라.

성의(誠義)

정성은 사람의 극진한 보배라 능히 하늘이 감동하며 사람이 감동하나니 하늘이 감동하면 무궁한 복록이 정성에 응하여 세계중생을 그 덕화로 취하며 나라가 태평함을 누리며 나라로 하여금 문명 정치의 고등한 정도에 이르며 가정으로 하여금 부화부순하며 자녀와 친하고 자녀가 효도하며 형제가 서로 우애가 깊으며 상서로운 기운이 문과 뜰에 가득하며 개인으로 하여금 학문이 가득함에 이르며 고대사적과 만국형편과 남의 이왕 발달한 이치와 아직 발달하지 못한 이치를 눈으로 역력히 보며 귀로 역력히 들을 뿐 아니라 복과 상서로움과 덕의와 온정이 다 정성으로 인연하여 일신상 영화와 빛나는 일이 되나니 정성은 참사람의 아름답고 큰 보배이니라. 그러한 고로 정성을 영구히 지키기를 숭상하나, 대개 정성을 오래 지키지 못하니 그 일을 보면 정성이 있는 체하며 저 일을 보면 정성이 있는 체하여 방황하며 변개하는 뜻을 가지면 이는 간사하며 반복하는 사람에 지나지 아니한지라 어찌 믿음과 덕의(德義)라 이르리오. 도리어 재앙과 비방을 지어 가득하리니 이 말을 잊지 아니하거든 한번 다시 생각할 지어다.

대범 정성은 나의 흡족한 뜻으로 믿음을 지키는 것을 이름이니 정성이 마음에 있으면 믿음이 자연히 일에 나타나는 것이니라.

가령 하늘의 믿음이 없어 봄에 꽃이 만발하다가 별안간 서리와 눈보라로 위협을 베풀면 꽃이 당초에 피라고 시키던 것을 원망할 것이오. 나라에서 오늘 정한 법령을 발표 하고 내일 폐지하라고 하며 내일 폐지하고 모레 다시 시행하라 하면 백성이 크게 당황하여 정신을 차리지 못할 것이오. 스승이 학문을 가르침에 잠시 산술을 가르치다가 그만두고 물리를 가르치며 또 화학을 가르쳐 날마다 나아짐이 없으면 배우는 학생이 정신을 수습치 못할 것이오. 오늘은 여름옷을 입다가 내일은 겨울옷을 입으며 배를 타다가 바다를 지나지 못하여 차를 타며 동쪽으로 향하다가 목적지에 이르지 못하여 또 서쪽으로 향하면 이는 마음에 병이 있는 사람이라 이를지언정 변개하며 두서없는 일을 어찌 정성이라 이르리오.

그러하면 오래면 정성이오, 정성이면 좋은 일이라 하여 헌원씨의 나무를 파 만든 배와 신농씨의 나무를 깎아 만든 쟁기를 만여년 전하여 온 규모라 하여 그것만을 계속 쓰면 정성인가? 기계로써 두 사람이 밭을 갈아 일천 사람이 먹으며 화륜 기계로 배를 만들어 일 시간에 속도가 5백리를 행하더라도 이는 다 백년 전후에 발명한 일이라 하여 쓰지 아니하며, 일월성진 풍우 뇌정과 산천초목 새와 짐승 곤충으로부터 성황 측간 아궁이까지라도 절하고 공경하며 정성으로 신앙하나 이는 다 야만하고 미개한 풍속이나 전하여 온지 오랜 일이라 하여 저렇듯 죽은 것에 곡하고 망령된 일을 행하랴? 하면 결단코 그렇지 아니한 것이라 하리라.

때를 따라 변동하며 확장하는 일이 다 정성으로 말미암아 신통한 지각이 생기며 갸륵한 사업을 이름이니 배는 물을 건너는 것이 목적이요, 쟁기는 밭을 갈기로 목적을 삼는지라 목적에 대하여 어디까지 발달하는 일이 정성의 떳떳한 일이오. 여러 가지 아름답지 못한 기도하는 풍속으로 말하면 저 잘못 기도하는 사람이 허망하고 부질없고 맹랑한 일인 줄 알면 어찌 다시 행하리오. 다만 스스로 깨닫지 못하며 가르치는 사람이 없어 오래 희미한 지경에 빠짐이니 그 정경을 생각하면 도리어 가련하도다.

이제라도 저 희미하고 어리석은 사람을 대하여 적당한 이치와 소상한 증거를 가르치면 반드시 황연히 깨달아 다시는 질문하며 이롭지 못한 경배와 쓸데없는 잘못된 기도를 행하지 아니하리로다.

어찌 쓸데없는 기도냐 하면 이는 다름이 아니라 천지간에 있는 물건은 모두 하늘이 만드신 바라 그 물건도 하늘의 명령으로 오래 있든지 속이 없어지든지 하는 형상을 우리가 다 보는 바라 그러면 저 물건에게 복을 비는 것이 옳으냐? 물건을 만드신 하늘께 향하여 복을 비는 것이 옳으냐?

또 비유하건대 집안 어른께 입을 것과 먹을 것을 청구하는 것이 가하냐? 바깥 행낭에 잠시 와서 있는 사람에게 청구하는 것이 가하냐? 행낭에 있는 사람이 그 청구 하는 대로 수응할 힘이 있더라도 사람마다 반드시 집안 어른께 고하여 청구하는 일이 당연하다 하리로다. 또 말하기를 행낭에 있는 사람을 소개하여 청구하면 그 청구하는 것을 쉽게 얻을 것이라 하여 직접 청구하다가 어른의 허락을 얻지 못하면 어찌 하랴.

하늘이 사람의 몸과 성령을 주셨으니 사람의 부모라 자식이 부모께 대하여 어찌 청구하는 애정이 없으며 부모가 자식에게 대하여 어찌 청구하는 일을 허락하지 아니 하시리오. 다만 범람하며 분수 밖의 일을 청구하면 하늘께서도 허락하지 아니 하는 것이로다. 그러한 즉 물건에 대하여 복을 비는 것이 불가한 일이니라. 대저 비는 것은 복을 얻는 것이 그 목적이니 능히 사람에게 복을 줄 능력이 있으신 하늘님께 비는 것이 떳떳한 일이니라.

이전에 행하던 일을 변개하면 정성의 반복이라 하니 남의 웃음을 무릅쓰고 법률로 금하는 폐단을 고집으로 행하다가 필경 복도 얻지 못하면 이는 변통이 없는 사람이라 이를지언정 정성이 지극하고 선이 있는 일이라 하지만 허락하지는 못할 것이로다.

그러나 지식이 몽매한 사람이면 어찌 이치를 궁구하며 때를 따라 변통할 줄을 알리오. 그러한 고로 몽매한 사람은 스승의 말씀과 법도로써 준적을 삼아 인도하는 길로 가면 그 길은 탄탄하고 평평하고 편안한 지경이니라. 그 지경에 들어가면 천지 이치와 고금 사적이 마음속에 밝은 빛을 돕나니 그때를 당하여 정성스럽고 자비 있는 마음을 어찌 세상 마당으로 감히 희롱 하리오. 이는 다 정성으로 이룬 일이니 정성이 사람의 극진한 보배라 하는 말이 바르고 옳은 것이로다.

경심(敬心)

하늘이 세계를 발달하게 하여 높은 정도에 이르게 하고자 하는 고로 하늘 부분 속에 쌓여있는 총명하고 신령한 재료를 모아 사람의 마음을 만드시니 사람의 마음은 하늘을 대표하여 능히 무궁한 조화를 행하는 것이니라.

세계의 문명과 야만이 마음에 있으니 물품에 높고 기이하며 바탕의 둔함이 다 마음속에 있으며 없는 것을 제조하며 있는 것에 색을 있게 함이 다 마음의 능력이니라. 그러므로 마음이 사람에게 어떻게 관계가 소중한 줄을 아는 사람은 자연히 마음으로 공경하나니 공경하면 마음이 마음 노릇하는 지위를 정중히 지키어 직분에 관계되는 일을 극진히 살피는지라 그 효험이 무엇인가.

마음이 하늘에 오르고자 하면 육신이 마음을 따라 하늘에 오르며 마음이 번개를 쓰고자 하면 번개는 사람의 손을 응하여 쓰임이 되며 바람이 어찌하여 차며 어찌하여 더운 분지가 있는가 하여 한 번 생각하여 궁구하면 바람 속에 한기 21분과 양기 72분이 사람의 육신에 분명히 적당한 이치를 분석하여 능히 해로운 기운을 제하며 유익한 기운을 취하는 증험이 소연이 눈앞에 보이고 산이 높아 육신이 왕래하기 어려우면 마음을 쫓아 산 구멍이 통하며 바다를 통하여 건너고저 하니 바람과 물결이 심히 작게 일면 예전에 없든 화륜선이 마음을 말미암아 만국을 횡행하기를 준비하며 육신의 거처와 의복과 음식을 생각하면 마음이 농업, 공업, 상업에 왕성하게 흥하는 이치를 연구하여 능히 풍비한 물품을 장만하며, 육신이 학문과 사업을 경영하면 마음이 그 원하는 예를 따라 성취하지 아니하는 일이 없는 고로 육신은 마음을 의지하여 천지간 당당한 사람이 되도록 주선하나니 이는 다 마음을 공경하는 효험이라 이르느니라.

만일 마음을 공경하지 아니하여 소홀히 대접하면 마음이 육신에게 대하여 보좌하기는 고사하고 도리어 육신의 방해되는 일을 장만하나니 음란하며 도적질하며 남을 속이며 남에 교만하며 방자하여 어리석고 악하며 이간질하는 일을 행하도록 유인하여 죄와 악한 이름으로 육신을 해롭게 하며 혹 형벌에 죽고 굶주려 죽는 일까지라도 아무쪼록 육신이 세상에 부지하지 못하게 하나니 마음의 악함도 이와 같이 심한 것이니라. 마음이 선하고 악하기는 공경하고 소홀한 두 관계에 있나니 다시 생각할지어다.

마음을 공경하여 선하고 높은 사람이 되랴? 마음을 공경치 아니하여 악하고 낮은 사람이 되랴? 남을 공경치 아니하다가 내 몸에 재앙이 돌아와도 심히 뉘우치거든 하물며 내 마음을 내가 공경치 아니하다가 내 몸이 내 마음에게 재앙을 받으면 그런 어리석은 일이 어디에 또 있으리오. 그러므로 마음을 공경 할지어다 마음을 공경할지어다. 마음은 하늘 이치를 갖추어 능히 하늘조화를 행하나니 사람이 복과 재앙을 분별하려거든 극진히 마음을 공경하여 육신의 복을 받을 지어다.

수신(守信)

　믿음은 일정한 마음과 일정한 규모를 신실하게 지키는 이름이니 사람의 행실 중에 으뜸이니라. 마음을 작정하여 부모를 효성으로 섬기는 것은 윤리상의 규칙일 뿐 아니라, 내 몸이 부모로 말미암아 생겼으니 그 은덕이 하늘 같다하여 아무쪼록 효성으로 봉양하리라 하다가 마음이 처자의 사정에 끌리든지 재물의 욕심에 관계하여 부모를 불효로 섬기는지라 가희 믿음이 없어 탄식할 일이로다.

　한편 내 자식을 도덕과 학문으로 가르치는 것은 성인의 훈계뿐만 아니라 자식은 내 혈육으로 생긴 자라 착한도리와 높은 공부를 가르쳐 명예가 세상에 진동하며 영화로 문호를 빛나게 하는 것이 부모 된 자의 도리에 떳떳한 일이거늘 애정을 못 이기어 한 시간을 그저 놀면 일평생에 해가되며, 어려서 굳은 버릇이 장성하여 고치기 어려운 줄을 생각지 못하고 자식을 어루만지며 하는 말이 오늘 못 배우면 내일 배워라 하여 게으른 마음을 기르며 날마다 돈을 주며 탐하는 욕심을 기르며 날마다 비단 옷을 갈아입혀 사치하는 욕심을 기르게 하는 자도 있으며 너무 급하게 가르치려고 날마다 꾸짖고 호령하며 때려서 부모 자식 간에 온정을 상하게 하는 자도 있으니 이는 천륜에 작정한 이치를 어김이니 어찌 일정한 규모를 지킨 다 이르리오.

　일정한 규모를 믿음으로 지키면 증험할 일이 있도다. 가령 어린이를 키움에 어린이의 주리고 배부른 도수를 맞추어 하루 셋 때를 작정하든지 혹 넷 때를 작정하든지 그 작정한 시간에 어린이의 먹는 양을 따라 젖을 먹이되 그 작정한 시간을 어기지 아니하면 그 어린이가 결단코 젖 먹을 시간 전에는 젖을 먹으려고 울지 아니하며 어린아이 보는데 거짓말하며 속이는 일을 하지 아니하며 순한 말과 화한 낯빛으로 어린 아이의 성품을 거스르지 아니하며 더러운 것은 버리고 정결한 것은 취하는 일이 사람의 위생에 마땅한 줄로 보는데 행하며 듣는 데 가르치면 그 어린이가 자라서 결단코 거짓말하며 속이며 위생에 해로운 일을 행하지 아니 할 뿐 아니라 온화하며 순탄한 성품으로 군자의 기상이 되나니 이는 부모의 가정교훈이 일정한 규모를 지킴이니라.

가령 산야에 있는 새와 짐승을 사냥하는 기한을 작정하여 2월쯤부터 사냥을 금하다가 11월쯤 하여 사냥을 허락하여 그 일정한 기한을 어기지 아니하면 새와 짐승은 사람의 사냥하고 아니하는 기한을 따라 사람의 집 근처에 오며 피하기를 누가 가르친 것 같이 하나니 사람의 일정한 규모를 새와 짐승도 아는 바라 이로써 보건대 믿음이 사람의 일에 가장 중한 목적이로다.

그러한 고로 믿음을 아는 이는 피차간 교제에 일정한 약조를 지킬 뿐 아니라 내가 마음에 정한 일을 신실하게 지키되 먼저 태만한 기운을 버리고 밀어가는 일은 결단코 행치 아니하나니 가정의 용도와 조석 간 침식하는 시간이라도 마음에 일정한 규모를 지키는 것이 믿음이니라.

입법(立法)

법(法)은 사람의 행위를 비치는 거울이라 그 거울을 세계에 걸어 사람의 행하는 일이 위험하고 평탄한 곳을 낱낱이 비치어 보이게 하니 그 보이는 것은 사람의 규칙이니라. 나라의 규칙이 밝지 못하면 백성이 어육을 면하지 못할 것이요, 사회의 규칙이 바르지 못하면 일에 두서를 정하지 못할 것이니라. 사람이 규칙을 지키지 못하면 패륜아라 이르나니 규칙의 중대함이 대범 이와 같은 것이라. 그러한 고로 지각 있는 어진 사람이 인심과 풍속을 짐작하여 법을 제작하나니 밝은 사회는 그 제작한 법을 다수의 밝은 사람이 인준한 허가를 얻어 시행하고, 어두운 사회는 어린아이에게 약을 먹이는 것과 같은 것이라 어린 아이가 약이 병에 유익한 줄을 어찌 알리오. 울며 발악하다가 어른의 강한 힘을 이기지 못하고 약을 먹으면 병이 자연히 사라지며 몸이 자연 충실하니라. 어두운 사람들에 대하여 법을 처음 시행할 때에는 혹 의심하며 혹 원망하다가 한번 행하고 두 번 행하여 차차 귀와 눈에 익으면 그제야 법을 탄복하나니라.

제도와 질서는 법의 한 부분이라 야만과 문명을 물론하고 각기 제도와 질서가 있으나 다만 성질이 같지 아니하나니 야만 시대에는 완력으로 제도와 질서를 정하고 문명시대에는 도덕으로 질서를 정하느니라. 야만시대에 인종이 한 지방에 모여 사는데 그 중에 한 완력이 있고 크게 지각이 있는 사람이 여러 인종을 위협하여 자기를 어른으로 섬기라하니 이는 부락 중 한 추장이라. 그 부락과 추장이 차차로 나라가 되고 왕이 되는 것으로 말미암아 작정한 제도와 질서가 어찌 야만 성질을 면하리오.

문명시대에는 도덕과 학문으로 지극히 공평한 제도와 질서를 정하며 조금이라도 사람의 도덕에 방해가 되며 사람의 온당하지 못한 일은 한 사람의 완력으로 여러 사람의 마음을 거역하지 못하느니라. 그러므로 도덕과 학문은 법의 근본이오, 사회의 표준이라. 그 표준이 되는 자 세속일은 바로 사족이니 사족은 사람에게 대하여 도덕이 되고 해가 되는 이유를 대강 설명하리라.

학문으로 풍화를 붙잡든지 도덕으로 창생을 건지든지 공로와 덕택이 높은지라 그 사람을 스승으로 섬기며 혹 록을 지어 대접하나니 이는 사족이 되는 시초이니라. 그 자손에게 대하여 그 선조를 모앙하는 마음이 오히려 마지 아니 한 고로 그 자손의 자격을 따라 혹 벼슬도 시키며 복록만 주어 그 문호를 보존케 하더니 그 후에 법이 밝지 못하여 사족의 자손이면 학문은 물론하고 의례히 벼슬을 하나니 벼슬은 백성의 대표라 사무가 번거하거늘 학문이 없는 사람이 어찌 그 책임을 맡으리오. 그런고로 법이 문란한 나라를 보면 법이 무엇인줄, 모르는 사람이 각기 자기의 생각으로 법을 삼나니 그 영향이 장차 어떠하리오. 법이 밝으면 야만이 변하여 문명이 되고 법이 밝지 못하면 문명을 누리던 인종이 도로 야만이 되나니 야만 인족은 점점 쇠잔하고 문명한 인족이 그 지방을 정령하나니라.

대범 사람이 무엇을 의지하여 사는가.

5분 동안 공기를 마시지 못하면 사람이 살지 못한다 하나 나는 이르기를 일분동안을 법을 지키지 아니하면 사람이 금수가 되리라 하나니 스승의 극진한 말씀을 들은 즉 사람이 하늘아래 사는 것만 믿지 말고 하늘 이치로 사람이 작정한 법(法)아래 사는 줄로 믿으라 하시니라.

지치(知恥)

　사람이 부끄러운 줄을 알면 부끄럽고 수치스러운 일이 점점 없어지고 부끄러운 줄을 알지 못하면 부끄러운 일이 점점 생기나니 부끄러운 줄을 아는 것이 사람에게 크게 유익 하도다. 부끄러운 허물을 고치면 학문에 나아가는 근본이라. 그 근본이 마음에 떠나지 아니하면 높은 행실과 밝은 학문이 사람의 우등 지위에 거하나니 그 지위는 부끄럼으로 기지를 삼는 것이니라.

　명예와 수치는 세계의 큰 건장이라 날마다 싸움이 쉬지 아니하나니 그 사이에 처하여 능히 중재할 자는 규칙 이니라. 명예 범위가 천하를 광점하였다가 하루아침에 수치가 그 지경을 범하면 명예가 물러나 쌓이어 자라 거름되는 형세가 되나니 수치의 세력이 심히 두렵도다. 높은 사람이 명예를 지키는 데 수치가 무슨 흠단이라도 차서 나타날까 하여 수치의 오는 길에 도덕으로 언덕을 쌓아 수치의 흔적이 다시 명예의 지경에 범하지 못하도록 방비하니라. 부끄러운 줄을 아는 것이 가히 칭찬할 일이나 다만 얼굴이 남만 같지 못하며 재산이 남만 같지 못함을 부끄러워하면 이는 부끄러움으로 부끄러운 일을 장만할 장본이니 부끄러움도 절충하기 어려우니라.

　도덕풍화에 죄를 얻던지 법률에 위반하여 죄를 얻어야 참으로 가히 부끄러운 일이오. 염치없고 추한 습관으로 어리석은 사람의 조소하는 것을 부끄러워하면 필경 저 역시 어리석은 사람과 같아

지나니 내 그 부끄러워하는 사람을 위하여 도리어 부끄러워하노라. 대범 부끄러움이 두 가지 종류가 있으니 저 사람에게 비방을 들을까 책망이 있을까 형벌이 있을까 두려워하는 마음에 인연하여 생기는 부끄러움은 평등 사람 자격이오.

밝고 밝은 중에 부끄러운 일이 마음에 발동하거든 마음이 마음을 부끄러워하여 일에 시행하기는 고사하고 마음에도 부끄러운 마음을 두지 아니하나니 이는 고등한 사람의 자격이니라.

대저 나와 남을 비교하면 누가 더 소중 한가? 소중함은 내 마음이라 내가 내 마음에 대하여 부끄러운 줄을 알아야 참 부끄러운 줄을 아는 사람이니라.

지악(知惡)

욕심은 가장 그 맛에 붙어 취하기 쉬운 곳이라. 사람과 욕심의 이치를 알아야 높은 정도에 이르느니라. 욕심이 두 종류가 있으니 하나는 하늘에 쌓인 보배를 삼고자 하는 마음이오. 하나는 사람이 만든 영화와 이익을 탐하는 마음이니, 하늘의 보배는 곧 나의 성령이니라. 성령은 도덕과 학문의 근본이니 근본은 부족함이 아니건마는 다만 우물 속에 진흙이 가득하여 근원이 발하지 못한 고로 능히 바다를 이루지 못할 지언 정 나의 본연한 성령을 내게 있는 내 정성으로 극진히 수련하여 성령 속에 가득한 재료로 세계를 빛나게 하면 세계는 명예와 이익으로써 성령을 보답하나니 이는 큰 욕심으로 큰 사업을 이루는 자이니라.

사람이 만든 영화와 이익이 잠시 이목에 기쁘나 봄 동산에 가득한 복숭아꽃과 배꽃이 대범 몇 날인가. 바람이 한번 불면 옛 가지를 하직하거늘 그 구차하고 녹녹한 욕심을 채우려고 비웃음과 헛말로 저 사람의 비위를 맞추는데 여우와 쥐의 태도를 가져 백가지로 아부하다가 다행히 뜻을 이루면 자기의 집에 돌아와 얼굴과 행동에 나타나는 양양한 빛으로 그 처자에게 교만하나니 이는 염치없고 추한 장부의 욕심이니라. 자기의 마음에 어찌 스스로 부끄럽지 않으리오.

명예와 이익을 같이 놓고 사람으로 하여금 자기의 소원대로 취하라하면 사람마다 명예와 이익을 함께 취할 것이오. 둘 중에 하나

만 취하라 하면 사람의 지성을 가히 보리로다. 명예를 취하더라도 거짓이 없는 참된 마음이 아니면 말씀과 마음이 두 사람이오. 비록 이익을 취하더라도 마음에 바르게 정한바가 분명하여 취한 즉 이익을 취하면 이는 당당한 장부라. 어찌 염치없고 추하다 이르리오.

대범 사람의 성령이 하늘이오, 육신이 하늘이라. 하늘을 온전히 받아서 일평생을 하자 없이 지내다가 수를 정한 기한을 따라 다시 하늘에 돌아가면 이는 정결한 지조를 가진 사람이라 이를 것이오. 세계동포로 하여금 함께 성령을 수련하여 육신을 보호하여 사람마다 하늘 이치를 깨달으며 일마다 하늘이치를 어기지 아니하게 되면 무궁한 대도 대덕이니 대도 대덕은 우리 도인의 큰 욕심이니라.

성미(誠米)

하늘에 한 덩어리가 있는데 크기도 하늘같고 넓기도 하늘같아서 억조의 덩어리에 나눠도 오히려 정성이 남는지라 항상 하늘 집에 쌓았다가 하늘이 사람을 보내니 세상에 나올 때에 각기 정성 한 덩어리씩 주시나니 이는 하늘이 사람을 사랑하신 표적이요, 사람이 사람 노릇하는 근본이니라.

사람이 자기의 근본 되는 정성을 잘 지키면 하늘이 사랑하신 영향으로 정성 속에 쌓인 복록이 다 자기의 쓰일 바 될 것이니라. 만일 세상욕심에 끌려 자기가 먼저 하늘의 애정을 끊으며 자기의 근본 되는 정성을 지키지 못하면 하늘 또한 사람에게 애정이 끊어져 주셨던 정성덩어리와 정성 속에 쌓인 복록을 도로 거두어 가시나니 거두어 가신 뒤에는 하늘은 천만리에 멀어지고 사람의 자격은 자연히 소멸되나니 가장 두렵도다.

정성은 대저 산이나 물이나 나무나 돌을 향하여 빌며 공경하는 이름이 아니라 다만 하늘께 대하여 항상 사랑하는 은덕으로 사람 노릇 할 자격과 복록을 사람의 일평생 유여하도록 주시기를 진심으로 축수(祝壽)하는 것을 이름이니 정성은 과연 없으면 안되는 것이로다. 그런 즉 정성은 순일한 마음으로 독실하며 영구히 힘써야 하겠는데 만일 세상 교섭과 동포의 인연을 끊고 홀로 고요한 곳에 앉아 종일토록 주문을 외우며 청수를 받들어 하늘을 생각하여 공경하면 정성은 지극하다 하겠으나 이는 도리어 정성으로 정성을 상한자니 심이 불가하도다.

대범 사람이 세상에 나온 후에 각기 세상의 일분자 되는 책임으로 사업의 대소를 물론하고 사람에 관계되는 일은 자기의 지혜와 힘대로 행하다가 수한 따라 다시 하늘로 돌아가야 자기의 직분에 온당할뿐더러 하늘이 사람을 세상에 보내신 본의에 합당하다 이를 것이거늘 자기 몸에 달린 이목구비와 사지백체를 도무지 써보지 못하고 다만 마음하나 뿐 하늘을 믿으면 자기의 일신에 관계되는 세상은 없어지는 날이니 세상으로 하여금 없어지게 하는 일은 세상이 반드시 허락하지 아니하리로다.

만일 하늘마음에 세상은 없어져도 낭패가 없다 하시면 세상은 좀 위반되더라도 하늘만 존중하는 것이 오히려 가하거니와 하늘이 만일 생각하시기를 세상이 나의 일을 행하는 곳이니 없어서는 안 된다 하시면 이 사람은 하늘과 세상에 득죄한 사람이니 하늘과 세상에 죄를 얻고서야 다시 어디로 도망 하리오. 그러한 즉 오직 하늘이 기뻐하시고 세상을 확장할 방법으로 정성을 힘써야 하겠는데 그 방법은 우리도의 실행하는 다섯 가지 정성 중에 성미 뜨는 규칙이 가장 편리하고 유리한 방법이로다.

대범 정성은 보통사람이 능히 행하지 못할 일을 행하여야 지극한 정성이라 이를 것이오, 또는 내가 가장 아끼고 귀히 여기는 것으로써 정성의 표적을 나타내어야 정성받는이도 더욱 기뻐하고 감동하나니, 대저 아침과 저녁으로 드리는 정성이 하루 같이 조금도 게으르지 아니하며 끊기지도 아니하면 그 극진한 마음이 대범 어떠하리오. 양식은 사람의 생명에 대단히 소중한 물건이라 그 소중한 물건을 자기의 정성을 나타내기 위하여 조금도 아낄 마음이 없으니 이는 보통 마음으로 능히 행하지 못할 일이오. 또는 조석으로 단 한 숟가락씩 뜨는 것이 더욱 묘하도다.

낮이면 여러 가지 일에 분주하며 밤이면 여러 가지 생각이 무수하다가 오직 조석 밥을 지을 때에는 일단 정신이 먹어야 살겠다는 마음뿐이라 그 온전하고 정실한 마음을 가졌을 때에 자기 식구가 먹어야 살겠다는 마음은 도리어 둘째가 되고 먼저 하늘께 향하여 복록을 빌어야 이 먹을 것이 생기리라 하는 마음으로 한 사람의 의식에 윗머리로 한 숟가락씩 떠 하늘께 바치니 하늘이 대범 크게 감동하랴? 아니 감동하랴? 부인으로 하여금 집안사람을 대표하여 성미를 뜨는 것이 더욱 묘한 방법이로다.

부인은 본래 이목이 번거롭지 아니하며 마음이 항상 온전한지라 그 온전한 마음으로써 하늘께 치성하는 것이 제 1 묘한 방법이요, 또 남을 위하여 수복(壽福)을 비는 것이 제 2 묘한 방법이요. 남을 위하여 하늘께 비는 공덕으로 자기 몸은 자연히 수복을 받는 것이 제 3 묘한 방법이로다. 부인이 성미 뜨는 숟가락을 들고 부모와 가장과 형제와 자식과 친척과 동포와 나라와 세계를 위하여 마음으로 축원하는 그 지경은 눈에 보이지도 아니하고 귀에 들리지도 아니하고 다만 마음속으로 하늘께 고하는 말씀뿐이라.

성미를 뜨고 뜨는 그 사이에 한 사람 한 일을 위하여 축원하는 말씀을 다 마치느라 얼핏 뜨지도 못하나니 그때에 정성의 마음이

뭉쳐 한 붉은 구슬이 되는 것이니라. 그 구슬 빛이 심히 영롱하여 바로 하늘에 사무쳐 하늘님께 빛을 드리우나니 하늘님 그 빛을 보시고 대단히 기뻐하시는 도다.

사람의 남녀노소를 물론하고 다 그 성명이 하늘 법의 조화에 쓰였는지라 하늘이 조석으로 점고하다가 그 구슬 빛이 비치면 그 빛을 따라 그 성명하래 점을 더하나니, 그 점이 네 가지 등분이 있는지라. 상등은 홍점이오, 중등은 반홍 점이오, 하등은 백점이오, 최하등은 흑점이라. 그 점을 달마다 회계하여 순홍점이 60점이면 상등 안에 치부하고 반홍점이 많으면 중등 안에 치부하고 백점이 많으면 하등 안에 치부하고 흑점이 많으면 벌책에 치부하나니 이는 다 시험점이니라. 그 시험 점을 모았다가 천일을 당하면 하늘님이 각기 차등대로 복과 재앙을 점지하시는데 가령 홍점이 40이오, 반홍점이 20이면 다 홍점으로 시행하여 상등 복을 마련하시고 홍점이 20이오, 반 홍점과 백점이 합 40점이면 중등 복을 마련하시고 반홍점이 적고 백점이 많으면 하등 복을 마련하시고 설사 순연한 흑점이라도 아직 처판치 아니하셨다가 흑백점이 생기면 반홍 점을 기다리시고 차차 반홍 점이 생기면 순홍 점을 기다리시고 홍점이 많아지면 전일 흑점을 다 없애시나니 하늘은 사람을 자식 같이 사랑하신지라 혹 정성이 없어 흑점을 찍으셨다가도 회개하여 다시 정성이 생기면 전일 허물을 다 용서하시나니 하늘은 과연 후덕하시고 인자하실 뿐이로다.

그러나 하늘인지 화복인지 도무지 분간이 없는 사람은 하늘이 오히려 불쌍하게 여기시려니와 당초에는 청수를 받들어 하늘님께 맹세하여 자기 몸을 하늘님께 허락하였다가 무슨 반복할 마음이 생겼든지 무슨 꼬임에 들었든지 겉으로는 하늘 사람인 채 하나 마음은 아주 하늘을 배반하는 자도 있으며 외면까지 하늘을 위반하는 사람도 있으니, 그 사람에 대하여 하늘이 한번시험에는 혹 용서하시려니와 결단코 두 번 시험에는 용서 하실 리가 만무 하시니라. 저 반복하는 사람이 말하기를 하늘을 배반하면 재앙이 있다하니 내 한번 시험하리라 하여 짐짓 하늘을 위반하는 자도 있나니 그 사람의 심장이 심히 괴이하도다.

　대저 천만고에 하늘을 위반하는 사람을 볼진대 혹 당장 화를 당한 사람도 있으며 혹 서서히 재앙을 받는 자도 있는데 그 재앙인즉, 자기의 몸에 현재 혹 당장 화를 당한 사람도 있으며 혹 서서히 재앙을 받는 자도 있는데 그 재앙인즉 자기의 몸에 형벌이나 질병이 없으면 그 집안에 우환이나 괴상한 병이 있나니 하늘 이치가 어찌 소소치 아니 하리오. 설사 하늘이 용서하시더라도 용서를 받아 구차한 몸을 용납하는 것이 가하랴. 하늘을 섬기다가 당장 복을 받지 못하더라도 나 할 도리를 극진히 하여 하늘의 처분을 기다리는 것이 가하랴. 대범 생각 할 일이로다.

　사람이 세상에 나올 때에 무형으로 된 성명 안은 하늘에 있고 유형으로 된 성명 안은 세상에 있는지라 세상에 있는 성명 안에 쓰기를 이 사람은 하늘을 섬기는 사람이오. 섬기는 정성이 극진하다 기록하였으면 하늘에 있는 성명 안에도 또한 그와 같이 기록하였나니 세상에 있는 성명 안을 이리저리 변개하였으면 하늘에 있는 성명 안에도 또한 그와 같이 기록하였나니 세상에 있는 성명 안을 이리저리 변개하더라도 신용이 없다하여 사람의 자격으로 대접하지 아니하는데 더하여 하늘에 있는 성명 안에 기록한 것을 변개하면 하늘도 필경 정당한 사람이라고 허락하시지 아니하시리니 그런 즉 하늘님께 믿음을 잃고 다시 어디에 용납하며 설사 무형 중에 용납하지 못하는 것을 유형한 세상 사람에게 무슨 관계가 있느냐 하더라도 대범 질병과 재앙은 무형으로 말미암아 유형에 나타나는 지라 하늘로부터 좇아오는 질병과 재앙을 어찌 능히 막으리오. 그 예방하는 도리는 하늘을 정성으로 섬기느니만 같지 못하도다.

어린 아이가 젖을 먹으려면 어머니를 가까이 따르는 것이 가하고 사람이 복을 얻으려면 하늘님께 정성을 들이는 것이 가하니 그 섬기는 도리는 우리 무극대도에서 실행하는 다섯 가지 정성이니 오관(五款) 중에서도 조석으로 성미 뜨는 것보다 더 극진한 정성이 없는 것이로다. 만일 성미를 뜨되 한사람의 요식이 부족하면 하늘님이 사랑하시는 육신에 도리어 해가 되나니 육신에 해가 되면 하늘이 사람을 보호하시려는 본의에 위반이 되는지라 그는 결단코 불가한 일이라. 설사 한 숟가락씩 규모대로 뜨더라도 마음이 없이 손으로만 뜨면 이는 하늘을 속이는 것이라 하늘을 속이고서야 어찌 하늘을 섬기는 사람이라 하며 어찌 하늘님께서 복록주시기를 바라리오. 그런고로 우리 도인이 정성으로 성미를 뜨나니 그 정성은 사람이 세상에 나올 때에 하늘이 주시는 정성덩어리 이니라.

하늘이 주시는 바로써 하늘을 섬김이 더욱 정당한 일이로다. 설사 사람의 주선으로 생긴 것이라도 사람을 사랑하면 보호하는 하늘님께 대하여 아낄 것이 없거든 하물며 하늘이 주신 것으로써 하늘을 섬기는데 또 무슨 의심이 있으리오.

매 식사에 쌀 한 숟가락씩 뜨는 정성으로써 하늘님께 기쁨을 받으며 하늘님께 기쁨을 받는 영향으로써 자기 평생에 활발하게 복록의 근본을 장만하고 자손에게 큰 밑천이 되는데 어찌 등한시 생각 하리오.

그러나 쌀이 한 숟가락이요, 정성이 열 숟가락이 되어야 하늘의 복록 마련한 안책에 그 사람의 성명이 쓰일 것이오. 성명을 썼더라도 종말에 정성이 희미하여 없으면 그 안책을 고쳐 쓰되 무신(無信), 무의(無義), 무도(無道)한 사람이라 쓸 것이니라.

만일 시작과 끝이 늘 같아 조금도 변개가 없으면 그 안책에 대서특필로 쓰기를 대도 대덕의 대 진인(大眞人)이라 하여 5만년의 영수(永壽)와 영복(永福)을 누리게 하리니 정성을 힘쓸 지어다.

우리도인이여.

마음을 변개치 말 지어다. 우리 무극대도 참 도인들이여.

도통전수

대도주(大道主) 선수문(宣授文)

포덕 49년 1월 18일에 성사님께서 다음 도주 박인호로 하여금 대도주(大道主)를 승임(陞任)하게 하시고 다음과 같은 선수문(宣授文)을 주시었다.

선수문(宣授文)

오호라, 우리 도의 대도주 자리가 이미 한 사람에게 전해 이어온 것은 다시 논의할 것이 없도다. 비록 그러나 제4세 대도주 김 연국이 도(道)를 배반하는 것이 이미 갖추어졌으니 도의 대도주(大道主) 자리를 가히 비워 둘 수는 없는 것이로다. 이에 차 도주 박인호로 하여금 그 4세 대도주의 직임에 오르게 하노니 더욱 대도의 일에 힘써서 이 하늘님의 영선(靈選)으로 선택해 이어 주신 뜻을 저버림이 없도록 하라.

포덕 49년 1월 18일. 무극대도 3세 대도주 의암 손병희.

의암 성사께서 춘암 상사에게 대도주의 자리를 선수(宣授)하시고, 4세 대도주 승통 10주년을 기념하여 친명(親命)을 내리셨다.

의암성사 친명(親命)

4세 춘암 무극대도 대도주(大道主)의 위통(位統)은 하늘이 다하고 땅이 다하도록 그 억 만회를 전(傳)하더라도 하늘님이 대신사에게 전하여 주신 것과 같은 동일한 심법이요, 차사(且使) 동(東)으로 전하던지 서로 전하던지 차사 나무(木)에게 전하던지 돌(石)에게 전하던지 대신사가 하늘님으로 부터 받으신 것과 같은 동일의 정적이니 그대들은 이를 믿으라. 고 하시었다.

무극대도 3세 대도주 의암 손병희.

(도일 기념 10주년 설법)

의암 성사 봉황의 꿈

　무극대도 3세 대도주가 되신 후 의암성사 어려운 시대 상황 가운데도 도인들과 더불어 일을 진행 하시던 어느 날 꿈에 봉황을 품에 안고 압록강을 건너 넓은 대륙으로 진출하여 무극대도를 펴고자 건너가려 하는데 뒤에서 누가 뛰어오며 부르는 소리가 들려 돌아보니 춘암 상사께서 기다려 달라고 하면서 달려오는 지라.

　이에 춘암 박인호가 다다름에 다시 바라보니 의암 성사가 안고 있던 봉황을 춘암 상사가 품에 안고 있는지라. 이에 기이하게 생각다가 깨어 보니 꿈인지라.

　의암성사 그 꿈의 뜻을 깨우치시고 그 후 부터는 춘암 상사가 다음 대도주(大道主)로 도의 주인임을 아시고 늘 도(道) 주장이라 부르시었다.

4. 法

무극대도 4세 대도주(大道主)
춘암 상사 (貞.冬)

무극대도(无極大道) 입도(入道)

춘암 상사 법훈(法訓)

천약종정(天約宗正)

신언(神言)

전수심법 (傳受心法)

무극대도(无極大道) 입도(入道)

의암성사 무극대도 입도(入道)설법

해월 신사님께서 순도 하신 후 의암성사께서는 "내가 이제 대도 (大道)의 책임을 졌으니 우리 무극대도(无極大道)를 장차 세계에 드러내 밝히려면 먼저 지성으로 도(道)를 더 닦고 단련하여 무극대도를 투철히 깨달은 뒤에 사람을 가르치고 도문(道門)을 크게 열 것이니라. 후일에 나를 찾을 사람이 있으리라." 라고 하시며, 그 후 몇 달 동안 조용한 곳에서 수도정진을 하고 계시었다.

각지의 두목들이 차차로 찾아오므로 각지 두목들을 모이게 하여 천황 지황 인황의 계통적 문자를 논의하여 정하시니 이에 두목들이 발표 하자고 하였으나 아직 으르다 하시며 후에 스스로 이 무극대도 법의 계통을 이야기 할 사람이 있을 것이라고 하시었다.

그 후에 이 병춘이 찾아와서 성사님께 절을 하고 "인황씨(人皇氏)는 사람을 살리소서." 라고 하니 두목들이 크게 놀랐다.

포덕 40년 4월에 의암 성사께서 박인호에게 춘암(春庵)이라는 도호를 주시고, 7월에 각세진경(角世眞經)을 지으셨으며 8월에 명심장(明心章)을 짓고, 12월에 수수명실록(授受明實錄)을 지으셨다.

포덕 41년 4월 23일 지평군 이종훈의 집에 의암 성사께서 여러 두목들을 모이게 하여 법(法)의 자리를 설하게 하고 이르시기를,

"수운 대 스승님께서 하늘님(天主)께 무극대도(无極大道)를 받으시고 명(天命)을 받아 정하신 법(法)대로 하늘님(天主)께 입도식(入道式)을 봉행한 우리들은 그 후에 해월 스승님께서 가르치신 "사람은 바로 하늘사람이요, 도(道)는 바로 수운 대 스승님의 무극대도(无極大道)니라." 고 하신 가르침에 의해 마땅히 무극대도(无極大道) 입도식(入道式)을 봉행(奉行)하는 것이 옳으니라."고 하시고 이어 직접 양위 스승님께 축문(祝文)을 지어 무극대도(无極大道)에 입도(入道)하시어 통(通)하시고, 심고(心告)들이고 난 후 붓을 잡게 하고 춘암 박인호의 무극대도 입도문(入道文)을 적게 하시었다.

춘암 상사 무극대도(无極大道) 입도문

龍潭 水雲 大先生主
용담 수운 대선생주

无極大道 大德 無爲化氣 永 侍 布德
무극대도 대덕 무위화기 영 시 포덕

劍岳 海月 先生主
검악 해월 선생주

无極大道 大德 無爲化氣 永 定 布德
무극대도 대덕 무위화기 영 정 포덕

北接 大道主
북접 대도주

无極大道 大德 無爲化氣 永 知 奉命 聖心傳授
무극대도 대덕 무위화기 영 지 봉명 성심전수

忠淸道 德山郡 陽村面 幕洞 朴寅浩
충청도 덕산군 양촌면 막동 박인호

无極大道 大德 無爲化氣 奉命 奉受
무극대도 대덕 무위화기 봉명 봉수

庚子 四月 二十 三日.
경자 사월 이십 삼일.

위와 같이 무극대도(无極大道) 입도문(入道文)을 지으셔서 춘암 박인호에게 먼저 무극대도 입도식(入道式)을 봉행하게 하니 춘암 박인호 말하기를 "이 자리에는 송암 손 천민 공이 함께 계신데 손 천민 공으로 하여금 먼저 무극대도에 입도하게 하시지 않으시고 소생에게 먼저 입도식(入道式)을 행하라고 하십니까?" 하고 물으시니 의암 대도주(大道主)께서 "이것은 나의 사사로운 뜻에서 나온 것이 아니라 하늘님(天主) 뜻에서 나온 것이니라." 라고 하시며 춘암 박인호로 하여금 먼저 입도식(入道式)을 봉행하게 하셨다.

 그 후에 전국의 접주와 편의장 두목들에게 통유문(通諭文)을 보내 "이전에 하늘님께서 수운 대 스승님께 무극대도를 내리시고 입도의 명(命)을 내리시니 수운 대 스승님께서 하늘님(天主)의 명(命)에 의해 정하신 법(法)대로 하늘님(天主)께 입도 의식(儀式)을 봉행한 모든 도인들은 이제 양위(兩位) 스승님 법(法)의 자리를 설하고 수운 대 스승님의 무극대도에 입도(入道)할 것을 인황씨(人皇氏) 훈도(訓道) 강령의 법(法)으로 명(命)하니 이는 진실로 지황(地皇) 해월 스승님의 남기신 유훈(遺訓) 명교(命敎)를 받들어 봉행함이니라." 고 하셨다.

춘암 상사(春菴上師)

법훈(法訓)

법문(法文)

正 水月 執 義春
정 수월 집 의춘

강시 (降詩)

천지에 가득 찬 거울이 있어 모든 것을 비추지 않음이 없어 밝지 않은 곳이 없도다. 나는 내가 아니니 나는 바로 하늘이요, 하늘은 하늘이 아니니 하늘이 바로 나이니라. 이와 같이 닦아서 앎이 있으니 억 만 리의 모든 것이 내 가슴에 있도다.
하늘의 다스림은 조화(造化)로써 변화에 능하고 삼생의 들고 나옴은 옛적부터 한 집 신(神)의 일이라, 본성(本性)을 위함에 만물이 내게 이르고 만물을 위하고 관조하는 것이 또한 내 마음이니라.

신선 늙은이와 묻고 답하는 것이 나와 그대도 없는 마음이로다.

옳은 이치는 큰 운 가운데 있지 아니하니, 백일에 빛이 없음에 홀로 취함을 깨었노라.

늘 하늘님의 말씀을 듣는 것이 배부른 그러함에는 없느니라.

이별한지 십년이 되어 천리 떨어져도 서로 정이 오고 가느니라.

포덕 77년 9월 12일 21일 꿈에 성사님으로부터 받으신 시.

事必歸正(사필귀정) 功必歸修(공필귀수)

　공(功)이라 하는 것은 무슨 일을 한다고 하면 하는 만치의 공(功)이 있게 되는 것이오. 누구든지 일을 하면 하는 만치 공(功)이 있게 되는 것이라. 그리하여 공(功)이라고 하는 것은 얼마만 하다는 제한(制限)을 할 수 없는 것이요. 이러하고 이러하다는 차별을 붙이려 해도 부칠 수 없는 것이니라.

　우리가 만일 산에 가서 나무를 벤다고 하자 누구든지 열심히 베기만 한다면 열심히 베는 그 사람에게 나무는 많아지게 되는 것이오. 얼마든지 베기만 한다면 얼마든지 베는 그 사람에게 나무는 많아 질 것이니라. 우리가 만일 물에 가서 고기를 잡는다고 하자. 누구든지 꾀 있게 잡기만 한다면 꾀 있게 많이 잡은 그 사람에게 고기는 많아지게 되는 것이요. 얼마든지 잡기만 한다면 얼마든지 잡은 그 사람에게 고기는 많아질 것이니라.

나무를 베는 사람은 나무를 많이 베어 넣어 놓는 것이 나무를 벤 功(공)이라고 하고 고기 잡는 사람은 고기를 많이 잡아 놓는 것이 고기 잡는 사람의 공으로 돌아오는 것이라. 산에 가서 금을 캐거나 은을 캐거나 하는 것도 일을 하는 그 사람에게 수입이 많은 것이오. 어떤 사람에게든지 하는 사람에게는 그 만한 收入(수입)이 있게 되는 것이라. 수입이 많은 사람을 일한 공(功)이 있는 사람이라고 하고 수입이 적은 사람을 일한 공(功)이 적은 사람이라 하는 것이라.

우리가 만일 농사(農事)를 한다고 합시다! 농사를 부지런히 하는 사람이면 가을에 추수할 곡식이 많아지고 농사를 지을 때에 게으른 사람은 추수 할 때에 수확이 적게 되는 것이라.

상업(商業)을 하거나 공업(工業)을 하거나 무엇을 하든지 하기만 한다면 하느니 만치 공(功)이 돌아오고 누구든지 하기만 한다면 하는 그 사람에게 功(공)은 돌아오는 것이라. 우리가 하늘님과 스승님의 가르침을 믿는다면 믿고 실제로 행하는 만큼 공(功)이 돌아오는 것이요, 누구든지 바르게 믿기만 잘하면 그만한 공(功)이 돌아오는 것이니라. 그러나 世上(세상)에서는 흔히 나에게는 공(功)이 돌아오지 않는다고만 한탄하는 사람이 많은 것은 왜 그러한가?

내가 일을 이만큼 하였는데 어찌하여 내게는 功(공)이 적은가 남을 보고 나를 볼 때에 나에게는 공(功)이 적다고 한탄(恨歎)하는 사람들이 많으니 이것이야말로 미달일간(未達一間)이 아니겠는가.

공(功)이라고 하는 것은 일을 하느니 만치 일을 하는 그 사람에게 돌아오는 것이니, 사람은 밥을 먹고사는 동시에 제각각 자기의 공(功)을 먹고 살게 되는 것이라. 결코 우리는 남의 은혜(恩惠)로써 사는 것은 아니니, 우리가 밥을 먹거나 죽을 먹거나 먹는 것은 제각각 자기의 공(功)으로 먹는 것이라.

여러분들은 무엇을 먹습니까?

밥을 먹는다는 것이 어찌 여러분의 공(功)을 여러분이 먹는 것이 아니겠습니까? 더더구나 우리가 도(道)를 닦고 하늘님을 믿는다는 사람으로서 내가 하느니 만치 고이 돌아오게 되는 것을 잊지 말아야 할 것입니다.

일이라고 하는 것은 바르게 하는 그 사람이라야 일이 바르게 되는 것이니 남을 속이거나 어떠한 세력과 권위를 가지고 한다더라도 일이라는 것은 올바르게 하는 그 사람에게는 어찌 할 내야 어찌 할 수 없는 것이니, 바르게 하자고 하는 데에는 안 되는 일이 없음이라. 일을 바르게 한다는 것은 일을 옳게 한다는 것인데 일을 옳게 한다는 것은 일반 대중의 심리를 잘 살펴서 일반 대중의 심리에 공통될 만한 정도에 의해 일을 하는 것이 일을 바르게 하는 것이라. 대중에게 공통 이익 될 만한 일을 하지 않고 나에게만 이익이 있게 일을 하자는 것은 일에 바른 것이 아니요, 내가 만일 천하의 이익을 독차지하고 천하의 권리를 독점하리라는 야심을 가지고 일을 한다면 일이 되지도 아니 하거니와 도리어 일이 낭패(狼狽)가 되는 것이라.

내가 만일 나의 욕심을 채우기 위하여 남을 속이는 수단을 쓴다면 그야말로 몸을 망치고 스스로 화(禍)를 불러들이는 것이 아니겠는가? 일이라고 하는 것은 그때그때의 형편만을 가지고는 도저히 알 수 없는 것이니, 자식이 부모에게 불효를 하고 아비가 아들을 사랑하지 아니하는 것이 어떠한 때에 혹 그럴만한 정도이니까 그렇게 안 될 내야 안 될 수가 없었다고 하자.

그러나 어느 때에든지 자식 된 사람은 부모에게 효도 안 할래야 안 할 수 없는 것이요, 아비 된 사람은 아들을 사랑하지 안 할래 야 안 할 수 없는 것이니라.

그야말로 일을 바르게 하는 집에서는 집이 평안하여지고 일을 바르게 하는 세상이면 세상이 영원히 평안하고 즐겁게 될 것이라. 싸움이 생기고 미워하고 시기하는 일이 생기는 것은 모두 다 일을 바르게 하지 못하는 까닭이라.

여러분들은 일을 바르게 하십니까? 바르게 하였다면 세상이 어찌하여 아직까지 근심, 걱정, 불안한 가운데서 떠나지 못합니까? 일은 언제든지 바르게 하는 대로 돌아갑니다. 바르다는 것은 속임이 없는 것입니다.

여러분이여! 마음을 속이지 아니 하였습니까? 일을 속이지 아니 하였습니까? 믿기를 거짓으로 하지 아니 하였습니까? 매사를 참되게 하면 우리의 일은 반듯이 바른데 돌아가고야 말 것입니다.

성,경,신,법 사과요의(四科要意)

　스승님의 말씀을 들은 즉 사람이 하늘이라 하셨으니 그 증거를 말씀할진대 사람이 하늘에 있을 때에는 하늘이 사람이요, 하늘이 사람이 된 후에는 사람이 하늘이니 하늘과 사람은 가고 오는 흔적이오 사람과 하늘은 있고 없는 분간이로다. 그런 즉 하늘과 사람이 일반이라 일반 되는 하늘과 사람이 어찌 마음이 일반 되지 아니하리오. 그런고로 사람의 마음으로써 하늘의 마음을 추측할진대 하늘마음이 어떠한 증거를 가히 알리로다.

　대범 무형은 성령 이오 유형은 육신이라 하늘이 사람의 마음을 주실 때에 어찌 유형한 육신이 죽는 것을 한탄하는 마음은 주시고 무형한 성령이 죽는 것을 한탄하는 마음은 주시지 아니 하셨으리요. 성령은 육신을 거느리며 지휘하는 주권이 있는 자거늘 지휘 받는 육신은 죽지 아니하려고 백가지로 주선하나 지휘하는 성령은 죽는지 사는지 궁금해 하여 묻지도 아니하니 심히 괴이하도다.

　그 연유는 다름이 아니라 성령과 육신 두 사이에 태산 같은 욕심이 쌓이어 성령과 육신이 서로 관계없는 지경이 된지라 마음이 항상 육신 주변에만 배회하여 성령 근처에 가지 못하는 고로 마음이 성령 죽는 것을 알지 못할 뿐 아니라, 서로 잊어버리는 지경이 되었으니 성령이 죽든지 육신이 죽든지 오히려 한할 것이 없거니와 사람이 자기 명(命)을 살지 못하는 것이 가장 가련하도다. 마음이 만일 성령 죽었다는 소식을 들으면 통곡할 뿐 아니라, 곧 자진

할 것이거늘 세상에 성령이 죽은 사람이 많으나 마음이 통곡은 고사하고 걱정한다는 말조차 듣지 못하니 더욱 괴이하도다.

육신은 죽을까 염려하여 약으로 원기를 보충하며 혹은 신선되는 술법까지 배우는 사람도 있고, 재미있는 세상을 남에게 주기가 분하다고 자기 혈속에게 전하려다가 그것도 얻지 못하여 노년에 자식 빌러 다니는 사람도 있으며 구차히 종적이나 전하려고 양자 까지 하는 사람도 있으나, 성령을 위하여 약을 먹으며 신선을 구하며 자식을 원하며 양자를 둔다는 사람은 고금 천하에 듣지 못하였으니 이는 무형한 성령 속에 유형한 육신이 생기는 줄을 알지 못한 까닭이로다. 대저 성령이 죽으면 육신이 따라 죽을 것이오. 성령 육신이 죽으면 세상에 누구를 의지하여 홀로 살리오.

거친 풀 가시 숲속에서 세상 죽은 형상이 너무 처량하도다. 선천 저문 날에 원숭이 소리는 슬픈 회포를 돕는데 세상 죽어가는 것에 하늘님 지극히 걱정하사 세상 살릴 사람을 내시어 무극대도(无極大道)를 내리시고 덕(德)을 천하에 펴고 세계의 창생을 구할 것을 명하시니 용담정에 높고 높으신 수운 대신사의 자격이 충분히 세상 살릴 책임을 담당 할지라 하늘님 기뻐하시어 수운대신사 위치를 세상 살릴 주인으로 정하시며 겸하여 세상 살릴 영약을 주시니 이는 궁을(弓乙)이라.

대신사 궁을(弓乙) 영약을 받으신 후에 세상을 어루만지시며 조화로써 막힌 곳을 통하게 하시니 성령이 비로소 회생하며 육신 혈맥이 돌아온지라. 이는 조화의 기적이라 세상을 의지하여 사는 사람이 어찌 기쁘지 아니하리오. 대신사 이에 하늘님 명을 이어 받으시어 해월신사로 하여금 무극대도를 이어나가게 하시니 신사 하늘 섬기는 이치와 용시용활 하는 진리를 가르쳐주시니 이 또한 우리 무극대도에 커다란 즐거운 일이 아니랴.

그러나 해월신사 당년에는 성령육신이 병은 없으나 세상이 아직 충실치 못하다가 의암성사 을사년 12월 1일 세상에 무극대도를 가르치는 머리를 들어내며 이름을 때에 맞는 종교로 무극대도 본체인 천도를 가르치는 천도교라 일컬으니 우리겨레의 졸던 눈이 해처럼 밝았더라.

하늘은 성령의 근본이오. 도는 육신 사람의 모범 이오. 가르치는 교(敎)는 풍화를 주장하며 인족을 교화하여 무극대도로 이끄는 이름이니 의암성사 무극대도(无極大道)로써 성령육신의 영생하는 방법을 가르치실 제 네 가지 과정이 있으니,

하나는 정성(誠)이오.

하나는 공경(敬)이오,

하나는 믿음(信)이오,

하나는 법(法)이라.

정성(誠)이 극진하면 하늘과 사람의 감동하는 마음을 얻을 것이오. 공경(敬)이 극진하면 질서가 분명하며 위계가 바르고 곧을 것이오. 믿음(信)이 독실하면 마음이 하늘과 도에서 떨어지지 않을 것이오. 법(法)을 조심하면 정성과 공경과 믿음이 스승님의 정하신 규모에 어기지 아니할 것이니 성, 경, 신, 법(誠敬信法) 네 가지는

성령을 살리며 육신을 보존하는 하늘의 신령한 선약이로다.

성령을 살리며 육신을 보존하되 성령의 두 가지 부분과 육신의 두 가지 부분을 자세히 살핀 후에야 살리며 보존하는 방법을 행함이 가하니 성령은 제일 천성과 제이 천성의 분간이 있고 육신은 법신(法身)과 속신(俗身)의 분간이 있느니라. 이 네 가지를 대단히 주의하여 크고 작고 가볍고 무거운 일이라도 도(道)와 법(法)에 위반이 되지 아니하면 자기의 성령을 살리며 자기의 육신을 보존하는 효력이 있을 것이로다.

제일 천성은 순연한 하늘이라 크기도 천지 같으며 밝기도 일월 같으며 조화도 귀신같은지라 고요할 때에는 어디에 있는지 흔적도 볼 수 없다가 마음 기틀을 따라 움직일 때에는 능히 천지일월 풍우뇌정을 희롱하는 영력이 있으며, 또 마음이 도와 천지 고금을 수작할 때에는 바다와 같은 도량과 해와 달 같은 총명과 귀신(鬼神) 같은 지각(智覺)과 태산 같은 기운과 서리와 눈보라 같은 위엄이 있으니 이는 하늘의 한 부분이 사람에게 있다 이를 것이로다.

그러나 그 성질은 희로애락의 사람 같은 정이 없는 것이니 희로애락은 다만 사람 마음의 작용이니라.

제이 천성은 사람이 세상에 나올 때에 육신생명을, 보존하려고 육신방면으로 천성 한 부분을 가졌으니 이는 육신 생기던 마음에 정욕생기기 전을 가히 증거 할 자니라. 제이 천성이 본래 사람에게 관계된 이치를 추상할진대 육신 주변에 의한 각성에 지나지 아니하거늘 사람이 무수한 정욕으로써 제이 천성을 배불리 먹여 기른

것이라 제이천성이 점점 자라남에 제일천성의 위치를 점령하여 일
신상 주권을 홀로 주장하니 마음이 또한 제이천성의 범위 중에 있
는지라 제이천성이 마음으로 더불어 날마다 꾀하기를 세상에 있는
것이 값을 치르지 않고는 가져오기 어려우니 내게 있는 육신을 한
조각씩 떼어주고 사오되 물건이 많거든 육신을 많이 떼어주고 물
건이 적거든 육신을 적게 떼어주라 하면 마음이 그 명령대로 시행
하지 않는 일이 없는지라 필경에는 육신이 다 없어지고야 마니 심
히 두렵도다.

사람이 제이천성의 범위 중에 들어 천만년 장수할 몸이 하루아
침에 없어지는 줄을 깨닫지 못하니 제이천성을 기르던 악보가 대
개 이러하도다. 그러한 즉 자기 몸을 사랑하는 자 어찌 제일 천성
과 제이 천성의 분간을 살피지 아니하리오.

법신(法身)은 천주(天主)의 정하신 법과 양위신사의 전하신 법과
의암성사의 가르치신 법을 마음으로 지키며 몸으로 행하여 순연한
천령과 순연한 천리와 순연한 하늘 격으로 도덕과 정의와 광채를
이룬 자이니 이는 신격(神格)으로 고등한 정도라 사람의 도(道)가
미급할 때에는 사람이 법의 범위 중에 있다가 사람의 정도가 고등
할 때에는 법이 사람의 범위 중에 있나니 사람이 법을 쓰는 것과
법이 사람을 부리는 분간을 지극히 연구하여 사람이 법에게 부림
당할 지경이 아니 되도록 힘을 쓸 것이니라.

세상에 있는 몸(俗身)은 야매한 풍속을 따라 야매한 사람이 되며
비루한 풍속을 따라 비루한 사람이 되며 간사한 풍속을 따라 간사

한 사람이 되며 경박한 풍속을 따라 경박한 사람이 되며 음탕한
풍속을 따라 음탕한 사람이 되며 나태한 풍속을 따라 나태한 사람
이 되며 포악한 풍속을 따라 포악한 사람이 되며 탐학한 풍속을
따라 탐학한 사람이 되는 것이니 이 여러 가지에 한 가지라도 있
으면 이는 하늘의 도(道)에 위반된 것이라 도로써 자기의 표준을
삼는 자 어찌 스스로 살피지 아니하리오. 그런 즉 제일 천성을 주
장하여 제이천성의 범위에 들지 아니하며 법신(法身)을 의지하여
속신(俗身)의 습관을 받지 아니함이 가하나 지각없고 결단 없는 사
람이 항상 중도에 주저하기 쉬울 것이로다. 그러므로 무극대도(无
極大道)로 목적지를 삼으며 스승님의 훈계로 선도자를 삼아 가는
곳으로 가면 그곳에 이른 후에는 자연히 제일하늘의 천성과 법의
몸을 얻으리니 다만 가다가 중도에서 제이천성과 속신(俗身)의 꼬
임을 받지 아니함이 가하도다.

목적지에 이르면 백년 만 살뿐 아니라 만년을 살아도 오히려 수
한이 부족타할지니 목적지에 가는 방법과 목적지에서 사는 방법은
자기의 소견을 조금도 쓰지 말고 다만 스승님의 지휘와 하늘님의
감화를 지성으로 받음이 가하도다. 스승님의 훈계를 받들어 하늘님
을 지극히 위하는 주문(呪文)을 독실이 외우면 마음이 화하며 기운
이 순하여 유순하고 아름답고 단정한 태도가 나타날 것이오.

청수(淸水)를 정성으로 받들면 화한 바람과 상서로운 기운이 집
안에 가득하여 질병과 재앙이 물러갈 것이오.

성미(誠米)를 조석(朝夕)으로 뜨되 정성과 공경과 믿는 마음으로

조금도 사심이 없으며, 다만 마음이 하늘께 친밀하면 자연한 감화를 받을 뿐만 아니라, 성미 뜬 자리에 도로 이전 같이 차는 영험이 있을 것이라. 정성이 진정으로 지극함에 이르면 적게 있던 쌀이 가득하여지는 감응도 있으리니 이는 목적지에 가며 목적지에 거(居)하여 사는 방법에 있음이로다.

만일 혹 누가 말하기를 성미 떠낸 자리가 어찌 가득하여지며 적던 쌀이 어찌 많아지랴 한다면 반드시 대답을 하리니 없던 것이 있게 되며 적던 것이 많게 되기는 다 하늘의 조화라 대신사께서 못쓰게 된 갓모자가 일신하게 새것 같이 된 일도 있었으며 해월신사께서 어디를 가셨는데 주인집에서 두 식구 먹으려고 지었던 밥이 십여 인이 먹어도 족하게 된 일도 있었으며 의암성사께서 증거로 볼진대 자기의 정성이 지극하여 성미 떠낸 자리에 가득히 차는 영험이 있을지언정 어찌 없던 것이 있게 되는 이치가 없으리오.

정성이 지극하면 오뉴월이라도 청수그릇에 얼음이 어는 것은 천만고에 우리 도에만 있는 일이라 신기하고 이상함은 이루 말할 수 없거니와 물을 따라 물 종류의 얼음이 얼었으며 쌀을 따라 쌀 종류가 생길 것을 어찌 의심하리오. 이는 앞일을 들어 후사를 증거할 뿐 아니라 대범 하늘 이치에 있는 일이라야 사람의 마음에 생각이 나는 것이니 의암성사의 말씀하시기를 성미(誠米)에 좋은 영적이 있으리라 하시니라.

그러나 성미에 영적이 있기를 희망하면 이는 개인의 사사로운 마음이라 영적이 없을 것이오. 다만 하늘님께 향하여 지극히 믿으며 지극히 정성스러우면 단정코 이상한 영적이 있으리로다.

사람의 떳떳한 도리로 말할진대

내 몸을 내가 위하여 내게 있는 내 정성을 쓰는 것이오.

내 몸을 내가 위하여 내게 있는 내 공경을 쓰는 것이오.

내 몸을 내가 위하여 내게 있는 내 믿음을 쓰는 것이라.

법(法)은 성경신을 물론하고 내 도리를 극진히 하는 이름이니 내 도리만 극진히 하면 하늘님과 스승님께서 나를 사랑하시는 마음이 내가 하늘님과 스승님을 섬기는 것보다 백배이상을 더하시느니라.

우리도의 큰 뜻은 세상의 창생을 건지는 것이라 세상 사람의 성령이 모두 살지 못할 지경에 빠졌으니 어찌 두고만 보리오. 성령은 육신의 주장이라 성령이 죽으면 육신이 어찌 스스로 보존 하리오,

우리 도를 닦는 세상 사람의 성령이 죽는 것을 보거든 물에 빠진 사람을 구하듯 급속히 주선하여 어서 살리기를 힘쓸 것이로다. 내가 남의 압박을 받든지 침해를 받든지 멸시를 받든지 받는 나는 육신의 곤란뿐이라 육신의 곤란이야 받을 때뿐이거니와 남을 압박하며 침해하며 멸시하는 저 사람은 자기의 성령이 먼저 죽나니 자선하는 목적을 가진 우리도인의 마음에 극히 불쌍할 뿐 아니라 성령을 살리는 책임을 담당한 우리 도우의 의무에 어찌 무심하리오.

오늘날 동양과 서양을 물론하고 우리 인족이 서로 죽이며 빼앗기로 능사를 삼아 모진 바람과 악한 기운이 세상에 가득하니 성령 죽는 우리 사람들의 경황이 너무 불쌍하도다. 성령 살리는 방법은 다른 도리가 없는지라 우리 도우(道友)의 지극한 정성으로 하늘님

께 고하여 궁을(弓乙) 영약(靈藥)으로써 조화 중에 저 사람의 성령을 살림이 가하도다.

수운 대신사께서 마음으로 생각하사 남의 병을 낫게 하신 영험이 있었으니 우리 도우(道友)도 수운대신사의 하늘같은 범위는 본받기 어려우나 정성이 지극하면 병 낫게 하시던 일부분 영험은 족히 본받을 이치가 있는 고로 해월신사의 말씀이 도가의 부인에도 능히 수만 명을 살릴 사람이 있다 하셨으니 해월신사의 본뜻은 부인뿐 아니라 남녀를 물론하고 인간 약으로 사람을 살리는 것이 아니라 지극한 정성이 무형한 이치로 사람을 살릴 도리가 있다는 말씀일지라.

또 우리 도(道)에 영부로써 병든 사람을 살리는 증거가 있으니 영부가 어찌 병을 낫게 하리오. 사람의 정성이 지극하여 하늘에 사무치면 천주(天主)께서 약(藥)이 되는 이치를 내리시어 효험이 있게 하심이니 이는 다른 이치가 아니니라.

땅에 있는 풀과 나무의 약되는 성질도 당초에 하늘에 있는 약기운을 받아 풀과 나무가 된 고로 그 풀과 나무를 먹으면 병이 낫는 것이요, 부서(符書)는 정성의 소개로 하늘의 병 낫는 이치를 받아 병을 낫게 함이니 부서를 쓰는 사람은 병의 증세를 알지 못하나 하늘이 약될 이치를 내리시기는 병에 적당하지 않음이 없는 고로 정성만 지극하면 부서로써 낫지 아니하는 병이 없음이라. 그런 즉 영부의 약으로서 하늘의 약 이치와 약기운을 받아 유형(有形)한 육신의 병을 낫게 하는 것과 정성으로써 하늘의 약(藥)이 되는 이치를 받아 무형한 성령이 병을 낫게 하는 것이 어찌 다름이 있으리오. 우리 도우(道友)는 세상 사람들의 성령 살릴 마음으로 지극한 정성을 다하여 하늘께 축원하면 하늘이 반듯이 약될 이치를 내리시어 정성 속에 저축하시리니 그 정성 마음으로써 세상 사람들을 사랑하면 정성 속에 싸인 약의 이치가 무형 중에 저 사람의 성령 병을 접촉하여 자연히 회생하는 효험이 나타나리니 불쌍한 우리 세상 사람들을 어서 살릴 것이로다.

저 사람의 성령 병이 나으면 착한 마음이 발하여 남을 압박하고 침해하며 멸시할 마음이 없으리니 첫째는 성령 살린 공이오, 둘째는 남에게 압박과 침해와 멸시받던 사람을 보존한 공이니 우리 도를 닦는 사람은 반듯이 깊이 살필지어다.

남을 살리면 자기가 살기는 정한 이치라 세계성령을 살리면 저 사람의 마음속에 보답하는 이치가 있는 고로 저 사람의 마음은 보답할 생각이 없을지라도 밝고 밝은 가운데 그 보답하는 이치가 내 몸에 모이어 내 몸이 크기도 세계와 같을 것이오, 내 몸이 강건하기도 능히 만년 장생하는 수(壽)를 얻으리니 내 몸이 장생하는 도리와 세계가 함께 태평할 방법은 우리 도의 극진한 이치에 있도다. 다시 말하면 나의 정성으로 저 사람의 성령을, 살리기보다 저 사람의 마음이, 스스로 깨달아 자기의 성령을 살리면 저 사람의 성령이 자기의 주선으로 당초에 병이 생기지 않도록 방법을 행하는 것이며 또 하나는 우리 무극대도의 참된 가르침을 닦는 사람은 오늘날에 세상 사람들의 마음이 혼탁하여 마음에 병들었으면 무극대도로써 죽어가는 병든 창생의 성령을 살리라는 것이라.

우리도의 원리는 사람마다 스스로 깨달아 성령에 병이 없도록 성.
경, 신, 법과 다섯 가지 정성인 오관(五款)으로 닦고 단련하여 궁
을천약(弓乙天藥)을 마음에 간직하는 것이니라.

식고문(食告文)

생각하는 모신 내 하늘님이 본래 오신 하늘님을 받들어서 먹고
굴신 동정하는 것이 곧 나 인 것을 투철히 깨달았으므로 생각하는
모신 내 하늘님 은덕을 길이 잊지 않겠습니다.

실행과 공상(實行과 空想)

세상만사의 일은 생각과 실제가 다르니라.

성패득실(成敗得失)은 진리(眞理)에 맡겨두고 결과를 짓는 데는
실행(實行)이 있어야 되느니라. 실제 행동(行動)이 없는 결심(決心)
은 이룰 수 없는 헛된 공상(空想)이고 결심이 없는 실행(實行)은
요행(僥倖)이니라.

　천만 죄악(千萬罪惡)은 공상(空想)과 요행(僥倖)에서 일어나는 것이니, 우리의 임무(任務)는 그 무엇보다도 진리이니 참 진리 그것 때문에 실패한다고 하더라도 영원한 성공이요, 진리가 아닌 성공은 영원한 실패로 돌아가는 것이니 현명한 동덕(同德)들은 길이길이 인식할 지어다.

하늘님의 간섭

　우리가 살고 있는 것은 마치 손으로 물건을 쥐고 있는 것과 같으니, 손에 든 물건을 놓으면 그 물건은 땅에 떨어지는 것이니라. 이와 같이 우리는 하늘님의 간섭과 영기 중에서 사는 것이니라.

도(道)와 세상

　지금 우리의 세를 보면 3.1 국권회수(國權回收) 운동이후 외부 침략자의 억압으로 우리 도(道)가 미약한 것 같으니 도(道)가 없는 줄 알고 신앙(信仰)이 박약한 사람도 있겠지만 절대로 도는 없어지는 것이 아니니라. 도(道)가 없으면 하늘이 없는 것이니 하늘이 없어질 일이 어찌 있겠는가? 하늘이 없으면 나도 없고 세상도 없는 것이니라.

내가 부족하지만 나는 물질에 욕심이 없고 오직 무극대도(无極大道)에 대한 열정만 있느니라. 우리 무극대도로 말하면 두 번 다시 오지 않을 때를 맞으리니 물질과 과학과 사회에 끌리지 말고 지성으로 수도하라. 참으로 나는 홀로 기쁘고 즐거운 생각이 그치지 않느니라. 우리 무극대도로 말하면 두 번 다시 오지 않을 좋은 때를 맞이하리라.

스승님과 모신 하늘님

내가 지금 말하고자 하는 바는 우리 성사께서 평소에 늘 하시던 말씀입니다. 그러니 여러분들도 잊지 않고 생각하고 있는 것입니다. 우리 대신사께서는 가르침의 으뜸이 되는 뜻인 "사람도 이에 하늘" 이라는 진리를 선언하시었습니다. 그리고 우리처럼 뒤에 오는 후학들이 깨닫지 못할까 염려하셔서 말씀하시기를 "여러분은 절대로 나를 믿지 말고 하늘님(天主)만 믿으십시오. 여러분의 몸(身)에도 하늘님을 모시었으니 가까운 곳에 있는 것을 버리고 어찌 먼 곳에서 찾으려 합니까?" 라고 하시지 않았습니까?

그 후에 해월신사께서는 또 다시 대신사의 으뜸 되는 가르침을 이어받으셔서 말씀하시기를 "사람 섬기기를 하늘님 섬기듯이 하라."라고 하시고 조상님께 제사를 지낼 때에 나를 향하여 제물을 차리는 향아 설위의 법(法)을 하시지 않으셨습니까?

그 다음에 의암성사께서 말씀하시기를 "수운 대신사께서는 육신이 아니라 성령으로 이 세상에 오셨다."라고 하시면서 "스승님의 신령스런 기운의 간섭을 내 마음에 정하오니 끝이 없는 무궁한 조화가 오늘 지극함에 이릅니다." 라는 "신사 영기 아심정 무궁조화 금일지(神師 靈氣 我心定 無窮 造化 今日至)"의 진실한 글을 지으셔서 우리에게 가르쳐 주시지 않았습니까?

또한 성사께서 말씀하시기를 "여러분은 스승님에 대하여 공경은 할지라도 스승님께 의뢰하지는 마시요." 라고 하시지 않았습니까? 우리가 세분 스승님의 가르침을 깊이 생각해보면 과연 그렇지 않습니까? 우리가 스승님들을 공경하는 것은 당연합니다.

그것은 새로운 세상에 으뜸이 되는 진리를 우리에게 전하여 주시느라고, 다시 말하면 우리 스승님들께서 다음에 이 세상을 살아갈 무수한 생명들이 잘 살아가는 길을 열어 주시느라고 그 엄청난 고난을 겪으셨으며 마침내 그분들은 그 고귀한 목숨까지 희생하셨기 때문입니다. 그러니 우리가 그 은덕을 어찌 공경하지 않을 수가 있으며 기념하지 않을 수가 있겠습니까.

그러나 나는 솔직하게 말합니다. 우리 스승님들이 하늘님께서 내리신 무극대도에 대한 가르침을 우리에게 전해 주신 그 은덕 때문에 우리가 스승님들을 공경하는 것이 아니겠습니까? 우리가 신앙을 함에 있어서 하늘님의 도(道)에 대한 가르침을 신앙하여야 올바른 신앙이라 할 것입니다.

여러분은 각각 생각하여 보십시오. 만약 우리가 믿기를 "우리의 스승님께서는 성령으로나 육신으로써 우리의 모든 희망을 어느 때인가는 모두 이루어 주실 것이다."라고 하여 스승님만 믿고 의뢰할 것 같으면 이것은 우리 성사께서 말씀 하신 "여러분이 모두 대신 사입니다. 여러분 각자가 대신사의 일을 하지 못하면 여러분 스스로의 자격을 자기 스스로 포기하는 것입니다." 라는 말씀의 본뜻을 우리가 아직도 깨닫지 못하고 있는 것입니다.

그런데 만약 우리가 우리의 자격을 모두 포기할 지라도, 그리하여 스승님만 믿어서 우리의 희망을 모두 이룰 수만 있다면 그렇게 해도 될지 모르겠습니다. 그러나 결코 그런 것이 아닙니다. 그것은 마치 봄비가 아무리 만물을 잘 자라게 할 수 있다고 할지라도 뿌리가 없는 나무는 꽃을 피우게 하지 못하는 것과 같은 이치입니다. 마찬가지로 우리 스승님의 덕이 아무리 두터울 지라도 자기가 구하지 않는 자에게는 복을 줄 수는 없는 것입니다.

또한 우리가 스승님만 믿는 것이 또 스승님만 의뢰하는 것이 옳지 못한 이유는 우리 스승님도 육신을 가지셨고 육신은 길어야 백년 밖에 살지 못하기 때문입니다.

그러나 스승님이 가르치신 무극대도는 길이 5만년 영원히 이어갈 위대한 도(道)이니 우리가 무극대도를 믿어야지 스승님만을 믿어서야 되겠습니까? 그래서 나는 항상 우리 성사님의 이런 말씀에 감동을 받았습니다. 의암성사께서는 항상 말씀하시기를 "우리 도의 일반 신도들이 각각 우리 대신사께서 깨달으신 그 무극대도(无極大道)의 자리만 다 같이 깨달으면 온 세상에 덕(德)을 펴는 것은 손바닥을 뒤집는 것보다도 쉬운 일입니다."라고 하셨습니다. 과연 그렇습니다.

우리가 각각 대신사와 같이 깨달아서 모두 대신사와 같은 경지에 나가게 되면 세계 모든 생명을 건지는데 무슨 걱정이 있겠습니까? 우리에게 자신과 자각이 있어야 한다고 나는 생각합니다. 다시 말하면, 비록 세상 사람들이 모두 우리 무극대도(无極大道)를 믿지 않을 지라도 내가 있으니까 우리 무극 대도는 반드시 오만 년을 갈 것이다. 라는 적어도 이 정도의 자신과 자각만은 반드시 우리에게 있어야 할 것입니다.

앞으로 우리 무극대도가 잘되고 못되는 것은 결코 우리의 스승님께 달려 있는 것이 아니요 우리에게 달려 있는 것입니다. 그러니 우리는 참으로 무극대도를 닦아야 합니다. 닦아서 깨달아야 하겠습니다. 오늘 아침에 비로소 이런 말을 하니 여러분은 들으십시오. 우리 스승님이나 나는 청수(淸水)를 모시고 기도(祈禱)를 할 때는 언제든지 반드시 내 몸(身)을 통해 모시고 있는 하늘님께 기도(祈禱)를 하였지 결코 신사(神師)님께 기도(祈禱)를 하지 않았습니다. 왜 그랬겠습니까?

우리가 스승님을 대하는 것은 다른데 있지 않고 스승님들이 평생에 지니셨던 도덕(道德)적인 인격을 그대로 배우는 것이 제자로서의 의무라고 생각하였고 또, 평생토록 쌓으신 공덕을 그대로 기념하는 것이 제자로서의 도리일 뿐이라고 알았기 때문입니다. 우리가 무극대도(无極大道) 사업을 잘하고 잘하여서 잘되기 위해서는 우리가 자신이 모신 하늘님께 빌어야 할 뿐이지 이미 당신들의 하실 일들을 다 하시고 돌아가신 스승님들께 또다시 해 달라고 비는 것은 공연히 우리의 의뢰심만 기를 뿐 아무 실속이 없다고 나는 단언합니다.

무인 멸왜기도(戊寅滅倭祈禱)

춘암 상사님께서 대종사 장 최준모에게 말씀하시기를,

"대신사님께서 교훈가에 '내 운수 좋자하니 네 운수 가련할 줄 네가 어찌 알잔 말가' 하셨는데 이제는 우리나라 운수가 열릴 날이 멀지 않았다." 고 하시었다.

다음날 다시 최준모에게 "교중 사는 화암(최준모)에게 전임하니 선처하라." 하시고 명년 2월 3일부터 21일간 특별기도 봉행할 것을 명하시었다. 12월 24일 인일기념식을 봉행한 후 상사님께서 여러 도인에게 말씀하시기를 "앞으로 교중 사는 대종사 장 최준모에게 위임하였으니 그리 알라."하시고 또 말씀하시기를, "금년 초에 특별기도 봉행할 절차와 부탁할 말이 있으니 잘 들으라."하시고 대종사 장에게, "우리 도인에 대해서 무궁한 조화를 받도록 수도하게 하라." 하시고 이어서 여러 사람들에게 말씀하시기를,

"기도는 명년 2월 3일로부터 21일간 실시하게 하되 절차는 매일 오전 5시에 청수는 봉전하지 않고 신사주문 '신사영기 아심정

무궁조화 금일지'를 1,050번 묵송하고 저녁 9시 기도시간에는 청수를 봉전하고 신사주문 1,050번을 소리 내지 않고 속으로 외우도록 하는데 심고는 "무궁한 하늘님의 조화로 개 같은 왜적 놈을 일야 간에 소멸하고 대보단에 맹서하고 오랑캐의 원수 갚은 후에 보국안민(保國安民)하고 포덕천하(布德天下), 광제창생(廣濟蒼生), 하려하오니 감응 하옵소서. 영신영기 속속 강림 5회. 천문개탁 자방문 5회하라." 라고 하셨다. 이어서 말씀하시기를, "우리 도인은 이때를 당하여 수구여차병(守口如此瓶. 입을 병마개같이 지켜 일체 말하지 말라)하라. 그리고 '시호시호(時乎時乎)이내시호 부재 래지 시호로다'한 때도 이 때요, '아홉 길 조산할 때, 한 소쿠리 더했으면 여한 없이 이룰 공을 한 때도 이 때요 '함지사지 출생들아 보국안민 어찌 할까'도 이 때요 '십이제국 다 버리고 아국운수 먼저 할 때'라고 한 때도 이 때요, '뒤에 도석이 들어날 때 자기가 자기를 해할 사람이 많으리니 이때를 당하여 우리도인은 더욱 진실 독행으로 수도에 힘쓰라'고 한 때도 이 때인데 이러한 때를 당해서 우리 도인이 퇴보하고 있으니 믿을 곳이 어디냐?"고 하시었다.

포덕 79년(무인) 1월 6일 상사님께서 중앙 직원 일동에 대하여 다음과 같은 말씀을 하시었다.

1. 서로 시기하지 말라.
1. 서로 과실을 말하며 시비하고 다투지 말라.

시비할 시간이 있으면 하늘님 위하는 주문을 더 생각하라.
1. 직원 전체가 대헌에 의하여 자기 책임을 다하라.

2월 3일 예정대로 특별기도식을 시작하였다. 이날 밤에 상사님께서 시대의 비상을 말씀하시던 중 "극단시대에 이르러서는 과부도 생산을 하는 것이니, 쌀 한 되로 밥을 지어 50~60인이 먹을 때가 있다."고 하시며 "불필요한 말을 하지 말라."고 하셨다.
이 기도가 일제 때 무인년(戊寅年) 멸왜기도(滅倭祈禱) 운동인데, 이 기도는 문서로써 지시하지 않고 말씀으로써 독신 도인들에게 전하였다.

황해도 신천에서 기도 운동 진행 중에 발각이 되어 이 기도 운동에 연관되었던 교직자들은 일본 경무국의 압력으로 부득이 출교가 되었고 춘암 상사님께서는 노환에도 일본군의 취조를 받으셨다.

동경연의(東經演義) 서문

하늘님께서 나에게 큰 덕과 은혜를 베푸셔서 그 영의 집에 머물러 살게 하시고 하늘님의 덕과 지혜의 땅에서 먹고살게 하시며 이 생명을 하늘님과 같이 영원케 하시니 내 어찌 이 덕과 은혜를 받지 아니하리오.

나의 밖에서만 하늘님을 찾으면 온갖 티끌 구덩이로 내가 떨어지고 나를 하늘님과 나누면 다시는 하늘님을 뵙지 못하리라. 우리 스승님께서 나를 불쌍히 여기시어 나의 눈을 깨끗이 씻게 하시고 내 손을 붙잡아 이끌어 주며 말씀 하시기를 "이 참된 길을 따라 영원한 낙원이 있는 저 언덕(彼岸)으로 올라가자. 하늘님이 그곳에서 너를 기다리신다." 하시며 나를 이끌어 주시니 내가 엎드려 기어서 스승님을 따라 가노라니 하늘님의 광명이 아득히 멀고 먼 하늘 언덕에 서려 있도다.

이에 머리를 들고 앞을 향해 나아가니 내 걸음은 어린 아이가 걸음마 하듯 힘들고 힘들더라. 어느 날에 내가 하늘님 영(靈)의 품에 이르러 참된 지혜의 땅에서 살리오.

참된 큰 깨달음은 한없이 더디기만 하도다.

동경대전 용담유사를 보고 느끼는 바 있어 이 글을 쓰노라.

포덕 48년춘암 박인호 손을 씻고 삼가 기록함.

천지인(天地人) 기념가(紀念歌)

포덕 50년 천지인 삼통(三通) 대계(大係)로 무극대도 도문(道門)의 삼대 기념일을 4월5일은 천일로 8월 14일은 지일로 12월 24일은 인일로 정하시고 기념가를 지으시다.

기념가(紀念歌)

천(天)일 성창 오만년 개벽운수 금일은 천일 이오
지(地)일 성창 오만년 개벽운수 금일은 지일 이오
인(人)일 성창 오만년 개벽운수 금일은 인일 이오
천덕(天德)이여 천덕이여 대신사의 천덕이여
지덕(地德)이여 지덕이여 해월신사 지덕이여
인덕(人德)이여 인덕이여 의암성사 인덕이여
옛 하늘 개량하사 새 하늘을 만드신 덕 성령 아마 없어 질 걸 성령 살린 우리 천덕 육신마저 없어 질 걸 육신 살린 우리지덕 성령 육신 갖춘 자격 자격주신 우리 인덕 하늘 믿고 사는 방법 우리 살아 천지인덕 성, 경, 신, 법 우리마음 마음 따라 이룬 공덕 수명위록 우리희망 희망 따라 오는 복덕 종교사람 되는 우리 우리마음

천지인덕 종교 집에 사는 우리 할 일 천지인덕 스승주신 천지인덕
우리 받은 천지 인덕 천지인덕 뭉친 덩이 세상주어 다 살린 덕 5
만년 끝날 까지 일일시시 천지인덕 못 잊을 사 우리기념 삼세스
승 대 덕이여.

후에 1월 18일은 도일(道日)로 제정 되었다.

하늘의 간섭과 섬김

 마음을 떠나 성품이 없고 도(道)도 생하지 않으며, 때(時)를 잃으
면 사용하지 못하며 덕(德)을 이루지 못하느니라. 본성(本性)과 하
나이면 말 못하는 사람의 말을 들을 것이니라.
 하늘이 육신을 싸고 있는 것이요, 하늘님의 무궁한 영이 천지를
싸고 있는 것이니라. 생각하고 생각하여 잊지 않는 것이 도니라.
 사람이 물속에 들어가 있으면 물과 밀접한 것과 같이 잠간이라
도 끊어지고 떨어짐이 없는 것과 같아 사람과 하늘은 둘이 아닌
것이니라. 그러므로 항상 하늘님과 나를 둘로 나누어 보지 말라.
이와 같이 사람은 모두 하늘을 모시고 있고 늘 하늘과 통하여 있
으니, 믿음(信)과 정성(誠)을 다하여 하늘님 생각을 잊지 말아야 할
것이니라.

사람도 하늘이라고 하는데 사람을 대하여 불경의 험담을 하고 사람을 어찌 공경 하겠는가? 대신사와 해월신사가 한 방에서 주무시다가 해월신사가 대신사의 배위에 두발을 올려놓은 것을 아시고, 황송무지하여 어째서 선생님이 저를 깨우시지 않았습니까? 물으신 즉 대신사 말씀하시기를 그대를 깨우면 하늘님이 놀래실까 하여 못 깨웠다고까지 하셨다.

화를 함부로 내지 말라. 한번 분을 참지 못하면 그 시간에는 도를 생각지 못하니라. 그러므로 한순간의 분으로 인하여 빠트린 도는 이삼 개월 내지 일 년을 지내고 나서야 보충 되니라. 그런즉 며칠에 한차례나 몇 개월에 한차례의 화를 냄으로 인하여 도를 불각(不覺)하면 노년 이후에 어찌하리오.

동경대전 우음에 "남쪽별이 둥글게 차고 북쪽 하수가 돌아오면 무극대도가 하늘 같이 겁회를 벗으리라." 하였으니 앞으로 아직 험한 일이 많이 있느니라.

사람이 다른 것은 다 만들지만 곡식은 만들지 못하니라. 사람의 공은 쉽게 알아도 하늘의 공은 알기 어려우니라. 사람의 육신은 성품을 담아 놓은 것이니라. 그러므로 무체법설에 이르기를 성품을 보는 자 누구며 마음을 보는 자 누구인가? 하시고 본성이 있으면 마음이 있는 것이요, 마음이 있으니 몸이 있는 것이라 하셨느니라. 앞으로 우리 무극 대도가 아니면 살길을 헤쳐 나가지 못하니라. 꼭 두고 보라. 제군들은 무극대도(无極大道)를 잘 닦으라. 주문 읽는 그 가운데 천지 기운이 가득히 차 있느니라. 내 몸을 통하여 하늘님이 모셔져 있느니라. 사람과 사람이 주고받고 하는 것은 보이지만 하늘님과 사람이 주고받고 하는 것은 보이지 않느니라.

굴신동정(屈身動靜)의 조화

사람의 조화(造化)라고 하는 것은 먹고 굴신 동정(屈身動靜)하는 것이 곧 조화이고 별다른 조화가 따로 있지 않느니라. 육신이 움직이고 고요한 것은 사람마다 자기 마음대로 하는데 다른 일이라고 자기 마음대로 아니 될 일이 있느냐.

스승님의 가르치심이 그러하거늘 절대로 다른 무슨 조화가 있는 것으로 생각하지 말고 육신(肉身)이 굴신 동정(屈身動靜)하는 것이 조화(造化)인줄로 알아야 하느니라.

기타 법훈(基他法訓)

물(水)은 틈이 없나니 사람의 마음도 그와 같이 틈이 없느니라.

도(道)는 내가 먼저 깨닫고 도(道)를 배우려는 사람에게 말해야 다른 사람이 알아듣느니라.

제 할일 다 하고 잘 잠 다자고 도(道)는 언제 닦겠는가?

네 몸에 모신 하늘님을 찾아 하늘이 되어라.

거짓말 하지 말라. 거짓에 죽고 참에 사는 것이니라.

생각하고 생각하여 잊지 말고 늘 하늘님 생각을 게을리 하지 말라.

나와 하늘 두 주체가 멀어지지 않으면 태산과 같은 진실을 알리라.

말 못하는 사람의 이야기도 들음이니 그대들(君等)은 세상 사람들 마음(心)의 이야기를 들어라.

만사(萬事)는 시기(時期)가 있나니 오직 하늘이어야 하느니라.

내가 비록 죽더라도 마음만은 변하지 않으면 하늘님이 좋아 하시느니라.

그대들은 집(家)의 일(家事)을 객체(客體)로 삼고 무극대도(无極大道)의 일을 주체(主體)로 삼으라.

도(道)를 알려면 먼저 내가 나 된 이치를 투철히 알라.

생각하는 것이 하늘로 가는 것이 아니고 생각하는 곳에 하늘이 오느니라.

유형한 사람을 섬기지 못하는 사람이 어찌 무형한 하늘님을 어떻게 섬길 수 있겠는가.

하늘은 정성(精誠)이 지극(至極)한 사람과 친(親)하시느니라.

내가 비록 죽더라도 마음만은 변하지 않으면 하늘님이 좋아 하시느니라.

무극대도(无極大道)를 잘못 믿으면 하늘이 벌을 주시느니라.

밥 한 그릇 다 먹을 때까지 심고(心告)하면 잘 하는 심고이니라.

천하없어도 자기 하늘은 못 속이느니라.

음식을 겸상(兼床)해서 먹을 때 맛이 있는 음식이라고 해서 자기 혼자 다 먹어서는 아니 되느니라.

술좌석에 청하지 않거든 가지 말라.

모든 진리는 다섯 가지 정성인 오관(五款)에서 화해 나오느니라.

쌀 한 톨로 수천 명을 살리는 법이 나오느니라.

일후에 시일식 참석을 못하여 원통해 하는 날이 있으리라.

기틀을 잘 잡아야 하느니라. 자칫 잘못하면 뺏기느니라.

무극대도(无極大道)의 자리가 들어나 이치를 물어볼 때 대답 못하면 가짜 도인이라 하여 질타를 받으리라. 그러나 참되게 닦아 지키고만 있어도 밥은 실컷 먹으리라.

해월 신사께서 사돈되는 신 태구에게 상중하재 500명을 말씀하시며 무극대도(无極大道)를 잘못 닦으면 일후에 도(道)의 자리가 들어나는 날에 참여하지 못할 것이요 제 손으로 스스로를 해하는 자다 수 있으리라.

그때에는 비록 내 자식이라도 어찌 할 수 없음이니 오심 즉 여심(吾心卽汝心)의 진리를 알아서 두 마음이 없게 수심정기(守心正氣)하라.

상중하재 오백 명이 한 날 한 시에 모이면 모든 일을 하나하나 구별하여 척척 알아서 과거지사도 샅샅이 살펴 일을 처리하리라.

이때를 당하여 사람들이 과거의 조상님은 물론 심하면 사돈의 팔촌까지 들먹이면서 무극대도(无極大道)와 인연 있다 하면서 사료들을 내어 놓으며 면목을 세운다고 하니 이때의 광경이 어떠하겠는가 생각하여 보면 알 수 있는 것이니라.

도(道)를 깨닫고 보면 웃음밖에 나오지 않느니라.

나는 항상 기쁨이 넘치느니라.

영리한 인족이 러시아인이니 그들이 먼저 깨어 나오느니라.

교사한 서양인을 종로 네거리에 거꾸로 매달으면 항복하지 않을 수 없으리라.

법(法)은 두 푼에 떨어지니 한 푼에 이어야하고 공기는 서푼에 떨어지니 두 푼에 이어야 하느니라.

사람이 십 년 이십 년 내지 기십 년을 도(道)를 믿다가 결국 내 하늘을 찾지 못하면 어찌하리오.

본성과 마음을 둘로 나누어 보면 안 될 것이라.

마음속에 성품이 있다하고 몸 안에 무형이 있으며 성품 속에 마음이 있다하고 형상을 이룸에 몸이 있으며 마음속에 성품이 있다 한다. 생각하여 보라.

생각하는 것이 바로 자천(自天)이다.

거짓말 말라 오년을 갈 거짓말을 한다면 오년 내에는 살지만 오년 후에 거짓말이 판명되는 날에 그 사람은 죽고 만다.

대신사의 말씀과 행하심을 늘 생각하고 생각하여 잊지 말아라.

정성이 없고 말과 행동이 같지 않으면 목적을 이룰 수 없느니라.

자기 정성의 힘을 쓰지 않고 내 말만 믿다가 필경 나를 원망하지 말라.

내가 거짓말을 한다면 대신사가 거짓말을 하는 것이 아니냐? 나는 절대 거짓말 하지 않는다. 자고로 하늘님은 거짓말을 하는 법은 없다 말만 듣고 생각지 않으면 묵은 밭이 되고 마는 것이니라.

도인이 한번 신용을 잃으면 십년을 애써도 그 자리를 회복하기 어려우니라.

대신사께서 춘삼월 호시절이라 늘 말씀하시던 그 춘삼월 호시절이 이제는 불시에 다다를 것이니라.

풍운대수는 그 기국에 따르느니라. 하셨으니 그 기국은 사람에 따라 혹 다르다고 하지만 도의 근원은 다 한가지로 내 몸에 갖추어져 있지 않은가?

순천 자는 흥함이요 역천자는 망함이라.

남이야 어찌하든 도를 믿는 사람은 한마음으로 나가야 하느니라.

임금이 임금답지 못하고, 신하가 신하답지 못하고, 부모가 부모답지 못하고, 자식이 자식답지 못하는 시대이니, 별 소리가 다 있지만 그것을 다 일소해버리고 도(道)를 바르고 틀리지 않게 믿어라.

5만년 무극대도(无極大道) 대사업이 잘 진행되어 나가는 것은 비단 중앙 간부에게만 있지 않고 오직 지방 제위 동덕의 마음가운데 모두 있는 것이니라.

광제창생의 묘책은 세 가지에 있으니,

1은 확신하는 것,

2는 하늘님께 일임하는 것,

3은 주인(마음)을 속이지 않는 것이니라.

지금 세상에 도(道)가 희미한 이때에 무극대도(无極大道)를 잘 하여두면 세상 사람이 찾아 올 날이 멀지않으리라.

지금은 대단히 곤란하지만 대신사께서 춘삼월 호시절이라고 늘 말씀하시던 그때가 이제는 닥쳐왔느니라.

굶더라도 마음만 잃지 않고 나아가면 그 자리에 도착 하니라.

거짓말을 한번 하면 십년공부가 무효가 되며 또 십년을 다시 공부해야 그 자리에 가느니라.

천약종정(天約宗正)

하늘님과 맺은 것이 으뜸 되고 바른 것이다.

총설(總說)

하늘은 스스로 하늘인 이치가 있지만 도(道)가 없으면 세상이 드러나지 않는 것이니 신(神)도 그 묘한 조화(造化)를 드러내지 못하는 것이니라.

사람도 이에 사람이 되는 도(道)의 이치가 있지만, 그렇게 사람이 되고 행하는 이치가 하늘(天)에 근본하지 않으면 성스럽지 못한 것이니라. 그러므로 신(神)은 아래로 인간 세상에 접하고 사람을 대표하는 성인(聖人)은 위(上)로 하늘의 근원에 접하는 것이니라. 그리하여 신(神)은 신의 묘함을 행(行)하는 것이고, 성인(聖人)은 성인의 성스러움을 행(行)하는 것이니 신(神)은 성인이 아니면 신(神)의 공(功)을 이룰 수 없는 것이요 성인(聖人)도 신(神)이 아니면 성인 또한 그 공(功)을 이룰 수가 없는 것이니라.

이러함으로 인하여 신과 성인이 서로 만나 맺어 이루어지는 것이니 이르기를 신(神)은 반듯이 성인(聖人)을 바탕으로 삼고 성인은 반듯이 신을 근원으로 삼아서 그러한 것을 서로 잃지 않는 것이니라. 성인(聖人)은 반듯이 신(神)을 근원으로 삼고 신(神)은 반듯이 성인(聖人)을 바탕으로 삼아서 이에 쉬지 않아 멈춤이 없는 것이니라. 이러한 하늘님과 성인의 맺음이 이루어져서 우리 무극대도(无極大道)는 곧 하늘님과 성인의 맺어진 그 나타남이 속속들이 모든 일과 이치에 깊이 들어있는 것이니라.

대신사께서 처음으로 하늘님(天主)과 만나 하늘의 이치를 터득하고 무극대도(无極大道)를 받으시며 하늘님과 맺어졌으나 동경대전 용담유사와 시편 등은 수운대신사께서 직접 한지에 적은 낱장으로 되어 있었으며 책으로 완성되지는 못하였다.

이에 해월신사께서 대신사의 뜻을 받들어 처음으로 전체를 하나로 엮어 책으로 완성하여 지금까지도 사용함에 이르렀도다. 이에 의암성사께서 도(道)의 세세한 이치와 역사 사료를 더하여 양위(兩位) 스승님의 가르침을 더욱 빛나게 하였도다.

무릇 하늘과 맺은 일에 성인(聖人)이 행하여 온 일을 바탕으로 삼으면 바로 신(神)이 주(主)가 되는 것이니라. 신(神)의 묘함을 나의 일에 쓰는 것으로 삼으려면 이는 성인(聖人)의 덕행(德行)을 근본으로 삼아야 하는 것이니, 하늘님과 성인이 모든 하늘과 모든 사람사이에 함께해서 우리 무극대도(无極大道)가 이에 더욱 밝게 빛나는 것이니라.

아, 삼가 이 서문(序文)을 기록하노라.
포덕 48년 겨울
박 인호.

들어가는 글

대신사께서 하늘님과 약속을 맺으시고 직접 글로 기록하시어 활자화해서 책으로 남기도록 해월신사께 전해 주셨다. 대신사께서 남기신 글에는 신(神)의 묘함이 지극하게 담겨져 있다. 해월신사께서 중년에 이 하늘님과 맺은 기록을 비로소 활자화하여 책으로 완성하셨다. 이렇게 대신사께서 하늘님과 맺은 것을 그대로 기록하여 남긴 글은 신묘(神妙)한 이치가 지극하다. 해월신사 말년에 이미 하늘님과 약속을 기록한 것이 완성이 되었으니 그 맺은 약속을 세상에서 받드는 일이 있게 되었다. 그렇게 말씀하신 것이 모두 밝게 밝히는 가르침이다.

의암성사에 이르러서도 온전하여 자연스럽게 되었으니 이것 또한 인간 세상의 일이로다. 그러므로 가르침이 신의 묘한 것에만 그치지 않고 해월신사의 가르침까지 더하여 억조창생이 모두 헤아리도록 세세한 법설을 첨언하여 남기셨다. 가르침을 이어가는 사람은 반드시 바르게 보고 깊이 헤아려 이렇게 하늘님과 맺어 스승님과 스승님이 서로 전하여 이어주는 것을 참되게 지켜나가야 하느니라.

神言 (신 언)

포덕 54년 4월

총설(總說)

신(神)은 또 다른 어떠한 상대적인 존재가 따로 있어서 그 신(神)의 존재를 서로 비교하거나 나눌 수 없으며 스스로 무한한 바탕을 몸으로 하여 이루어져 있어 상대자를 두고 분별할 수 없는 것으로 오직 멀고 아득하게 보이어 비고 아득히 무한하여 검고 푸르게 보이는 대우주 하늘의 형상과 우리 사람들의 눈에도 보이는 파란 하늘 또한 이 신(神)의 일부분이니라.

이러한 끝이 없는 하늘의 맨 끝이 어디인가? 그 끝을 찾아간다고 한다면 옛날부터 지금까지 수 만년의 오랜 세월을 지내 오면서 그 사이에 있는 모든 사람들 지혜의 모든 것을 서로 합하여 하나로 모은다 해도 능히 하늘의 끝을 찾기 어려운 것이로다. 어느 높은 언덕의 가장 높은 맨 위에 올라가서 하늘의 머리를 보겠으며 어떤 가장 낮은 곳에 내려가서 하늘의 끝을 어떻게 찾을 수 있겠는가?

그 큰 형상인 대우주 가운데 있는 지극하게 큰 무형과 형체로 나타난 지극히 많은 물체들은 그 무한하여 둥글고 둥근 가운데서 옛날부터 지금까지 있었던 모든 자취가 마치 무한의 커다란 뱃속에서 작은 거리의 경계를 두고 서로 왕래하는 것과 같다고 하는 것이 옳을 것이니라. 그렇게 도(道)란 세상에 변함없이 늘 확실하고 분명하게 있는 것이니라.

그러나 우리 사람들이 경솔하여 평범하고 쉽게 생각하므로 생각을 해도 도(道)를 이해하는 분별력이 나오지 않는 것이니라. 도(道)의 이치 속에 하나 둘의 티끌이 어우러져 스스로 어느 범위를 취해서 우리 사람들이 큰 가치로 편안히 살아가는 곳을 이루고, 우리들이 계속 써도 없어지지 않는 큰 자원과 큰 양분을 어느 곳에서 취하여 우리가 사는 이 땅에 수많은 성분으로 이루어진 양질의 만물을 이루어 놓았으며 작은 것과 큰 것의 근원과 원래 바탕을 취하여 이루어진 큰 세계는 생명을 가지고 살아가는 많은 형상을 이루어 내서 이루고, 그 많은 것을 묘하게 기르고 이토록 크고 아름답게 이루어 놓은 것도 또한 신(神)의 권능이 아니겠는가?

어느 한 물건은 없는 형상의 소개로 있는 형상이 생겨져 나왔으며 또, 다른 물건은 보이는 형상의 소개로 형상이 있음이 나왔으니, 형상이 없음은 어떠한 능력으로 그 소개하는 힘이 나오는 것이며, 형상 있는 것은 어떠한 기(氣)의 작용으로 활동하는 힘이 나오는 것인가? 어떤 사람은 하늘의 바른 법칙 밑에서 지혜와 꾀의 낳고 기르는 것을 작은 부분의 사랑으로 알며 다른 사람은 하늘이 준 지혜와 은혜로운 사랑을 생각하지 않고 자신의 말하고 행동하는 것을 자연히 되는 것으로 생각하고 있다가 다만 자기 몸과 삶이 굶주리고 추워지게 되어 다시 신(神)의 사랑하는 품속을 향하며 어떤 세상 사람은 무한한 신(神)의 품속에 늘 있어서 헤아리지 못하여 신(神)의 큰 법은 한 일이 없는 것으로 알기도 하더라. 나는 다만 아무 말 하지 않고 미소를 지을 뿐이니라.

내 몸의 여섯 자는 처음에 내 몸 한 자에서 시작 된 것이니라. 어떤 이가 몸이 생긴 중간 사이의 일에 대하여 말하기를,

"사람 몸의 근본은 흙을 밀가루처럼 반죽해 놓은 것과 같은 것이라. 어떤 섭리의 자로 누르고 다듬어 길게 늘이는 것에 힘을 받아 이 여섯 자의 몸으로 자라게 된 것이다." 라고 한다면,

나는 반드시 다시 말하기를 "신(神)은 무한한 조화가 있으니 사람의 몸도 처음부터 그 무한한 덕 안에서 조화(造化)로 화해 나와 자라남이 있는 것일 뿐이요, 어찌 몸을 흙과 밀가루처럼 반죽하여 이루리오. 신(神)은 태음(太陰)과 태양(太陽)이 있어 그 조화로 이루어진 몸의 두 눈이 예와 지금 앞과 뒤 좌우를 밝게 볼 수 있는 것과 밝고 맑은 하늘과 운행하는 바람의 이치로 두 귀가 좌우로 소리를 듣는 것과 무형과 유형이 서로 화하여 나오는 이치로 이루어진 코로 천지의 대기를 호흡하는 것과 신(神)의 무한 지혜를 받아 입으로 천지의 예와 지금을 말하며 드나드는 것과 신(神)의 자동화하고 자연화한 도법(道法)의 조화를 받아 두 손으로 천하 만물을 잡는 것과 신(神)이 무한한 우주를 바탕 하여 두루 쓰는 이치를 받아 두 발로 오랜 세월 걸음을 걷는 것 등이 능히 신(神)의 이치(理)와 기운(氣運)의 큰 덕으로 헤아려 주어 사람의 몸과 마음에도

신(神)의 무한한 대우주 조화가 이루어져 있는 것이며 사람은 언제나 이 신(神)의 큰 덕 안에서 신(神)의 이치 기운과 하나로 살고 있는 것이라." 고 말을 하노라.

사람이라고 하는 것은 큰 신의 무한한 덕과 사랑의 영향 아래에서 나와진 가장 중요한 것으로 하늘은 큰 신(大神)의 무한적인 바탕 위에서 얻어진 아름다운 이름이니라.

신(神)에게는 무궁한 생명 본성(本性)이 있으므로 내게도 성품(性品)이 있으며, 신(神)은 모든 지혜가 있으므로 내게도 지혜가 있으며, 신(神)에게 무궁한 무한함과 우주 만물의 바탕이 있으므로 내 몸이 있는 것이니, 우리 사람이 비로소 그 신(神)의 안에서 조화로 화하여 나와진 것이니라. 신(神)의 조화는 내가 나 된 것을 크게 이루어 놓은 것이요, 그 끝은 내가 사람이 된 큰길이니라.

나는 만년의 세월에 다시 태어나기 어려운 몸으로 모든 무리 가운데 유일한 영(靈)을 가지고서 모든 물건과도 바꾸지 아니할 사람을 이룬 것이니 사람의 쓰는 것은 영(靈)이니라. 영이 사는 집은 나의 몸(身)이요, 몸이 화해 나온 곳은 나의 부모(父母)님이라. 이러한 내 몸이 사는 곳은 하늘과 땅의 만물 사이니라. 그러므로 부모는 바로 천지(天地)요 천지는 부모라 이르나니 내 부모(父母)를 공경하는 것이 옳겠느냐? 공경하지 않는 것이 옳겠느냐? 내 부모(父母)는 착하지 못한 나를 마음으로 사랑하고 몸(身)으로 사랑하여 당신의 몸(身)이 춥고 몸(身)이 배고픔과 몸이 병들고 몸이 괴로운 것을 생각하지 않고 하루라도 보이지 않으면 진실한 마음으로 하는 말씀이, '우리 아기 우리 아기'라, 하고, 진실로 사랑하여 늘 입으로 하는 말씀이 '내 자식 내 자식.' 이라하시니, 우리 부모님의 큰 은혜와 큰 덕(德)을 어떠한 것으로 그 뜻을 봉양하고 몸을 봉양해서 그 만분의 일이라도 갚을 수 있겠는가?

아! 슬프도다. 까마귀 새끼가 어미에게 도루 물어다 먹인다고 하신 말은 수운 대신사님께서 법(法)으로 말씀하신 것으로서 나를 경계하기 위해서 보여주신 것이로다. 그리고 내 형제(兄弟)를 반드시 우애롭게 사랑할 것이니 내 형제는 나의 피와 같은 피요, 내가 자라나온 애기 태보와 같은 태보(胎褓)요, 나와 같은 젖을 먹고 자란 것이요, 나와 같은 집에서 사는 것이라.

내가 기뻐하고 웃으면 나의 형제 같이 기뻐하고 웃으며 내가 슬퍼하고 울면 나의 형제 같이 슬퍼하고 울며, 내가 두려워하고 겁내는 일이 있으면 나의 형제 나를 위로해서 내가 힘들고 어려움을 당하면 나의 형제 나를 불쌍히 여기나니 나의 형제는 나와 한 몸의 한 체인 것이니라. 그러니 내 형제를 어찌 우애롭게 하지 않겠느냐? 내 식탁에서 같이 먹으며 내 평상에서 같이 자며 내 집에서 같이 살며 형제의 근심되는 것을 같이 근심하며 형제의 기쁜 것을 같이 기뻐하니, 만약 이간질 하는 말이 내게 이르거든, 다시 내 혈육(血肉)을 지극히 사랑하고 지극히 중하다는 것을 생각하며 재물이 있거든 내 혈육들과 고르게 나누고 고르게 누릴 것을 생각하며 나의 형제들이 자식이 없거든 내 자식을 명하여 그 봉양을 받들게 할 것이로다.

가족(家族)은 반드시 도탑고 화목할 것이니 가족은 나와 같은 피 같은 형체의 한 바탕인 것이요, 나와 같은 한 나무의 가지요 같은 잎인 것이니라. 집안의 그 처음은 형제요, 형제가 생겨진 그 처음은 하나의 부모님의 몸이니라. 한 몸이 서로 성내고 주먹으로 서로 치겠느냐? 괴로운 쇠침으로 찌르겠느냐? 그러면 한 몸 어머니 태보(胎褓)에서 나온 나로서 한 몸 어머니 태보에서 나온 나의 가족들에게 있어서도 반드시 지극히 도탑고 지극히 화목할 것이니라.

형제에 대해서 창과 창으로 서로 대하여 냉정하게 서로 대하는 것이 옳겠느냐? 여러 형제들 사이에 있는 나로서 여러 형제들 사이에 있는 나의 가족에 대하여 반드시 지극히 도탑고 지극히 화목해야 할 것이니, 형제는 나와 특별한 관련이 있는 한 부모의 피로 생겨진 두 몸이요 한 뿌리의 나무에 두 가지니라.

저 뜻이 없는 나무의 많은 가지와 많은 잎이 서로 얽혀 있고 서로 쌓여 있으면서 기쁘고 기쁘게 서로 돕고 서로 사양해서 치고 꺾고 막고 서로 해롭게 하는 형상이 없는데, 나는 정(情)과 피(血)가 있으며 어진 간과 의로운 밥통이 있으면서 어찌 형제와 아저씨와 조카들과 형체가 같고 덕이 같은 사람들에게 있어서 도탑게 친하고 화목하게 화하는 하늘의 법과 사람이 지켜야 할 윤리를 지키는 것이 어찌 없겠느냐?

무릇 도탑고 화목한 것은 천지의 크게 화하는 것이니 크게 화하는 것은 상서로움을 부르는 것이라 모든 사람들이 편안하게 되는 것이니라. 맑고 검소한 것은 도(道)를 기르는데 순수한 하나의 증거가 되니, 사람의 상식상에서 나와진 자취가 항상 성품으로 인한 결과의 큰 수확을 꾀하든지, 몸의 아름다운 광채가 크게 나타나게 되는 것을 꾀하여 모두가 이 두 가지 큰 계산과 큰 계책에 벗어나지 않게 하는 것이니라.

청렴하고 깨끗한 것은 도(道)와 덕(德)의 바른 집이니, 도(道)는 고요한 넋에서 일어나서 편히 생각하는 것이오, 덕(德)은 고여 있는 하늘 물의 순수한 것을 쓰는 것이니라. 사는 것은 도(道)요, 닦는 것은 덕(德)이니 그 마음이 자연히 편안할 것이요, 몸이 자연히 화할 것이니라. 도(道)와 덕(德)에 의해 도덕을 기르려는 사람은 밖에서 유혹하는 것을 끊어 버리는 생각과 밖에 얽힌 것을 풀어서 벗어버리는 공을 세워 맑고 청렴하고 깨끗한 것을 처음부터 끝까지 이루어야 되는 것이니라. 도(道)와 덕(德)은 하늘이 사람을 기르는 바른 바탕의 권세이니라.

하늘님께서 처음으로 낳아 기를 때에는 그 성품과 영(靈)이 온전하고 신(神)이 통하여 그 지혜가 빼어나 높고, 기운이 바르고 맑고 온화하고 우아해서 사람은 비록 하늘 격에 있는 사람이지마는 그 몸이 많은 물건에 젖어 많은 사람들이 오관(눈, 코, 귀, 혀, 몸)의 유혹하는 길로만 섞여 들어가니 하늘이 기르는 사람이 자기의 존귀한 위치를 비워버리며 그 하늘이 부모를 통하여 부여한 권세를 사양하게 되니 아까워라.

무릇 거짓되고 간사한 것은 밖에 있는 사사로운 물건을 잘 긁어 들이고 잘 끌어 들여 자기의 하늘과 같은 마음의 땅을 점점 작게 하고 점점 축내는 것이니라. 이 마음을 스스로 작게 하고 스스로 축내는데 천심(天心)의 부끄러움이 어찌 없겠으며 하늘의 밝은 덕이 스스로 돌이키고자 하는 것이 어찌 없으리오. 그러므로 매사를 스스로 하늘마음에 비추어 부끄러워하면 스스로 새로운 천심(天心)이 나오는 것이니라.

스스로 돌이키면 스스로 착한 것이 자연히 이를 것이니, 이때에 내가 비로소 바른 위치에 있어서 많은 사람들의 잡된 것을 떨쳐버리며 내가 바른 권세를 잡아서 많은 사람들의 춤추고 희롱하는 것을 꺾어 물리쳐야 하는 것이니라. 이것이 나의 본 면목이오, 근본의 바람과 빛이니, 도(道)와 덕(德)의 하늘이 기르는 사람이 여기에 있는 것이니라. 그러므로 스스로의 자기에게 절하는 것은 반드시 신(神)에게 절하는 것이니라. 신(神)에게 절하는 것은 온전하고 스스로 밝은 것이며 크고 스스로 긴 높은 도(道)와 법(法)에 근본한 것이니라.

내 하늘 도(道)와 덕(法)의 범위로 천하 우주를 다 삼키더라도 마침내 다툴 것이 없는 것이오. 한계의 범위 위에 가장 높은 나의 신(神)을 통해서 큰 신(神)이 하늘을 융합하며 신(神)이 모든 지역을 다스려서 나의 신(神)이 사람을 넓게 회복하게 하는 것은 자기에게 절하는 예(禮)의 좋은 결과이니라. 좋은 결과를 얻으려고 하는 사람은 먼저 좋은 마음(心) 동산을 잘 다스려 바르고 착한 좋은 마음의 싹을 잘 키워야 되는 것이니라.

성분의 내질(性分의 內質)

　지혜(智)는 깨달음이 나와지는 처음이니 영(靈)이 안으로 신(神)과 엉기어 편안하게 있어서 참된 몸에 이미 가득 찼으며 밖으로 밝음을 살피고 단련해서 티끌에 가리어지는 것이 없으면 하늘의 빛이 내 마음에 푸르게 이루어지니 생각의 활기가 어린 아이처럼 나와서 나에게 본래 있는 것과 나에게 이르러 있는 것을 바야흐로 찾게 되느니라.

　깨달음(覺)은 지혜의 처음 길이니 참된 것을 머금은 형상 없는 것의 표준과 참된 것을 나타내는 형상 있는 것의 표준이 생각하는 데서 방안이 이루어져 의심되는 중에 분별하는 힘과 활기를 돕는 힘이 큰 들에 가득 채워 나오며 확장하는 힘도 나와서 스스로 나와 하늘이 비로소 신(神)의 덕으로 하나의 신(神)이며 내 땅이 비로소 편안하고 우리 사람이 비로소 바르게 서니, 하늘 가운데 큰 세상은 깨달은 빛 아래 참된 것을 이루며 사람 가운데 크게 이룬 사람은 깨달음의 목표를 하늘 큰 근원의 처음을 깨닫는데 세우는 것이니라.

　지혜(智)는 영(靈)의 통함에 신(神)을 이음이니라. 영(靈)의 집에 근본 한 신(神)을 기틀 한 힘과 물결 같은 힘이 의식과 생각 세계 전부에 넘치고 가득해서 개입하는 형상과 높이 막는 것이 모두 없어져 평평하게 되면 지혜의 이끄는 힘이 현묘(玄妙)함을 빼어 얻으며 지혜의 풍채로 넓고 큰 빛을 발하고 이루어 큰 바퀴가 굴러 도

는 것과 큰 숲에 비밀을 베푸는 것이 영(靈)의 본체라고 이르는 것
이니, 요순 공맹과 같은 사람의 덕을 같이 하는 것과 천지를 벗하
는 것은 지혜(智)가 이루어 놓은 덕(德)이니라.

심분의 내질(心分의 內質)

　나의 계책이 손바닥에 있으며 저 쪽의 면목이 눈에 들어와 나의
신(神)이 바르고 밝은 것이 머리에 들어와 오르고 내리며 저 형상
의 아름답고 악한 것을 감별하는 속에 엉기어 나아가고 물러가니
이 경지에 하늘과 땅과 사람과 물건이 섣달 그믐날처럼 아득하고
무한함에 함께 있느니라.

　정(情)은 돌아보고 기억하는 것에서 나온 것이오, 마음이 멈추어
서 있는 것이오, 영(靈)의 노는 칼날같이 신(神)의 나타난 빛이니
나와 다른 사람을 분별하는 것도 모두 눈을 돌리고 살피는 뜻(情)
이니라. 본 성품(本性品)과 마음과 의지(意志)의 결과가 한 점에 나
가서 바르고 크게 빛나는 밝은 정(情)과 음란하고 간사하고 아첨하
고 굽은 정(情)을 반드시 나누고 가릴 것이니라.

　가치가 있는 착한 뜻은 사람이 이에 처음부터 끝까지 잘 보전하
고 지키며 가치 없는 악한 뜻은 사람이 이에 악의 근본을 막고 끊
어서 사람의 바른 위치 아래로 그 뜻을 부리고 명하여 악(惡)한 싹

을 기르지 않는 것이 옳으니라. 정(情)의 직분이 의지(意志)에 지난 다고 한 것은 마음의 전후 작용이 정(情)의 새롭게 나오는 의미 가운데서 힘이 나오는 것을 드러내 밝힌 것이니라.

하늘이 만든 것의 자연한 몸체가 자연히 나와진 것이 큰 본성 (大本性)과 작은 성품(性品)의 하늘이오. 사람이 이룬 세계가 생기고 세계가 없어지는 것은 먼저 마음의 사람과 뒤에 마음의 사람이니, 하늘과 사람에 있는 참된 근본이 변화하는 차별은 그 지경을 서로 지키는 것이로다. 일반적인 성품(性品)이라는 것은 화(化)하는 것의 형상과 빛과 소리와 보는 것, 듣는 것과 움직이는 것, 쉬는 것의 물건이 작은 부분 몸에 이르는 것이니라.

큰(大)본래 하늘 성품(本天性品)이라는 것은 화한 것을 화하게 하는 자, 형상을 형상이 되도록 하는 자, 빛을 빛이 되게 하는 자, 소리를 소리가 되게 하는 자, 보는 것을 보게 하는 자, 듣는 것을 듣게 하는 자, 움직이는 것을 움직이게 하는 자, 쉬는 것을 쉬게 하는 자로 이는 신(神)의 큰 부분으로 하늘 본체(本體)를 이름 한 것이니라.

마음(心)이라고 하는 것은 생각하는 데서 지혜(智)가 나오며 지혜(智)에서 힘이 나와서 형상이 없는 것과 형상이 있는 것이 서로 사귀는 곳에 있는 현묘(玄妙)함을 보고 참된 것을 보며 형상을 보는 것이 차례로 이루어져 나오게 한 것이니라. 뒤의 마음이라 하는 것은 형상이 있는 것 위에 형상이 없는 것이 나오며 형상이 없는 위에서 형상이 있는 것이 나와서 유형과 무형이 서로 사귀는 곳에 있는 형상을 보는 가운데 현묘(玄妙)한 것과 현묘(玄妙)한 것을 보는 가운데 형상을 앞뒤로 헤아려 이루는 것이니라.

도(道)가 섞이고 섞여도 참되고 참된 것은 성품의 원래 근본이라 그러함이요, 덕(德)이 둥글고 둥글어 꽉 찬 것은 성품의 전체니 신이 자기 성분 가운데 도(道)와 덕을 나누어 사람의 성품 본 틀을 조직할 때 그 바른 목적과 바른 결과를 사람 마음에도 두었느니라.

마음(心)의 도(道)는 바른 것과 간사한 것, 얻고 잃음의 경계를 정하는 것이며, 마음의 덕(德)은 기틀을 정하고 행하는 직분을 채우는 것이니, 신(神)이 자기 본래에 품부한 것 가운데 영(靈)의 지혜를 나누어 사람 마음의 본 틀을 조직할 때에 그 바른 목적과 바른 결과를 사람에게 두었도다.

사람의 도(道)는 지극히 참되고 지극하게 정성(誠) 드리는 것이오. 사람의 덕(德)은 지극히 어질고 사랑하는 것이니 지극히 참되고 지극히 정성 드리는 것은 사람이 살고 죽는 것의 절단하는 표를 잡으며, 지극히 어질고 지극히 사랑하는 것을 안 밖으로 꽉 채워 실상을 얻어 사람의 본분이 극도에 이르는 것이 나의 가치 도덕으로써 나의 도덕적 가치를 이루는 것이로다.

어질다(仁)는 것은 하늘과 같은 사랑의 본 모습으로 사사로운 욕심을 일찍 끊어 버려서 입으로는 능히 하늘의 참된 것을 말하며 하늘과 같이 화하는 것을 이루어 한번 웃으면 많은 사람들이 화하며 한 번 부르면 세상 각지 사람들이 그 옷깃을 여미면 이것을 천국이요 평화 세계에 이르렀다 이르는 것이로다.

의(義)는 자신을 사랑하는 마음이 스스로 먼저 서야 마귀나 거짓의 적이 털 한 개라도 던져 오면 이것을 크게 꾸짖고 물리쳐내 참된 지경에 머무르지 못하게 하며, 하늘이 사랑으로 내려 주신 하늘의 권리와 하늘의 능력을 큰 성품 중에 살피고 편히 지키며 만물의 근본 우주 높은 곳에 서고 도덕과 법이 모든 민족의 같은 궤도에서 행하면, 이를 하늘나라의 큰 정사(政事)라 이르니, 옛 말에 이르기를 '대의(大義)는 천지(天地)를 끌어당긴다.'고 말 하였도다.

예(禮)는 하늘의 법(法)이 사람의 차례나 예의에 바탕이 되는 것이라. 그 법(法)에 기준하여 바로 서서 사람의 참된 범위 안에서 한 걸음도 내려가지 아니하며 면목의 잇닿은 곳에 털끝만큼도 어지럽게 하지 아니하며 비록 작은 예절과 얕은 풍속이라도 의절의 주체를 이룬 것을 반드시 삼가 하여 바르게 하고 반드시 좇아서 도(道)를 바꾸고 떨어져 나가는 빛이 없게 하라. 땅에 있으면서 의식(儀式) 이루는 것을 반드시 공손히 하고 겸손히 사양해서 교만하거나 거만하여 인색하고 어그러진 빛을 없게 하면 모든 민족이 함께 화하여 가는 하나의 곧은길이 예(禮)이니라.

지혜(智)는 옛날을 살피고 옛날을 찾아 현재를 헤아리고 지금을 찾아 하늘에 들어가 하늘에 절하며 도(道)를 듣고 얻는 차별의 기틀이니, 어두운 가운데 깨닫는 것을 보는 사람의 영(靈)이 모이고 참된 것이 모여 형상이 모이는 것이 많은 가운데 듣고 깨달음을 사람의 귀와 마음으로 듣고 정신으로 듣는 것이 모두 지혜의 한 걸음에 근본 해서 끝으로 지혜(智慧)의 큰 부분 원만함을 사람이 얻는 것이니라.

물건을 대할 때는 반드시 보는 것에서 생각이 일어나며 듣는 것에서 생각이 일어나나 귀와 눈이 바로 헤아림이 없으면 그 사람 본래 지혜의 뿌리가 반드시 나오는 것이니라. 생각하는 처음에 마음이 하늘에 놀고 도(道)를 찾아 사람을 보고 나를 얻어서 어리석은 가운데 성스러움을 구하며 희미한 가운데서 곧고 바른 것을 취하면 지혜의 체가 스스로 이루어 질 것이니, 그런 뒤에 지혜(智)를 도덕(道德)의 경지로 사용하면 천지(天地)가 살고 인류가 살 것이나 이를 악(惡)한 욕심의 지경으로 쓰면 천지가 죽고 인류가 죽을 것이니라.

큰 믿음(信)은 이 세상을 살리는 것이오. 작은 믿음(信)은 한 사람이 바로 서는 것이니, 고기의 입도 믿음의 절개가 없다면 푸른 바다에서 능히 살지 못할 것이니라.

어진(仁)것을 보거든 성품의 일이 만년의 하늘과 몸의 일이 백년 사람을 믿는 곳에서 어진(仁) 일을 이루며, 의(義)를 보거든 백년 세월의 맑은 절개와 만년 세월의 이름과 절개를 믿는 곳에서 옳은 것을 이루어 갖추면, 처음부터 끝까지 거짓의 마귀 같이 춤추는 환상을 받지 아니하니라.

의(義)를 언약 한 것은 큰 것이든 작은 것이든 거짓으로 희롱하는 사람들을 꾸짖고 분별하여 바른 것을 취하나니, 그것은 의(義)의 집이 믿음이며 그 자리가 믿음이고, 그 책상의 공부 또한 믿음이면 도덕과 재능과 예(禮)는 믿음(信)어머니의 자손들이니라.

624

　세상은 많은 것을 합한 신(神)의 숲이오. 사람은 신(神)의 숲 가운데 살아가는 한 자녀(子女)이니라. 사람의 강하고 굳센 것은 능히 이리와 호랑이에 미치지 못하고, 사람이 높이 나는 것이 기러기와 독수리에 미치지 못하며, 굳고 단단한 것은 쇠와 돌에 미치지 못하고, 움직이는 것은 구름과 물에도 미치지 못하니라.

　그러나 사람은 유연하고 미묘한 것을 얻은 자라 정하여진 가운데 어떤 특수한 아름다운 성질이 있어서 능히 만물의 으뜸가는 최령자의 자리에 위치하는가? 사람은 자기 부분 중에 있는 신(神)의 활동력은 능히 큰일을 하나로 묶으며, 큰 날개를 이용하며, 크게 완전한 것을 운전하며, 크게 부드러운 것을 얻는 것이요, 영(靈)의 지력(智力)은 능히 지극히 크고 지극히 높이 날고 지극히 단단하고 지극히 큰 법도를 포함한 것이니라. 이 신령의 높은 법도를 아름다운 것이라 이르니 그 아름다운 바탕을 도(道)와 덕(德)의 큰 부분에 쓰고 깊이 한번 생각하면 성인(聖人)이요, 두 번 깊이 생각하면 천하를 다스리게 될 것이니라.

　순박하고 편안하며 화하는 것은 우리 도의 큰 근본이니라. 속이고 거짓된 것을 버리면, 성실하고 충성스럽고 두터운 것은 우리 덕의 크게 용납하는 면모이니라. 천지는 생(生)하는 것이 있고 잘라 버리는 것이 없는 것이 우리 스승님의 높은 덕으로 세상에 나타남이니라.

　세상의 영화가 비록 아름다우나 이는 거짓된 것을 얻고 참된 것을 잃는 것이니, 지극하게 이르기를, "큰 나무 둥지에 새긴다."고

하였으며, 사람이 일에 비록 재주가 있으나 이는 정기를 소모하고 정신을 손상함이니, 이르기를, "어지러운 나라는 성(盛)한 것 같고 법(法)으로 다스리는 나라는 빈 것 같다."고 하였도다.

도(道)라는 것은 맑은 물(淸水)을 보는 것이니라. 물(水)의 본성은 맑고 현묘해서 덩어리와 찌꺼기가 없으며, 수면이 크게 둥글고 크게 평해서 모든 부분이 다 부드럽고 화한 형상이 있으니, 깊이 본즉 만물이 나오기 전부터 있었던 소식이오. 멀리 보면 삼라만상 속에 머물러 젖어 있는 의미이니라.

덕(德)은 참된 하늘을 모신 데서 얻어지는 것이니라. 모신 가운데 하늘이 하늘 덕의 큰 근원을 찾으며, 모신 뒤에 하늘이 사람의 덕이 크게 화하도록 이루어 도(道)를 권하고 법(法)을 취하여 놓는 것이 덕(德)의 표준에서 나오며 업신여김을 막는 법이 만들어져 덕의 발전이 일어나면, 덕(德)의 큰 형상이 모든 곳이 하나의 하늘이오, 덕을 크게 베풀음에 모든 숲이 하나의 봄이니, 이는 바로 천지를 통하고 만물을 기른다. 라고 이르느니라. 옛 사람이 이르기를, '지키면 거북이와 같이 행하고 나타하면 호랑이로 변한다.'고 한 것이니라.

큰 신(大神)의 섭리로 대도(大道)를 통하여 천지의 모든 공을 이루니, 천도(天道)는 하늘님 조화의 나타남을 이름 함이오, 사람의 도(道)는 이름 그대로 무극대도(无極大道)로 돌아오는 것이니라. 옛 사람이 크게 살핌이라 말하였으니, 크게 살핀다하여도 주인 되어 잡은 그것을 보기 어려울 것이니라. 하늘이 스스로 있고 늘 비어 있기에 나도 있으며 항상 가득차고 얻음이 있는 것이니라.

큰 정성으로 하늘의 호적을 얻게 되면 하늘의 이름을 만나야 큰 이름을 누리고, 본성이 세상에 크게 차고 작게 잡은 것을 받게 되면 이름도 없는데 돌아가 이름이 없는데 짝하는 것이니, 사람의 이름을 벗어날 때에 어떤 사람이 그 빈집의 자리에 들어오겠는가? 새와 짐승, 풀과 나무도 그 집 가운데 거하여 사니 항상 가득하도다. 세상은 이름이 있고 또, 이름이 없는 무한히 짜여 진 조직 아래 생(生)한 것이라.

우리 사람은 가치 있는 이름에 나가서 신인합덕(神人合德)인 성인(聖人)의 사업을 이루는 것이오, 차제에 헛되게 살고 헛되게 죽는 것을 취하지 않을 것이니 세상의 일은 가슴속에 또 하나의 계산이 정한 곳 없이 배회 하는 것이니라.

사신(舍神)

고요한 지경에 들어가서 소리와 빛과 밖에 음란한 것을 막으며 거듭 생각함으로 사사로움을 끊어 버리고, 혈기가 넘쳐 탕진하는 것을 쉬게 하고 옷깃 여미듯 맑고 화함을 기르는 것이 좋으니라. 청수(淸水)를 드려서 큰 근본의 희고 흰 곳을 보며 참된 체의 아득하여 검고 빈 것을 지키며, 기운과 얼굴의 바르고 엄숙함을 세우며, 뜻을 표함에 맑고 바르게 잡는 것이 좋으니라.

지극히 하늘님을 위하는 주문(呪文)을 생각하되 그 처음에는 5분 간 105주를 돌려 숨 쉬는 것을 천천히 하다가 생각하는 머리에 작고 둥글고 둥근 밭이 생기어 신(神)의 빛이 밝고 역력하거든 하늘님을 지극히 위하는 주문(呪文)을 외우는 입과 수주(數呪)를 돌리는 손을 재촉해서 이백 주를 돌리며 지극한 지경에 이르러 수주(數呪)를 삼백주를 돌리나니 이때에 정함이 위로 향해서 벽이 선 것 같은 형상을 이루느니라.

정신을 묶고 단속하는 것을 곧고 도탑게 해서 비밀스럽고 아득함에 무한하여 검은 가운데 들어가면 생각 위에 나오는 소리가 다만 시천주 조화정(侍天主造化定)여섯 자(字)에 그치며, 더 나아가 묶고 단속하여 한 점 자리에 이르면 모실시(侍)한 자(字)에 그치며 더욱 원만히 나아가 스스로를 단속해서 지극히 현묘하고 지극히 빈곳에 이르면 열렸던 입이 스스로 다물어져서 작은 소리도 나오지 아니하고 눈빛이 다만 무궁하고 끝의 다함이 없는 현묘(玄妙)한 가운데 나타나며, 눈빛이 나타난 가운데서 참된 것이 생하며 참된 가운데서 형상이 나오니, 그 형상이 혹 어린아이의 얼굴 같이 열리며 혹 단주 같이 빛이 나는 도다.

유천(游天)

　나의 순수한 한 마음이 만물(萬物)이 나오기 전, 천지(天地) 생기기 전의 하늘 덕에 이르러 이전의 총명하여 공을 나누고 생각하던 것을 모두 깨어 사사로운 것을 벗어버리고, 천지 생기기 전의 크게 푸르고 밝은 참된 하늘 덕에 엉기어 그 하나 된 덕의 밝게 짓는 것을 그 집에서 얻어 행하는 것이니 이것이 하늘마음을 그대로 따라 아이 같이 행하는 것으로 부모를 따르는 아이 같이 되느니라.

　마음(心)이 없는 곳에 어린 사슴이 꽃을 먹는 것 같이 하며 몸을 거느리는 곳에 작은 새가 구름에 오른 것 같이 하니, 그 한가하고 공손한 형상이 태초(太初)도 없고 없는 것도 없고 이름 함도 없는 가운데서 하나의 기틀이 겨우 생기는 것이로다. 크게 순한 것이 기운을 이루며 크게 부드러운 것이 물결 하여 물건을 접할 때에 다투는 것이 없고 구분 짓는 것이 없는 것을 취하여 몸을 기를 때 마른 것과 젖는 것에 물들지 않는 오른 편을 얻으니, 그 마음은 얻고 잃는 것에 얽매이는 그 기틀을 내려놓으며 이익이 되고 손해가 되는 것에 얽매임을 잊으며 하늘 덕(德)에 하나 된 이 마음은 생(生)과 사(死)의 길을 넘어서는 것이니라.

아득하여 검고 묘한 것이 오래되어 한 덕의 안으로 거두어져 그 집이 이미 완전하며 참된 것이 오래되어 한 하늘에 가득 차서 그 먹는 것이 이미 족한 것이니라.

인사(人事)를 거짓으로 닦으면 신의 현묘(玄妙)함을 보지 못하나, 하늘이 주신 물건인 성품과 마음과 몸의 순박한 것을 참되게 스스로 깨달아 건강하면 그 신(神)의 빛이 크게 오르며 성스러운 결과를 크게 이룰 것이니라.

자 덕(慈 德)

하늘같은 마음을 회복하고 하늘의 큰 덕에 합하여 사랑의 눈이 겨우 열리니 어린 자식이 무릎에 있고, 또한 모든 곳에 생명의 싹이 터서 각각 다른 형상이지만 사람의 세계에 같이 어우러져 모이니, 사랑하고 사랑하는 마음이 계속 이르러서 하늘의 법도로 자연스럽게 화하는 것을 생각하니 내 마음이 천지의 덕을 타고 만물에 달리는 것이 큰 덕(大德)에 넘지 아니할 것이니라.

연구해 보면 큰 덕(大德)으로 말미암아 나오는 것은 대도(大道)요, 대도(大道)로 말미암는 것은 어질고 사랑하는 것과 의롭고 곧은 것 분수를 지키는 것과 이름을 나타내는 것 근본을 살피는 것에 대하여 바른 법으로 상을 주는 것과 벌을 주는 것이니, 대도 대덕(大道大德)을 써서 천하를 기르면 어질고 어리석은 뜻을 합해서 다하고 마치는 것이 다 갖추어 바른 일이 일어나는 것이니라.

천지(天地)도 무한한 궁극(窮極)의 하나에서 일어나서 스스로 만물의 형상이 많아진 것으로, 이는 한 신(神)의 조화(造化) 작용으로 나타난 것이니 어찌 물건의 형상(形象)을 함부로 다듬고 새기며 물건의 성품을 함부로 끊고 꺾어서 근본 형상의 비고 참된 것을 멸하게 하는 것으로 하늘과 땅이 일찍 상하고 없어지는 데로 나아가게 내버려두리오. 그러므로 신(神)의 덕(德)이 성인(聖人)을 통해 베풀어지니 신(神)과 같은 글 같은 바탕으로 성인의 다스림이 신(神)의 뜻을 통달하고 신(神)의 명을 이어서 이룬 것이 내 가슴에도 쌓여서 그 실마리로 얻은 마음으로 하여금 이러한 신(神)의 뜻과 스승님의 가르침을 내가 부족하여 완전히 펴지 못하는 한 조각의 슬픈 생각이 어진 일을 생각하는 가운데 느끼는 내 마음 깊은 곳에 오르내리느니라.

하늘의 덕(德)과 스승님의 가르침을 이어받아 만물을 보니 풀과 나무가 꺾여 떨어져 그 살아있는 맥이 마르고 상하는 것을 보면 슬퍼하며, 새와 짐승이 슬프게 울부짖거든 그 사는 길이 막히고 끊어진 죽음에 이르는 것 또한 슬퍼하나 여기서 더 큰 마음의 본원으로 나아가 이 마음의 큰 근원 가운데 굳은 자리에 이르면 이 본원의 하늘 바탕에서 큰 덕(大德)을 들어내어 베풀어 나오는 것으로 억조창생 인류를 아울러 생각하면 큰 운(大運)의 큰 기운 가운데 있는 많은 생령의 무리가 살고 쉬는 것을 모두 내 동포로 알아서 바르게 깨닫고 바르게 생각하는 그 마음의 뿌리가 굳으며 그 큰 덕이 몸에 가득차서 하늘의 덕(天德)과 하나가 되느니라.

명 지(明 智)

정(精)을 단련하면 기운(氣運)이 정해질 것이요, 기운(氣運)을 정(定)하면 신이 화(化)하는 것이니라. 신(神)이 화(化)하면 곧 혈기(血氣)가 편하게 될 것이요, 혈기가 편히 화하면 일체의 몸과 아홉 구멍이 그 자리에 편안할 것이니, 그 기틀(氣機)이 왼쪽으로 돌고 오른 쪽으로 도는 것이 신(神)의 조화 작용의 손을 옮기는 아래에 영(靈)의 간섭으로 인하여 이루어 주는 것이로다. 그러므로 신(神)의 지혜 근원을 만나려는 사람은 항상 나에게 이른 헛된 것에 번잡하지 말고 편안하게 만물의 맑은 것을 가까이 해서 흉중에 크고 작은 복잡한 일을 헤아리는 것을 들이지 아니하여 큰 번거로움을 씻고 사사로움에 대해 화내는 것을 물리쳐서 맑고 밝게 화하고 깊고 고요한 것의 도수(道數)를 항상 스스로 지키면, 마음(心) 주인이 크게 화하고 크게 으뜸 되는 스스로의 집에 거해서 정(精)이 유혹하는 소리와 빛의 사치스럽고 방자한 곳에 달려가지 아니하니라.

그러한 즉 맑고 밝은 마음이 연기와 티끌에 섞이지 아니해서 하늘의 정기와 도의 빛이 마음과 더불어 만물의 근본 자리에 덕(德)으로 같이 있는 것이니라.

무궁한 하늘 지혜(智)의 큰 법도(法道)를 얻으려는 사람은 영이 통하는 크고 넓어 아득히 현묘(玄妙)한 곳에 들어가서 형상만 보이는 세계로 막히고 막힌 것을 물리쳐 신(神)의 큰 덕(大德)에 하나로 덕(德)을 합해야 하니 신(神)의 영(靈)이 큰 활동과 영의 큰 그림자가 내 몸과 마음을 크게 감싸는 것으로 인하여 영(靈)의 밝고 큰 근원이 스스로 근본 성품에서 일어나면 이것을 도(道)의 군자(君子)라 이르느니라.

붉은 용(龍)과 봉황새를 부리는 것을 갖추며 검은 서리의 보배 같은 눈이 그 맛을 이바지 하나, 도문(道門)의 큰 법이 세상의 덕과 사람이 힘쓰는 공이 크게 이바지하는 것이 없으면 참된 하늘이 나와 덕(德)을 같이하여 기르고 나아감이 원만하지 않으면 사람이 스스로 더 분발해야 함을 잊지 말아야 할 것이니라.

하늘의 덕(德)에 나의 덕(德)을 합하여 신(神)의 참된 것을 얻으면 세상일의 관계에 나가서 큰 하늘의 덕과 함께하니 세상의 두려운 바람과 큰 천둥 또한 피하지 아니하며, 심한 더위와 큰 티끌도 두려워하지 아니하니 이 때에 있어서 그 지혜(智慧)를 발하여 나오는 힘은 물의 근원이 크게 막혀 있다가 한 번에 터져 나오는 것 같으니라. 형상이 나타나 있는 세계에 사람이 살면서 세상 지혜의 크게 베푸는 것을 취하려는 사람은 사상의 강한 힘과 학문에 바탕한 힘으로 가슴속에 큰 집 풍요로움을 세워서 모셔진 하늘이 사람에게 이르러 있는 지혜(智慧)와 도(道)를 쫓음에 세상 공(功)이 겨우 사람 걸음의 높은 도수를 이루어 가나니, 이것은 도(道)의 고른 일반 문화생활에 이른 도수로 이러한 문명 생활이 어느 정도 이른 것이라 할 수 있으나 무궁한 하늘을 주재하는 신(神)의 덕(德)에 사람이 완전히 합해진 높은 법도에 이르렀다고 이르기는 가히 어려우니라.

자신이 근본 마음과 육신을 닦고 노력하여 스스로 하늘의 덕(天德)을 얻어 무극대도(无極大道)의 중심에 서지 않으면 지혜의 땅에 사는 모든 인류의 영화로움도 다른 한쪽에 버려져 있는 것이로다.

입법(立法)

사람이 해와 달 같은 자연스러운 하늘의 법도(法道)와 산과 시내(川)의 자연한 세계를 얻어 신의 간섭 안에서 살면서 신(神)의 현묘(玄妙)한 가운데 갖추어진 크게 어진 도(道)와 덕(德)을 나에게도 있는 지혜의 터전에 갖추어 놓은 것은 크고 무궁한 하늘 조화의 주재자 덕으로 된 것이니 나도 또한 스스로 자기 법(法)의 줄을 이어서 하나의 덕(德)을 이루도록 힘쓰고 노력해야 하느니라. 그리하여 밝은 안목과 듣는 법 그리고 덕의 베풀음과 지혜의 쓰는 법도와 살피는 것을 옳게 분별하는 용기와 의로움이 각각 빼어난 것을 지키면, 작은 것은 자신 범위의 흐름을 좇아서 큰 신(神)의 나라 현묘한 것이 이로운 덕택과 큰 세상의 글을 이룬 밝은 혜택이 무한한 시간인 큰 하늘의 복과 덕택이 자신을 크게 표시하는 그림자와 메아리 같은 영향을 이루느니라.

이것은 마음(心)과 육신(肉身) 성품(性品)의 세 하늘과 형상이 있는 하늘과 형상이 보이지 않는 하늘 두 곳을 하나로 통하여 거느리는 무한 주재자인 신(神)의 덕(德)에 나의 덕(德)을 합하여 이루는 경지이니라. 그러므로 자신의 일이란 유교(儒敎) 불교(佛敎) 선교(仙敎)의 기본적 가르침 위에 근본을 바탕으로 한 현 세계에 현재까지도 크게 정하였다고 하는 것도 하늘의 품속에 있는 것이니 무극대도의 대덕(大德)으로 유불선(儒佛仙)의 근원을 내 마음으로 취해서 성품과 마음 몸에 맑고 밝아 내 마음과 내 몸 내 성품을 가르쳐 한 번 크게 높이 뛰어 더 깊고 무한한 곳의 덕(德)에 같이 있는 것이니라.

내 몸이 자리하고 있는 세상의 일이란 옛날 사람들이 가르침으로 남긴 법과 지금 사람들의 풍속이 화하는 것을 익히고 짐작해서 빛나는 글과 빛나는 근본이 높게 이루는 것을 얻는 것이니, 옛말에 이르길 모든 일에 자세히 살피고 평화롭게 도(道)와 덕(德)으로 다스려 잘못된 일에서 건지는 것을 아울러 성스러운 법(法)이라고 한 것이니라.

하늘을 주재하는 신(神)의 덕(德)에 합하여 무한한 덕과 끝없는 도(道)를 아는 사람이 자기 본 자리에 순리 순수한 마음으로 돌아와 그 도와 덕의 중요한 점을 드러내면 성품 자리의 일에 있어서 옛 삼황시대에 이야기 한 크게 참되다고 하는 것과 석가의 크게 깨달았다고 하는 것과 노자의 크게 순박하다고 하는 것과 공자의 크게 어질다고 하는 것과, 몸의 일에 있어서 옛 제왕의 어진 다스림으로 많은 사람들이 일치되어 따르는 것과, 요임금 순임금의 지극히 도덕적인 근본에 비롯함과 탕 임금과 무왕이 어진 것과 의로움으로써 세상을 평화롭게 다스린 것과, 제나라 환공과 진나라 문공이 공과 이익을 위해 경쟁한 것이 모두 다 생각하는 한 가운데 일어나는 한 흔적에 기인하여 행한 일에 지나지 않는 것이더라.

우리는 하늘이 명(命)한 무극대도로 덕(德)을 천하에 펴고 억조창생을 건지라고 하는 하늘의 명(命)을 받들어 다른 날 세상에 성공을 가득히 행하는 것은 하늘이 높고 땅이 큰 것과 신(神)의 영(靈)과 사람의 어떠한 지혜도 묻지 말고, 다만 곧은 마음 머리 건강한 걸음으로 하늘의 덕(德)과 하나 되는 영(靈)의 길을 걸어서 영(靈)의 집에 들어갈 것이니, 이때에 마음과 육신 성품 세 하늘의 인연이 어떻고 어떠하다는 것도 또한 묻지 말 것이니라.

가슴속에 조금이라도 남아 있는 한 티끌과 남아 있는 한 찌꺼기의 물건마저 쳐내어 없애버리며 마음 머리에 좋아하고 싫어하여 생각이 오르고 내리는 사람의 생각을 항복 받아 그치게 하며 뜻의 뿌리에 태산 같이 흔들리지 않을 힘을 정하며 내 기운에 관하여 네 계절의 서로 전하는 것이 한 기운을 이루어 무궁하여 하나로 되면, 마음하늘 육신하늘 성품하늘의 세 하늘 큰 머리의 자리에 오르고 고요하여 깊고 깊은 마음의 땅에 들어가 묘(妙)한 정기와 묘

(妙)한 신(神)이 자기 스스로의 땅에 편안히 살아서 천지신명의 크게 화한 가운데 덕(德)을 합하면 이것은 자기 본성(本性) 주체를 이루어 놓은 사람이니라.

이러한 대도대덕(大道大德)에 하나 된 사람이 멈추어 있으면 어린 아이가 집에 있는 것과 같이 고요하고 나타나 움직이면 큰 신(神)의 기틀을 타니, 세상일의 분별이 크고 바르며 풍운조화와 같은 움직임은 마치 큰바람에 큰 물결이 일어나는 형상을 이루는 것과 같으니라. 불이 서로 엉기어 활활 치솟으며 타듯 맑고 깨끗한 마음이 한 번 일어나면 몸의 껍질을 벗어버리는 것이 신(神)의 나타남과 같은 것이니라. 그러므로 자기 근본 안에서 크게 준비하고자 하는 마음의 뜻을 가진 사람은 세상 사람의 전체 부분에 관한 커다란 준비의 시작과 마치는 것을 모두 갖추어 도모할 것이니 자기 한 몸에 관한 얻고 잃는 것을 이유로 사사로운 작은 경계를 그어 정하는 것은 하늘의 큰 덕(大德)으로 세상에 큰일을 하려는 사람의 마음에는 옳지 아니한 것이니라.

슬프다.

하늘의 세계는 지극히 참되고 지극히 맑아서 그 즐거움이 끝이 없으며 그 수명이 하늘과 같아서 수명이 헤아릴 수 없이 무궁하나 사람들의 빈 몸이 이러한 신(神)의 덕(德)에서 멀리 떨어지는 것은 어떤 사사로운 세상 바람이 이렇게 한 것인가?

무릇 사람은 안일한 가운데서 나의 것을 잃는 것이며, 두려워하는 극치의 가운데서 죽는 것이니, 크게 방심하지 말고 크게 두려워하지 말 것이니라. 자기 가운데 있는 하늘의 참되고, 도(道)의 묘한 것은 크게 높고 크게 둥근 것을 취한 것이니 가슴 가운데 품고 있는 현묘(玄妙)하여 아득하고 무한한 영부(靈符)를 스스로 가지며, 현묘(玄妙)한 영부(靈符)아래에 나를 바르게 닦는 기둥을 세워서 큰 걸음이 서로 미치는 곳에 바른 표적을 세워서 신(神)의 법에 의한 궤도를 이롭게 행할 때에 영(靈)의 기틀을 살피며, 물러가는 게으른 마음이 있거든 분발하는 마음을 더하며, 비교하는 마음이 생기거든 용기로 결단하는 힘을 더하다가 푸르고 무한하여 비어 있는 것처럼 보이는 무궁한 하늘에서 "너는 공을 이루어 독실이 행하는 사람이로다." 라고 하는 참된 말을 들은 뒤에도 멈추지 말고 더욱 더 나아가 이르면, 이것을 내 본래의 옛길을 회복했다고 이르나니 소를 타고 있으면서도 소를 잊어버린 사람은 이것을 능히 얻는 것이로다. 그러므로 육신의 사사로운 애착을 끊어서 무궁하고 무한한 신(神)의 간섭이 내게 자연스럽게 이르러 나타나게 함이 내가 나의 본 자리에서 사는 바른 길이니라.

도(道)가 큰 자는 있고 없는 것을 다 들어서 나가고 물러가는 것이 하나의 하늘인 것이니라. 그러므로 도(道)를 닦는 사람이 사사로운 눈을 버리고 사사롭게 듣는 귀를 버려서 밖의 헛된 기틀을 스스로 막아 바른 정(精)과 기(氣)를 단련하고 신(神)의 믿음을 쌓아서 하나의 참된 것을 스스로 지키는 것이니라. 스스로를 닦고 단련하는 것은 하늘을 보고 신(神)에 예(禮)를 갖추는 것과 형상에 비추고 법(法)을 따라 밟아 행하는데 있는 것만이 아니요, 마음을 기르고 형상을 다스리며 도(道)의 참된 문에 들어오고 참된 근본에 돌아오며 무궁한 하나에 통하고 하나를 잡으며 신(神)의 큰 덕(德)에 놀고 다시 깨어 나를 회복하여 다시 얻는데 있는 것이니라.

마시고 먹는 것이 그치지 아니하면 그 몸이 비대해져서 가볍지 않고, 사사로운 생각이 계속되면 그 신(神)이 맑고 밝지 못하며, 헛되고 사사로운 소리와 빛이 그치지 않으면 그 마음이 또한 편하지 아니하도다.

영(靈)이라 신(神)이라 함은 본래 하늘의 한 조화 이니라. 영은 참되고 현묘한 것을 안으로 지키고 기틀을 내는 것이요, 신(神)은 살아있는 기운의 묘한 것을 밖으로 행하여 기틀을 만든 자이니라. 영(靈)이 하늘 안에 편안하고 고요한 바탕을 가져서 자기의 무한한 품안에 흐르고 높이 날고 행하는 것의 변질이 어떠하든 묻지 않고 자유롭게 한가지로 진화하는 힘을 돕고, 신(神)이 하늘과 땅의 둥근 둘레 위를 모두 헤아려 이루는 힘을 취해서 물건 형상의 변하고 화하는 크고 작은 것과 만물의 묘하고 지혜롭고 어리석고 맑고 흐린 것을 모두 이루나니, 영(靈)과 신(神)이 합체한 것을 하늘 성품(天性品)이라 이르니, 근본인 하늘 성품(本天性品)은 모든 인류의 근본이 되는 시조(始祖)이니라.

본성(本性)을 거느리는 것(率性)과 본성(本性)을 단련하는 것(煉性)과 본성(本性)을 보는 것(見性)이 모두 다 근본 하늘성품의 영향으로 마음에 기인한 이름이며 마음과 성품이 만날 때에 맺어진 것이니, 성품을 거느림은 그 정해진 법대로 따르는 것이라 서로 돌이키거나 기울어지는 것이 없는 것이요, 성품을 단련하는 것은 굳세게 힘쓰는 것을 더해서 그 물들고 더러워진 것을 버리는 것이니라. 성품을 보는 것은 내 성품과 내 마음의 범상한 것을 다시 가르쳐 뛰어 넘어서 참된 하늘의 맑고 높은 곳에 이르는 것이니라.

금일 정도의 높고 낮은데 기준해서 거느리고 또한 하늘의 덕에 합해지려 한다면 성품을 거느려야 되며, 단련을 한 뒤에 처음을 회복하려고 한다면 성품 단련을 해야 되며, 보고 능히 하늘을 지키려고 한다면 성품 보는 것을 해서 충분한 도(道)를 얻도록 행하는 것이 옳으니라. 성품을 단련하는 연성(煉性)은 얻도록 하는 것의 힘쓰는 것이 이백 곱의 정신이 되는 것이니 영(靈)과 신(神)의 으뜸이 되는 도(道)에 이르려 하는 사람은 반드시 다섯 가지 정성(五款)을 합하여 성품을 단련함에 뜻을 세우는 것이 옳은 것이니라.

밖의 도적 같은 사사로움이 머리를 들어 내 마음을 공격하고 치며 오거든 하늘님을 지극히 위하는 열 석자 주문(呪文)을 마음과 눈에 떠올려 안으로 생각하고 밖으로 외워서 두 가지를 함께 행하는 것으로 밖에서 엄습해 오는 것을 막으며 사사로움이 안을 엿보는 것을 꺾으니, 이때 입에 부드러운 힘이 나와서 사사로운 생각이 입을 거느리지 않으며 생각과 입 두 사이 어울리는 경지가 이루어지는 도다.

열 석자 주문을 각각 오음(五音)이 고르게 화한 소리로 외우데 처음 마음에 심고하여 마음에 바르게 정(定)하지 않으면 기(氣)가 발(發)하여 흥분하면 몸도 뛰고 떨리며 흔들리는 것을 이루나니 주문(呪文) 공부 중에도 수심정기(守心正氣)의 마음을 잊지 말고 밖으로 몸이 움직이나 안으로 고요하게 하는 수심정기(守心正氣)의 법을 행하나니 들뜬 마음을 편하게 하는 것은 자기 마음을 스스로 채워 지경 밖으로 달려 나가려는 생각이 있으나 밝은 곳에 바르게 서게 하여 그 머리를 구부리고 눈앞의 미묘한 곳에 한 마음 뿌리를 두면 입에 작은 메아리도 발하지 않을 것이니라.

지난 날 스스로 마음 모을 때에 십분 정도를 허비하여 그 참된 것을 엿본 사람이 오늘은 스스로 시천주(侍天主)의 마음 모을 때 칠분 정도에 지나지 아니하니 그 참된 것을 엿보는 것은 늘 참된 성품을 가까이 하려하는 생각의 한 증거이니라.

비록 그러나 자기 마음을 자기가 잡는 것에만 스스로 집착함이 굳어져서 자기 몸의 살아 있는 맥을 돌아보지 아니하면 하늘 성품 서로 만나기도 전에 그 몸이 이미 마르고 상하게 된 나무 같아서 그 생각이 의지할 몸이 없어짐에 이르게 되니 그 성품 하늘을 보려는 생각 또한 고요하게 멸하여 사라지게 되는 것이니 생각고 생각하라.

그 마음이 신(神)의 밝은 집에 편안히 살아서 정신이 사사로움에 달려가는 것을 절제하며 천지가 흔들린다 하더라도 내가 지키는 하늘마음이 동요하지 아니하고 이 하늘 덕(德)에 함께하는 마음을 수심정기(守心定氣)하여 잡으면 있고 방심하여 놓치면 달아나는 것이니라. 수심정기 하여 능히 이러한 땅을 이루었는가? 이루었다면 마음에 대단(大丹)을 이룬 것이니, 이는 정신(精神)을 쏟아 부어 덕이 합해진 것이니라.

한 생각이 고요하게 서 있는 곳에 오관(눈, 코, 입, 귀, 몸)이 일하지 아니하며 손과 발도 고요하여 문득 끝없이 무한하여 어둡고 어두우며 잠잠하고 잠잠한 곳에 살다가 생각 머리에 한 싹이 잠깐 일어나서 아름다운 산(山)과 아름다운 물(水)에 마음을 보내어 살피면 이것은 천지가 처음으로 생(生)하는 아침이니라.

그 몸을 들어서 꽃 뜰에 한 걸음 옮기니 눈앞에 참된 진경이 하나의 덕(德)으로 둥글어서 향기의 살아있는 생기와 향기의 현묘(玄妙)한 자취가 그 가슴속에서 스스로 나오느니라. 이때에 오관(눈, 코, 입, 귀, 몸)이 따라 일을 하며 손과 발이 참된 하늘마음의 명(命)을 들어서 스스로 몸을 스스로 행하고 스스로 그치게 하면, 구분(九分)은 도의사람(道人)이요, 일분(一分)은 이 세상사람(世人)이로다. 이러한 내가 세상에 태어남으로 나의 하늘과 땅이 비로소 열리며 해와 달이 비로소 밝으며 바람과 비가 비로소 이르며 산과 시내가 비로소 정한 자리에 위치하며 풀과 나무가 비로소 나오며 새와 짐승들이 비로소 길러지나니, 이것은 하늘성품 어머니의 성품 자식이 아닌 것이 없음이로다.

이 경지를 말하여 참된 이름을 이루었다고 하는 것이니 큰 하늘성품(天品)이 큰 신(大神)이요 큰 신(大神)이 이 성품(性品)이로다. 무한히 커서 무궁하고 끝이 없는 하늘은 신(神)의 어머니요, 중심의 하늘을 품은 것은 신(神)의 잉태요 다시 품은 것을 세상에 내놓은 작은 하늘은 신(神)의 자식이니라.

우주는 신(神)의 조화 활동이 나타나는 동산이요 우주만물은 신(神)의 숲이요 나는 신(神)의 큰 덕에 합하여 천하의 일을 도와 함께하는 것이니라. 사람이 자기 지혜로 능히 물건을 이루지 못한 것을 바로 신(神)의 일이라 이르는 것이오, 자기 몸으로 능히 사람이 어기지 못하는 것을 간섭하는 것을 신(神)의 일이라 이르니, 천지가 신(神)의 몸 아닌 것이 없고 예와 지금에 이 신(神)의 쓰는 것 아님이 없는 것이니라.

내 손으로 새의 날개처럼 삼는다고 하여도 그것이 능히 새의 날개와 같겠으며, 내 발로 빨리 달리는 것이 능히 짐승들이 발로 뛰는 것과 같겠으며, 나의 손톱과 나의 어금니가 능히 사자와 호랑이처럼 스스로 강한 것과 같겠는가? 하고 사람들에게 묻는다면 사람들이 나에게 말하기를 새와 같지 못하고 맹수와 같지 못하다 할 것이니라. 그러면 신(神)의 숲과 신(神)의 일을 누가 주장을 하며 누가 신(神)의 마음으로 참되게 헤아려 세상에 이루겠는가? 내 성품과 내 마음은 신(神)으로부터 품부된 영과 신의 지혜이니라.

영(靈)은 능히 큰 하늘을 쓰는 것이오, 지혜(智)는 능히 작은 하늘을 이룬 것이니, 작은 하늘이 도덕과 지혜로 스스로 신(神)의 덕(德)에 하나 되어 신(神)의 일을 사람에 대하고 물건을 접하는 곳에서 행하는 것이니라. 옛말에, 덕(德)이 있는 사람은 능히 크게 이기고, 꾀만 좋아하는 사람은 반드시 크게 실패한다고 하였도다.

사람들이 항상 말하기를, 하늘의 도(道)를 가히 높이 공경하고 하늘의 도(道)를 가히 따라서 실행할 것이라고 하나, 그 마음이 다

만 자신만을 사랑하는 곳에 있어서 자신의 편안하고 즐거운 것을
이바지하고 공양하는데 기울어지면 근본 성품을 스스로 닦는 길에
나가기 어려우니, 반쪽은 사람의 사사로운 이해관계에 있는 몸 주
변의 작은 일에 있으니 어찌 큰 도를 즐거워하는 사람이라 이르리
오. 편안하고 즐거운 것을 이바지하는 안락 공양하는 일은 본래 한
도가 없는 것이니라. 이 한도가 없는 편안하고 즐거운 것을 이바지
하고 공양하는데 힘쓰다가 욕심이 점점 커져 다른 사람의 것을 범
하면, 편하고 즐거운 것이 변하여 고초가 되는 것이며, 자기 몸의
환락공양이 변하여 멸망하게 만드는 것이니, 최후의 결과는 자신을
스스로 버리는 것이더라. 그러므로 하늘의 도(道)를 끌어 사용하여
자기 분수의 위치와 자기 분수상의 가치를 가득하게 채울 것을 얻
으려고 하는 사람은 반드시 몸의 사사로움을 내려놓는 주의로 몸
을 보전하는 더 큰 공과 효과를 거두는 것이 옳으니라.

그 마음이 지금 세상에 몸이 있는 곳으로 좇아서 무엇이 몸이
되었고 무엇이 성품이 되었는지 그 있게 한 근원을 하늘에 추구하
면, 이 나는 누가 화해서 나와진 것이고 누가 주인인 것을 높은 하
늘 큰 신이 그 하늘마음 자리로 다시 보낼 것이니, 그 마음자리는
지극히 높고 가장 근본이 되는 곳이니라. 이 근본에 서면 참으로
참되며 더욱 묘하며 더욱 맑고 밝아 더 높은 생각이 자기 가슴에
스스로 가득할 것이니라.

아래 세계를 구부려 바라보면 아래 세계 가운데 있는 창생들과
모든 생명이 다 아이들이 노는 것과 같은 작은 일이니라. 이 높은

근본을 좇아서 아래 세계에 이른 사람이 어찌 한 두 송이의 꽃을 다투는 일을 사람들과 서로 하며, 몸의 일에 있어서 한 두 티끌 더 먹는 것을 스스로 달다 하리요. 자기 땅에 높이 서서 도(道)에 자리하여 살며 도(道)를 행하다가 참된 위치와 가치가 있는 곳을 보면 문득 그 몸을 던져서 한 길의 몸으로 만 길 몸을 바꾸면 백년의 평생으로 만년의 평생을 짓고 이루는 것이로다.

그러나 자기 몸의 욕심을 버리는 주의로 하늘을 즐기고 도를 즐기는 곳에 구하지 않고, 자기의 사리사욕에 따라 급히 나가려는 생각으로 하늘의 명(命)에 어긋나는 소장부 행동에서 구하면 그 행동이 궤도 밖의 옆으로 달려가서 죄를 스스로 부르게 되는 것이니라.

근본 성품(本性品)을 닦고 단련하는 것은 재주와 지혜의 어머니를 얻는 것으로 재주와 지혜를 들어내고 날리는 것은 도(道)와 덕(德)의 거울을 닦은 것이니, 도(道)와 덕(德)은 사람이 사는 세계의 가장 높은 등급의 아름다운 것이니라. 그러므로 도(道)와 덕(德)을 자기 몸에서 이루어 나타내서 자기 주변에 베풀며 자기 주변의 범위에 미치게 하는 것이 옳으니 자기 주변의 크게 넓은 범위를 세계라고 하는 것이니라.

그림 그리는 사람은 꽃과 나무로 그 그림을 이루며, 꽃과 나비를 그리는 사람은 채색의 새롭고 고운 빛을 더하여 그 형상을 도우니 사람의 근본 형상을 말하는 사람은 도덕과 재주와 지혜의 가치적인 실제의 일로 그 빛과 명예를 널리 날리는 것이니라.

그러나 사람이 실지로 해야 할 일을 힘쓰지 않고 다만 건장한

집 풍요로운 왕성함과 아름답게 치장하여 꾸미고 달콤한 단 맛에
만 힘쓰면, 이것은 사람의 참된 자리에서 벗어나 새와 짐승과 꽃과
나무의 위치에 스스로 사는 사람이니라. 그러므로 이 사람의 도
(道)와 덕(德)과 재주와 지혜의 참된 실지는 없는 것이니라. 도와
덕은 자기 마음이 화(化)하고 맑음에 근본 함이니, 화하고 맑은 것
은 자기 눈이 신의 빛과 참된 이치에서 나온 것이기 때문이니라.

 신의 참되고 묘한 것에 있어서 그 체와 그 근본을 취하다가 자
신의 참되고 묘한 자취가 또 다시 일어나 신을 영합하면 하나의
신(神)이 몸 위 백층 높은 자리에 서서 세계의 만인을 자식같이 기
르니, 이 사람이 사는 참된 이 자리를 도(道)와 덕(德)의 집이라 이
르는 것이니라.

전수심법 (傳受心法)

윤함(輪函)

지난 8월14일 지일기념 때에 내가 한 윤고(輪告)의 말은, 우리 수운 대신사님의 오심즉여심(吾心卽汝心)과 시천주(侍天主) 해월신사님의 용시 용활(用時用活)과 사인여천(事人如天) 의암성사님의 성령출세(性靈出世)와 각천주(覺天主)의 세 법설에 근본 하는 당연한 순서일 뿐 아니라, 우리 일반도인(道人)들의 의식적 각성(覺聲)과 지금 시대의 대세적 취향으로 보아서 과연 아니치 못할 적법(適法)이었다. 이것은 진실로 혹 털끝만치라도 사사로운 생각에서 나온 것이라면 내가 당연히 하늘님과 스승님의 책벌(策罰)을 받을 것이거니와 이것이 과연 순서적이고 시대적인 이상에는 이를 부인하는 사람은 우리와 같은 도인이 아니라고 생각하노라.

어찌 예상(豫想)하였으랴 30년간 종문(宗門)의 안위(安危)와 도문(道門)의 휴척(休戚)을 같이(與同)하던 오 영창 그 사람이 내말을 반대하고 도문(道門)을 이탈까지 할 줄이야 꿈엔들 생각하였으랴.

슬프다.

그 사람 실정의 사실적 내막이 차마 할 수 없는 일이라고 하여 일 전체와 선악도 한 법(法)으로 바르게 하여 공평히 하는 하늘님의 품성을 굽히게 할 수 없으며, 이전에 쌓은 공이 많이 아깝다고 해서 도문(道門)의 율법을 굽힐 수 없는 것이다. 그러므로 중앙 종리원으로 하여 이미 적당한 조치를 취하였으니 나로서 다시 무슨 말을 더 하리오 마는 한 덩어리 검은 구름이 가려 있는 이때에 있어서 현명한 제군들은 이 공(公)과 사(私)와 경(經)과 중(重)의 구별을 탐구하고 살펴서 그 혹은 근거 없는 헛말에 유혹되지 말고 천만 자중(自重)할 지어다. 털끝하나 만큼 어기는 것이 나중에 하늘님 다스리는 이치에 어그러지는 결과를 부르게 되는 것이니라.

슬프다. 어진 그대들이여, 오직 하늘은 편벽되게 친함이 없으셔서 오직 공변된(公)자와 친하시며 우리 스승님들은 편벽되게 도우심이 없으셔서 오직 바르게 하는 자를 도우시나니 내말은 공변된 것이며 바른 것이라. 온 세상이 들어 거부하더라도 나에게 무슨 부끄러움이 있으리오. 우리의 어진제군들이여.

포덕 68년 11월9일

무극대도(无極大道) 4세 대도주 춘암 박인호

윤고(輪告)

　얼마 전에 재차 오 영창을 불러서 황해도 사리원 기관을 해체하고 우리도(道)의 사무적(事務的) 책임(職任)을 맡아보라고 권유한데 대하여 나로부터 오(吳)에게 심법(心法)을 전수(傳授)한 것 같이 외부(外部)에 사실과 다르게 전하여진 것은 심(甚)히 유감(遺憾)이다. 이 심법(心法) 문제(問題)에 있어서는 지금으로 부터 6년 전 포덕 86년(丁卯) 8월 14일에 밝혀 기록한

1.
종금이후(從今以後)로는 종문 심법(宗門心法)을 어떠한 일개인(一個人)에게 전수하지 못할 것이다.

1.
나의 이번 설법(設法)은 오만년(五萬年) 영원(永遠)히 천도(天道)와 무극대도(无極大道)의 가르침을 배운 사람에게 일반적으로 나의 심법(心法)을 전수(傳授)하는 것이다.

1.
정신상 교화(精神上敎化)와 사업상 기능(事業上機能)은 종법사(宗法師원직)와 위원(委員주직)이 협동으로 진행하여라.

1.
나의 이 설법(設法)은 오만년(五萬年) 대업(大業)의 기초(基礎)를 확립(確立)하는 설법(設法)인 것을 확실(確實)히 믿으라.

는 나(余)의 설법(設法)이 엄연(嚴然)히 역사적(歷史的) 설법(**設法**)을 명증(明證)하고 있나니 이 문제(問題)는 용의(容疑)할 여지(餘地)가 없는 것이다.

포덕74년 10월12일 (布德 七十四年)

무극대도(无極大道) 4세(四世) 대도주(大道主)

춘암 박인호(朴 寅 浩)

* 참고.
윤고(輪告)에 담긴 역사 관찰.

　하늘님(天主) 수운 대신사께 무극대도(无極大道)를 내리시고 난 후에 말씀하시기를 (하늘님과 대신사 문답 참조) "시킨 대로 시행해서 차차차차 가르치면 무궁 조화(無窮造化) 다 던지고 덕(德)을 온 천하에 펼 것이니 차제 도법(次第道法) 그뿐일세 법(法)을 정(定)하고 글을 지어 입도(入道)한 세상사람 그날부터 군자(君子)되어 무위이화(無爲而化)될 것이니 지상신선(地上神仙) 네 아니냐." 하시며 입도(入道)의 명(命)을 내리시니 수운대신사 하늘님께 입도(入道)하는 법(法)을 정하시고 그 가르침에 따라 차차로 해월신사 의암성사 춘암 상사님도 천주(天主)께 입도(入道) 의식(儀式)을 봉행(奉行)하시었다.

　그 후 의암 성사께서 대신사의 "하늘님께 복록정해 수명일랑 내게 비네"의 가르침에 이은 해월신사의 "사람(人)은 바로 하늘 사람(天人)이요, 도(道)는 바로 대 선생님의 무극대도(无極大道)니라." 라는 유훈 명교(遺訓命敎)의 가르침을 받들어, 스승님 법(法)의 자리를 설하고 무극대도(无極大道)에 입도(入道)하는 법(法)을 설법(說法)하고 축문(祝文)을 지어 직접 스승님 무극대도(无極大道)에 입도(入道)하시어 통

(通)하시고 이어 춘암 상사를 스승님 무극대도(无極大道)에 입도(入道)하게 하시었다. 그리고 전국의 대접주 편의장 도인들에게 통유문(通喩文)을 보내 그 전(前)에 하늘님께 입도(入道) 의식(儀式)을 봉행하고 천도(天道)와 인도(人道)에 대한 스승님의 가르침을 본받아 배우고 닦은 도인들은 스승님 법(法)의 자리를 설하고 스승님의 무극대도(无極大道)에 입도(入道)하라고 명(命)하시었다.

그러나 경자년(庚子年) 이후 일제 강점기 일본의 집중적 탄압과 억압시기에는 하늘님(天主)께 입도(入道)와 무극대도 无極大道) 입도(入道)의 기록은 보이지 않는다. 이러한 일제 강점기 통치하에 온갖 탄압과 음해(陰害) 억압 속에서 춘암 상사께서 말씀하신 윤고(輪告)에는 천주(天主)께 입도(入道)하는 것과 천도의 가르침(天道敎)에 입교(入敎)하는 것은 알고 있는 일반적인 것이었으므로 자연스럽게 서로 이해하는 부분이었으며 당시 정 연원(正淵源)을 따르는 도인들이 아는 바 대로 천주(天主)께 입도(入道)와 입교(入敎)의 뜻은 함축되어 윤고(輪告)에 반영되어있는 것이라고 보는 것이 타당할 것이다.

천주(天主)께 입도(入道)하는 법과 천도(天道)와 인도(人道)에 대한 스승님의 가르침을 본받아 배우는 가르침에 들어가는 무극대도(无極大道) 입교(入敎), 그리고 최종적으로 네 분 스승님의 가르침을 배우고 깨우쳐 세상에 무극대도(无極

大道)를 실천궁행하기 위해 스승님의 무극대도(无極大道)에 직접 입도(入道)하여 사사상수(師師相授)로 이어진 용담연원(龍潭淵源)을 계승해 나아가야 하는 절차를 과거 일제 강점기 때 탄압의 역사를 감안하여 자세히 살펴 헤아리고 의암성사 친명(親命)을 거울 하여 다시 윤고(輪告) 문(文)의 내용을 자세히 풀어 보면,

윤고(輪告)

1.
지금 이후(從今以後)로는 수운대신사께서 하늘님으로 부터 내 마음이 바로 네 마음이라는 오심즉여심(吾心卽汝心)의 심법을 받아 사사상수(師師相授)로 심법을 전하여 용담연원(龍潭淵源)으로 이어져 내려온 무극대도 종문 심법(宗門心法)을 어떠한 일개인(一個人)에게만 전수(傳授)하지 않을 것이다.

1.
나의 이번 설법(說法)은 오만년(五萬年) 영원(永遠)히 하늘님(天主)께 입도(入道)하고 위 천주(爲天主)와 천도(天道)를 배우고 이어 스승님의 무극대도 가르침에 입교(入敎)하여 무극대도에 대한 가르침(敎)을 본받고 배워 무극대도(无極大道)를 직접 실천궁행하고자 직

접 입도(入道)하는 사람들에게 천황 지황 인황을 통해 사사상수로 이어져 나에게 이른 무극대도 도문(道門)의 종문심법(宗門心法)을 일반적으로 전수(傳授) 하는 것이다.

1.
무극대도의 정신적인 포덕 교화(敎化)와 업무상 기능(技能)은 종법사(宗法師)를 위시한 원직(原職)과 행정 직원(主職)들이 협동(協同)하여 진행하라.

1.
나의 이 설법(說法)은 후천(後天) 오만년(五萬年) 영원히 이어갈 무극대도(无極大道) 대업(大業)의 기초(基礎)를 확립(確立)하는 설법(說法)인 것을 확실(確實)히 믿으라.

는 나의 설법이 엄연히 역사적 무극대도(无極大道) 용담 연원(龍潭淵原)의 사사상수(師師相授)하는 법통(法統)을 밝게 증거하고 있으니 이 문제는 의심하여 다시 논의할 여지가 전혀 없는 것이니라.

포덕74년 10월12일 (布德 七十四年)

무극대도 4세(四世) 대도주(大道主), 춘암 박인호(朴 寅 浩)

5

통일(統一) 운동
(土.中)

无極大道 入道文
무극대도 입도문

6

入道. 无極大道　入敎, 入道
입도.　무극대도　입교,　입도

1. 하늘님(天主)께　入道
　　　　　천주　　께　입도

2. 无極大道　入敎
　　무극대도　입교

3. 无極大道　入道
　　무극대도　입도

주문(呪文)

神聖上師　靈氣　我心定　無窮造化　今日至

신성상사　　영기　　아심정　　무궁조화　　금일지

.

무극대도(无極大道)

홈페이지 : www.mgdd.co.kr
e-mail : 0405aaaa@hanmail.net

지은이 : 무극대도 용담 연원
펴낸이 : 무극대도 출판 위원회
인쇄 : 포덕 152년 (단기 4344년. 2011년) 7월 15일
발행 : 포덕 152년 (단기 4344년. 2011년) 7월 19일
펴낸곳 : 보성 출판 기획. 경기도 화성시 반송동 215번지 8-2

출판등록 : 2011년 6월 24일
등록번호 : 제 2011-000015

ISBN : 978-89-966808-3-303200
잘못된 책은 바꾸어 드립니다.

durl.me/ci5v8